智能交通与运载工程前沿技术丛书

自主海洋航行器镇定、跟踪及协同编队

张鹏飞　高振宇　郭　戈　著

机 械 工 业 出 版 社

本书全面介绍了作者近年来在海洋航行器运动控制领域的研究成果。主要内容包括海洋航行器镇定控制、轨迹跟踪控制和协同编队控制。首先，研究了考虑未知扰动、状态受限以及执行器死区的海洋航行器镇定控制问题。其次，解决了执行器饱和、状态受限及速度未知条件下，海洋航行器轨迹跟踪问题。最后，将上述速度未知、状态受限等环境影响，在海洋航行器协同编队问题中进一步分析与设计。同时给出了大量的仿真数据，使读者能充分理解海洋航行器运动控制中的各个指标。

本书可作为控制科学与工程、系统工程、船舶与海洋工程、水下机器人等专业的研究生教材或参考书，也可供相关领域从事自动控制理论、应用技术教学及科研的工作人员参考。

图书在版编目（CIP）数据

自主海洋航行器镇定、跟踪及协同编队/张鹏飞，高振宇，郭戈著. —北京：机械工业出版社，2021.5

（智能交通与运载工程前沿技术丛书）

ISBN 978-7-111-68011-6

Ⅰ.①自… Ⅱ.①张… ②高… ③郭… Ⅲ.①可潜器-智能控制 Ⅳ.①U674.941

中国版本图书馆 CIP 数据核字（2021）第 066962 号

机械工业出版社（北京市百万庄大街 22 号 邮政编码 100037）
策划编辑：罗 莉 责任编辑：罗 莉
责任校对：张亚楠 封面设计：鞠 杨
责任印制：常天培
固安县铭成印刷有限公司印刷
2021 年 9 月第 1 版第 1 次印刷
169mm×239mm · 18.5 印张 · 377 千字
0001—1000 册
标准书号：ISBN 978-7-111-68011-6
定价：99.00 元

电话服务 网络服务
客服电话：010-88361066 机 工 官 网：www.cmpbook.com
010-88379833 机 工 官 博：weibo.com/cmp1952
010-68326294 金 书 网：www.golden-book.com
封底无防伪标均为盗版 机工教育服务网：www.cmpedu.com

智能交通与运载工程前沿技术丛书

编委会成员

智能交通与运载工程前沿技术丛书

序　言

21 世纪是智能交通系统与运载工程发生深刻变革的时代，伴随先进检测、计算、通信、控制、数据等技术的集成和应用，人、车、路与环境等要素正在逐步耦合为以智慧道路、网联车辆、交通大数据、人工智能等为基础的新一代智能交通系统。智能交通系统涵盖了当前多种尖端科技与理念，直接关乎国计民生，是交通行业创新驱动战略实施的必然选择。运载工程领域涉及机械、微机电系统、智能控制、装备制造、机器人、航空、航天、航海、汽车、轨道交通、综合交通等多个子领域的技术，是各国重点发展的战略重点方向。

如何促进交通行业有效解决道路拥堵、环境污染、巨额运营成本等实际问题，提升运载工程领域的科学研究水平、技术开发能力和装备研发制造能力，方便工程技术人员和科技工作者交流相关领域前沿学术成果和最新技术，助力交通系统与运载工程学科领域的科学技术发展进步，推动相关理念、理论、算法和技术的传播、革新和转化，为科研人员提供良好的出版服务与交流平台，是本丛书的责任和使命。

“智能交通与运载工程前沿技术丛书”是机械工业出版社在广泛征求专家意见的基础上，经过长期考察、反复论证之后组织出版的。丛书旨在全面科学地阐述智能交通系统及运输工程的前沿技术、理论和应用，以科学性、系统性与导向性为目标，涵盖车辆调度、车-路控制、交通大数据分析、通信及计算等智能交通所涉及的所有领域。丛书力争“高层次、高质量、高水平”，并将长期组织专家撰写、编辑和出版。

希望这套丛书的出版能为交通技术的发展和变革带来一定的启发。同时，希望各位读者开卷有益，并诚挚地希望大家提出好的建议，促进和支持丛书的完善和出版。

智能交通与运载工程前沿技术丛书

编辑委员会

前　言

随着海洋强国战略的实施，对海洋作业提出了新的要求及挑战。自主海洋航行器（Autonomous Marine Vehicle，AMV）作为先进的海洋装备，可大幅提高作业效率，具有较高的实用价值。世界上有许多国家正在致力于海洋航行器的研究和开发，涉及科学、环境、民用和军事等众多领域。根据完整的海洋航行器运动控制作业特点，可将其分为：镇定（动力定位和姿态保持）、轨迹跟踪（跟踪预设轨迹）、协同编队（多航行器配合）。海洋航行器根据不同的作业需求，需切换不同的控制模式，组合形成完整的运动控制系统。因此，为系统性地完成海洋航行器任务作业，需全面地研究运动控制的三类问题。

本书是一部以自主海洋航行器为研究对象，研究其运动控制方法的著作，是作者近年来对海洋航行器运动控制及其相关领域研究成果的积累和总结，同时吸收了国内外相关参考文献的精华部分。本书通过详细的章节结构，从镇定、轨迹跟踪、协同编队三方面介绍自主海洋航行器的运动控制方法，提出系列方案解决外部干扰、状态受限、速度未知、执行器死区、间歇通信等问题，并给出了相应仿真验证结果，向读者展现了海洋航行器运动控制技术的精髓。

本书共分 12 章。第 1 章为绪论，介绍了自主海洋航行器运动控制的背景意义、问题分类及各自研究现状；第 2 章介绍了海洋航行器的数学模型，以及常用的引理和数学基础知识；第 3 章介绍了改善镇定控制中海洋航行器系统收敛速度慢的问题；第 4 章介绍了解决非匹配扰动存在情况下的抗干扰时变镇定控制问题；第 5 章研究了具有执行器死区和状态受限条件的海洋航行器抗扰时变镇定控制问题；第 6 章基于切换控制，提出了自主海洋航行器全局指数镇定控制律；第 7 章研究了在执行器饱和下的海洋航行器的轨迹跟踪问题；第 8 章解决了状态受限情况下的海洋航行器轨迹跟踪控制问题；第 9 章研究了状态受限条件下的海洋航行器协同编队控制问题；第 10 章研究了领航者速度未知条件下的海洋航行器协同编队控制问题；第 11 章进一步解决了状态受限及跟随者速度未知条件下的海洋航行器协同编队控制问题；第 12 章研究了基于事件触发间歇通信的海洋航行器协同编队控制。

作　者

目 录

第 1 章　绪　　论

1.1　研究背景及意义

当前，全球经济快速发展，人口数量急剧增加，与之相伴的是自然资源消耗的不断增长，陆地资源的日益匮乏。针对海洋的探索及开发在此时于人类而言变得更加重要。近年来，世界各国不断加大在自由进入海洋空间、维护海洋空间权益、增强海洋控制等方面的科技投入。海洋已经成为 21 世纪各国争相发展的焦点领域，海洋强国战略同时也是我国国家战略。

海洋开发，需要获取大范围、精确的海洋环境数据，需要进行相应的海底勘探、取样、水下施工等。要完成以上任务，需要一系列的海洋开发支撑技术，包括深海探测、深潜、海洋遥感、海洋导航等。同时，海底环境氧气含量低、压力大、水温低、能见度低，易受到波浪、潮汐、海流等影响，不适合人类直接或无法高效地参与作业，需要潜水设备或运载工具突破海底环境的限制，替代人类进行海洋环境勘察、地貌勘探、地形地貌摄影与绘图、水文调查等工作。自主海洋航行器(Autonomous Marine Vehicle，AMV)被广泛应用于军事作战[1,2]、环境监测[3,4]、海上搜救等领域[5-7]。因其可大幅提高作业效率，具有较高的实用价值，受到研究人员广泛关注[8-17]。随着科技、经济和军事领域的不断发展，人类对海洋航行器性能的要求也越来越高，为完成资源勘探、环境监测和海洋侦察等作业任务，迫切需要一种体积小、可控性好、续航能力长和搭载能力强的水下载体[18]。

目前，世界上有许多国家正在致力于海洋航行器的研究和开发，涉及科学、环境、民用和军事等众多领域，显然，自主海洋航行器(AMV)已经成为人类认知、开发和应用海洋的一个重要工具。随着先进控制理论的不断完善及关键技术的持续进步，海洋航行器将会有更广泛的应用领域，帮助人类实现安全、环保及可持续发展的目标。

1.2　问题分类

完整的 AMV 系统结构(位置与方向)可描述为六个独立坐标或称六自由度

(Degree Of Freedom，DOF)，包括纵向、横漂、垂荡、横摇、纵摇、艏摇，如图 1-1 所示。在研究中，多数情况下，垂荡、纵摇、横摇为开环稳定，把六自由度问题简化为对纵向、横漂、艏摇三自由度的控制。

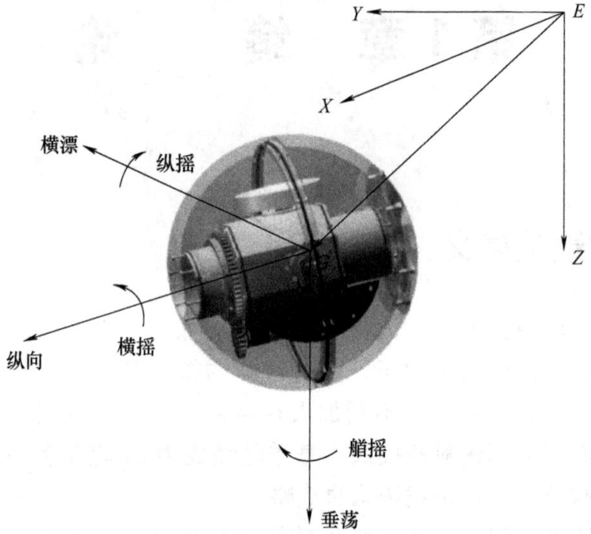

图 1-1　六自由度海洋航行器

根据海洋航行器作业特点[19-21]，可将其分为：镇定(Stabilization)、轨迹跟踪(Trajectory tracking)、路径跟随(Path following)和编队(Formation)。

如图 1-2 所示，镇定控制是指系统同时考虑动力定位和姿态保持，其目标为使系统从任意初始状态，到达期望点并稳定在期望状态[36,37]。

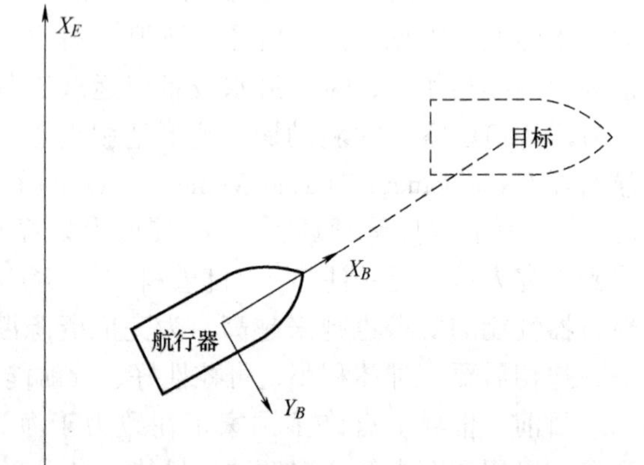

图 1-2　镇定

如图 1-3 所示，轨迹跟踪可以描述为在任意给定的初始条件下，轨迹跟踪控制器驱动海洋航行器到达并跟随三维空间中一条预先规划好的轨迹(关于时间足够光滑的函数)。轨迹跟踪问题既要求满足空间约束又同时要求满足时间约束，是空间任务与时间任务的交集[22-28]。

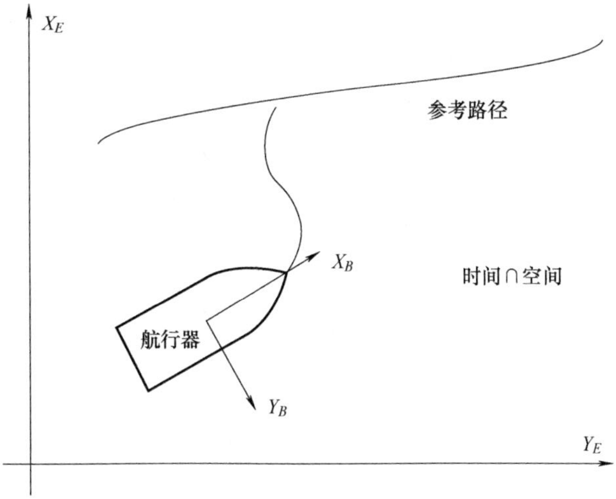

图 1-3 轨迹跟踪

如图 1-4 所示，协同编队控制是指，采用合适的策略描述编队构型，通过多 AMV 间局部相互作用(通信、合作、竞争)，设计所需的控制，驱使个体按照预先设定的编队构型运动，并要求在运动过程中，多个体具有避碰及避障功能。

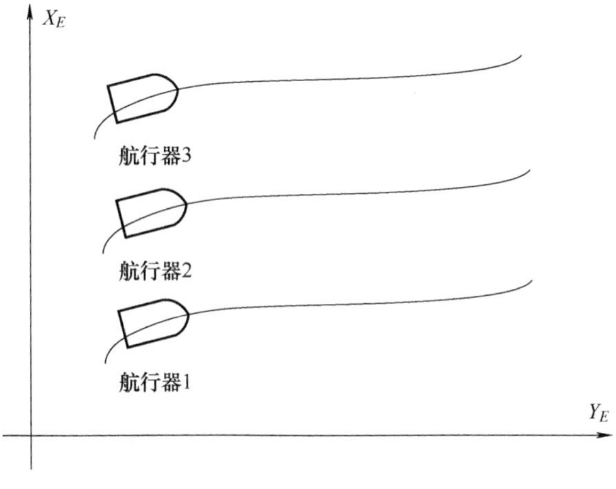

图 1-4 协同编队

1.3 镇定控制

1.3.1 抗干扰周期时变镇定控制

由于不存在光滑静态控制律镇定海洋航行器，时变控制方法得到广泛应用。参考文献[38]提出一种时变控制律保证海洋航行器指数形式振荡接近期望点。参考文献[39]提出了一种基于控制逻辑单元的从属时变控制律，实现海洋航行器全局渐近稳定时变控制。参考文献[40]提出了光滑时变控制律，实现海洋航行器位置和姿态同时指数镇定。参考文献[41]基于拉格朗日能量法，设计出了光滑时变镇定控制律，且通过在闭环系统中引入辅助收敛项保证其指数性能。参考文献[42]针对具有参数不确定性的海洋航行器系统镇定控制，提出了一种滑模鲁棒控制器。参考文献[43]通过在控制器中引入了辅助函数，得到了海洋航行器光滑镇定控制律，并证明该控制律能够保持原系统的全局 κ 指数稳定性。参考文献[44]提出了一种新的时变静态反馈控制律，其控制思想来源于人类的驾驶经验。利用李雅普诺夫直接法和 Barbalat 引理，实现海洋航行器全局渐近镇定，所得控制律为结构简单的线性函数。

上述时变控制律大多使用指数函数作为控制律增益，虽可得较好的收敛速度，但当时间趋于无穷时，控制增益可能无穷大。相比之下，周期时变控制在控制律中引入周期函数，对海洋航行器系统的镇定产生持续激励，可避免增益无穷大的问题。参考文献[45]基于反步法提出了光滑周期时变控制律实现海洋航行器全局一致渐近镇定。参考文献[46]设计了一种简易结构的周期时变控制律保证海洋航行器系统全局渐近收敛到平衡点。参考文献[47]研究了具有未知参数的海洋航行器周期时变镇定控制问题，通过反步法推导出周期时变控制律，同时消除参数不确定性的影响。参考文献[48]针对具有非对角惯性和阻尼矩阵的无人海洋航行器，提出了一种时变控制器，通过引入参考轨迹，可保证任意初始条件下闭环系统状态的全局渐近收敛。常规周期时变控制方法(如参考文献[46])通过引入周期辅助函数得到连续控制律，可实现海洋航行器的全局渐近镇定。但由于这类方法的控制律普遍存在高阶非线性项，无法保证闭环系统在原点附近的收敛速度。因此，改善闭环系统收敛速度的同时保证控制律的连续性具有理论意义。

分数幂方法广泛应用于有限时间或固定时间控制，可有效改善闭环系统在原点附近的收敛速度，且具有一定的鲁棒性。而该方法在海洋航行器镇定控制领域应用仍然较少，因此，基于分数幂的控制方法需进一步研究。并且，由于分数幂方法通过降低控制律的光滑性来提高性能，因此设计光滑控制律同时保证系统收敛速度亦具有较强的理论意义。此外，时变参数提升系统收敛速度的同时可保证系统收敛速度，但此方法与海洋航行器周期时变控制策略的结合还需进一步研究。

海洋航行器易受外部扰动影响，且自身存在未建模动态、未知参数等内部扰动，若不特殊处理，会降低海洋航行器控制精度，影响闭环系统稳定性。因此，干扰抑制与补偿问题为海洋航行器镇定控制的重要问题。参考文献[49]提出了自适应神经网络镇定控制律，该方法可解决模型未知的问题，同时可通过模型估计的方式，克服外部干扰。参考文献[50]基于奇异性坐标变换，提出了一种输出反馈抗干扰镇定控制器。参考文献[51]研究了未知干扰下海洋航行器的控制问题，该方法采用自适应滑模设计，适用于解决高阶系统的控制问题，能保持系统全局渐近稳定，并能抑制未知干扰，边界层能减弱滑模算法所产生的抖振，且可利用自适应函数估计未知干扰。参考文献[52]针对输入受限的海洋航行器，基于线性矩阵不等式，提出一种非线性模型预测控制方法。参考文献[53]研究了具有控制输入约束的自主海洋航行器的模型预测镇定问题。基于系统模型的同质性和现有的时变控制律，提出了一种新的模型预测控制算法。该方法可直接应用于海洋航行器镇定控制。参考文献[54]针对存在未知时变环境扰动的海洋航行器，设计了一种自适应模糊稳定控制器。将自适应模糊系统与辅助动态函数相结合，利用反步法和李雅普诺夫直接法，提出了一种镇定控制策略。通过自适应模糊系统逼近控制律中由未知时变环境扰动引起的不确定项。

参考文献[49-54]中方法虽可处理扰动问题，但多基于模型预测控制、神经网络控制、自适应模糊控制等智能控制方法，计算成本高，且参数可解性未知。相比智能控制，周期时变控制方法可避免无法求解与计算成本高的问题。参考文献[55]在周期时变控制律中引入积分函数部分抵消外界干扰，但无法消除其影响。同年，参考文献[56]考虑海洋航行器扰动位置的情况，基于自适应方法提出了一种周期时变镇定控制律，可使系统局部渐近稳定。周期时变控制抗干扰控制律设计难度高、相关研究成果较少，且已有的研究成果也并不理想，具有一定的研究意义。传统鲁棒控制通常牺牲其他特征点瞬态性能为代价，具有很强的保守性。且由于其对扰动建模的不够准确，难以适用于复杂的扰动模型。鉴于此，研究人员提出基于干扰观测器的控制方法，其思路可分为两个步骤：①根据系统的已知输出设计观测器估计扰动；②以扰动观测器的输出作为扰动的估计值，将其当做补偿变量结合反馈控制律消除扰动。通过调节反馈控制器和扰动观测器，可分别提高闭环稳定性能和干扰补偿性能，从而有效提高闭环系统的抗干扰性能，同时可降低保守性[57,58]。该方法因其保守性较低、灵活性较强等优势，广泛应用于航行器控制[59-65]、高速电子设备[66]、电机控制[67-69]等多个领域[70,71]。

对于线性定常系统，该方法的控制律和扰动观测器之间满足分离原理。然而海洋航行器不属于线性系统，无法基于分离原理使用常规扰动观测器。此外，上述扰动观测器研究结果仅可保证时间趋向于无穷时，观测误差收敛到原点附近的任意邻域，无法实现有限时间的精确估计。为此，参考文献[72,73]引入了高阶滑模微分算子，提出有限时间扰动观测器。基于此，参考文献[74]解决了高阶非匹配扰动问题。该方法虽可有限时间估计扰动信号，但其截止时间受误差初值影响，无法精确设计。参考文献[75]提出固定时间扰动观测器，可在固定时间内精确估计扰动信号，其截止时间独立于扰动初始状态。但其局限于对一阶扰动的估计，无法估计高阶扰动，无法适用于考虑非匹配扰动的海洋航行器系统。因此，设计海洋航行器高阶固定时间扰动观测器，以处理非匹配扰动问题，具有理论与实际价值。并且由于横漂方向扰动的存在，即使可精确估计扰动，因缺乏相应的控制输入直接将其消除，海洋航行器的抗干扰镇定控制具有挑战性。

1.3.2 执行器死区与偏航约束问题

除扰动问题外，由于设计过程与机械制造等原因，海洋航行器执行机构中会不同程度地包含死区现象，即当控制信号未超过某些特定值时，输出信号为零，当控制信号超过这些特定值时，输出信号随输入信号线性或非线性变化。执行器死区存在会影响系统的调节性能，降低系统的控制精度。在大多数情况中，执行器死区参数并非完全已知的，若不特殊处理，可能会降低系统性能。海洋航行器通常由多驱动器协同推进，各推进器的动态特性及死区特性是执行器的重要性能指标，如若忽略该影响会降低海洋航行器控制的实时性，甚至会导致系统失稳。而上述海洋航行器镇定控制相关文献皆没考虑该问题。对非线性系统的死区问题，研究人员已提出多种方法，如变结构控制[76]、神经网络控制[77,78]、自适应控制等[79-81]。参考文献[82]研究了输入死区的随机非线性系统问题，提出一种有限时间控制方法。参考文献[83]对一类带有未知死区的高阶非线性系统，近似线性化处理后提出固定时间控制策略。海洋航行器镇定控制相关文献较少，上述方法多基于反馈线性化或近似线性化处理，虽可应用到海洋航行器轨迹跟踪与路径跟随问题，但无法应用于镇定控制问题。尤其执行器死区与扰动同时存在时，输入信号无法完全获取，现存的扰动观测器无法使用，进一步增加了问题的挑战性。因此，如何同时解决执行器死区与扰动问题，需进一步研究。

此外，因环境与任务的需求，海洋航行器可能需要偏航角或角速度维持在固定范围内，为此需考虑输出受限问题。非线性系统存在多种约束控制方法，如模型预测控制、不变集理论、障碍李雅普诺夫函数(Barrier Lyapunov Function，BLF)等。其中模型预测控制基于模型对系统未来动态行为的预测，把约束加到未来的输入、输出或状态变量上[84-88]，虽可将约束问题转化为求解控制量的优化问题，但如何保证其可解性需进一步研究。不变集理论(又称不变域)通过设计适当的控制律使得系统轨迹能够始终保持在该区域中，该方法具有很强的保守性[89-91]。受重构李雅普诺夫函数思想的启发，BLF逐渐应用于含有状态和输出约束的非线性系统的控制中。相对于传统李雅普诺夫函数径向无界的特性，BLF与所研究的控制系统相对应，以约束区间为定义域构造李雅普诺夫函数。当其参数接近某个有界极限时，BLF增长到无穷大，因此可通过李雅普诺夫函数的有界性，防止状态超出约束条件。参考文献[92]研究了非线性切换系统的输出跟踪控制问题，首次以约束区间为定义域构造李雅普诺夫函数。基于此，参考文献[93]给出了BLF的严格定义，结合反步法提出输出受约束严格反馈非线性系统的跟踪控制律。参考文献[94]研究了一类具有多状态约束的反馈线性化系统的镇定问题。参考文献[95]讨论了全状态约束的严格反馈非线性系统的控制问题，并对正切型障碍李雅普诺夫函数(tan-BLF)与对数型障碍李雅普诺夫函数(log-BLF)进行比较。参考文献[96,97]给出保证可行性的充分条件，并可通过求解静态约束优化问题进行离线检验。而后为放宽可行性条件，提出非对称误差界，采用非对称障碍李雅普诺夫函数进行控制设计。因BLF方法在约束控制理论具有其特点与优势，基于BLF的控制器得到广泛应用[98-101]。

尽管基于BLF的海洋航行器输出、状态约束控制方法已有部分研究成果[102,103]，但大多考虑海洋航行器轨迹与路径跟踪的输出受限问题，由于动态特性的差别，不可应用于镇定控制问题。在镇定控制文献中，虽参考文献[53]提出的MPC方法可通过增加约束条件处理该问题，但难以兼顾可解性与计算负担的问题。因此，将BLF方法应用于海洋航行器镇定控制具有重要意义。

1.3.3 切换策略

相对于海洋航行器时变镇定控制策略，不连续镇定控制方法可通过牺牲控制律连续性，保证闭环系统相对良好的收敛性能。参考文献[104]将σ变换法应用于海洋航行器镇定控制中，该方法使用具有奇异性的坐标变换将系统线性化，并对变换后的系统设计镇定控制律，得到海洋航行器系统镇定控制方法。因此其控制律存在奇异性，且模型变换后所得系统的定义域并非与原系统定义域完全对应。与σ变换法相比，齐次法[105]同样将奇异性变换应用于海洋航行器镇定控制中，从而保证系统稳定到原点的较小邻域。该方法控制律虽同样存在奇异点，但其奇异性范围由面缩小为点。但该方法步骤较为繁琐，且所得闭环系统运动时间长，控制轨迹不理想。参考文献[106]在海洋航行器的镇定控制中将平均法和齐次系统理论结合，利用微分同胚变换，为变换后系统设计了指数收敛的具有局部稳定的周期时变控制器。该方法证明海洋航行器在原点处小时间范围内局部可控，且参数不确定性对系统的稳定性影响不大。参考文献[107]改进了齐次法提出时变控制律以保证海洋航行器全局渐近稳定。参考文献[108]针对非对称情况下模型中的惯性系数矩阵和阻尼系数矩阵非对角元素并不全为零的海洋航行器，基于级联理论设计了多种情形下的镇定方法。其后续工作[109]为处理高速运动中海洋航行器阻尼系数与速度的耦合关系，结合齐次性理论和平均系数理论，提出一种海洋航行器指数鲁棒镇定控制方法。该方法首先通过极坐标变换，得到新的海洋航行器的动力学和运动学模型，将控制问题转化为全驱动控制问题。而后针对流速变化导致的干扰变化问题，对海流干扰下流向角与艏向角的关系数学建模，最终实现海流干扰下非对称海洋航行器的镇定控制。

上述方法虽可获得较为理想的收敛速度，但所得控制律存在奇异性。海洋航行器切换控制以状态值或时间作为控制律的切换条件，将原系统解耦为多个子系统。而后，单独为每个子系统设计控制律以简化计算。参考文献[110]基于奇异性坐标变换将海洋航行器镇定问题简化为三阶链式系统的镇定问题，并使用切换控制策略将奇点引出，推导出时不变切换控制律。随后，参考文献[111]分析该方法的弊端，并以偏航角与艏摇角速度的值作为触发条件，提出一种海洋航行器切换镇定控制律。参考文献[17]基于切换方法提出滑模控制律镇定海洋航行器系统。同年，在参考文献[17]基础上，参考文献[37]使用递归分解设计思想镇定海洋航行器系统。2009年，参考文献[59]通过坐标变换将海洋航行器系统简化为线性定常系统，得到海洋航行器全局 κ 指数镇定的切换控制器。上述文献虽通过切换策略避免控制律的奇异性，但所得指数收敛性能依赖于奇异性坐标变换。同年，参考文献[112]应用滑模控制理论提出海洋航行器非连续切换镇定控制器，得到全局渐近稳定控制律。所得控制律虽对系统的初始状态并没有限制，但在镇定过程中艏摇角速度波动较大，并且稳定时间较长。参考文献[113]将原海洋航行器位置变量转换到新的坐标系中，解耦后对系统进行稳定性分析，简化了控制器设计，而后以偏航角的值作为切换的触发条件设计镇定控制律，以此提出切换控制方法，可保证海洋航行器全局渐近稳定，实现了海洋航行器的全局 κ 指数镇定控制。参考文献[114]提出了一种具有非对角惯性和阻尼矩阵的海洋航行器全局渐近稳定的切换算法。使用有限时间切换法，将海洋航行器控制分成若干部分，根据偏航速度的初始值是否为零，所提出的控制方法可以分为三个或两个阶段来描述，从而降低控制律设计的复杂性。

参考文献[114]基于有限时间控制理论，引入时间触发的切换策略，得到指数非奇异控制律。但由于有限时间控制律所得闭环系统稳定截止时间受限于初始条件，当初始状态未知时，系统切换的驻留时间不可知，使控制律的设计变得困难。相比于有限时间控制，固定时间控制方法[115-117]所得闭环系统的截止时间由参数决定，且独立于系统的初始状态[118-125]。因此，固定时间切换策略所得控制律切换驻留时间独立于系统初始条件，具有很深的研究价值。常规固定时间控制器可能会因使用分数幂项而引起高频振荡即抖振。虽可通过边界层技术[126]或高阶滑模控制律[127]来减弱抖振现象，但两种方法都有其局限性。相比之下，参考文献[128]使用尺度函数实现固定时间控制，该方法中无须使用符号函数，从而避免出现抖振问题，且无须常规固定时间控制方法中的高阶项，从而避免过大的控制收益。但由于参考文献[128]研究对象为线性系统，无法应用于海洋航行器镇定控制。因此，该方法需进一步研究。

此外，在海洋航行器所需执行的目标搜索、追踪、包围、海洋监测和军事等应用中，存在部分团体任务(如编队和会合)，此时镇定控制问题可归为协同镇定控制。参考文献[129]给出了具有非对角惯性、阻尼矩阵和固定通信拓扑的海洋航行器的光滑渐近协同镇定控制律。结果在参考文献[130]中进行了扩展，从而获得了一种光滑协同镇定控制方法，可确保在变化的通信拓扑下实现指数收敛。多数相关文献渐近或指数地实现海洋航行器的协同镇定控制，相比之下，固定时间控制方法具有更好的鲁棒性和更快的收敛速度。将基于固定时间控制理论的海洋航行器镇定策略应用于协同镇定控制具有重要的理论意义。

1.4 轨迹跟踪控制

保证海洋航行器能够出色完成各种特定任务的前提就是需要海洋航行器具备对设定轨迹实施精确跟踪的能力，这种能力是满足海洋航行器水下圆满完成任务的重要指标之一，而达到这一要求的关键之处在于海洋航行器的轨迹跟踪技术。

随着海洋探索的不断深入，新的作业任务对海洋航行器提出更高的要求，在面对大范围、高时效要求的任务时，依靠单一海洋航行器无法完成，在这种任务需求背景下，多AMV协同作业系统研究相继被各国科研机构列入研究计划。

目前，针对海洋航行器的轨迹跟踪控制研究主要集中在利用先进控制理论，对轨迹跟踪误差系统进行建模，进而求解控制器，实现轨迹跟踪目标[131]。针对海洋航行器非线性动力学模型，参考文献[132]基于李雅普诺夫直接法设计了具有指数收敛律的轨迹跟踪控制器，实现对二维及三维轨迹的跟踪，得到一致最终有界的跟踪效果。进一步，针对含有模型参数不确定的海洋航行器运动模型，参考文献[133]研究了六自由度轨迹跟踪控制。在该文献中整个控制目标分为两步实现。首先，通过轨迹规划确定参考轨迹，联立参考轨迹和海洋航行器运动模型设计虚拟控制输入(速度及姿态)作为跟踪信号，简化控制器的设计难度，提高控制效果；其次，基于李雅普诺夫直接法、Backstepping理论及自适应技术设计轨迹跟踪控制律，保证轨迹跟踪目标的实现。这里，采用自适应技术对模型参数不确定进行近似，表现出了一定的鲁棒性，并结合Lyapunov稳定性原理和Barbalat理论证明了控制器的稳定性和有效性，但由于自适应技术固有残差的存在，只能得到一致最终有界的跟踪结果。

1.4.1 抗干扰轨迹跟踪控制

考虑时变海洋干扰，参考文献[134]分别研究了直线及圆形下的轨迹跟踪控制，根据滑模变结构控制理论设计了纵向推力和转艏力矩，实现轨迹跟踪。这里，利用滑模变结构控制理论对干扰的强抑制作用，补偿了外界干扰和模型参数不确定对系统的影响。参考文献[135]利用终端滑模控制理论分别设计了运动学和动力学控制器，保证系统跟踪上参考信号及跟踪误差收敛于零，实现了海洋航行器的轨迹跟踪控制，得到全局渐近稳定的跟踪效果。基于模糊理论、滑模变结构控制理论及自适应技术，参考文献[136]提出了一种基于模糊自适应滑模的控制算法，基于海洋航行器系统动力学模型，将其运动通过变结构滑模控制律结合模糊逼近设计出海洋航行器轨迹跟踪控制系统，进一步，将海洋航行器在三维空间的轨迹运动通过Backstepping法和滑模变结构控制理论设计了轨迹跟踪控制律[137]。在参考文献[136,137]中滑模面的引入增强了控制算法的鲁棒性，对外界干扰显示出较好的抑制作用。为了实现具有模型参数不确定及外界干扰的海洋航行器的水平面鲁棒轨迹跟踪控制，基于李雅普诺夫理论及 Backstepping 理论，参考文献[138]设计了非线性控制律，并结合滑模变结构控制理论提高控制系统的鲁棒性，实现最终的轨迹跟踪。

针对含有时变干扰的情况，参考文献[139]将惯性坐标系下误差变量转换为附体坐标系下误差变量，推导误差方程，在 Backstepping 理论下基于李雅普诺夫稳定性理论研究了滑模控制理论的相关算法，设计出时变干扰下的海洋航行器水平面轨迹跟踪控制器，实现轨迹跟踪控制。针对模型参数不精确及时变干扰问题，采用自适应滑模控制器进行自适应补偿估计，提高了海洋航行器在未知环境干扰中的鲁棒性和自适应能力，得到一致最终有界的跟踪效果。参考文献[140]研究了具有输入及速度约束的海洋航行器全局轨迹跟踪控制问题，首先对模型进行线性化，设计虚拟输入，解决速度跳变问题，满足输入及速度约束；进一步，结合自适应无抖振滑模理论，设计全局轨迹跟踪控制律，实现轨迹跟踪。针对海洋航行器轨迹跟踪控制的速度跳变问题，参考文献[141]提出了一种基于生物启发神经动力学模型的轨迹跟踪控制算法，利用生物启发神经动力学模型的平滑、有界输出的特性，构造简单的中间虚拟变量，克服了海洋扰动影响下海洋航行器控制律设计过程中的速度跳变问题，并且控制效果能够达到全局渐近稳定、输出结果连续平滑。利用滑模控制理论的不变性及克服海洋航行器轨迹跟踪过程中的参数不确定性及摄动的鲁棒性，针对实际应用中执行器受限导致滑动模态的丧失，使得滑模控制理论不再适用的弊端，参考文献[142]采用滑模控制理论及边界层厚度动态控制的方法进行了滑模控制器的设计，解决了存在速率和幅值限制约束。

考虑存在模型参数不确定及惯性矩阵中非对角元素不为零情况，参考文献[143]首先引入了坐标变换，处理了非对角元素不为零的情况，其次基于变换后的模型及神经网络技术，设计虚拟控制输入及真实控制输入，保证轨迹误差趋近零，除了对传统的纵向速度控制外，还增加了横向和垂向的虚拟速度控制，实现了海洋航行器对参考轨迹的跟踪控制，得到一致最终有界的控制结果。同样，针对惯性矩阵非对角元素不为零的情况，参考文献[144]通过两次全局微分同胚变换将存在非零项的运动模型转换为级联形式，针对简化后的模型构造轨迹跟踪误差模型，将轨迹跟踪控制问题转换成对误差的镇定问题，设计镇定控制器，实现了非完全对称的高速航行器的任意参考轨迹的跟踪控制。参考文献[145]采用 Backstepping 控制方法设计了水平面轨迹跟踪控制器，得到位置跟踪全局一致渐近稳定的跟踪性能，此外，针对参考航向角速度不为零的一类参考轨迹，推导出了保证系统全局稳定的控制器设计参数及参考轨迹条件。考虑具有执行器饱和及外界干扰的轨迹跟踪问题，参考文献[146]设计了连续制导和模糊控制律，不仅避免了常规运动学和动力学级联控制的影响，并且把视线导航(LOS)运用到了海洋航行器的轨迹跟踪当中，将轨迹的垂直跟踪误差转换成俯仰角度跟踪来弥补系统配置的不足。另外，自适应模糊控制器避免了执行机构的饱和问题，并进一步保证了系统的稳定性，实现了垂直面内海洋航行器轨迹跟踪控制。参考文献[147]提出了一种海洋航行器自适应Backstepping动态滑模控制。采用虚拟速度代替姿态误差的控制，将姿态跟踪控制转变为速度控制，有效避免了传统Backstepping控制求解过程中存在的奇异值问题。

综上所述，当前针对海洋航行器的轨迹跟踪问题，主要集中在海洋航行器系统的非线性、非完整性、耦合性、参数不确定性及时变干扰，应用最多的为Backstepping控制算法，得到一致最终有界或全局渐近稳定的跟踪性能。但随着系统阶数的增加，Backstepping算法会增加计算负担，导致计算爆炸等问题。此外，收敛速率也是轨迹跟踪控制的重要性能指标，以上所有算法只能保证系统的一致有界或全局渐近稳定，但收敛时间却是无限的，针对收敛时间有特定要求的情况不再适用。如何减少计算量，确保系统要求时间内收敛是一个具有挑战性的问题。

海洋航行器在执行轨迹跟踪任务时，可能会遇到障碍物、狭窄通道等恶劣环境，因此，在这些条件下，有必要对海洋航行器的位置和速度进行约束。但传统的海洋航行器跟踪问题没有考虑状态约束，或者假设某状态是有界内。例如，参考文献[148,149]假设海洋航行器的纵向速度在一定范围内。状态约束通常以饱和、停止、性能要求和安全规范的形式存在。任何违反这些约束的行为都可能导致系统瞬态响应的错误行为，甚至可能导致系统故障和一些安全隐患。

因此，在现实需求和理论挑战的驱动下，系统中存在状态约束的问题成为一个重要的研究课题。现有的约束控制方法包括模型预测控制[150-152](Model Predictive Control，MPC)、参考调节器[153-155]、不变集[156,157]和障碍李雅普诺夫函数[158,159](BLF)等，MPC方法将导致计算复杂度的显著提高和实时性的降低，同时，随着非线性系统阶数的增加，也给实际应用带来了许多困难。参考调节器法具有较强的假设性和较高的在线计算成本。不变集方法只能处理系统的初始条件在预先指定的不变集内的情况。与上述几个方法不同的是，BLF方法主要被用于处理非线性系统的状态和输出受限两种情况，且不需要系统的显性解。利用障碍函数设计了布鲁诺夫斯基标准型、严格反馈型和输出反馈型系统的控制器。BLF利用了一个障碍函数在参数接近某个极限时增长到无穷大的特性，通过该特性保持BLF在闭环系统中的有界性，且保证了受限状态不违反所受约束。参考文献[160]利用改进的驻留时间技术，建立了具有多个误差受限的非线性切换系统的自适应控制框架，其中使用BLF处理了系统所受的约束问题。参考文献[161]针对轿车模型，提出了一种自适应神经网络控制方案，控制系统是一个垂直位移和速度受到时变约束且车身质量未知的主动悬架系统，采用时变BLF来保证系统的垂直位移和速度不违反约束，并证明了闭环系统的稳定性。在参考文献[162]中，针对一类具有全状态约束和未知时滞的非线性随机系统，提出了一种自适应神经网络控制器，其中使用BLF求解非线性随机系统的全状态约束问题。参考文献[163]针对一类具有时变全状态约束的非线性时变时滞系统，提出了一种自适应神经控制方法，其中时滞和受限问题是严重限制系统性能甚至导致系统不稳定的主要因素，采用时变非对称障碍李雅普诺夫函数(Asymmetric Barrier Lyapunov Function，ABLF)来解决其中的受限问题，保证了其所有状态始终在时变约束的区间内。

1.4.2 输出约束下轨迹跟踪控制

正如之前所提到的，在实际航行中，由于外部环境的限制及其自身电动机转速有限等原因，航行器的某一个或者几个状态往往存在一定的约束，这就需要在航行器的控制中考虑状态受限的情况。在现有的研究中，往往只是对航行器的受限状态做出假设，并没有使用控制方法来确保这些状态在航行过程中不违反限制，比如参考文献[32]假设航行器的纵向速度在某个范围内。参考文献[165]研究了在多个输出均受到限制的条件下，全驱动航行器的轨迹跟踪控制问题，为了防止违反限制，在设计控制器输入时使用对称的 BLF 方法，最后证明了所有输出状态的有界性。参考文献[34]考虑了在有输出约束和不确定性的情况下，全驱动航行器的轨迹跟踪问题，采用 ABLF 来处理系统的输出受限问题，最后证明了闭环系统的所有信号都是半全局一致有界的。参考文献[167]针对一类具有全状态约束和动力学不确定性的航行器，提出了一种轨迹跟踪控制律，其中采用基于 BLF 的控制方法防止各状态违反约束，保证了闭环系统中的信号是半全局一致有界的，并实现了渐近跟踪。参考文献[36]研究了具有输出约束和不确定性的海洋航行器点对点跟踪控制问题，采用 BLF 来解决输出受限问题，证明了在所提出的控制方法下，所有闭环信号都是有界的且不违反所受限制。参考文献[169]研究了一组控制输入函数部分已知的海洋航行器的领航-跟随编队控制问题，使用了 ABLF 方法来解决视线(Line-Of-Sight，LOS)距离方位角跟踪误差受限的问题，最后证明了整个闭环系统是半全局一致最终有界的。

1.5 协同编队

国内外学者从不同角度出发，对多 AMV 协同编队算法展开分析，从编队思想角度分类，主要有协同跟随策略、领航与跟随策略。其中协同跟随策略又可划分为协同路径跟随与协同目标跟踪。每种策略各有自己的优缺点，根据具体对象、应用场景、指标要求及编队规模等进行选择单一策略或多策略组合运用。

在编队控制领域，协同路径跟随是指编队中的航行器需要跟踪一个参数化的预定轨迹，同时，航行器以期望的速度航行，保持期望的编队构型[170-174]，其空间约束和时间约束是解耦的，需要首先满足空间上的约束。协同目标跟踪是指编队中的航行器通过跟踪一个定义在领航者附近的参考点或目标点，实现队形构建。该策略下，跟随者只能获得目标点的瞬态信息[173,174]。

在协同路径跟随策略下，以期望的前进速度驱使海洋航行器沿给定路径航行便可实现期望协同编队目的。该策略为了实现控制目标，将编队控制目标拆分为两个控制子目标：①运动学目标，驱使航行器收敛至期望路径；②动力学目标，保证航行器以期望的速度沿给定路径航行，即从运动学任务与动力学任务两方面解决多 AMV 协同编队问题。

该策略的优点是，规定整个编队的协同行为简单且编队在操纵过程中可以很好地保持。虚拟结构可在给定方向下发展为一个整体，并能在多 AMV 间保持固定的几何关系。然而，需要较高队形保持性能时，尤其是编队构型为时变或需要进行频繁重置时，该策略的使用会受到限制。此外，协同路径跟随还具有时空解耦、控制误差小、控制信号不易陷入饱和等优点。

1.5.1 协同路径跟随

1. 直线路径

虽然控制器设计思想不同，有的根据轨迹误差设计控制器，有的基于无源策略设计控制器，但总体控制结构相同，将编队任务拆分为动力学与运动学两个子任务来解决。在编队构建及保持过程中，需要设计不同的控制器，分别使航行器收敛至期望的路径并保证航行器以期望的速度沿给定路径航行。

与其他策略相比，该策略下路径设计简单。一条与 x 轴重合的直线，便可设定为期望路径，其他路径与该路径平行，通过设定路径间间距，得到其他航行路径，路径的设定保证了编队的实现。无论实际工程应用还是理论控制研究，为了使得航行器收敛至给定直线路径，Line-Of-Sight（LOS）引导律是解决路径跟随问题中使用比较广泛的方法。使用该方法时，需要考虑抵制洋流鲁棒性以确保控制器良好控制性能。当忽略洋流影响时，LOS 引导律无法驱使航行器完美收敛至期望路径，而是与期望路径间保持一个基于洋流量级的误差。

轨迹误差跟踪编队控制中，编队问题可描述为：①一条直线路径；②一个期望编队构型；③一个期望给定速度。通过同步前进速度构建期望编队构型，即编队过程中航行器以期望速度沿给定路径航行[175]。该文以三条平行直线代表三条期望的航行路径，设计基于 LOS 引导律的轨迹误差跟踪控制器，使得航行器收敛至相对应直线路径。然而，在部分协同控制中，缺少对前进速度的控制，在这种情况下，只会实现路径跟随目标，无法保证期望编队的实现。为了构建期望编队构型，每个航行器通过自适应技术调整前进速度。在这种方式下，通过同步航速构建期望编队构型，航行器以期望速度航行，实现编队保持，得到一致最终有界的编队性能。

参考文献[176]描述了基于无源群组协同框架[177]的多 AMV 协同编队问题，实现了一组 AMV 沿设定路线航行并同时保持期望空间构型的控制目标。为了更好地定义航行路径，该文引入“路径参考点”概念。基本思路为：给定一系列尺寸矢量，该尺寸矢量起到了保持路径间期望距离的作用，根据路径参考点与尺寸矢量的关系得到编队中航行器的期望路径，接着利用基于无源群体协议拓扑完成协同控制，从而实现协同编队。该算法采用分布式控制结构，有效减少了海洋航行器间的信息传输量。

从参考文献[178，179]得到启发，协同编队问题可转化为一致性寻求问题(或信息同步问题)[180]，即编队中航行器根据局部相邻航行器的状态信息更新自己的状态，实现信息同步。在该方式下，每个航行器的最终信息状态收敛至一个共同值。与参考文献[176]一样，该文也引入了“路径参考点”概念，每条航行器配备路径参考点副本，进行轨迹跟踪时，对路径参考点副本进行同步，实现编队控制。实现同步任务时，该文给定算法只需要交换路径参考点参数，大大减少了信息交换量，使得该算法更加适合水下这种信息交换受限的环境。

在海洋航行器协同直线路径跟随编队控制中，由于强非线性，在控制器设计时，需要考虑可控性约束，该约束影响控制结构的选择及整个系统的稳定性。对动力学模型进行稳定性验证时，需要进行更加详细的分析[181]。参考文献[181]中，由于①轨迹偏差跟踪控制器的固有鲁棒性；②设计非线性同步控制器时充分考虑了航行器的固有限制，给定策略进一步保证了航行器编队性能。所设计的同步控制器进一步考虑了航行器间的通信网络拓扑，分别讨论了通信链接有向与无向两种情况。此外，还研究了时变速度下的路径跟随，对路径跟随闭环系统及同步控制闭环系统进行了详细分析并证明了其稳定性。

对于全驱动航行器而言，协同路径跟随编队控制问题相对简单，航行器为全驱动时，路径跟随问题与航行器间同步问题可以充分解耦。对于航行器必须考虑可控性约束，保证同步控制不会导致路径跟随误差动力不可控，还要保证在同步控制器影响下，动力仍然保持稳定。

为了实现在二维空间内航行器在路径跟随下的编队控制，同时考虑洋流干扰，参考文献[182]将①洋流干扰下，带积分环节 LOS 引导律的路径跟随[183,184]；②洋流干扰下，带有 LOS 引导律的协同路径跟随编队控制结果[181]采用级联方法整合，解决了洋流干扰下的编队控制问题。

2. 曲线路径

与直线路径不同，曲线路径以参数函数给出，这大大增加了路径描述难度。为了控制器设计方便及编队构型描述简单，该策略下建立基于 Serret-Frenet 坐标系的运动学与动力学模型。该坐标系分别以路径的切线及法线为坐标系的两个坐标轴。较于直线路径跟随，曲线路径跟随更加复杂。与协同直线路径跟随编队控制类似，协同曲线路径跟随编队问题拆分为两个子问题：①单个航行器的运动控制问题，使得每个航行器收敛至期望路径；②动力匹配问题，根据航行器间的距离要求，控制器同步航行器参数状态，从而实现编队任务。与协同直线路径跟随编队一样，协同曲线跟随编队分别从运动学及动力学两方面完成编队任务。

在协同曲线路径跟随编队控制中，参考文献[185]研究了基于协同路径跟随策略下的海洋航行器编队问题，同时考虑了洋流干扰及参数不确定性问题，得到一致最终有界的编队效果。为了简化编队控制器设计，参考文献[186]要求所有状态可以通过直接测量得到，并且参考模板是充分平滑的，该文给定策略将路径跟随与航行器间的协同运动进行了解耦。参考文献[187]在协同路径跟随编队控制问题中，考虑了航行器间的通信问题，设计的控制器允许具有一定的通信时延。

相较于路径跟随，轨迹跟踪更加注重实时性。参考文献[188]研究了曲线轨迹跟踪下的编队控制。曲线轨迹跟踪下的航行器编队通过相对于给定轨迹的编队位置来实现。由于 Serret-Frenet 坐标系在直线路径跟随及非奇异点处容易出现问题，该文引入了测地线参考坐标系。较于 Serret-Frenet 参考坐标系，测地线参考坐标系解决了两大限制：①可以定义直线路径；②在拐点附近的变化是平滑的。

参考文献[189]采用自适应协同跟踪控制(曲线路径跟随)实现编队控制。根据时变参数、未建模非线性动力、未知干扰表示的系统对航行器进行建模，设计鲁棒自适应分布式控制器使得所有航行器同步于编队要求下的期望路径。该文提出的非线性鲁棒自适应路径跟随与协同控制方法，充分考虑了航行器动力系统中的时变参数。自适应鲁棒控制律可以补偿系统中的非建模动力，外加干扰以及参数不确定。在控制器设计中，运用运动学模型设计了路径跟随控制器，引入了可视距离角的概念。该文同时给出了运用动力学模型设计的路径跟随与协同控制器。

1.5.2 领航与跟随策略

领航与跟随(leader-follower)编队控制指：在编队中某个航行器被指定为领航者，其余航行器作为它的跟随者，领航者跟踪预先设定的参考轨迹，跟随者以一定的间隔距离与角度跟踪领航者。从定义可看出，该策略将编队问题转化为跟随者跟踪领航者的方向与位置问题[190]。

该策略的优点是：指定单一量，即领航者的运动引导整个编队行为，易于理解和执行。另外，当领航者受到干扰引起摄动时，仍能保持编队队形。鉴于该原因，领航-跟随策略在实际研究中被广泛采用。其缺点是：编队目标的实现过于依赖领航者，跟随者与领航者间没有明确反馈，领航者可能成为编队目标无法实现的单一失败点。

参考文献[191]首次提出了基于 leader-follower 策略的多航行器编队算法，该算法中，领航者沿着任务路径航行，跟随者与领航者之间保持一定的距离与角度。该策略中，跟随者不但可以跟随领航者，还可以跟踪基于领航者位置的参考轨迹[192]。该算法引入了“虚拟船”概念，基本思想是：构建虚拟航行器轨迹，使该轨迹收敛至跟随者的参考轨迹。设计位置跟踪控制器使得跟随者跟踪虚拟船，从而实现编队控制。该算法将 n 条航行器拆分为 $n-1$ 个领航与跟随对，在每对中，跟随者与自己领航者间保持期望的距离与角度。当所有航行器到达期望的位置时，期望的编队得以实现。当跟随者跟踪基于领航者位置的参考轨迹时，控制器设计不需要领航者的速度与动力信息，这大大减少了通信量，有效地避免了通信约束，特别适用于水下弱通信环境。参考文献[193]研究了输入受限情况下的编队控制，同样采用了 leader-follower 策略。基于 leader-follower 策略编队控制中，设定的距离与角度变量存在饱和问题，针对该问题，参考文献[194]进行了研究，在解决饱和问题的同时，引入了有限时间控制理论，保证有限时间内编队控制目标的实现。参考文献[195]基于 leader-follower 策略，研究了自主航行器的编队控制，但在控制器设计过程中，将航行器模型简化为 1 阶动态系统，从理论上证明了所设计控制器的稳定性。参考文献[196]在 leader-follower 策略中，引入人工势场函数，提高了自主航行器编队的协调性、协作性、安全性，增强了编队体系的环境自适应能力。参考文献[197]研究了控制饱和约束下的自主航行器编队控制问题，基于 leader-follower 策略描述编队构型，提出了一种基于广义饱和函数的控制算法，解决了饱和问题。

受导弹拦截中追踪引导理论及航行器点对点导航[198]启发，参考文献[199]提出了一种跟随者跟踪虚拟目标策略。虚拟目标充当了领航者的角色。跟随者跟踪相对于领航者定义的虚拟目标实现编队。在控制器设计时，该文运用了神经网络及动态面技术，提高了鲁棒性。较其他控制器有如下优点：①该控制器设计思想可以运用于其他编队平台，通用性较好且设计不依赖航行器模型；②在控制器设计中，动态面技术比 Backstepping 技术更加简单，计算量较小；③避免了控制器设计过程中的奇异点问题。

参考文献[200]中的虚拟目标与参考文献[199]中的虚拟航行器作用相同，充当领航者角色，使得虚拟航行器行驶轨迹与跟随者参考轨迹相同，将编队控制问题转化为跟随者跟踪虚拟航行器问题。

除了 Serret-Frenet 参考坐标系，参考文献[201]借鉴参考文献[202]中移动机器人队形控制的方法，在 Cartesian 坐标系下建立新的 leader-follower 航行器编队控制模型，实现了航行器协同编队。该编队是在理想环境下实现的，忽略了洋流干扰、航行器间通信约束，并假设航行器各参数可以精确得到。

参考文献[203]研究了自主航行器在领航-跟随策略下的编队控制，运用自适应技术调整领航者与跟随者间的距离与角度，实现编队目标。参考文献[204]通过定义领航者与跟随者间的距离与角度误差变量，根据误差变量设计控制器，从而实现编队控制。参考文献[178]研究了极坐标系下领航与跟随编队控制，该坐标系下所建立的模型结构比较复杂，不易于分析与设计，并且没有直接考虑航行器之间航向角稳定性问题，同时根据在该坐标系下所得到的模型进行控制器设计时可能存在奇异点。

多自主海洋航行器编队运动在实际中的主要运用就是进行海底石油管道的检测[205,206]，在应用中，要求三个海洋航行器以相同或不同的深度沿着管道移动，此外，设计特定平行路径跟随下的编队控制器使得海洋航行器运动收敛至输油管道，这样避免了对管道检测的遗漏[207]，大大提高了检测效率与准确度。水下环境中，由于声呐通信严格受到带宽限制，需要严格控制信息量交换。在这种情况下，实现多航行器协同编队控制一个可行性策略就是领航与跟随策略。该策略主要优势就是所需航行器间的信息交换量比较少[208]。

1.5.3 其他策略

参考文献[209]研究了基于行为策略的编队控制，而且是基于零空间的行为控制。可将基于零空间行为看为一个集中引导系统，旨在驱动航行器在复杂环境中运动，同时可以完成多个任务，例如障碍避碰及编队保持。基于行为编队控制容易实现分布式控制，系统应变能力较强，能够较好地应对避碰避障问题，编队也能通过成员相互之间的感知达到队形反馈的目的。但是由于不能明确定义编队整体行为，不利于系统的稳定性分析。

参考文献[198]研究了基于虚拟结构策略的编队控制，在编队控制研究中引入势力场，避免碰撞问题。在该策略下将编队中所有个体视为一个刚性个体进行处理，首先确定虚拟结构的运动学和动力学特性，然后推导出虚拟结构上虚拟目标点的相应特性，最后通过设计控制律驱使海洋航行器对相应虚拟目标点进行跟踪，进而实现编队控制。虚拟结构策略由于系统有明显的队形反馈，便于编队行为的确定和队形的保持，但该策略由于需要时刻保持同一个刚性结构，缺乏灵活性和适应性，不适合队形变换，实现避障功能。

受拉格朗日力学启发，参考文献[210,211]提出一种新颖自主航行器编队控制方法。以一组约束函数集合的形式给定了期望的编队结构和航行器响应，这些函数依照解析力学中的约束来处理。由约束函数产生并反馈的约束力用以保持编队组合，这一约束力可以理解为控制律。该方法无须过多的修改，便可应用于单一海洋航行器的位置控制，且具有对环境干扰和时延的鲁棒性。参考文献[211]主要展示了如何根据约束函数求解约束编队构型为虚拟结构的约束力。同时研究了航行器在受到外力、测量噪声以及通信延时干扰情况下的编队保持。同样的方法还可以应用于其他控制，例如点的稳定或轨迹跟踪。基于势函数策略可以通过针对不同的情形分别设计相约束函数，可以很好地处理避障避碰问题；但当约束函数设计较多时容易导致海洋航行器出现小范围的往复运动，增大消耗，另外约束函数的选取比较困难。

参考文献[212]研究了基于仿射变换的弹性编队控制。这里的仿射变换主要有平移、旋转、缩放。较其他文献，该文以独轮车模型代表了航行器模型，通过仿射变换可以实现任意编队构型，该策略还可以有效避免编队运动过程中的障碍物，具有一定的避障功能。

受多智能体一致性启发，参考文献[213]研究了基于一致性算法的全驱动海洋航行器的编队控制问题，通过一致性算法将各海洋航行器的位置及速度趋于一致实现编队构型；此外，参考文献[214]将一致性算法与虚拟结构策略相结合，实现了最终的编队控制。在该策略下，需要个体之间进行信息交互，便于实现大规模海洋航行器的编队，但由于需要设定合适的拓扑结构及各海洋航行器的状态信息，通信负担较大，增加能耗，且编队错误率较高。

1.6 全书结构安排

全书共分为 12 章，结构安排如下：

第 1 章介绍了 AMV 几类问题的研究意义，回顾了 AMV 镇定、轨迹跟踪及编队控制的研究现状，分析了各类问题中存在的难点。

第 2 章给出了本书的主要研究工作及 AMV 控制的运动数学模型和相关预备知识。

第 3 章研究具有非对角惯性和阻尼矩阵动力学特性的欠驱动水面航行器的全局渐近时变镇定控制问题。为提高系统在原点附近的收敛速度，同时保证控制律的连续性，提出分数幂与变周期两种时变控制律。

第 4 章研究匹配和非匹配扰动同时存在情况下的 AMV 抗干扰时变镇定控制问题。基于固定时间扰动观测器，设计控制律保证 AMV 状态收敛到有界区域。

第 5 章研究具有执行器死区和偏航约束的 AMV 抗扰时变镇定控制问题。结合 BLF 与反步法得到 AMV 镇定控制律，可保证偏航角和角速度不超出约束边界。此外，针对执行器死区特性问题，本章设计一种新的固定时间扰动观测器。

第 6 章研究基于切换控制的 AMV 全局指数镇定问题。引入辅助变量，设计固定时间切换控制策略，实现 AMV 全局指数镇定。而后利用反步法与尺度函数，提出一组 C_1 光滑控制律，保证微分同胚系统固定时间稳定，避免抖振。

第 7 章在时变扰动下研究了 AMV 的轨迹跟踪问题。借助辅助动态系统处理饱和问题，对滤波误差进行了补偿。针对执行器动态及扰动，利用扰动观测器实现对复合扰动精确估计，得到闭环系统的全局固定时间稳定的跟踪效果。

第 8 章研究了 AMV 全状态受限情况下的轨迹跟踪控制问题。使用有限时间干扰观测器来估计环境扰动带来的影响，基于微分同胚变换，引入 BLF 方法来保证 AMV 的各个状态不违反所要求的约束条件。

第 9 章研究了艏向角和纵向速度受限的多 AMV 有限时间协同路径跟踪控制问题。使用积分 LOS 引导律保证 AMV 的协同控制，同时引入有限时间扰动观测器，实现扰动精确估计。结合 BLF 方法，保证纵向速度和艏向角能在有限时间内跟踪上期望值完成协同路径跟踪，且不违反约束条件。

第 10 章研究了领航 AMV 速度不可测及 LOS 存在约束下的编队控制问题。考虑了 AMV 模型含有非对角线元素的情况，借助坐标变换，消除艏摇力矩对横漂的影响，引入“虚拟船”及事件角概念，将编队控制问题转化为轨迹跟踪问题，设计了编队控制律，保证了编队系统的一致最终有界。

第 11 章基于固定时间理论，分别研究了存在模型不确定和时变扰动及跟随 AUV 速度不可测的编队控制问题。设计了扰动观测器，实现了编队控制系统的全局固定时间稳定。考虑了领航 AMV 速度不可测的情况，设计有限时间状态观测器。借助障碍李雅普诺夫函数，避免了控制律设计过程中对约束的违背。

第 12 章研究了基于事件触发间歇通信的 AMV 固定时间编队控制。针对连续性通信的弊端，设计了一种连续性通信与周期性通信切换的事件触发机制。为避免 Zeno 现象，引入指令滤波技术及动态辅助系统，同时设计了状态观测器，实现对跟随 AMV 速度的固定时间估计，得到 AMV 编队全局固定时间控制律。

第2章 基础知识

2.1 数学建模

研究 AMV 的运动，首先建立 AMV 运动坐标系，坐标系一般选用惯性坐标系 $\{E\}$（即 $O_EX_EY_EZ_E$）及固定于航行器质心的附体坐标系 $\{B\}$（即 $O_bX_bY_bZ_b$）。坐标系和符号的定义如图 2-1 和表 2-1 所示。对于海洋航行器的运动，一般需要 6 个独立的自由度来描述航行器的位置和姿态，即随着附体坐标系中 3 个坐标轴移动和转动运动。移动运动（即位置）包括纵荡 x、横荡 y 和垂荡 z，以前进速度 u、横漂速度 v 及垂荡速度 ω 表示沿 x、y、z 轴的速度、转动运动（即姿态）包括横摇 φ、纵摇 θ、艏摇 ψ，以横摇角速度 p、纵摇角速度 q 及艏摇角速度 r 表示航行器的姿态及沿 x、y、z 轴的旋转角速度。在惯性坐标系 $\{E\}$ 中，O_E 为坐标系的原点，可取海平面或地面上任一点，O_EZ_E 指向地心，O_EX_E 及 O_EY_E 位于水平面，且互相垂直；在附体坐标系 $\{B\}$ 中，O_b 一般选取航行器的质心，O_bX_b 为纵轴指向航行器的前进方向，O_bY_b 为横轴指向航行器的侧推方向，O_bZ_b 为垂向轴指向航行器的下沉方向。

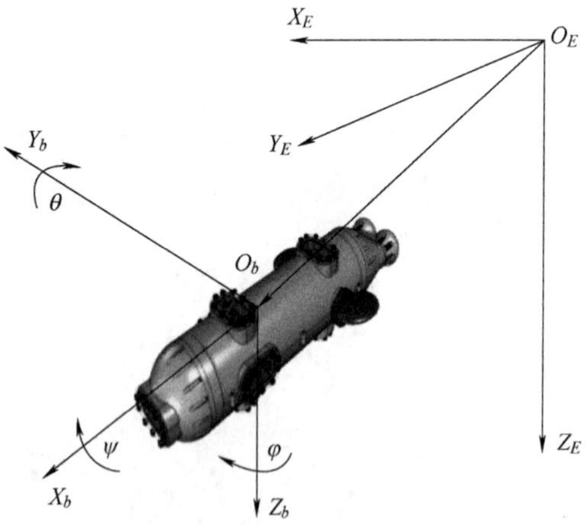

图 2-1 惯性坐标系及附体坐标系

表 2-1 AMV 各状态变量符号表示

运动	力及力矩	线速度及角速度	位置及姿态
纵向	X	u	x
横向	Y	v	y
垂向	Z	ω	z

（续）

运动	力及力矩	线速度及角速度	位置及姿态
横摇	K	p	φ
纵摇	M	q	θ
艏摇	N	r	ψ

2.1.1 AMV水平面运动数学模型

忽略垂向、横摇和纵摇运动，AMV水平面运动数学模型为[73,83-85]

$$\begin{cases} \dot{\boldsymbol{\eta}}=\boldsymbol{R}(\psi)\boldsymbol{v} \\ \boldsymbol{M}\dot{\boldsymbol{v}}+\boldsymbol{C}(\boldsymbol{v})\boldsymbol{v}+\boldsymbol{D}(\boldsymbol{v})\boldsymbol{v}=\boldsymbol{\tau}+\boldsymbol{\tau}_w \end{cases} \tag{2-1}$$

其中，$\boldsymbol{\eta}=[x,y,\psi]^{\mathrm{T}}\in\boldsymbol{R}^3$，表示惯性坐标系$\{E\}$下AMV的位置及航向角；$\boldsymbol{v}=[u,v,r]^{\mathrm{T}}\in\boldsymbol{R}^3$为AMV在附体坐标系$\{B\}$下的速度向量；$\boldsymbol{\tau}=[\tau_u,\tau_v,\tau_r]^{\mathrm{T}}\in\boldsymbol{R}^3$为控制输入，其中，$\tau_u$为前进控制，$\tau_v$为横移控制力，$\tau_r$为艏摇控制力矩；$\boldsymbol{\tau}_w=[\tau_{wu},\tau_{wv},\tau_{wr}]^{\mathrm{T}}\in\boldsymbol{R}^3$表示在附体坐标系$\{B\}$下由风、浪、流引起的环境干扰；$\boldsymbol{R}(\psi)$为旋转矩阵且具有$\boldsymbol{R}^{-1}(\psi)=\boldsymbol{R}^{\mathrm{T}}(\psi)$；$\boldsymbol{M}=\boldsymbol{M}^{\mathrm{T}}\in\boldsymbol{R}^{3\times3}>0$为包括附加质量的非奇异对称正定惯性矩阵；$\boldsymbol{C}(\boldsymbol{v})\in\boldsymbol{R}^{3\times3}$为科里奥利及向心力矩阵；$\boldsymbol{D}(\boldsymbol{v})\in\boldsymbol{R}^{3\times3}$为水动力阻尼矩阵。它们具体形式分别为

$$\boldsymbol{R}(\psi)=\begin{bmatrix}\cos\psi & -\sin\psi & 0\\ \sin\psi & \cos\psi & 0\\ 0 & 0 & 0\end{bmatrix}\qquad \boldsymbol{M}=\begin{bmatrix}m_{11} & 0 & 0\\ 0 & m_{22} & m_{23}\\ 0 & m_{32} & m_{33}\end{bmatrix}$$

$$\boldsymbol{C}(\boldsymbol{v})=\begin{bmatrix}0 & 0 & -m_{22}v-m_{23}r\\ 0 & 0 & m_{11}u\\ m_{22}v+m_{23}r & -m_{11}u & 0\end{bmatrix}\qquad \boldsymbol{D}(\boldsymbol{v})=\begin{bmatrix}d_{11} & 0 & 0\\ 0 & d_{22} & d_{23}\\ 0 & d_{32} & d_{33}\end{bmatrix}$$

上述矩阵中

$$m_{11}=m-X_{\dot{u}},\ m_{22}=m-Y_{\dot{v}},\ m_{23}=mx_g-Y_{\dot{r}},\ m_{33}=I_z-N_{\dot{r}};\ d_{11}=-(X_u+X_{u|u|}u),$$
$$d_{22}=-(Y_v+Y_{v|v|}|v|+Y_{v|r|}|r|),\ d_{23}=-(Y_r+Y_{r|v|}|v|+Y_{r|r|}|r|),$$
$$d_{32}=-(N_v+N_{v|v|}|v|+N_{v|r|}|r|),\ d_{33}=-(N_r+N_{r|v|}|v|+N_{r|r|}|r|)。$$

其中，m为AMV质量；X_u，$X_{|u|u}$，Y_v，$Y_{|v|v}$，$Y_{|r|v}$，Y_r，$Y_{|v|r}$，$Y_{|r|r}$，$N_{\dot{r}}$，N_v，$N_{v|v|}$，$N_{|r|v}$，N_r，$N_{|r|r}$及$N_{|v|r}$是线性二次阻力系数；$X_{\dot{u}}$，$Y_{\dot{v}}$，$Y_{\dot{r}}$，$N_{\dot{r}}$为附加质量；x_g为X轴上重心远离中心距离；I_z为垂直轴的转动惯量。

惯性矩阵$\boldsymbol{M}$中含有非对角线项m_{23}，这是由于AMV顶端与尾端不对称导致。由于m_{23}的存在可以看出横漂动态受艏摇转矩的影响[86]。

2.1.2 AMV 三维运动数学模型

固定姿态下 AMV 三维运动数学模型为[80,87]

$$\begin{cases} \dot{\boldsymbol{p}} = \boldsymbol{J}(\boldsymbol{\Theta})\boldsymbol{v} \\ \boldsymbol{M}\dot{\boldsymbol{v}} = -\boldsymbol{D}(\boldsymbol{v})\boldsymbol{v} + \boldsymbol{g}(\boldsymbol{\Theta}) + \boldsymbol{\tau} + \boldsymbol{\tau}_w \end{cases} \tag{2-2}$$

其中，$\boldsymbol{p}=[x,y,z]^{\mathrm{T}}\in R^3$ 为位置矢量；$\boldsymbol{\Theta}=[\varphi,\theta,\psi]^{\mathrm{T}}\in R^3$ 为姿态矢量；$\boldsymbol{v}=[u,v,\omega]^{\mathrm{T}}\in R^3$ 为速度矢量；$\boldsymbol{\tau}=[\tau_u,\tau_v,\tau_\omega]^{\mathrm{T}}\in R^3$ 为控制输入；$\boldsymbol{\tau}_w=[\tau_{wu},\tau_{wv},\tau_{w\omega}]^{\mathrm{T}}\in R^3$ 为由风、浪、流引起的环境干扰。$\boldsymbol{M}$、$\boldsymbol{D}(\boldsymbol{v})$ 和 $\boldsymbol{g}(\boldsymbol{\Theta})$ 分别为惯性矩阵、阻尼矩阵及恢复力矢量，具体形式如下：

$$\boldsymbol{M}=\mathrm{diag}\{m_u,m_v,m_\omega\},\ \boldsymbol{D}(\boldsymbol{v})=\mathrm{diag}\{d_{L1}+d_{Q1}|u|,d_{L2}+d_{Q2}|v|,d_{L3}+d_{Q3}|\omega|\}$$

$$\boldsymbol{g}(\boldsymbol{\Theta})=[(W-B)s_\theta,-(W-B)c_\theta s_\phi,-(W-B)c_\theta c_\phi]^{\mathrm{T}}$$

为了描述简单，令 $s_a=\sin a$，$c_a=\cos a$。$\boldsymbol{J}(\boldsymbol{\Theta})$ 为

$$\boldsymbol{J}(\boldsymbol{\Theta})=\begin{bmatrix} \boldsymbol{J}(\boldsymbol{\Theta})_1 & \boldsymbol{J}(\boldsymbol{\Theta})_2 \\ -s_\theta & \boldsymbol{J}(\boldsymbol{\Theta})_3 \end{bmatrix}$$

其中，$\boldsymbol{J}(\boldsymbol{\Theta})_1=\begin{bmatrix} c_\psi c_\theta & -s_\psi c_\phi+c_\psi s_\theta s_\phi \\ s_\psi c_\theta & c_\psi c_\phi+s_\phi s_\theta s_\psi \end{bmatrix}$，$\boldsymbol{J}(\boldsymbol{\Theta})_2=\begin{bmatrix} s_\psi s_\phi+c_\psi c_\phi s_\theta \\ -c_\psi s_\phi+s_\theta s_\psi c_\phi \end{bmatrix}$，$\boldsymbol{J}(\boldsymbol{\Theta})_3=[c_\theta s_\phi \quad c_\theta c_\phi]$。

2.2 预备知识

2.2.1 稳定性定义

定义 2.1[132,133]：若系统在某平衡点李雅普诺夫稳定，且在时间 t 趋于无穷大时收敛到该平衡状态，且此过程中不脱离该区域，则称系统在该平衡点渐近稳定。若对任意条件，此性质皆成立，则称系统在该平衡点全局渐近稳定。

定义 2.2[140-142]：考虑系统 $\dot{z}=f(t,z)$，其中 $z\in R^n$ 是系统状态，函数 $f:U\to R^n$ 关于 t 分段连续，$U\subset R^n$ 是包含原点 $z=0$ 的一个域，并且原点为该系统平衡点，即 $f(t,0)=0$，$\forall t\geqslant 0$。若该系统渐近稳定，且存在常数 Γ，满足 $\forall t\geqslant t_0$，都有 $\|z(t)\|\leqslant\Gamma\|z(t_0)\|\mathrm{e}^{-\alpha(t-t_0)}$，则称该系统在平衡点 $z=0$ 指数稳定，且具有常衰减度 α。在其基础上，若 $\Omega=U=R^n$，则系统为全局指数稳定。

定义 2.3[91]：考虑如下系统

$$\dot{x}=f(x) \qquad x\in U\subset R^n \tag{2-3}$$

其中，U 为包括 $x=0$ 的一个开邻域，$f(x)$ 为一连续的向量场，$f(0)=0$，若式(2-3)在平衡点 $x=0$ 处满足李雅普诺夫稳定性，且对于任意的初值 $x(0)\in U$，存在 $T(x)$，使式(2-3)的解 $x(x(0),t)$ 在 $[0,T]$ 有定义且满足 $\lim\limits_{t\to T}x(x(0),t)=0$，且满足

对$\forall t \geqslant T(x)$，均有$x(x(0),t)=0$，则式(2-3)为有限时间稳定的，若$U=R^n$，则式(2-3)是全局有限时间稳定的，若对于任意的初值$x(0)\in U$，$T(x)$皆有界，则式(2-3)为固定时间稳定的，若$U=R^n$，则式(2-3)是全局固定时间稳定的。

定义 2.4[92]：考虑非线性动态系统式(2-3)，假定$x=0$是其平衡点，如果存在连续可微的函数$V(x)$，满足下列条件：

（1）$V(x)$正定，径向无界；

（2）$\dot{V}(x)\leqslant lV^{\alpha}(x,t)$，$\forall x\in U_1\setminus\{0\}$，$U_1$为包括原点的开邻域，$l>0$且$0<\alpha<1$；
那么$x=0$是该系统局部有限时间稳定的平衡点，且稳定时间T满足下式

$$T\leqslant\frac{V^{1-\alpha}(x(t_0))}{l(1-\alpha)}\qquad x(t_0)\in U_1 \tag{2-4}$$

定义 2.5[93]：设$f(x)=[f_1(x),\cdots,f_m(x)]^{\mathrm{T}}$为一向量函数，若对$\forall\varepsilon>0$，$\exists(r_1,\cdots,r_n)^{\mathrm{T}}\in R^n$，使得$f_i(\varepsilon^{r_1}x_1,\varepsilon^{r_2}x_2,\cdots,\varepsilon^{r_n}x_n)=f_i(x)\varepsilon^{k+r_i}$成立，其中$r_i>0$，$i=1,2,\cdots,n;k\geqslant -\max(r_i),i=1,2,\cdots,n$，则称$f(x)$关于$(r_1,\cdots,r_n)$有齐次度$k$。

定义 2.6[93]：称标量函数$V(x)$：$R^n\to R$，关于$(r_1,\cdots,r_n),r_i>0,i=1,2,\cdots,n$，具有齐次度$\sigma$，若对$\forall\varepsilon>0$，$\forall x\in R^n$，有$V(\varepsilon^{r_1}x_1,\varepsilon^{r_2}x_2,\cdots,\varepsilon^{r_n}x_n)=V(x)\varepsilon^{\sigma}$成立。

定义 2.7[88]：考虑如下非线性系统

$$\dot{x}=f(x)\qquad f(0)=0\qquad x(0)=x_0 \tag{2-5}$$

其中，$x=[x_1,x_2,\cdots,x_n]^{\mathrm{T}}\in R^n$为状态向量，$f(x):R^n\to R^n$为非线性函数。如果$f(x)$相对$(r_0,k_0,f_0)$具有零极限齐次性，相对$(r_\infty,k_\infty,f_\infty)$具有无穷极限齐次性，此外，如果系统$\dot{x}=f(x)$及近似系统$\dot{x}=f_0(x)$和$\dot{x}=f_\infty(x)$是全局渐近稳定的，那么

（1）当$k_\infty>0>k_0$满足时，系统的原点是固定时间稳定平衡点；

（2）当d_{V_0}和d_{V_∞}为正实数时，那么$d_{V_0}>\max r_{0,i}(1\leqslant i\leqslant n)$且$d_{V_\infty}>\max r_{\infty,i}(1\leqslant i\leqslant n)$。存在连续正定函数$V:R_n\to R_+$，使得函数$\dfrac{\partial V}{\partial x_i}$相对$\left(r_0,d_{V_0}-r_{0,i},\dfrac{\partial V_0}{\partial x_i}\right)$及$\left(r_0,d_{V_\infty}-r_{0,i},\dfrac{\partial V_\infty}{\partial x_i}\right)$具有无穷极限齐次性，且函数$\dfrac{\partial V}{\partial x}f(x)$是负定的，满足

$$\frac{\partial V}{\partial x}f(x)\leqslant -k_v Y\left(V^{\frac{d_{V_0}+k_0}{d_{V_0}}},V^{\frac{d_{V_\infty}+k_\infty}{d_{V_\infty}}}\right) \tag{2-6}$$

其中，k_v为正实数，函数$Y:R_+^2\to R_+$定义为$Y(a,b)=\dfrac{a}{1+a}(1+b),a,b\in R_+$。

2.2.2 稳定性证明相关引理

引理 2.1[88]：（有限时间稳定）考虑如下非线性系统

$$\dot{x}=f(x)+\hat{f}(t,x)\qquad f(0)=0\qquad x\in R^m \tag{2-7}$$

其中，$f(x)$是一个连续向量函数，且对于扩张$(r_1,\cdots,r^m)$的齐次度为$k<0$，$\hat{f}(t,x)$对

于任意 t 满足 $\hat{f}(t,x)=0$。如果 $x=0$ 是系统 $\dot{x}=f(x)$ 的渐近平衡点，且对于任意 t 存在 $\lim\limits_{\varepsilon\to0^+}\dfrac{\hat{f}_i(t,\varepsilon^{r_1}x_1,\cdots,\varepsilon^{r_m}x_m)}{\varepsilon^{k+r_i}}=0,i=1,\cdots,m$，那么 $x=0$ 是式(2-7)的一个局部有限时间平衡点。此外，如果式(2-7)既是全局渐近稳定又是局部有限时间稳定，那么该系统是全局有限时间稳定。

引理 2.2[89]：(Young's 不等式) 针对任意实数 $\forall x,y\in R$，下述不等式成立

$$x^{\mathrm{T}}y\leqslant\frac{a^p}{p}|x|^p+\frac{1}{qa^q}|y|^q \tag{2-8}$$

其中，$a>0$，$p>1$，$q>1$，且 $(p-1)(q-1)=1$。

引理 2.3[90]：假设存在一个正常数 $k_a\in R$，如果 $x\in R$ 且 $|x|<|k_a|$，则下面不等式成立

$$\ln\frac{k_a^2}{k_a^2-x^2}\leqslant\frac{x^2}{k_a^2-x^2} \tag{2-9}$$

引理 2.4[92]：考虑如下一阶系统

$$\dot{x}(t)=-c\cdot\mathrm{sig}^{\alpha}[x(t)] \tag{2-10}$$

若 c 是正实数，且 $\alpha\in(0,1)$ 时，那么该系统是全局有限时间稳定的。针对任意初始值 $x(t_0)$，该有限稳定时间 t_s 满足 $t_s\leqslant|x(t_0)|^{1-\alpha}/[c(1-\alpha)]$。

引理 2.5[94]：考虑下面一个标称系统

$$\dot{x}=-\alpha x^{\frac{m}{n}}-\beta x^{\frac{p}{q}},\ x(0)=x_0 \tag{2-11}$$

其中，$\alpha>0$，$\beta>0$，m、n、p、q 为正奇数，且满足 $m>n$，$p<q$。那么式(2-9)将在固定时间内收敛到 $x=0$ 且一直保持下去，稳定时间 T 具有确定上界

$$T\leqslant T_{\max}:=\frac{1}{\alpha}\frac{n}{m-n}+\frac{1}{\beta}\frac{q}{q-p} \tag{2-12}$$

此外，如果 $\varepsilon=[q(m-n)/n(q-p)\leqslant1]$，可得到一个保守性较小的收敛时间上界

$$T\leqslant T_{\max}:=\frac{q}{q-p}\left(\frac{1}{\sqrt{\alpha\beta}}\arctan\sqrt{\frac{\alpha}{\beta}}+\frac{1}{\alpha\varepsilon}\right) \tag{2-13}$$

引理 2.6[95]：存在 $\varepsilon_1,\varepsilon_2,\cdots,\varepsilon_m\geqslant0$，那么

$$\sum_{i=1}^{M}\varepsilon_i^p\geqslant\Big(\sum_{i=1}^{M}\varepsilon_i\Big)^p,\ 0<p\leqslant1;\ \sum_{i=1}^{M}\varepsilon_i^p\geqslant M^{1-p}\Big(\sum_{i=1}^{M}\varepsilon_i\Big)^p,\ 1<p\leqslant\infty \tag{2-14}$$

引理 2.7[94,96]：针对系统 $\dot{x}=f(x)$ 沿着轨迹 x，如果存在正则，正定和径向无界的函数 $V(x):R^n\to R_+\cup\{0\}$，且

(1) $V(x)=0\Leftrightarrow x=0$；

(2) $\dot{V}(x)\leqslant-\alpha V^p(x)-\beta V^q(x)+\vartheta$，其中 $\alpha>0$，$\beta>0$，$0<p<1$，$q>1$，那么，当 $\vartheta=0$ 时，系统是全局固定时间稳定，并且稳定时间 T 满足

$$T \leqslant T_{\max} := \frac{1}{\alpha(1-p)} + \frac{1}{\beta(q-1)} \tag{2-15}$$

当 $\vartheta \in (0,\infty)$时，系统是实际固定时间稳定的，系统的解满足

$$\left\{\lim_{t\to T} x \mid_{V(x)} \leqslant \min\left[\alpha^{-\frac{1}{p}}\left(\frac{\vartheta}{1-\theta}\right)^{\frac{1}{p}}, \beta^{-\frac{1}{q}}\left(\frac{\vartheta}{1-\theta}\right)^{\frac{1}{q}}\right]\right\} \tag{2-16}$$

其中，θ 为一个标量满足 $0<\theta<1$。系统收敛到稳定域的时间满足

$$T \leqslant T_{\max} := \frac{1}{\alpha\theta(1-p)} + \frac{1}{\beta\theta(q-1)} \tag{2-17}$$

引理 2.8[151]：设 $z:[0,\infty) \to R$ 为连续一阶可导，且当 $t\to\infty$ 时有极限，若 $\dot{z}$ 在 $t\in[0,\infty)$上一致连续，则$\lim\limits_{t\to\infty}\dot{z}(t)=0$。

引理 2.9[241]：对于一个二阶非线性系统

$$\begin{cases}\dot{\theta}_1 = \theta_2 + f_1(\theta_1, \theta_2, u, t) \\ \dot{\theta}_2 = u + f_2(\theta_1, \theta_2, u, t)\end{cases}$$

一定存在一个正的 C^1 函数 $C(\theta_1)$，满足 $\left|\dfrac{\partial(\theta_2^{*5/3})}{\partial\theta_1}\right| \leqslant C(\theta_1)$，其中 θ_2^* 为虚拟输入。

2.2.3 障碍李雅普诺夫函数

定义 2.8[234]：考虑系统 $\dot{z}=f(z)$，其中 $z\in R^n$ 是系统状态，函数 $f:U\to R^n$ 关于 t 分段连续。D 为包含原点的开区间，$V(z)$为定义在 D 上的关于该系统的正定标量函数。$V(z)$可称为该系统的障碍李雅普诺夫函数，若其具有以下特性：

（1）在 D 上的每个点一阶偏导数存在；

（2）当 z 趋向于 D 边界时，$V(z)\to\infty$；

（3）当 $z(t_0)\in D$ 时，$\forall t>0$，$V(z)\leqslant b$，b 为正常数。

BLF 的特点为当状态趋向于约束边界时，所设计李雅普诺夫函数的值会趋于无穷大。因此，可通过李雅普诺夫函数的有界性保证系统状态不违反约束条件。为使用障碍李雅普诺夫函数(BLF)解决偏航约束问题，本章引入相关理论。

引理 2.10[235]：对状态 z 与正实数 a，函数$\dfrac{a}{\pi}\tan^2\left(\dfrac{\pi z}{2a}\right)$与 $\ln\dfrac{a^2}{a^2-z^2}$为状态 z 的障碍李雅普诺夫函数。

引理 2.11[235]：对状态 z 与任意实数 a，函数$\dfrac{a^2}{\pi}\tan\left(\dfrac{\pi z^2}{2a^2}\right)$为状态 z 的障碍李雅普诺夫函数，且满足 $\lim\limits_{a\to+\infty}\dfrac{a^2}{\pi}\tan\left(\dfrac{\pi z^2}{2a^2}\right)=\dfrac{1}{2}z^2$。

2.2.4 RBF 神经网络

RBF[236-240]神经网络由隐含层和输出层构成，隐含层实现神经网络输入的非线

性映射，即隐含层将输入空间映射到一个新的空间，输出层则将隐含层的输出进行线性组合。因此，RBF 神经网络可以表示成线性参数化形式

$$f_{nn}(\boldsymbol{\chi})=\boldsymbol{W}^{\mathrm{T}}\boldsymbol{\phi}(\boldsymbol{\chi}) \tag{2-18}$$

其中，$\boldsymbol{\chi}=[\chi_1,\chi_2,\cdots,\chi_m]^{\mathrm{T}}\in\Omega_\chi\subset R^m$ 是神经网络的输入向量；$\boldsymbol{W}=[w_1,w_2,\cdots,w_l]^{\mathrm{T}}\in R^l$ 是神经网络的权值向量，$l>1$ 是神经网络的节点数；$\phi_j(\boldsymbol{\chi})\in R(j=1,2,\cdots,l)$ 称为基函数，$\boldsymbol{\phi}(\boldsymbol{\chi})=[\phi_1(\boldsymbol{\chi}),\phi_2(\boldsymbol{\chi}),\cdots,\phi_l(\boldsymbol{\chi})]^{\mathrm{T}}\in R^l$ 是基函数向量，通常选取 $\phi_j(\boldsymbol{\chi})$ 为高斯函数

$$\phi_j(\boldsymbol{\chi})=\exp\left[-\frac{\|\chi-\kappa_j\|}{h_j^2}\right] \tag{2-19}$$

其中，$\kappa_j=[\kappa_{j1},\kappa_{j2},\cdots,\kappa_{jm}]^{\mathrm{T}}\in R^m$ 和 $h_j\in R$ 分别是高斯函数的中心和宽度。

一般而言，如果节点数 l 选取的足够大，RBF 神经网络 $\boldsymbol{W}^{\mathrm{T}}\phi(\chi)$ 能够在有界闭集 $\Omega_\chi\in R^m$ 上以任意精度逼近连续函数 $f(\chi)\in R$，其数学表达式为

$$f(\boldsymbol{\chi})=\boldsymbol{W}^{\mathrm{T}}\phi(\boldsymbol{\chi}),\ \forall\chi\in\Omega_\chi\subset R^m \tag{2-20}$$

其中，$\boldsymbol{W}\in R^l$ 是神经网络的理想权值向量，根据下式选取

$$\boldsymbol{W}:=\arg\min_{W\in R^l}\{\sup_{\chi\in\Omega_\chi}|f(\chi)-\boldsymbol{W}^{\mathrm{T}}\phi(\chi)|\} \tag{2-21}$$

在有界闭集 $\Omega_\chi\subset R^m$ 上，权值向量 $\boldsymbol{W}$ 是有界的，且激励函数 $\phi(\chi)$ 也有界，即

$$\|W\|\leqslant W_m\qquad\|\phi(\chi)\|\leqslant\phi^* \tag{2-22}$$

其中，W_m，ϕ^* 为正常数。

2.3 符号说明

R	全体实数组成的集合
R^n	全体 n 维实向量组成的集合
$R^{n\times m}$	全体 $n\times m$ 维实矩阵组成的集合
$I_{n\times m}$	全体 $n\times m$ 维的单位矩阵
$\lambda_{\min}(\cdot)$	矩阵或向量的最小特征值
$\lambda_{\max}(\cdot)$	矩阵或向量的最大特征值
$\mathrm{diag}(\cdot)$	对角矩阵
$(\cdot)^{\mathrm{T}}$	矩阵或向量的转置
$(\cdot)^{-1}$	矩阵逆
sup	上确值
min	取最小值
arg min$(\cdot)$	函数取最小值时的自变量值

$\lvert\cdot\rvert$	绝对值
$\lVert\cdot\rVert$	向量或矩阵的 2 范数
$\sin(\cdot)$	正弦函数
$\cos(\cdot)$	余弦函数
$\sec(\cdot)$	余弦函数的倒数
$\tanh(\cdot)$	双曲正切函数
$\mathrm{sat}(\cdot)$	饱和函数
$\mathrm{sign}(\cdot)$	符号函数
$\mathrm{sig}^{x}(\cdot)$	$\mathrm{sig}^{x}(\cdot)=\mathrm{sign}(\cdot)\lvert\cdot\rvert^{x}$,与 $\lvert\cdot\rvert^{x}$ 含义相同,为读者便于区分,使用了此表达方式

第 3 章　AMV 全局渐近时变镇定控制

周期时变方法通常引入高阶非线性项，造成系统在原点附近收敛缓慢。为提高 AMV 系统收敛速度，本章提出两种新的周期时变控制策略，分别为分数幂与变周期控制方法。首先引入微分同胚变换，将 AMV 系统转换成串级系统。对于变换后的系统，将 Barbalat 引理与李雅普诺夫方法相结合得到连续分数幂控制律，实现 AMV 全局渐近镇定，并从理论上分析控制器参数对闭环系统收敛速度的影响。结果表明，该方法可通过调整分数幂参数提高原点附近的收敛速度。而后，为提高系统收敛速度的同时保证控制律的光滑性，本章引入频率取决于状态的周期变量，提出变周期控制律，旨在通过时变参数提高闭环系统在原点附近的收敛速度。最后给出仿真及讨论，验证方法的有效性。此外，由于非对称结构的 AMV 更符合实际情况，本章研究对象为非对称结构，相对于对称结构更具理论意义。

3.1　问题描述

考虑系统模型式(2-2)，忽略扰动，AMV 运动学与动力学模型可表述为

$$\begin{cases}\dot{x}=u\cos\psi-v\sin\psi\\ \dot{y}=u\sin\psi+v\cos\psi\\ \dot{\psi}=r\end{cases}\tag{3-1a}$$

$$\begin{cases}\dot{u}=-\dfrac{d_{11}}{m_{11}}u+\dfrac{m_{22}}{m_{11}}vr+\dfrac{m_{23}+m_{32}}{2m_{11}}r^2+\dfrac{\tau_1}{m_{11}}\\ \dot{v}=-\dfrac{d_{22}}{m_{22}}v-\dfrac{m_{11}}{m_{22}}ur-\dfrac{d_{23}}{m_{22}}r-\dfrac{m_{23}}{m_{22}}\dot{r}\\ \dot{r}=\dfrac{m_{22}}{m_{22}m_{33}-m_{32}m_{23}}\left\{\tau_2+\dfrac{uv}{m_{22}}(m_{11}m_{22}-m_{22}^2)+\dfrac{ur}{m_{22}}\left[m_{11}m_{32}-\dfrac{m_{22}(m_{23}-m_{32})}{2}\right]+\right.\\ \qquad\left.(m_{32}d_{22}-m_{22}d_{32})\dfrac{v}{m_{22}}-(m_{22}d_{33}-m_{32}d_{23})\dfrac{r}{m_{22}}\right\}\end{cases}\tag{3-1b}$$

本章研究设计连续控制律以实现 AMV 系统的全局渐近镇定控制，即任意初始条件，保证下述性质成立：

$$\lim_{t\to+\infty}[x(t),y(t),\psi(t),u(t),v(t),r(t)]=0 \tag{3-2}$$

系统式(3-1)为欠驱动，不存在光滑静态控制律镇定 AMV。且由于横漂速度 v 缺少执行机构，现存非完整约束系统控制方法不再适用。综上所述，设计连续控制律全局渐近镇定非对称 AMV 系统具有一定挑战性。

3.2 模型变换

降低系统模型的复杂度是 AMV 镇定控制的必要步骤。为此，引入针对非对称结构的状态变换：

$$\tilde{x}=x+\epsilon(\cos\psi-1) \qquad \tilde{y}=y+\epsilon\sin\psi \qquad \tilde{v}=v+\epsilon r \tag{3-3}$$

其中，$\epsilon=m_{23}m_{22}^{-1}$，引入输入变换

$$\begin{cases}\tau_u=\dfrac{1}{m_{11}}\left[\tau_1+m_{22}vr+\dfrac{(m_{23}+m_{32})}{2}r^2-d_{11}u\right]\\ \tau_r=\dfrac{m_{22}}{m_{22}m_{33}-m_{32}m_{23}}\left\{\tau_2+\dfrac{uv}{m_{22}}(m_{11}m_{22}-m_{22}^2)+\right.\\ \quad\dfrac{ur}{m_{22}}[m_{11}m_{32}-0.5m_{22}(m_{23}-m_{32})]+\\ \quad\left.(m_{32}d_{22}-m_{22}d_{32})\dfrac{v}{m_{22}}-(m_{22}d_{33}-m_{32}d_{23})\dfrac{r}{m_{22}}\right\}\end{cases} \tag{3-4}$$

下述过程中，可用状态$(\tilde{x},\tilde{y},\tilde{v})$作为 AMV 的输入变量代替状态$(x,y,v)$。基于上述状态与输入变换，新的系统动态模型可表述为

$$\begin{cases}\dot{\tilde{x}}=u\cos\psi-\tilde{v}\sin\psi\\ \dot{\tilde{y}}=u\sin\psi+\tilde{v}\cos\psi\\ \dot{\psi}=r\\ \dot{\tilde{v}}=-\gamma_1\tilde{v}-\gamma_2 ur+\gamma_3 r\\ \dot{u}=\tau_1\\ \dot{r}=\tau_2\end{cases} \tag{3-5}$$

其中，$\gamma_1=\dfrac{d_{22}}{m_{22}}$，$\gamma_2=\dfrac{m_{11}}{m_{22}}$，$\gamma_3=\dfrac{d_{22}m_{23}}{m_{22}^2}-\dfrac{d_{23}}{m_{22}}$。为进一步简化系统，本章引入如下微分同胚状态

$$
\begin{cases}
\vartheta_1 = \tilde{x}\cos\psi + \tilde{y}\sin\psi \\
\vartheta_2 = -\tilde{x}\sin\psi + \tilde{y}\cos\psi + \dfrac{1}{\gamma_1}\tilde{v} - \dfrac{\gamma_3}{\gamma_1}\psi \\
\vartheta_3 = \psi \\
\vartheta_4 = \tilde{v} \\
\vartheta_5 = -\dfrac{\gamma_2}{\gamma_1}u - \vartheta_1 \\
\vartheta_6 = r
\end{cases}
\tag{3-6}
$$

及输入变换

$$
\begin{cases}
\varpi_1 = \dfrac{\gamma_1}{\gamma_2}(\vartheta_1 + \vartheta_5) - \dfrac{\gamma_3}{\gamma_1}\vartheta_3\vartheta_6 - \dfrac{\gamma_2}{\gamma_1}\tau_u + \dfrac{1}{\gamma_1}\vartheta_4\vartheta_6 - \vartheta_2\vartheta_6 \\
\varpi_2 = \tau_r
\end{cases}
\tag{3-7}
$$

结合式(3-1)、式(3-4)及坐标变换式(3-6)、式(3-7)可得如下系统

$$
\begin{cases}
\dot{\vartheta}_1 = -\dfrac{\gamma_1}{\gamma_2}\vartheta_1 - \dfrac{\gamma_1}{\gamma_2}\theta_5 + \vartheta_2\vartheta_6 - \dfrac{1}{\gamma_1}\vartheta_4\vartheta_6 + \dfrac{\gamma_3}{\gamma_1}\vartheta_3\vartheta_6 \\
\dot{\vartheta}_4 = -\gamma_1\vartheta_4 + \gamma_1\vartheta_6(\vartheta_1 + \vartheta_5) + \gamma_3\vartheta_6
\end{cases}
\tag{3-8a}
$$

$$
\begin{cases}
\dot{\vartheta}_2 = \vartheta_5\vartheta_6 \\
\dot{\vartheta}_3 = \vartheta_6 \\
\dot{\vartheta}_5 = \varpi_1 \\
\dot{\vartheta}_6 = \varpi_2
\end{cases}
\tag{3-8b}
$$

其中，ϑ_1、ϑ_2、ϑ_3、ϑ_4、ϑ_5、ϑ_6 为所得系统状态，ϖ_1、ϖ_2为所得系统输入。

上述状态变换及输入变换，将 AMV 系统解耦为由子系统式(3-8a)和式(3-8b)所组成的串级结构，以此降低系统复杂性。进一步，对系统式(3-8)，本章引入如下结论：

引理 3.1[114]：系统式(3-1)与系统式(3-8)微分同胚，且若系统式(3-8)全局渐近稳定，则系统式(3-1)全局渐近稳定。

引理 3.2[114]：若子系统式(3-8b)全局渐近稳定，则系统式(3-8)全局渐近稳定。

据引理 3.1 与引理 3.2，如子系统式(3-8b)全局渐近稳定，则系统式(3-1)全局渐近稳定。因此，只需设计控制律全局渐近镇定子系统式(3-8b)，即可实现本章目标。本章分别从光滑与非光滑的角度出发，提出分数幂和变周期两种控制方法。

3.3　分数幂方法

为此，本节首先基于分数幂方法提出连续控制律，保证系统式(3-8b)全局渐近稳定。而后，分析该策略下闭环系统的收敛速度，说明分数幂项对系统收敛速度的意义。在此基础上，本节通过设计分数幂参数，提出连续控制律，同时保证闭环系统在原点附近与远端的收敛速度。

3.3.1　AMV 镇定控制

已有文献所提时变控制律的确可保证系统式(3-8b)全局渐近稳定。但因动态特性 $\dot{\vartheta}_2=\vartheta_5\vartheta_6$ 存在，现存时变控制律通常引入变量 $\vartheta_2\vartheta_5$ 或 $\vartheta_2\vartheta_6$，从而使闭环系统存在高阶非线性项。当系统状态 ϑ_2、ϑ_5、ϑ_6 处于原点附近时，导致 $\dot{\vartheta}_2$ 过小，减缓系统稳定速度。

为此，本节提出如下控制方法，通过使用分数幂状态反馈控制输入来提高系统性能

$$\begin{cases}\varpi_1=-\kappa_1\operatorname{sign}(\vartheta_2)\,|\vartheta_2|^{\xi_1}\vartheta_6-\kappa_2\vartheta_5\\ \varpi_2=-\kappa_3\vartheta_3-\kappa_4\vartheta_6+\lambda\operatorname{sign}(\vartheta_2)\,|\vartheta_2|^{\xi_2}\sin t\end{cases}\tag{3-9}$$

其中，$\kappa_1>0$、$\kappa_2>0$、$\kappa_3>0$、$\kappa_4>0$、$\xi_1>0$、$\xi_2>0$、$\lambda\neq0$ 为系统常参数，且满足如下条件

$$\kappa_4>\kappa_2+1\qquad \kappa_3>\max\left\{2,\frac{(\kappa_2+\kappa_4)^2}{2(\kappa_4-\kappa_2-1)}\right\}\tag{3-10}$$

此处，参数 ξ_1 与 ξ_2 满足 $\xi_1=\dfrac{p_1}{q_1}$，$\xi_2=\dfrac{p_2}{q_2}$，其中，参数 p_1、q_1、q_2 为待选正奇数，q_2 为待选正偶数。

由于 AMV 动态特性不满足 Brockett 定理必要条件，不能使用常规控制方法镇定该系统。因此，本节引入 Barbalat 引理，作为后续结论重要基础。

定理 3.1：控制律式(3-9)可保证系统式(3-8b)全局渐近稳定。

证明：常规周期时变方法稳定性证明基于 Barbalat 引理，但由于分数幂控制律非光滑，无法得到其任意阶导数一致连续的结论，上述方法不可直接使用。需构造一致连续的辅助函数，证明系统稳定性。详细步骤如下：

将控制律式(3-9)代入至系统式(3-8b)，可得闭环系统

$$\begin{cases}\dot{\vartheta}_2=\vartheta_5\vartheta_6\\ \dot{\vartheta}_3=\vartheta_6\\ \dot{\vartheta}_5=-\kappa_1\operatorname{sign}(\vartheta_2)\,|\vartheta_2|^{\xi_1}\vartheta_6-\kappa_2\vartheta_5\\ \dot{\vartheta}_6=-\kappa_3\vartheta_3-\kappa_4\vartheta_6+\lambda\,|\vartheta_2|^{\xi_2}\sin t\end{cases}\tag{3-11}$$

对上述系统，考虑如下李雅普诺夫函数：

$$V_1=\frac{\kappa_1}{1+\xi_1}|\vartheta_2|^{1+\xi_1}+\frac{1}{2}\vartheta_5^2\geqslant 0 \tag{3-12}$$

对 V_1 求导，可得

$$\dot{V}_1=-\kappa_2\vartheta_5^2\leqslant 0 \tag{3-13}$$

据不等式(3-13)，可知 $V_1=\frac{\kappa_1}{1+\xi_1}|\vartheta_2|^{1+\xi_1}+\frac{1}{2}\vartheta_5^2$ 单调不减，状态 ϑ_2 与 ϑ_5 必有界，且据闭环系统式(3-11)可知，状态 ϑ_3 与 ϑ_6 的动态特性满足：

$$\begin{cases}\dot{\vartheta}_3=\vartheta_6\\ \dot{\vartheta}_6=-\kappa_3\vartheta_3-\kappa_4\vartheta_6+\lambda|\vartheta_2|^{\xi_2}\sin t\end{cases} \tag{3-14}$$

结合动态特性式(3-14)以及状态 ϑ_2 有界的结论，可知状态 ϑ_3 与 ϑ_6 有界。且李雅普诺夫函数 V_1 单调不减，$V_1\geqslant 0$ 有下界。据单调有界定理，李雅普诺夫函数 V_1 必有极小值。对 $\dot{V}_1$ 求导可得

$$\ddot{V}_1=-2\kappa_2\vartheta_5[-\kappa_1\mathrm{sign}(\vartheta_2)|\vartheta_2|^{\xi_1}\vartheta_6-\kappa_2\vartheta_5] \tag{3-15}$$

因状态 ϑ_2 与 ϑ_5 连续有界，则 $\dot{V}_1$ 与 $\ddot{V}_1$ 连续有界。因此 $\dot{V}_1$ 一致连续，根据引理 2.8，可得

$$\lim_{t\to+\infty}\vartheta_5=0 \tag{3-16}$$

定义奇数 p_3 与 q_3 满足 $\frac{p_3}{q_3}-\xi_1>2$。据前文可知，状态 ϑ_2 有界，且 $\lim_{t\to+\infty}\vartheta_5=0$，则必有正实数 $K_1=\xi_1+\frac{p_3}{q_3}$ 满足 $\lim_{t\to+\infty}\vartheta_2^{K_1-\xi_1}\vartheta_5=0$。定义 $L_1=\vartheta_2^{K_1-\xi_1}\vartheta_5$，对其取一阶与二阶导数，可得

$$\dot{L}_1=-\kappa_1\vartheta_2^{K_1}\vartheta_6-\kappa_2\vartheta_5\vartheta_2^{K_1-\xi_1}+(K_1-\xi_1)\vartheta_2^{K_1-\xi_1-1}\vartheta_5^2\vartheta_6 \tag{3-17}$$

及

$$\begin{aligned}\ddot{L}_1=&-\kappa_1K_1\vartheta_2^{K_1-1}\vartheta_5\vartheta_6^2-\kappa_1\vartheta_2^{K_1}(-\kappa_3\vartheta_3-\kappa_4\vartheta_6)-\kappa_1\lambda|\vartheta_2|^{\xi_2}\vartheta_2^{K_1}\sin t-\\&\kappa_2(-\kappa_1\mathrm{sign}(\vartheta_2)|\vartheta_2|^{\xi_1}\vartheta_6-\kappa_2\vartheta_5)\vartheta_2^{K_1-\xi_1}+\\&(K_1-\xi_1-1)(K_1-\xi_1)\vartheta_2^{K_1-\xi_1-2}\vartheta_5^3\vartheta_6^2-\\&2(K_1-\xi_1)\vartheta_2^{K_1-\xi_1-1}\vartheta_5\vartheta_6(\kappa_1\mathrm{sign}(\vartheta_2)|\vartheta_2|^{\xi_1}\vartheta_6+\kappa_2\vartheta_5)-\\&(K_1-\xi_1)\vartheta_2^{K_1-\xi_1-1}\vartheta_5^2(\kappa_3\vartheta_3+\kappa_4\vartheta_6)-\\&\kappa_2(K_1-\xi_1)\vartheta_5^2\vartheta_6\vartheta_2^{K_1-\xi_1-1}+(K_1-\xi_1)\lambda|\vartheta_2|^{\xi_2}\vartheta_2^{K_1-\xi_1-1}\vartheta_5^2\sin t\end{aligned} \tag{3-18}$$

因状态 ϑ_2、ϑ_3、ϑ_5、ϑ_6 有界，据式(3-17)与式(3-18)可知，$\dot{L}_1$ 与 $\ddot{L}_1$ 连续有界。由此可得 $\dot{L}_1$ 一致连续。

结合引理 2.8，可知

$$\lim_{t\to+\infty}\dot{L}_1=\lim_{t\to+\infty}[\kappa_1\vartheta_2^{K_1}\vartheta_6-(K_1-\xi_1)\vartheta_2^{K_1-\xi_1-1}\vartheta_5^2\vartheta_6+\kappa_2\vartheta_5\vartheta_2^{K_1-\xi_1}]=0 \tag{3-19}$$

据前文可知，$\lim_{t\to+\infty}\vartheta_5=0$ 且状态 ϑ_2 与 ϑ_6 有界，式(3-19)说明：

$$\lim_{t\to+\infty}\vartheta_2^{K_1}\vartheta_6=0 \tag{3-20}$$

定义偶数 p_4 与奇数 q_4 满足$\dfrac{p_4}{q_4}-\xi_2>K_1>2$。因 ϑ_2 有界，据式(3-20)，必有正实数 $K_2=\xi_2+\dfrac{p_4}{q_4}$满足：

$$\lim_{t\to+\infty}\vartheta_2^{K_2-\xi_2}\vartheta_6=\lim_{t\to+\infty}\vartheta_2^{K_2-K_1-\xi_2}\cdot\vartheta_2^{K_1}\vartheta_6=0 \tag{3-21}$$

定义 $L_2=\vartheta_2^{K_1}\vartheta_6$，对其取一阶与二阶导数，可得如下结论：

$$\dot{L}_2=-\kappa_3\vartheta_3\vartheta_2^{K_2-\xi_2}-\kappa_4\vartheta_6\vartheta_2^{K_2-\xi_2}+\lambda\vartheta_2^{K_2}\sin t+(K_2-\xi_2)\vartheta_2^{K_2-\xi_2-1}\vartheta_5\vartheta_6^2 \tag{3-22}$$

及

$$\begin{aligned}\ddot{L}_2=&-\kappa_3(K_2-\xi_2)\vartheta_3\vartheta_2^{K_2-\xi_2-1}\vartheta_5\vartheta_6+\kappa_4(\kappa_3\vartheta_3-\lambda|\vartheta_2|^{\xi_2}\sin t)\vartheta_2^{K_2-\xi_2}+\\&\lambda\vartheta_2^{K_2}\cos t+\kappa_4^2\vartheta_6\vartheta_2^{K_2-\xi_2}-\kappa_4(K_2-\xi_2)\vartheta_2^{K_2-\xi_2-1}\vartheta_5\vartheta_6^2+\\&\lambda K_2\vartheta_2^{K_2-\xi_2}\sin t-\kappa_2(K_2-\xi_2-1)(K_2-\xi_2)\vartheta_2^{K_2-\xi_2-2}\vartheta_5\vartheta_6^2-\\&\kappa_1\vartheta_2^{K_2-\xi_2-1}(K_2-\xi_2)\vartheta_6^2\mathrm{sign}(\vartheta_2)|\vartheta_2|^{\xi_1}\vartheta_6+\\&2\lambda(K_2-\xi_2)\vartheta_2^{K_2-1}\vartheta_5\sin t-\kappa_3\vartheta_6\vartheta_2^{K_2-\xi_2}+2(K_2-\xi_2)\vartheta_2^{K_2-\xi_2-1}\vartheta_5(-\kappa_3\vartheta_3-\kappa_4\vartheta_6)\end{aligned} \tag{3-23}$$

因状态 ϑ_2、ϑ_3、ϑ_5、ϑ_6 有界，据式(3-22)与式(3-23)，$\dot{L}_2$ 与 $\ddot{L}_2$ 连续有界。从而可知 $\dot{L}_2$ 一致连续。结合引理 2.8，可得到如下结论：

$$\begin{aligned}\lim_{t\to+\infty}\dot{L}_2=\lim_{t\to+\infty}[&-\kappa_3\vartheta_3\vartheta_2^{K_2-\xi_2}-\kappa_4\vartheta_6\vartheta_2^{K_2-\xi_2}+\lambda\vartheta_2^{K_2}\sin t+\\&(K_2-\xi_2)\vartheta_2^{K_2-\xi_2-1}\vartheta_5\vartheta_6^2]=0\end{aligned} \tag{3-24}$$

据前文可知$\lim_{t\to+\infty}\vartheta_5=0$ 且状态 ϑ_3、ϑ_2、ϑ_6 有界。式(3-24)说明$\lim_{t\to+\infty}[\kappa_3\vartheta_3\vartheta_2^{K_2-\xi_2}-\lambda\vartheta_2^{K_2}\sin t]=0$。定义 $L_3=[\kappa_3\vartheta_3\vartheta_2^{K_2-\xi_2}-\lambda\vartheta_2^{K_2}\sin t]$，对其分别取一阶与二阶导数，可得

$$\begin{aligned}\dot{L}_3=&\kappa_3\vartheta_6\vartheta_2^{K_2-\xi_2}+\kappa_3(K_2-\xi_2)\vartheta_3\vartheta_2^{K_2-\xi_2-1}\vartheta_5\vartheta_6-\\&\lambda K_2\vartheta_2^{K_2-1}\vartheta_5\vartheta_6\sin t-\lambda\vartheta_2^{K_2}\cos t\end{aligned} \tag{3-25}$$

及

$$\begin{aligned}\ddot{L}_3=&\kappa_3(-\kappa_3\vartheta_3-\kappa_4\vartheta_6+\lambda|\vartheta_2|^{\xi_2}\sin t)\vartheta_2^{K_2-\xi_2}+\kappa_3(K_2-\xi_2)\vartheta_5\vartheta_6^2\vartheta_2^{K_2-\xi_2-1}+\\&\kappa_3(K_2-\xi_2)\vartheta_2^{K_2-\xi_2-1}\vartheta_5\vartheta_6^2-\kappa_3(K_2-\xi_2)\vartheta_2^{K_2-\xi_2-1}(\kappa_3\vartheta_3+\kappa_4\vartheta_6)\vartheta_3\vartheta_5-\\&\kappa_3(K_2-\xi_2)\vartheta_3\vartheta_2^{K_2-\xi_2-1}\kappa_1\mathrm{sign}(\vartheta_2)|\vartheta_2|^{\xi_1}\vartheta_6^2+\\&\lambda\kappa_3\vartheta_3(K_2-\xi_2)\vartheta_2^{K_2-\xi_2-1}\vartheta_5|\vartheta_2|^{\xi_2}\sin t-\kappa_2\kappa_3(K_2-\xi_2)\vartheta_3\vartheta_2^{K_2-\xi_2-1}\vartheta_5\vartheta_6+\\&\kappa_3(K_2-\xi_2)(K_2-\xi_2-1)\vartheta_3\vartheta_2^{K_2-\xi_2-2}\vartheta_5^2\vartheta_6^2-\\&\lambda K_2\vartheta_2^{K_2-1}\vartheta_5\vartheta_6\sin t-\lambda\vartheta_2^{K_2-1}\vartheta_5\vartheta_6+\lambda\vartheta_2^{K_2}\sin t\end{aligned} \tag{3-26}$$

因状态 ϑ_2、ϑ_3、ϑ_5、ϑ_6 有界，据式(3-25)与式(3-26)，可知 $\dot{L}_3$ 与 $\ddot{L}_3$ 连续有界。因此 $\dot{L}_3$ 一致连续。结合引理 2.8，可知

$$\begin{aligned}\lim_{t\to+\infty}\dot{L}_3=\lim_{t\to+\infty}[\kappa_3\vartheta_6\vartheta_2^{K_2-\xi_2}+\kappa_3(K_2-\xi_2)\vartheta_3\vartheta_2^{K_2-\xi_2-1}\vartheta_5\vartheta_6-\\ \lambda K_2\vartheta_2^{K_2-1}\vartheta_5\times\vartheta_6\sin t]=0\end{aligned}\tag{3-27}$$

据前文可知 $\lim\limits_{t\to+\infty}\vartheta_2^{K_2-\xi_2}=0$，$\lim\limits_{t\to+\infty}\vartheta_5=0$ 且状态 ϑ_2、ϑ_3、ϑ_6 有界，因此式(3-27)说明：

$$\lim_{t\to+\infty}\lambda\vartheta_2^{K_2}\cos t=0\tag{3-28}$$

显然，时间趋向于无穷时，状态 ϑ_2 收敛于 0。根据式(3-14)，可知 ϑ_3 与 ϑ_6 皆全局渐近收敛于 0。定理证明完毕。

附注 3.1：参数选取中存在权衡关系，如 κ_3 与 κ_4。通常控制律的增益系数与系统收敛速度具有正相关性。然而，较大的 κ_3 与 κ_4 可能降低状态 ϑ_2 收敛速度，而较小的 κ_3 与 κ_4 导致状态 ϑ_3 与 ϑ_6 收敛较慢。而且，参数 κ_1 与 κ_2 比率增加，可提高状态 ϑ_2 收敛速度，较大的 κ_3/κ_4 益于闭环系统收敛速度。

综上所述，本节首先给出如下 AMV 全局渐近控制律

$$\begin{cases}\varpi_1=-\kappa_1\text{sign}(\vartheta_2)\,|\vartheta_2|^{\phi_1}\vartheta_6-\kappa_2\vartheta_5\\ \varpi_2=-\kappa_3\vartheta_3-\kappa_4\vartheta_6+\lambda\,|\vartheta_2|^{\phi_2}\sin t\end{cases}\tag{3-29}$$

其中，$\kappa_1>0$、$\kappa_2>0$、$\kappa_3>0$、$\kappa_4>0$、$\lambda\neq0$、$\xi_1>0$、$\xi_2>0$ 为待选参数且满足 $\xi_1+\xi_2\leqslant 1$，ϕ_1 与 ϕ_2 可表述为

$$\begin{cases}\phi_1=0.5(1+\xi_1)+0.5(1-\xi_1)\cdot\text{sign}(|\vartheta_2|-1)\\ \phi_2=0.5(1+\xi_2)+0.5(1-\xi_2)\cdot\text{sign}(|\vartheta_2|-1)\end{cases}\tag{3-30}$$

上述控制律以 ϕ_1 与 ϕ_2 作为分数幂参数，其与状态 ϑ_2 的幅值关系为

$$\begin{cases}\phi_1=1\quad \phi_2=1\quad |\vartheta_2|\geqslant1\\ \phi_1=\xi_1\quad \phi_2=\xi_2\quad |\vartheta_2|<1\end{cases}\tag{3-31}$$

其中，$\xi_1>0$、$\xi_2>0$ 满足 $\xi_1+\xi_2<1$。如 $|\vartheta_2|>1$，可得 $\phi_1=1$、$\phi_2=1$。如系统收敛入区间 $|\vartheta_2|<1$，可得 $\phi_1=\xi_1$、$\phi_2=\xi_2$。

因控制律存在切换过程，需验证其连续性，即状态 ϑ_2 在点 1 与 −1 时左右两边的连续性。据式(3-29)可得

$$\begin{cases}\lim\limits_{\vartheta_2\to1^-}\varpi_1=-\kappa_1\vartheta_6-\kappa_2\vartheta_5=\lim\limits_{\vartheta_2\to1^+}\varpi_1\\ \lim\limits_{\vartheta_2\to1^-}\varpi_2=-\kappa_3\vartheta_3-\kappa_4\vartheta_6+\lambda\sin t=\lim\limits_{\vartheta_2\to1^+}\varpi_2\end{cases}\tag{3-32}$$

据式(3-32)可知，控制律 ϖ_1 与 ϖ_2 在状态 $\vartheta_2=1$ 左右两边连续。与 $\vartheta_2=1$ 相似，如 $\vartheta_2=-1$ 也有相同结论。因此，控制律在点 $|\vartheta_2|=1$ 处连续。

附注 3.2：相比现存周期时变控制律，本节所提方法具有更快的收敛速度。参考文献[111]中方法虽可得到快速收敛速度，但所提控制律不连续。

基于上述讨论，对系统式(3-1)，本节提出如下控制律

$$\tau_1=\eta_1 \qquad \tau_2=\eta_2 \tag{3-33}$$

其中，η_1 与 η_2 为

$$\begin{aligned}\eta_1=&-0.5(m_{23}+m_{32})r^2-m_{22}vrm_{11}\{d_{22}m_{11}^{-1}[m_{11}d_{22}^{-1}(\vartheta_1+\vartheta_5)+\\&m_{22}d_{22}^{-1}\vartheta_4\vartheta_6-(d_{22}m_{33}-m_{22}d_{23})d_{22}^{-1}m_{22}^{-1}\vartheta_3\vartheta_6-\\&(-\kappa_1\text{sign}(\vartheta_2)|\vartheta_2|^{\phi_1}\vartheta_6-\kappa_2\vartheta_5)]\}-\vartheta_2\vartheta_6+d_{11}u\end{aligned} \tag{3-34}$$

$$\begin{aligned}\eta_2=&\{(m_{11}m_{33}-m_{22}m_{32})[-\kappa_3\vartheta_3-\kappa_4\vartheta_6+\lambda|\vartheta_2|^{\phi_2}\sin t]-\\&(m_{11}m_{22}-m_{22}^2)uv-[m_{11}m_{32}-0.5m_{22}\times\\&(m_{23}+m_{32})]ur-(m_{32}d_{23}-m_{22}d_{32})r\}m_{22}^{-1}\end{aligned} \tag{3-35}$$

此处，$\kappa_1>0$、$\kappa_2>0$、$\kappa_3>0$、$\kappa_4>0$、$\lambda\neq 0$、$\xi_1>0$、$\xi_2>0$ 为待选参数且满足 $\xi_1+\xi_2\leqslant 1$，ϕ_1 与 ϕ_2 可表述为

$$\begin{cases}\phi_1=0.5(1+\xi_1)+0.5(1-\xi_1)\cdot\text{sign}(|\vartheta_2|-1)\\\phi_2=0.5(1+\xi_2)+0.5(1-\xi_2)\cdot\text{sign}(|\vartheta_2|-1)\end{cases} \tag{3-36}$$

定理 3.2：控制律式(3-33)可保证 AMV 系统式(3-1)全局渐近稳定。

证明：据定理 3.1，控制律式(3-33)可保证系统式(3-8b)全局渐近稳定。据引理 3.2，可得控制律式(3-33)可保证系统式(3-8)全局渐近稳定。结合引理 3.1，则系统式(3-1)全局渐近稳定。

3.3.2 收敛速度分析

本节所提方法可通过调整状态 ϑ_2 相关参数 ξ_1 与 ξ_2 提高系统收敛速度。为论证该性质，本节用数学关系解析参数 ξ_1 与 ξ_2 在闭环系统中所起作用。

考虑闭环系统式(3-11)，定义李雅普诺夫函数为

$$V_2=\frac{\kappa_1}{1+\xi_1}|\vartheta_2|^{1+\xi_1}+\frac{1}{2}\vartheta_5^2 \tag{3-37}$$

对其求导可得

$$\dot{V}_2=-\kappa_2\vartheta_5^2 \tag{3-38}$$

定义变量β 为非负函数，满足

$$\sin\beta=\frac{\sqrt{2}}{2}\frac{\vartheta_5}{\sqrt{V_2}} \qquad \cos\beta=\sqrt{\frac{\kappa_1}{1+\xi_1}\frac{\vartheta_2^{\frac{1+\xi_1}{2}}}{\sqrt{V_2}}} \tag{3-39}$$

结合式(3-38)与式(3-39)可得

$$\dot{V}_2=-\kappa_2\sin^2\beta\cdot V_2 \tag{3-40}$$

显然，如 $V_2>0$，较大的 $\sin^2\beta(t)$ 意味着 V_2 更快的收敛速度。因此，可增加 $\sin^2\beta=\frac{\vartheta_5^2}{V_2}$改善系统收敛速度。据式(3-40)可得

$$V_2=V_2(0)\mathrm{e}^{-\kappa_2\epsilon_s} \tag{3-41}$$

其中，$\epsilon_s=\int_0^t[\sin\beta(s)]^2\mathrm{d}s$，且因 V_2 收敛于 0，则 ϵ_s 必趋于无穷。

因 V_2 在原点附近和远端两种情况中，参数作用不同，本节将解析分为 V_2 处于原点某邻域内与邻域外两种情况。定义：

$$\Theta_3=\frac{\vartheta_3}{V_2^{\frac{1}{2}-\frac{\xi_1}{1+\xi_1}}} \qquad \Theta_6=\frac{\vartheta_6}{V_2^{\frac{1}{2}-\frac{\xi_1}{1+\xi_1}}} \tag{3-42}$$

情况 1：若 V_2 处于原点附近，状态β、Θ_3 与 Θ_6 动态特性可描述为如下形式：

$$\begin{cases}\dfrac{\mathrm{d}\sin\beta}{\mathrm{d}t}=-\dfrac{\sqrt{2}\kappa_2}{2}\cos^2\beta\sin\beta+\dfrac{\sqrt{2}\kappa_1}{4}\cdot\Theta_6(\cos\beta)^{\frac{2\xi_1}{1+\xi_1}}\\ \dot{\Theta}_3=\Theta_6-\kappa_{2\epsilon_1}\Theta_3\sin^2\beta\\ \dot{\Theta}_6=-\kappa_3\Theta_3-\epsilon_2\Theta_6+\epsilon_3\sin t\end{cases} \tag{3-43}$$

其中，ϵ_1、ϵ_2、ϵ_3 为

$$\epsilon_1=\frac{1}{2}-\frac{\xi_1}{1+\xi_1},\ \epsilon_2=\kappa_4-\kappa_{2\epsilon_1}\sin^2\beta,\ \epsilon_3=\lambda V_2(0)^{(\xi_1+\xi_2-1)}\mathrm{e}^{(1-\xi_1-\xi_2)\epsilon_s} \tag{3-44}$$

定义李雅普诺夫函数 V_3：

$$V_3=\frac{\kappa_3}{2}\Theta_3^2+\frac{1}{2}\Theta_6^2+\Theta_6\Theta_3 \tag{3-45}$$

对其求导可得

$$\begin{aligned}\dot{V}_3=&-(\kappa_3+\kappa_2\kappa_{3\epsilon_1}\Theta_5^2)\Theta_3^2-(\epsilon_2-1)\Theta_6^2-(\kappa_4+\kappa_{2\epsilon_1}\Theta_5^2)\Theta_3\Theta_6+\\&(\Theta_6+\Theta_3)\epsilon_3\sin t\leqslant-\epsilon_6V_3+\epsilon_3\epsilon_5\sqrt{V_3}\end{aligned} \tag{3-46}$$

其中，ϵ_4、ϵ_5、ϵ_6 为

$$\begin{aligned}&\epsilon_4=\kappa_4-\kappa_2-1-\frac{(\kappa_2+\kappa_4)^2}{2\kappa_3},\ \epsilon_5=\sqrt{2}\left(\min\left\{\frac{1}{4},\frac{\kappa_3-2}{2}\right\}\right)^{-\frac{1}{2}}\\&\epsilon_6=\min\left\{\frac{\kappa_3}{\kappa_3-2},4\epsilon_4\right\}\end{aligned} \tag{3-47}$$

据式(3-10)可知，$\kappa_4>\kappa_2+1$ 且 $\kappa_3>\max\left\{2,\dfrac{(\kappa_2+\kappa_4)^2}{2(\kappa_4-\kappa_2-1)}\right\}$，因此参数 ϵ_4、ϵ_5、ϵ_6 为正。

若 $\xi_1+\xi_2>1$，必有

$$\lim_{t\to\infty}\epsilon_3\sin t=0 \tag{3-48}$$

因此结合不等式(3-46)可得

$$\dot{V}_3\leqslant-\epsilon_6V_3+o_1\cdot\sqrt{V_3} \tag{3-49}$$

其中，$\lim\limits_{t\to\infty}o_1(t)=0$。不等式(3-49)说明

$$\lim_{t\to\infty}\Theta_3=0 \qquad \lim_{t\to\infty}\Theta_6=0 \tag{3-50}$$

因此β动态特性满足

$$\frac{\mathrm{d}\sin\beta}{\mathrm{d}t}=-\kappa_2\cos^2\beta\sin\beta+\frac{\kappa_1}{2}(\cos\beta)^{\frac{2\xi_1}{1+\xi_1}}\cdot o_2 \tag{3-51}$$

其中，$\lim_{t\to\infty}o_2(t)=0$。据式(3-51)，$\beta$收敛于 0，导致 V_2 收敛速度较慢。

若 $\xi_1+\xi_2<1$，可得$\lim_{t\to\infty}\epsilon_3(t)=+\infty$。可得

$$\frac{\mathrm{d}\sin\beta}{\mathrm{d}t}=-\frac{\sqrt{2}\kappa_2}{2}\cos^2\beta\sin\beta+\frac{\sqrt{2}\kappa_1}{4}(\cos\beta)^{\frac{2\xi_1}{1+\xi_1}}f(t) \tag{3-52}$$

其中，$f(t)$在$(-\infty,+\infty)$区间振荡且幅值极大。

据式(3-52)可知，β随$f(t)$在$-\pi/2$与$\pi/2$间周期振荡。相比$\lim_{t\to\infty}\beta(t)=0$的情况，如$\beta(t)$做幅值为$\pi/2$的周期运动，可提升系统收敛速度。且参数$\xi_1+\xi_2$较小，则$f(t)$振荡幅值较大，$\beta(t)$幅值趋近$\pi/2$，提高收敛速度。因此，如 V_2 处于原点某较小邻域，较小参数 ξ_1 与 ξ_2 可提高系统收敛速度。

情况 2：如 V_2 处于原点远端，状态β、Θ_3 与 Θ_6 的动态特性可描述为

$$\begin{cases}\dfrac{\mathrm{d}\sin\beta}{\mathrm{d}t}=-\kappa_2\cos^2\beta\sin\beta+\dfrac{\kappa_1}{2}\Theta_6(\cos\beta)^{\frac{2\xi_1}{1+\xi_1}}\\ \dot{\Theta}_3=\Theta_6-\kappa_2\epsilon_1\Theta_3\sin^2\beta\\ \dot{\Theta}_6=-\kappa_3\Theta_3-\epsilon_2\Theta_6+V_2^{\xi_1+\xi_2-1}\sin t\end{cases} \tag{3-53}$$

因 V_2 处于原点远端，不失一般性，考虑情况 $V_2>1$。综上所述，可知增大 V_3 可提高系统收敛速度。显然，由于 $V_2>1$，增大 $\xi_1+\xi_2$ 则增大 $V_2^{\xi_1+\xi_2-1}$。因此如 V_2 处于原点远端($V_2>1$)，较大参数 ξ_1 与 ξ_2 可提高系统收敛速度。分数幂控制律可通过调整 ξ_1 与 ξ_2 数值，提高系统收敛速度。若 $V_2>1$，选择较大参数 ξ_1 与 ξ_2，若 $V_2<1$，选择较小参数 ξ_1 与 ξ_2。因此，可同时提高情况 1 与情况 2 条件下系统收敛速度。因此控制律式(3-33)可保证系统全局收敛速度。

3.4　变周期方法

上一节给出分数幂控制结构，以保证系统收敛速度。虽可得到连续控制律，但光滑性难以保证。

传统周期控制方法通过引入时变项 cos$t$ 或 sin$t$，为状态 ϑ_2 的稳定提供持续激励，但该方法不能保证状态 ϑ_2 在原点附近的收敛速度。为此，本节引入变周期方法，通过引入与状态相关的周期频率改善提高系统收敛速度。

引理 3.3：存在如下光滑控制律

$$\begin{cases}\varpi_1=-\kappa_1\vartheta_5+T(t)\vartheta_2\\ \varpi_2=-\vartheta_2\vartheta_5-\vartheta_3-\kappa_2\vartheta_6\end{cases}\tag{3-54}$$

可保证系统式(3-8b)全局渐近稳定，其中，$\kappa_1>0$、$\kappa_2>0$

$$T(t)=\cos\left[\frac{\lambda\sin t}{(\beta+\vartheta_2^2)^{\alpha}}\right]\tag{3-55}$$

此处，$\alpha>0$、$\beta>0$、$\lambda\neq0$ 为待选参数。

证明： 为清晰阐述结论，本节将引理 3.3 的证明分为光滑性与稳定性两部分。

首先，证明控制律式(3-54)光滑，即 $T(t)$ 光滑。定义

$$f(t)=\frac{1}{[\beta+\vartheta_2^2(t)]^{\alpha}}\tag{3-56}$$

则函数 $T(t)$ 可描述为如下形式：

$$T(t)=\cos[\lambda f(t)\sin t]\tag{3-57}$$

状态 ϑ_2 连续，因此 $f(t)$ 连续，可得 $T(t)$ 连续，即 ϖ_1 和 ϖ_2 连续，据系统式(3-8b)可知，$\dot{\vartheta}_5$、$\dot{\vartheta}_6$ 和 $\ddot{\vartheta}_2$ 连续。对函数 $T(t)$ 求导可得

$$\dot{T}(t)=-\lambda\dot{f}(t)\sin t\sin[\lambda f(t)\sin t]-\lambda f(t)\cos t\sin[\lambda f(t)\sin t]\tag{3-58}$$

其中，$\dot{f}(t)$ 为 $f(t)$ 的导数，可表述为 $\dot{f}(t)=-\dfrac{2\alpha\vartheta_2\vartheta_5\vartheta_6}{(\beta+\vartheta_2^2)^{\alpha+1}}$，因 $\dot{f}(t)$ 连续，可知 $\dot{T}(t)$ 连续，即 $\dot{\varpi}_1$ 和 $\dot{\varpi}_2$ 连续，对系统式(3-8b)中各状态求导，可得 $\ddot{\vartheta}_5$、$\ddot{\vartheta}_6$ 和 $\dddot{\vartheta}_2$ 连续。对函数 $\dot{T}(t)$ 求导可得

$$\begin{aligned}\ddot{T}(t)=&-\lambda\ddot{f}(t)\sin[\lambda f(t)\sin t]\sin t-\lambda\dot{f}(t)\sin[\lambda f(t)\sin t]\cos t-\\&\cos[\lambda f(t)\sin t]\sin^2 t\lambda^2\dot{f}^2(t)-\lambda^2\dot{f}(t)f(t)\cos[\lambda f(t)\sin t]\sin t\cos t-\\&\sin[\lambda f(t)\sin t]\lambda\dot{f}(t)\cos t+\lambda f(t)\sin t\sin[\lambda f(t)\sin t]-\\&\lambda^2\cos[\lambda f(t)\sin t]f(t)\dot{f}(t)\sin t\cos t-\lambda^2 f^2(t)\cos[\lambda f(t)\sin t]\cos t\end{aligned}\tag{3-59}$$

其中，$\ddot{f}(t)$ 可表述为

$$\ddot{f}(t)=\frac{2\alpha(\alpha+1)}{(\beta+\vartheta_2^2)^{\alpha+2}}\vartheta_2^2\vartheta_5^2\vartheta_6^2-\frac{2\alpha\vartheta_5^2\vartheta_6^2}{(\beta+\vartheta_2^2)^{\alpha+1}}-\frac{2\alpha\varpi_1\vartheta_2\vartheta_6}{(\beta+\vartheta_2^2(t))^{\alpha+1}}-\frac{2\alpha\varpi_2\vartheta_2\vartheta_5}{(\beta+\vartheta_2^2(t))^{\alpha+1}}\tag{3-60}$$

因 $\ddot{f}(t)$ 连续，可知 $\ddot{T}(t)$ 连续，即 $\ddot{\varpi}_1$ 和 $\ddot{\varpi}_2$ 连续，继而得出 $\dddot{\vartheta}_5$、$\dddot{\vartheta}_6$ 和 $\ddddot{\vartheta}_2$ 连续。以此类推可知 ϖ_1 和 ϖ_2 无穷阶可导，控制律式(3-54)的光滑性证明完毕。

接下来，证明闭环系统的稳定性。将控制律式(3-54)代入系统式(3-8b)可得如下结论：

$$\begin{cases}\dot{\vartheta}_2=\vartheta_5\vartheta_6\\ \dot{\vartheta}_5=-\kappa_1\vartheta_5+T(t)\vartheta_2\\ \dot{\vartheta}_3=\vartheta_6\\ \dot{\vartheta}_6=-\vartheta_2\vartheta_5-\vartheta_3-\kappa_2\vartheta_6\end{cases}\tag{3-61}$$

定义如下李亚普诺夫函数

$$V_3=\frac{1}{2}(\vartheta_2^2+\vartheta_3^2+\vartheta_6^2) \tag{3-62}$$

对其求导，据式(3-61)可得

$$\dot{V}_3=-\kappa_2\vartheta_6^2 \tag{3-63}$$

式(3-63)说明 V_3 单调递减且有界，所以 V_3 存在极小值，且状态 ϑ_2、ϑ_3 和 ϑ_6 有界，又因为系统式(3-61)中，状态 ϑ_5 的动态特性满足 $\dot{\vartheta}_5=-\kappa_1\vartheta_5+T(t)\vartheta_2$，且 $T(t)$ 有界，可得状态 ϑ_5 有界。因此，状态 ϑ_2、ϑ_3、ϑ_5 和 ϑ_6 有界。对式(3-63)左右两边同时求导，可得

$$\ddot{V}_3=-2\kappa_2\vartheta_6(-\vartheta_2\vartheta_5-\vartheta_3-\kappa_2\vartheta_6) \tag{3-64}$$

因状态 ϑ_2、ϑ_3、ϑ_5 和 ϑ_6 有界，可得 $\ddot{V}$ 连续且有界。因此 $\dot{V}=-\kappa_2\vartheta_6^2$ 一致连续，据引理 2.8

$$\lim_{t\to\infty}\dot{V}_3(t)=0 \tag{3-65}$$

结合式(3-63)和式(3-65)可得

$$\lim_{t\to\infty}\vartheta_6(t)=0 \tag{3-66}$$

又因闭环系统式(3-61)中，ϑ_6 的动态特性满足

$$\dot{\vartheta}_6=-\vartheta_2\vartheta_5-\vartheta_3-\kappa_2\vartheta_6 \tag{3-67}$$

因此 $\dot{\vartheta}_6$ 连续，对 $\dot{\vartheta}_6$ 求导

$$\ddot{\vartheta}_6=\vartheta_6(t)[\vartheta_5^2(t)+1]+T(t)\vartheta_2^2(t)-\kappa_1\vartheta_5(t)\vartheta_2(t) \tag{3-68}$$

结合 ϑ_2、ϑ_5 和 ϑ_6 有界的结论，式(3-68)说明 $\ddot{\vartheta}_6$ 连续且有界，因此 $\dot{\vartheta}_6$ 一致连续，根据引理 2.8 可得

$$\lim_{t\to\infty}\dot{\vartheta}_6(t)=\lim_{t\to\infty}[-\vartheta_2(t)\vartheta_5(t)-\vartheta_3(t)-\kappa_2\vartheta_6(t)]=0 \tag{3-69}$$

据式(3-66)可知 $\lim\limits_{t\to\infty}\vartheta_6(t)=0$，结合式(3-69)

$$\lim_{t\to\infty}\dot{\vartheta}_6(t)=\lim_{t\to\infty}[\vartheta_2(t)\vartheta_5(t)+\vartheta_3(t)]=0 \tag{3-70}$$

又因 $\vartheta_2\vartheta_5+\vartheta_3$ 的导数为 $\dfrac{\mathrm{d}[\vartheta_2\vartheta_5+\vartheta_3]}{\mathrm{d}t}=\vartheta_5^2\vartheta_6+\vartheta_6-\kappa_1\vartheta_2\vartheta_5+T(t)\vartheta_2^2$。可得 $\dfrac{\mathrm{d}[\vartheta_2\vartheta_5+\vartheta_3]}{\mathrm{d}t}$ 连续，等式两边同时求导可得如下结论

$$\frac{\mathrm{d}^2(\vartheta_2\vartheta_5+\vartheta_3)}{\mathrm{d}t^2}=2\vartheta_5\vartheta_6[-\kappa_1\vartheta_5+T(t)\vartheta_2]+\dot{\vartheta}_6-\kappa_1\vartheta_5^2\vartheta_6+\dot{T}(t)\vartheta_2^2+2\vartheta_2\vartheta_5\vartheta_6T(t) \tag{3-71}$$

据前文可知，状态 ϑ_2、ϑ_3、ϑ_5、ϑ_6、$T(t)$、$\dot{T}(t)$ 和 $\dot{\vartheta}_6$ 连续有界，因此 $\mathrm{d}^2(\vartheta_2\vartheta_5+\vartheta_3)/\mathrm{d}t^2$ 连续有界，因此 $\dfrac{\mathrm{d}[\vartheta_2\vartheta_5+\vartheta_3]}{\mathrm{d}t}$ 一致连续，根据引理 2.8，可得

$$\lim_{t\to\infty}\frac{\mathrm{d}[\vartheta_2(t)\vartheta_5(t)+\vartheta_3(t)]}{\mathrm{d}t} =\lim_{t\to\infty}[\vartheta_5^2(t)\vartheta_6(t)+\vartheta_6(t)-\kappa_1\vartheta_2(t)\vartheta_5(t)+T(t)\vartheta_2^2(t)]=0 \tag{3-72}$$

因$\lim\limits_{t\to\infty}\vartheta_6(t)=0$，且状态 ϑ_5 有界，式(3-72)说明

$$\lim_{t\to\infty}[\kappa_1\vartheta_2(t)\vartheta_5(t)-T(t)\vartheta_2^2(t)]=0 \tag{3-73}$$

对式(3-73)两边同时求导可得

$$\frac{\mathrm{d}[\kappa_1\vartheta_2\vartheta_5-T(t)\vartheta_2^2]}{\mathrm{d}t} =-[\kappa_1\vartheta_2\vartheta_5-T(t)\vartheta_2^2]+\kappa_1\vartheta_5^2\vartheta_6-\dot{T}(t)\vartheta_2^2-2T(t)\vartheta_2\vartheta_5\vartheta_6 \tag{3-74}$$

因此$\dfrac{\mathrm{d}[\kappa_1\vartheta_2\vartheta_5-T(t)\vartheta_2^2]}{\mathrm{d}t}$连续。再对式(3-74)两边求导

$$\begin{aligned}&\frac{\mathrm{d}^2[\kappa_1\vartheta_2\vartheta_5-T(t)\vartheta_2^2]}{\mathrm{d}t^2}\\ =&-\frac{\mathrm{d}[\kappa_1\vartheta_2\vartheta_5-T(t)\vartheta_2^2]}{\mathrm{d}t}+\kappa_1\vartheta_5^2\dot{\vartheta}_6-2\kappa_1\vartheta_5\vartheta_6[\kappa_1\vartheta_5-T(t)\vartheta_2]-\\ &2T(t)\vartheta_5^2\vartheta_6^2-2\vartheta_2\vartheta_5\vartheta_6\dot{T}(t)-2\dot{T}(t)\vartheta_2\vartheta_5\vartheta_6-2T(t)\vartheta_2\vartheta_5\dot{\vartheta}_6+\\ &2T(t)\vartheta_2[\kappa_1\vartheta_5-T(t)\vartheta_2]\vartheta_6-\ddot{T}(t)\vartheta_2^2\end{aligned} \tag{3-75}$$

据前文推导结果可知，状态 ϑ_2、ϑ_3、ϑ_5、ϑ_6、$T(t)$、$\dot{T}(t)$、$\ddot{T}(t)$ 和 $\dot{\vartheta}_6$ 连续有界，因此 $\mathrm{d}^2[\kappa_1\vartheta_2\vartheta_5-T(t)\vartheta_2^2]/\mathrm{d}t^2$ 连续有界。则 $\mathrm{d}[\kappa_1\vartheta_2\vartheta_5-T(t)\vartheta_2^2]/\mathrm{d}t$ 一致连续，据引理 2.8

$$\lim_{t\to\infty}\frac{\mathrm{d}[\kappa_1\vartheta_2\vartheta_5-T(t)\vartheta_2^2]}{\mathrm{d}t}=0 \tag{3-76}$$

即

$$\lim_{t\to\infty}\{-[\kappa_1\vartheta_2\vartheta_5-T(t)\vartheta_2^2]+\kappa_1\vartheta_5^2\vartheta_6-\dot{T}(t)\vartheta_2^2-2T(t)\vartheta_2\vartheta_5\vartheta_6\}=0 \tag{3-77}$$

因为$\lim\limits_{t\to\infty}\vartheta_6(t)=0$，且状态 ϑ_2 和 ϑ_5 有界，且据式(3-77)可知

$$\lim_{t\to\infty}[\kappa_1\vartheta_2(t)\vartheta_5(t)-T(t)\vartheta_2^2(t)]=0 \tag{3-78}$$

所以，式(3-78)说明

$$\lim_{t\to\infty}\dot{T}(t)\vartheta_2^2(t)=0 \tag{3-79}$$

即

$$\lim_{t\to\infty}\left\{-\frac{2\alpha\vartheta_2(t)\vartheta_5(t)\vartheta_6(t)}{(\beta+\vartheta_2^2)^{\alpha+1}}\mathrm{sin}t\mathrm{sin}[\lambda f(t)\mathrm{sin}t]+\frac{\mathrm{cos}t\mathrm{sin}[\lambda f(t)\mathrm{sin}t]}{[\beta+\vartheta_2^2(t)]^{\alpha}}\right\}\lambda\vartheta_2(t)=0 \tag{3-80}$$

据式(3-80)可得

$$\lim_{t\to\infty}\frac{\lambda \cos t \sin[\lambda f(t)\sin t]}{[\beta+\vartheta_2^2(t)]^{\alpha}}\vartheta_2(t)=0 \tag{3-81}$$

因此对于系统式(3-8b)，控制律式(3-54)可使状态全局渐近收敛。此外，在闭环系统式(3-61)中，状态 ϑ_5 动态特性为 $\dot{\vartheta}_5=-\kappa_1\vartheta_5+T(t)\vartheta_2$，状态 ϑ_2 全局渐近收敛，则必有$\lim\limits_{t\to\infty}\vartheta_5(t)=0$。根据闭环系统式(3-61)可知

$$\lim_{t\to\infty}\dot{\vartheta}_6(t)=\lim_{t\to\infty}[-\vartheta_2(t)\vartheta_5(t)-\vartheta_3(t)-\kappa_2\vartheta_6(t)]=0 \tag{3-82}$$

因为$\lim\limits_{t\to\infty}\vartheta_2(t)=0$、$\lim\limits_{t\to\infty}\vartheta_5(t)=0$、$\lim\limits_{t\to\infty}\vartheta_6(t)=0$，可得$\lim\limits_{t\to\infty}\vartheta_3(t)=0$。综上所述，状态 ϑ_2、ϑ_3、ϑ_5 和 ϑ_6 全局渐近收敛到 0，引理 3.3 证明完毕。

附注 3.3：闭环系统式(3-61)中，状态 ϑ_5 为状态 ϑ_2 收敛提供持续激励。由于 $\dot{\vartheta}_5=-\kappa_1\vartheta_5+T(t)\vartheta_2$，随着状态 ϑ_2 收敛到 0，状态 ϑ_5 提供的激励逐渐降低。状态 ϑ_2 越靠近原点，该问题越明显，为此本节提出变周期控制方法。其特点为：函数 $T(t)$频率因状态 ϑ_2 收敛而增加，并满足$\lim\limits_{\vartheta_2\to 0}\lambda\ (\beta+\vartheta_2^2)^{-\alpha}=\lambda\beta^{-\alpha}$。当 ϑ_2 收敛到原点附近邻域时，函数 $T(t)$的频率主要由参数β 和 λ 决定，$\dfrac{\lambda}{\beta^{\alpha}}$取值越大，函数 $T(t)$频率越大。幅值不变的情况下，函数 $T(t)$频率越大，状态 ϑ_5 为 ϑ_2 提供的激励越大，状态 ϑ_2 收敛越快。相反，当$|\vartheta_2|$较大时，系统频率受β 和$|\vartheta_2|$共同影响，$T(t)$频率较小，以此减小执行器的负担。和参考文献[46]中的方法相比，本节引入变周期时变项 $T(t)$代替 $\cos t$，通过实时调整周期频率解决状态 ϑ_2 在原点附近收敛缓慢的问题。和参考文献[46]相比，本节方法避免使用反步法，结构更简单。

定理 3.3：存在光滑控制律如下：

$$\begin{aligned}\tau_1&=\frac{d_{22}^2}{m_{11}}\vartheta_5+\frac{d_{22}^2}{m_{11}}\vartheta_2+d_{11}u-m_{22}vr+m_{22}\vartheta_4\vartheta_6-\\&\quad d_{22}[-\kappa_1\vartheta_5+T(t)\vartheta_2]-d_{22}\vartheta_2\vartheta_6\\\tau_2&=d_{33}r-m_{33}(\vartheta_2\vartheta_5+\vartheta_3+\kappa_2\vartheta_6)-(m_{11}-m_{22})uv\end{aligned} \tag{3-83}$$

可保证系统式(3-8)全局渐近稳定，其中

$$T(t)=\cos\left[\frac{\lambda\sin t}{(\beta+\vartheta_2^2)^{\alpha}}\right] \tag{3-84}$$

此处，$\alpha>0$、$\beta>0$、$\kappa_1>0$、$\kappa_2>0$、$\lambda\neq 0$ 是待选参数。

证明：由引理 3.3 可知，控制律式(3-54)使系统式(3-8b)全局渐近稳定。结合引理 3.1 与引理 3.2 可知，控制律式(3-54)可保证系统式(3-1)全局渐近稳定。同时考虑输入变换，计算可得，控制律式(3-83)可保证系统式(3-1)全局渐近稳定。定理 3.3 证明完毕，由于空间和篇幅有限，不再赘述。

3.5 仿真分析

3.5.1 分数幂方法

3.3 节使用 MATLAB 仿真验证所提方法的有效性。AMV 惯性质量与阻尼系数为 $m_{11}=24.8\text{kg}$、$m_{22}=33.8\text{kg}$、$m_{23}=6.2\text{kg}$、$m_{32}=6.2\text{kg}\cdot\text{m}^2$、$m_{33}=3.76\text{kg}\cdot\text{m}^2$、$d_{11}=12+3.5|u|\text{kg/s}$、$d_{22}=17\text{kg/s}$、$d_{23}=0.2\text{kg/s}$、$d_{32}=0.5\text{kg}\cdot\text{m}^2/\text{s}$、$d_{33}=0.5+0.1|r|\text{kg}\cdot\text{m}^2/\text{s}$。控制器参数定义为 $\kappa_1=3$、$\kappa_2=3$、$\kappa_3=1$、$\kappa_4=1$、$\lambda=0.5$、$\xi_1=\frac{1}{6}$、$\xi_2=\frac{1}{3}$。首先验证所提方法关于稳定性的有效性。定义 AMV 的初始条件为

$$\begin{aligned}&[x(0),y(0),\psi(0),u(0),v(0),r(0)]^{\mathrm{T}}\\&=[3(\text{m}),-3(\text{m}),0(\text{rad}),0(\text{m/s}),0(\text{m/s}),0(\text{rad/s})]^{\mathrm{T}}\end{aligned}\tag{3-85}$$

如图 3-1 与图 3-2 所示，闭环系统位置误差、偏航角、速度皆渐近收敛到 0，说明所提控制律可保证 AMV 系统全局渐近稳定。为验证本节控制律所得闭环系统可提高系统在原点附近收敛速度，与经典的周期时变控制策略方法 I（参考文献[46]）做仿真对比。

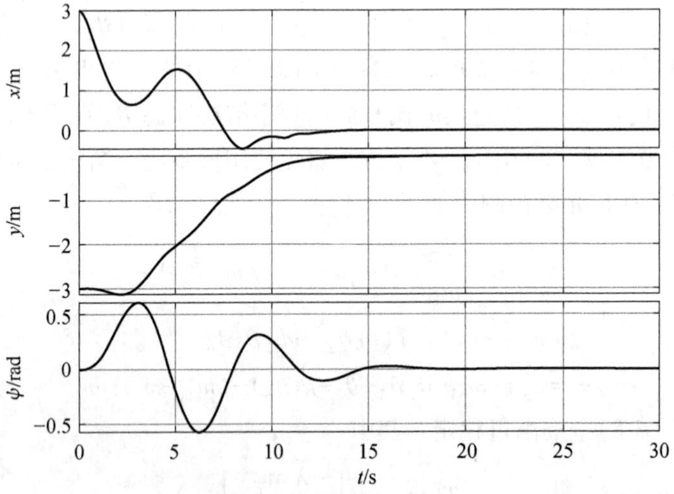

图 3-1　位置与偏航角响应

微分同胚状态 ϑ_2 为系统稳定的关键因素，因此以状态 ϑ_2 响应轨迹作为主要因素进行比较。图 3-3 说明本节所提方法，可使状态 ϑ_2 在 10s 内稳定，优于方法 I 所得状态 ϑ_2 收敛时间。由于分数幂项作用，闭环系统在原点附近收敛速度较大提高，从而克服高阶非线性项对收敛速度的影响。

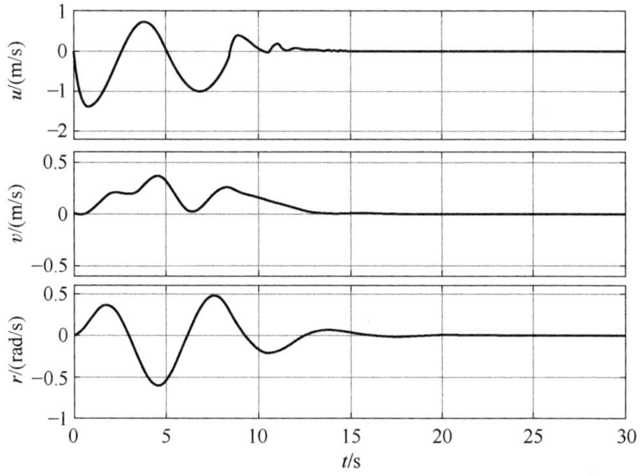

图 3-2　速度响应

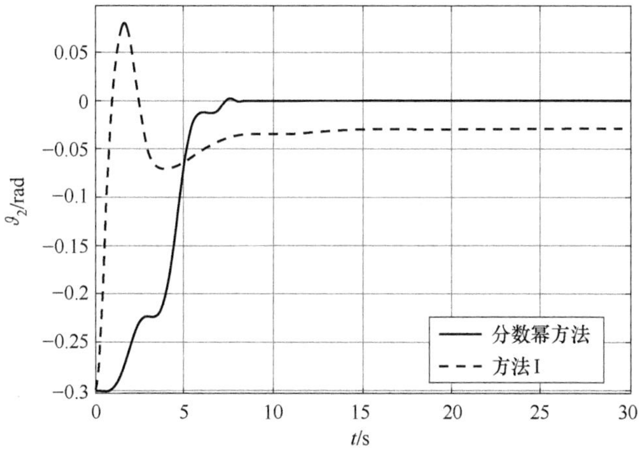

图 3-3　分数幂方法与方法 I 微分同胚状态对比图

为进一步验证本节分数幂控制器的优势，图 3-4 给出偏航状态 ψ 在原点附近的对比仿真结果。结果说明本节所提分数幂方法可保证偏航角 ψ 在 30s 内收敛到 0。相比方法 I，本节分数幂方法所得闭环系统具有更快收敛速度。

为强调本节方法质量与研究结果，定义速度性能指标 E 为

$$E=(u^2+v^2+r^2)^{\frac{1}{4}} \tag{3-86}$$

图 3-5 说明，相比方法 I，本节所提方法所得闭环系统中，性能指标 E 具有更快收敛速度。注意，为突出所提方法在收敛速度，性能指标 E 使用 1/4 作为幂指数。

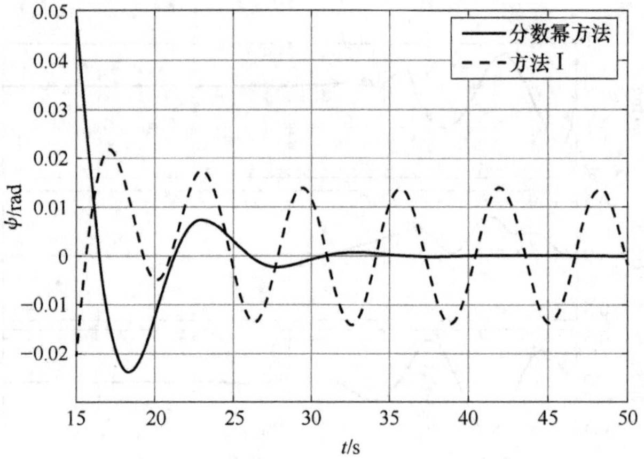

图 3-4　分数幂方法与方法 I 偏航角对比图

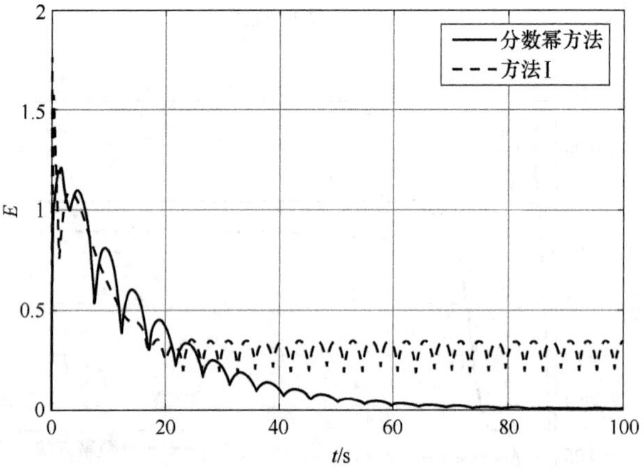

图 3-5　分数幂方法与方法 I 速度性能指标对比图

为对比性能与能耗关系的差异，本节对纵向方向力 τ_1 与转艏方向力矩 τ_2 对比。图 3-6 与图 3-7 中本节所提分数幂方法 $|\tau_1|$ 最大值与 $|\tau_2|$ 最大值，明显小于方法 I 控制输入 $|\tau_1|$ 最大值与 $|\tau_2|$ 最大值。说明分数幂控制律在两种方法性能相同时，能耗更小。

更进一步，考虑如下能耗指标：

$$J = \int_0^t \sqrt{\tau_u^2(s) + \tau_r^2(s)}\,\mathrm{d}s \tag{3-87}$$

及累积误差性能指标：

$$Q = \int_0^t \sqrt{x^2(s) + y^2(s) + \psi^2(s) + u^2(s) + v^2(s) + r^2(s)}\,\mathrm{d}s \tag{3-88}$$

图 3-8 与图 3-9 展示能耗与误差性能指标，可以看出，分数幂方法所得闭环系统的能量消耗和累积误差不足方法 I 的 1/3。

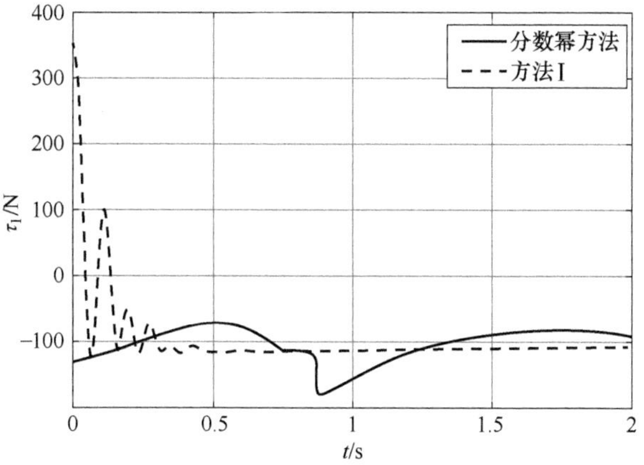

图 3-6　分数幂方法与方法 I 纵向推进力对比图

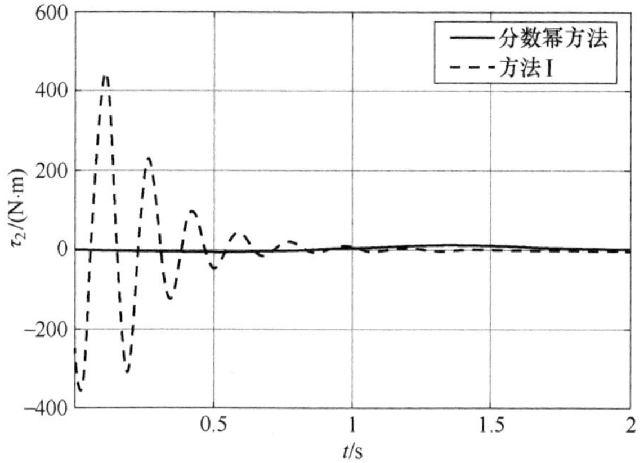

图 3-7　分数幂方法与方法 I 艏摇力矩对比图

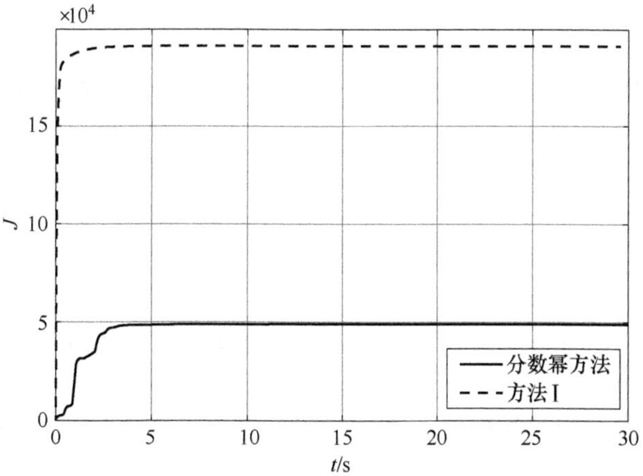

图 3-8　分数幂方法与方法 I 能耗对比图

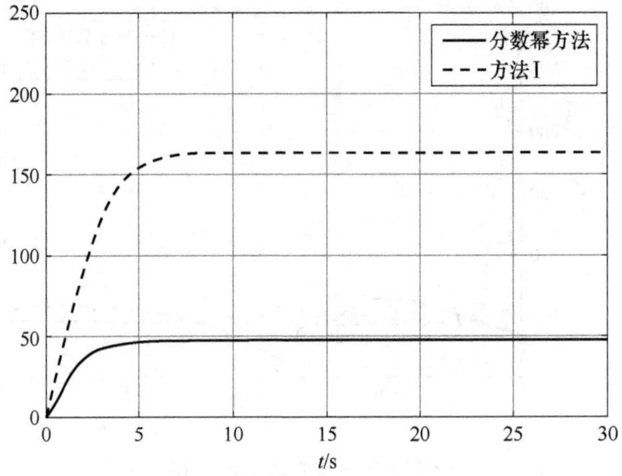

图 3-9　分数幂方法与方法 I 误差指标对比图

3.5.2　变周期方法

3.4 节沿用 AMV 参数仿真研究如下：$m_{11}=24.8\text{kg}$、$m_{22}=33.8\text{kg}$、$m_{23}=6.2\text{kg}$、$m_{32}=6.2\text{kg}\cdot\text{m}^2$、$m_{33}=3.76\text{kg}\cdot\text{m}^2$、$d_{11}=12+3.5|u|\text{kg/s}$、$d_{22}=17\text{kg/s}$、$d_{23}=0.2\text{kg/s}$、$d_{32}=0.5\text{kg}\cdot\text{m}^2/\text{s}$、$d_{33}=0.5+0.1|r|\text{kg}\cdot\text{m}^2/\text{s}$。

所选参数为

$$\kappa_1=1,\ \kappa_2=2,\ \lambda=5,\ \alpha=0.5,\ \beta=0.2 \tag{3-89}$$

系统状态的初始值为

$$\begin{aligned}&[x(0),y(0),\psi(0),u(0),v(0),r(0)]\\&=[2(\text{m}),1(\text{m}),0.75(\text{rad}),0(\text{m/s}),0(\text{m/s}),0(\text{rad/s})]\end{aligned} \tag{3-90}$$

图 3-10、图 3-11、图 3-12 表示本节所提变周期方法与方法 I（参考文献[46]）位置误差与偏航角响应对比结果。

仿真结果说明本节提出的变周期控制方法能同时提高系统位置误差、偏航角和速度的收敛速度，且越靠近原点附近，变周期控制律效果越明显，验证所设计控制律的有效性。

定义速度指标为如下形式：

$$Q=u^2+v^2+r^2 \tag{3-91}$$

图 3-13 表示变周期方法与方法 I 速度性能比较结果，说明本节变周期方法所得速度变化相对方法 I 更平稳。

为比较本节所提变周期方法与方法 I 的控制输入，图 3-14 与图 3-15 分别展示纵向推进力 τ_1 和艏摇力矩 τ_2 的仿真对比。结果显示，变周期控制律 τ_1 频率略高，说明变周期控制随系统状态的减小产生作用。且变周期方法中 τ_1 和 τ_2 绝对值的最大值，明显低于方法 I，间接说明变周期控制方法可降低能量消耗，而图 3-16 验证了该问题。

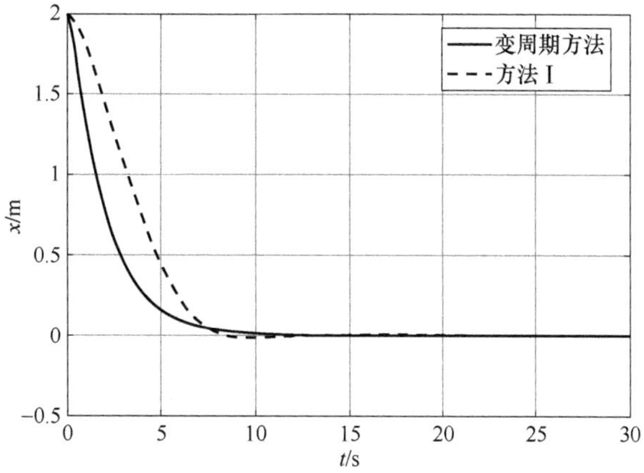

图 3-10　变周期方法和方法 I 关于 x 方向位置对比图

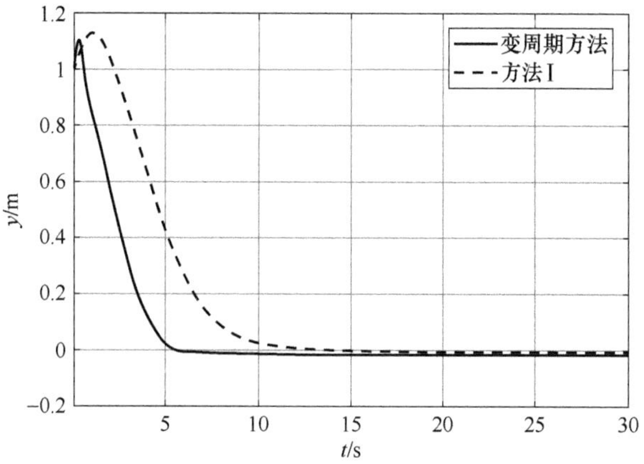

图 3-11　变周期方法和方法 I 关于 y 方向位置对比图

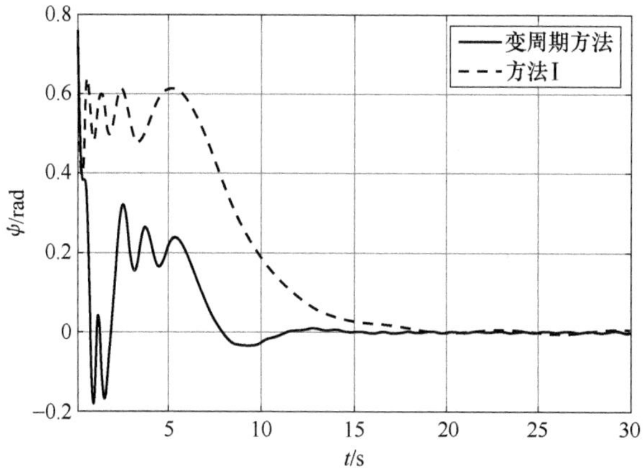

图 3-12　变周期方法和方法 I 偏航角对比图

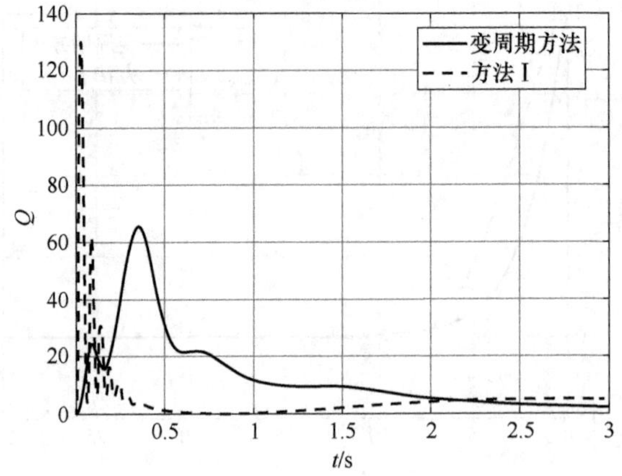

图 3-13　变周期方法和方法 I 速度性能对比图

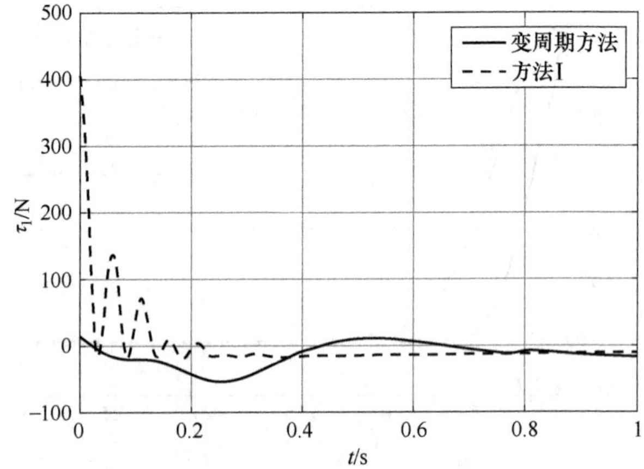

图 3-14　变周期方法和方法 I 纵向推进力对比图

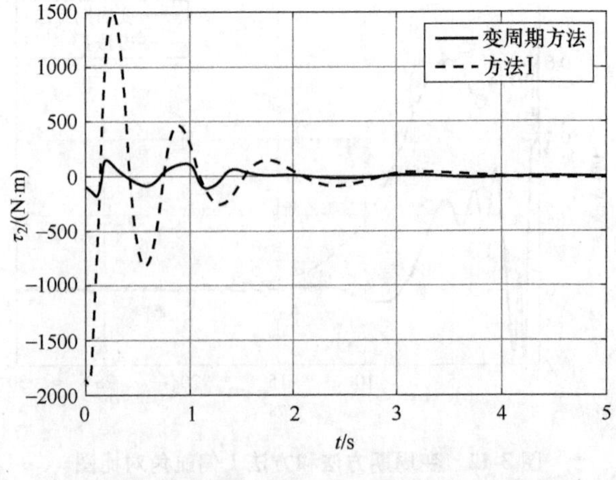

图 3-15　变周期方法和方法 I 艏摇力矩对比图

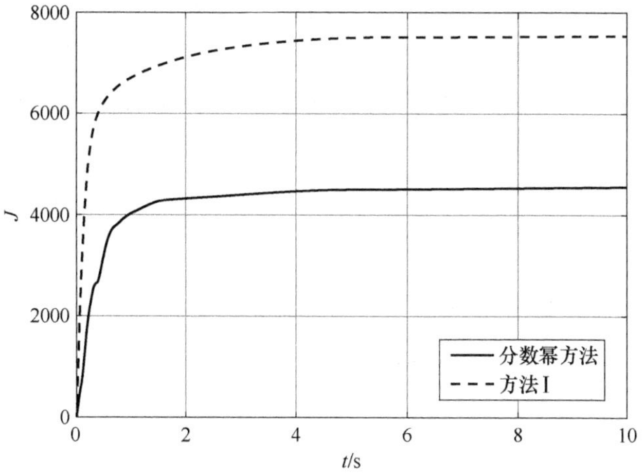

图 3-16　变周期方法和方法 I 能耗对比图

定义能耗指标 J 为

$$J = \int_0^t (\tau_1^2 + \tau_2^2)\,\mathrm{d}t \tag{3-92}$$

图 3-16 说明变周期方法不仅收敛速度优于常规的光滑控制方法，且能耗低于方法Ⅰ。AMV 受到外部环境扰动时，被控系统须具有一定的鲁棒性。图 3-17 是 AMV 在受到界值为 0.1 的环境随机扰动时，位置误差与偏航角关于时间的响应曲线。可以看出，即使受到外部扰动，系统状态不会发散，仍会收敛到原点的有界邻域内。

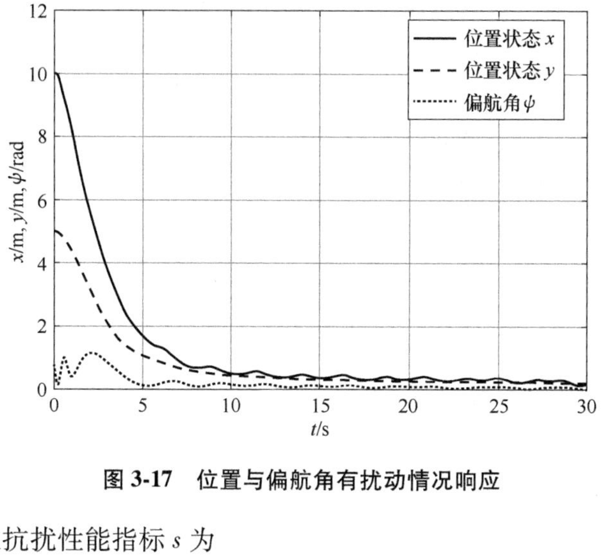

图 3-17　位置与偏航角有扰动情况响应

同时，定义抗扰性能指标 s 为

$$s = \|x, y, \psi, u, v, r\|_2 \tag{3-93}$$

图 3-18 显示参数$\beta=0.2$的情况下，λ 分别取值 $\lambda=5$ 和 $\lambda=30$ 时，性能指标 s 随时间变化响应曲线。在 $\lambda=30$ 和 $\lambda=5$ 时，指标 s 的平均幅值分别在 0.2 和 0.35 附近，说明在绝大多数时间，可调节控制器参数的大小来提高被控 AMV 的抗扰性能。

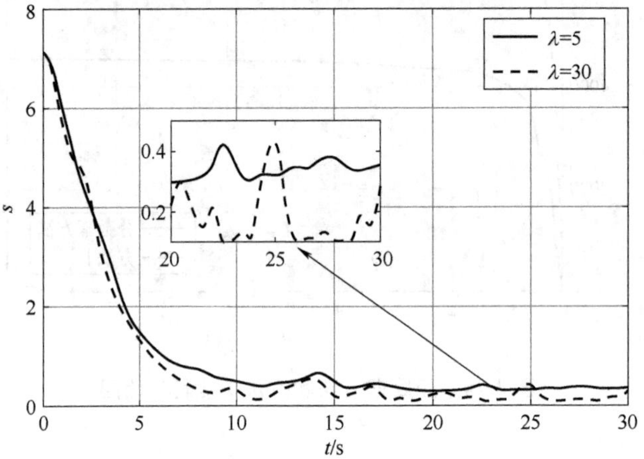

图 3-18　抗扰性能指标在不同参数下的响应

3.6　本章小结

本章研究了具有非对角惯性和阻尼矩阵动力学特性的 AMV 全局渐近镇定控制问题。通过输入和状态变换，将 AMV 的动力学模型转化为由两个子系统级联而成的等效系统。对于变换后的系统，为提高系统收敛速度，提出两种时变控制律。首先给出了分数幂控制方法，实现了 AMV 的全局渐近稳定。且对该方法收敛速度与参数关系进行了分析，结果表明，通过调整分数次幂项可以提高收敛速度。而后，为了同时保证 AMV 系统的全局收敛速度与光滑性，提出了一种变周期时变控制策略，并分析了所提方法的有效性。

第 4 章　AMV 抗干扰时变镇定控制

本章基于周期时变控制策略与固定时间扰动观测器，研究同时具有非匹配与匹配扰动的 AMV 镇定控制问题。为此设计一种基于高阶滑模微分器的固定时间扰动观测器。基于反步法与所提扰动观测器，通过在虚拟偏航角和虚拟速度中引入周期项，提出使 AMV 系统状态收敛至有界区域的周期时变控制方法。最后给出仿真及讨论，验证方法的有效性。

4.1　问题描述

本章考虑同时具有匹配与非匹配扰动的 AMV 模型，为简化计算，将模型简化为对称结构。参考模型式(2-2)，其运动学模型可描述如下：

$$\begin{cases}\dot{x}=u\cos\psi-v\sin\psi+\xi_x\\ \dot{y}=u\sin\psi+v\cos\psi+\xi_y\\ \dot{\psi}=r\end{cases}\tag{4-1a}$$

$$\begin{cases}\dot{u}=-\dfrac{d_{11}}{m_{11}}u+\dfrac{m_{22}}{m_{11}}vr+\dfrac{\tau_1}{m_{11}}+\xi_1\\ \dot{v}=-\dfrac{d_{22}}{m_{22}}v-\dfrac{m_{11}}{m_{22}}ur+\xi_v\\ \dot{r}=-\dfrac{d_{33}}{m_{33}}r-\dfrac{m_{22}-m_{11}}{m_{33}}uv+\dfrac{\tau_2}{m_{33}}+\xi_2\end{cases}\tag{4-1b}$$

其中，ξ_x、ξ_y、ξ_v 为未知非匹配扰动；ξ_1、ξ_2 为未知匹配扰动。

假设 4.1：扰动 ξ_x、ξ_y、ξ_v、ξ_1、ξ_2 为低频扰动，满足 $|\dot{\xi}_x|<\sigma_x$、$|\dot{\xi}_y|<\sigma_{y,1}$、$|\dot{\xi}_v|<\sigma_v$、$|\dot{\xi}_1|<\sigma_1$、$|\dot{\xi}_2|<\sigma_2$、$|\ddot{\xi}_y|<\sigma_{y,2}$、$|\xi_x|<\xi_{x\max}$、$|\xi_y|<\xi_{y\max}$。其中，$\sigma_x$、$\sigma_{y,1}$、$\sigma_{y,2}$、$\sigma_v$、$\sigma_1$、$\sigma_2$、$\xi_{x\max}$、$\xi_{y\max}$ 为已知正常数。

假设 4.2：AMV 系统横漂速度有界满足 $|v|\leqslant v_{\max}$。

本章旨在研究 AMV 镇定控制问题：在假设 4.1 和假设 4.2 的情况下，为镇定 AMV 系统式(4-1)设计一个有界控制器，以保证系统状态 x、y、ψ、u、r 全局有界。因同时考虑在速度和位置上的匹配及非匹配扰动，使问题更具挑战性，现存AMV镇定控制文献很少考虑。此外，不确定性包括在干扰中。

附注4.1：海洋扰动为低频风、浪和流，其导数有界。高频扰动会引起AMV的往复运动、自我补偿，因此本章不考虑高频扰动。此外，横漂速度有界为相关研究中的常见假设。并且对于可能影响AMV任务的恶劣海洋条件，难以通过执行器消除横漂速度的扰动。所以，本章不考虑横漂速度方向的扰动补偿。

4.2 固定时间扰动观测器

为设计高阶滑模微分器，首先引入二阶扰动观测器相关理论。考虑如下系统：

$$\dot{z}=f(z,t)+\xi \tag{4-2}$$

其中，z为实数变量；$f(z,t)$为关于变量z与时间t的函数；ξ为扰动满足$|\xi^{(i)}|<L_i$，L_i为已知常数($i=1,2,\cdots,n+1$)。定义状态ϵ_ξ为ξ的估计量，可描述为如下形式：

$$\dot{\epsilon}_\xi=\kappa_3\text{sign}(z-\hat{z}) \tag{4-3}$$

此处，$\hat{z}$为辅助估计函数，定义为$\dot{\hat{z}}=\epsilon_\xi+\kappa_1\lfloor\tilde{z}\rceil^{\frac{1}{2}}+\kappa_3\lfloor\tilde{z}\rceil^p$，定义$\lfloor z\rceil^q$为$\text{sign}(z)|z|^q$，$\tilde{z}=z-\hat{z}$；$p>1$、$k_1>\sqrt{2\kappa_3}$、$\kappa_2>0$、$\kappa_3>4L_1$为待选参数。

引理4.1：考虑系统式(4-3)，扰动观测器ϵ_ξ可在固定时间内精确估计扰动ξ，截止时间T_ξ可描述为如下形式：

$$T_\xi\leqslant\left[\frac{1}{\kappa_2(p-1)\left(2^{\frac{1}{4}}\frac{\kappa_1}{\kappa_2}\right)^{\frac{p-1}{p+\frac{1}{2}}}}+\frac{2\left(2^{\frac{3}{4}}\frac{\kappa_1}{\kappa_2}\right)^{\frac{1}{2}}}{\kappa_1}\right]\left[1+\frac{\kappa_3+\sigma}{(\kappa_3-\sigma)\left(1-\frac{\sqrt{2\kappa_3}}{\kappa_1}\right)}\right] \tag{4-4}$$

附注4.2：由于非匹配扰动的存在，需对扰动的高阶导数进行估计，为此本章给出基于高阶滑模微分器的固定时间观测器的结果。与现存有限时间高阶滑模微分器相比，该方法可在固定时间内估计扰动。

定理4.1：考虑系统式(4-2)，定义$[\epsilon_{\xi,0},\epsilon_{\xi,1},\cdots,\epsilon_{\xi,i},\cdots,\epsilon_{\xi,n}]$为扰动$[\xi,\dot{\xi},\cdots,\xi^{(i)},\cdots,\xi^{(n)}]$的估计量，其形式描述如下：

$$\begin{aligned}&\dot{\epsilon}_{\xi,0}=\kappa_{3,0}\text{sign}(z-\hat{z})\\&\dot{\epsilon}_{\xi,i}=\kappa_{3,i}\text{sign}(\epsilon_{\xi,i-1}-\hat{\xi}_{i-1})\\&\dot{\epsilon}_{\xi,n}=\kappa_{3,n}\text{sign}(\epsilon_{\xi,n-1}-\hat{\xi}_{n-1})\end{aligned} \tag{4-5}$$

其中，系统$[\hat{z},\hat{\xi}_0,\hat{\xi}_1,\cdots,\hat{\xi}_i,\cdots,\hat{\xi}_{n-1}]$的动态特性为

$$
\begin{aligned}
\dot{\hat{z}} &= f(z,t)+\epsilon_{\xi,0}+\kappa_{0,1}\lfloor z-\hat{z}\rceil^{\frac{1}{2}}+\kappa_{0,2}\lfloor z-\hat{z}\rceil^{p_{\xi,0}} \\
\dot{\hat{\xi}}_0 &= \epsilon_{\xi,1}+\kappa_{1,1}\lfloor \epsilon_{\xi,0}-\hat{\xi}_0\rceil^{\frac{1}{2}}+\kappa_{1,2}\lfloor \epsilon_{\xi,0}-\hat{\xi}_0\rceil^{p_{\xi,1}} \\
\dot{\hat{\xi}}_{i-1} &= \epsilon_{\xi,i}+\kappa_{i,1}\lfloor \epsilon_{\xi,i-1}-\hat{\xi}_{i-1}\rceil^{\frac{1}{2}}+\kappa_{i,2}\lfloor \epsilon_{\xi,i-1}-\hat{\xi}_{i-1}\rceil^{p_{\xi,i}} \\
\dot{\hat{\xi}}_{n-1} &= \kappa_{n,1}\lfloor \epsilon_{\xi,n-1}-\hat{\xi}_{n-1}\rceil^{\frac{1}{2}}+\kappa_{n,2}\lfloor \epsilon_{\xi,n-1}-\hat{\xi}_{n-1}\rceil^{p_{\xi,n}}
\end{aligned} \tag{4-6}
$$

且 $p_{\xi,j}>1$、$\kappa_{j,1}>\sqrt{2\kappa_{j,3}}$、$\kappa_{j,2}>0$、$\kappa_{\xi,j}>4L_{j+1}$，$j=0,1,2,\cdots,n$。则扰动观测器式(4-6)可在固定时间内精确估计扰动$[\xi,\dot{\xi},\cdots,\xi^{(i)},\cdots,\xi^{(n)}]$，且其截止时间为

$$
T_{\text{sum}} \leqslant \sum_{j=0}^{n}\left\{\left[\frac{1}{\kappa_2(p_{\xi,j}-1)\left(2^{\frac{1}{4}}\dfrac{\kappa_{j,1}}{\kappa_{j,2}}\right)^{\frac{p_{\xi,j}-1}{p_{\xi,j}+\frac{1}{2}}}}+\frac{2\left(2^{\frac{3}{4}}\dfrac{\kappa_{j,1}}{\kappa_{j,2}}\right)^{\frac{1}{2}}}{\kappa_{j,1}}\right]\times\left[1+\frac{\kappa_{j,3}+L_{j+1}}{(\kappa_{j,3}-L_{j+1})\left(1-\dfrac{\sqrt{2\kappa_{j,3}}}{\kappa_{j,1}}\right)}\right]\right\} \tag{4-7}
$$

证明： 据引理 4. 1，观测状态 $\epsilon_{\xi,0}$可在固定时间内精确估计 ξ，截止时间为

$$
T_{\xi,0}=\left[\frac{1}{\kappa_2(p_{\xi,0}-1)\left(2^{\frac{1}{4}}\dfrac{\kappa_{0,1}}{\kappa_{0,2}}\right)^{\frac{p_{\xi,0}-1}{p_{\xi,0}+\frac{1}{2}}}}+\frac{2\left(2^{\frac{3}{4}}\dfrac{\kappa_{0,1}}{\kappa_{0,2}}\right)^{\frac{1}{2}}}{\kappa_1}\right]\times\left[1+\frac{\kappa_{3,0}+L_1}{(\kappa_{3,0}-L_1)\left(1-\dfrac{\sqrt{2\kappa_{0,3}}}{\kappa_{0,1}}\right)}\right] \tag{4-8}
$$

因此，基于对扰动 ξ 的估计，本章通过数学归纳法得到对扰动 ξ 的 n 阶导数 $\xi^{(n)}$的估计，具体细节如下所示。

情况 1： 据式(4-6)，可得

$$
\dot{\epsilon}_{\xi,1}=\kappa_{3,1}\operatorname{sign}(\dot{\xi}-\hat{\xi}_0) \tag{4-9}
$$

其中，据式(4-7)可知 $\dot{\hat{\xi}}_0=\epsilon_{\xi,1}+\kappa_{1,1}\lceil \xi-\hat{\xi}_0\rfloor^{\frac{1}{2}}+\kappa_{1,2}\lfloor \xi-\hat{\xi}_0\rceil^{p_{\xi,1}}$。

因此，观测器 $\epsilon_{\xi,1}$可在固定时间内估计扰动 ξ 的一阶导数 $\dot{\xi}$，截止时间可描述为如下形式：

$$T_{\xi,1}=\left[\frac{1}{\kappa_2(p_{\xi,1}-1)\left(2^{\frac{1}{4}}\frac{\kappa_{1,1}}{\kappa_{1,2}}\right)^{\frac{p_{\xi,1}-1}{p_{\xi,1}+\frac{1}{2}}}}+\frac{2\left(2^{\frac{3}{4}}\frac{\kappa_{1,1}}{\kappa_{1,2}}\right)^{\frac{1}{2}}}{\kappa_{1,1}}\right]\times\left[1+\frac{\kappa_{1,3}+L_2}{(\kappa_{1,3}-L_2)\left(1-\frac{\sqrt{2\kappa_{1,3}}}{\kappa_{1,1}}\right)}\right] \tag{4-10}$$

情况 j：如所设计观测器可在固定时间内实现 $\epsilon_{\xi,j-1}=\xi^{(j-1)}$，则据引理 4.1，观测器 $\dot{\epsilon}_{\xi,j}=\kappa_{3,j}\mathrm{sign}(\epsilon_{\xi,j-1}-\hat{\xi}_{j-1})$ 可在固定时间内估计扰动 ξ 的 j 阶导数 $\xi^{(j)}$，其截止时间可描述为如下形式：

$$T_{\xi,j}=\left[\frac{1}{\kappa_2(p_{\xi,j}-1)\left(2^{\frac{1}{4}}\frac{\kappa_{j,1}}{\kappa_{j,2}}\right)^{\frac{p_{\xi,j}-1}{p_{\xi,j}+\frac{1}{2}}}}+\frac{2\left(2^{\frac{3}{4}}\frac{\kappa_{j,1}}{\kappa_{j,2}}\right)^{\frac{1}{2}}}{\kappa_{j,1}}\right]\times\left[1+\frac{\kappa_{j,3}+L_{j+1}}{(\kappa_{j,3}-L_{j+1})\left(1-\frac{\sqrt{2\kappa_{j,3}}}{\kappa_{j,1}}\right)}\right] \tag{4-11}$$

情况 n：在对扰动 ξ 的 $n-1$ 阶导数 ξ^{n-1} 估计的截止时间后，观测器 $\dot{\epsilon}_{\xi,n}=\kappa_{3,n}\mathrm{sign}(\epsilon_{\xi,n-1}-\hat{\xi}_{n-1})$ 可在固定时间内估计扰动 ξ 的 n 阶导数 $\xi^{(n)}$，其截止时间可描述为如下形式：

$$T_{\xi,n}=\left[\frac{1}{\kappa_2(p_{\xi,n}-1)\left(2^{\frac{1}{4}}\frac{\kappa_{n,1}}{\kappa_{n,2}}\right)^{\frac{p_{\xi,n}-1}{p_{\xi,n}+\frac{1}{2}}}}+\frac{2\left(2^{\frac{3}{4}}\frac{\kappa_{n,1}}{\kappa_{n,2}}\right)^{\frac{1}{2}}}{\kappa_{n,1}}\right]\times\left[1+\frac{\kappa_{n,3}+L_{n+1}}{(\kappa_{n,3}-L_{n+1})\left(1-\frac{\sqrt{2\kappa_{n,3}}}{\kappa_{n,1}}\right)}\right] \tag{4-12}$$

综上所述，最终 ξ，$\dot{\xi}$，…，$\xi^{(i)}$，…，$\xi^{(n)}$ 估计的截止时间 T_{sum} 为

$$T_{\mathrm{sum}}\leqslant\sum_{j=0}^{n}\left\{\left[\frac{1}{\kappa_2(p_{\xi,j}-1)\left(2^{\frac{1}{4}}\frac{\kappa_{j,1}}{\kappa_{j,2}}\right)^{\frac{p_{\xi,j}-1}{p_{\xi,j}+\frac{1}{2}}}}+\frac{2\left(2^{\frac{3}{4}}\frac{\kappa_{j,1}}{\kappa_{j,2}}\right)^{\frac{1}{2}}}{\kappa_{j,1}}\right]\times\right.$$

$$\left[1+\frac{\kappa_{j,3}+L_{j+1}}{(\kappa_{j,3}-L_{j+1})\left(1-\frac{\sqrt{2\kappa_{j,3}}}{\kappa_{j,1}}\right)}\right]\Bigg\} \tag{4-13}$$

定理证明完毕。

在现存多数扰动观测器方法中，估计误差可以在有限时间内或渐近收敛到 0。本章所提观测器可在固定时间内估计扰动。与已有固定时间观测器相比，本章所提方法可利用高阶滑模微分算子实现估计扰动的 n 阶导数。具体地说，本章首先在固定时间内精确估计扰动 ξ。然后在此基础上，可利用获得的扰动估计状态观测扰动 ξ 的一阶导数。因此，若可获得扰动 ξ 的 $j-1$ 阶导数估计值，说明可在一个固定的时间内估计 j 阶导数。采用归纳法，利用高阶滑模微分算子，可以在固定时间内估计出扰动 ξ 的 n 阶导数。

上述结论可拓展为 AMV 固定时间扰动观测器，定义 ϵ_x、ϵ_y、ϵ_v、ϵ_1、ϵ_2、$\epsilon_{y,1}$ 为扰动 ξ_x、ξ_y、ξ_v、ξ_1、ξ_2、$\dot{\xi}_y$ 的估计量。据定理 4.1，本章为 AMV 设计如下扰动观测器：

$$\begin{aligned}&\dot{\epsilon}_x=\kappa_{\tilde{x}_3}\mathrm{sign}(\tilde{x}),\ \dot{\epsilon}_y=\kappa_{\tilde{y}_3}\mathrm{sign}(\tilde{y}),\ \dot{\epsilon}_v=\kappa_{\tilde{v}_3}\mathrm{sign}(\tilde{v})\\&\dot{\epsilon}_1=\kappa_{\tilde{u}_3}\mathrm{sign}(\tilde{u}),\ \dot{\epsilon}_2=\kappa_{\tilde{r}_3}\mathrm{sign}(\tilde{r}),\ \dot{\epsilon}_{y,1}=\kappa_{\tilde{\xi}_{y,3}}\mathrm{sign}(\tilde{y})\end{aligned} \tag{4-14}$$

其中，$\tilde{x}=x-\hat{x}$、$\tilde{y}=y-\hat{y}$、$\tilde{v}=v-\hat{v}$、$\tilde{u}=u-\hat{u}$、$\tilde{r}=r-\hat{r}$，且

$$\dot{\hat{x}}=u\cos\psi+\epsilon_x+\kappa_{\tilde{x}_1}\lfloor\tilde{x}\rceil^{\frac{1}{2}}+\kappa_{\tilde{x}_2}\lfloor\tilde{x}\rceil^{p_x} \tag{4-15a}$$

$$\dot{\hat{y}}=u\sin\psi+\epsilon_y+\kappa_{\tilde{y}_1}\lfloor\tilde{y}\rceil^{\frac{1}{2}}+\kappa_{\tilde{y}_2}\lfloor\tilde{y}\rceil^{p_y} \tag{4-15b}$$

$$\dot{\hat{v}}=-\frac{d_{22}}{m_{22}}v+\epsilon_v+\kappa_{\tilde{v}_1}\lfloor\tilde{v}\rceil^{\frac{1}{2}}+\kappa_{\tilde{v}_2}\lfloor\tilde{v}\rceil^{p_v} \tag{4-15c}$$

$$\dot{\hat{u}}=-\frac{d_{11}}{m_{11}}u+\frac{m_{22}}{m_{11}}vr+\epsilon_1+\kappa_{\tilde{u}_1}\lfloor\tilde{u}\rceil^{\frac{1}{2}}+\kappa_{\tilde{u}_2}\lfloor\tilde{u}\rceil^{p_1}+\frac{\tau_1}{m_{11}} \tag{4-15d}$$

$$\dot{\hat{r}}=-\frac{d_{33}}{m_{33}}r-\frac{m_{22}-m_{11}}{m_{33}}uv+\epsilon_2+\kappa_{\tilde{r}_1}\lfloor\tilde{r}\rceil^{\frac{1}{2}}+\kappa_{\tilde{r}_2}\lfloor\tilde{r}\rceil^{p_2}+\frac{\tau_2}{m_{33}} \tag{4-15e}$$

$$\dot{\hat{\xi}}_y=\kappa_{\tilde{\xi}_{y,1}}\lfloor\epsilon_y-\hat{\xi}_y\rceil^{\frac{1}{2}}+\kappa_{\tilde{\xi}_{y,2}}\lfloor\epsilon_y-\hat{\xi}_y\rceil^{p_{\tilde{\xi}_y}}+\epsilon_{y,1} \tag{4-15f}$$

常数 $p_x>1$、$p_y>1$、$p_v>1$、$p_1>1$、$p_2>1$、$p_{\tilde{\xi}_y}>1$、$\kappa_{\tilde{x}_1}>\sqrt{2\kappa_{\tilde{x}_3}}$、$\kappa_{\tilde{x}_2}>0$、$\kappa_{\tilde{x}_3}>4\sigma_x$、$\kappa_{\tilde{y}_1}>\sqrt{2\kappa_{\tilde{y}_3}}$、$\kappa_{\tilde{y}_2}>0$、$\kappa_{\tilde{y}_3}>4\sigma_{y,1}$、$\kappa_{\tilde{v}_1}>\sqrt{2\kappa_{\tilde{v}_3}}$、$\kappa_{\tilde{v}_2}>0$、$\kappa_{\tilde{v}_3}>4\sigma_{v,1}$、$\kappa_{\tilde{u}_1}>\sqrt{2\kappa_{\tilde{u}_3}}$、$\kappa_{\tilde{u}_2}>0$、$\kappa_{\tilde{u}_3}>4\sigma_1$、$\kappa_{\tilde{r}_1}>\sqrt{2\kappa_{\tilde{r}_3}}$、$\kappa_{\tilde{r}_2}>0$、$\kappa_{\tilde{r}_3}>4\sigma_2$、$\kappa_{\tilde{\xi}_{y,1}}>\sqrt{2\kappa_{\tilde{\xi}_{y,3}}}$、$\kappa_{\tilde{\xi}_{y,2}}>0$、$\kappa_{\tilde{\xi}_{y,3}}>4\sigma_{y,2}$。

结论 4.1：考虑 AMV 系统(4-1)，在假设 4.1 与假设 4.2 条件下，观测器

式(4-14)可固定时间估计扰动 ξ_x、ξ_y、ξ_v、ξ_1、ξ_2、$\dot{\xi}_y$。

证明：定义 $e_x=\xi_x-\epsilon_x$，据式(4-15)与式(4-15)，系统$[\tilde{x},e_x]$的动态特性可描述为

$$\begin{aligned}\dot{\tilde{x}}&=-\kappa_{\tilde{x}_1}\lfloor\tilde{x}\rceil^{\frac{1}{2}}-\kappa_{\tilde{x}_2}\lfloor\tilde{x}\rceil^{p_x}+e_x\\ \dot{e}_x&=-\kappa_{\tilde{x}_3}\mathrm{sign}(\tilde{x})+\dot{\xi}_x\end{aligned}\tag{4-16}$$

据定理 4.1 的证明过程，若观测器系数 $\kappa_{\tilde{x}_1}$、$\kappa_{\tilde{x}_2}$、$\kappa_{\tilde{x}_3}$满足：

$$p_x>1,\ \kappa_{\tilde{x}_1}>\sqrt{2\kappa_{\tilde{x}_3}},\ \kappa_{\tilde{x}_2}>0,\ \kappa_{\tilde{x}_3}>4\sigma_x\tag{4-17}$$

则估计误差 $\tilde{x}$ 与$\tilde{\xi}_x$ 可在固定时间收敛到原点，截止时间为

$$T_{\tilde{x}}\leqslant\left[\frac{1}{\kappa_{\tilde{x}_2}(p_x-1)\left(2^{\frac{1}{4}}\frac{\kappa_{\tilde{x}_1}}{\kappa_{\tilde{x}_2}}\right)^{\frac{p_x-1}{p_x+\frac{1}{2}}}}+\frac{2\left(2^{\frac{3}{4}}\frac{\kappa_{\tilde{x}_1}}{\kappa_{\tilde{x}_2}}\right)^{\frac{1}{2}}}{\kappa_{\tilde{x}_1}}\right]\times\left[1+\frac{\kappa_{\tilde{x}_3}+\sigma_x}{(\kappa_{\tilde{x}_3}-\sigma_x)\left(1-\frac{\sqrt{2\kappa_{\tilde{x}_3}}}{\kappa_{\tilde{x}_1}}\right)}\right]\tag{4-18}$$

与 ξ_x 的估计相似，可得观测器式(4-14)保证估计误差 $\tilde{y}$、$\tilde{\xi}_y$、$\tilde{u}$、$\tilde{\xi}_u$、$\tilde{v}$、$\tilde{\xi}_v$、$\tilde{r}$、$\tilde{\xi}_r$ 固定时间收敛到 0。因此，观测器式(4-14)可保证 $\epsilon_{y,1}-\dot{\xi}_y$ 固定时间收敛到 0，其截止时间为

$$T_{d\tilde{y}}\leqslant\left[\frac{1}{\kappa_{d\tilde{y}_2}(p_y-1)\left(2^{\frac{1}{4}}\frac{\kappa_{d\tilde{y}_1}}{\kappa_{d\tilde{y}_2}}\right)^{\frac{p_{\xi_y}-1}{p_{\xi_y}+\frac{1}{2}}}}+\frac{2\left(2^{\frac{3}{4}}\frac{\kappa_{d\tilde{y}_1}}{\kappa_{d\tilde{y}_2}}\right)^{\frac{1}{2}}}{\kappa_{d\tilde{y}_1}}\right]\times\left[1+\frac{\kappa_{d\tilde{y}_3}+\sigma_{y,2}}{(\kappa_{d\tilde{y}_3}-\sigma_{y,2})\left(1-\frac{\sqrt{2\kappa_{d\tilde{y}_3}}}{\kappa_{d\tilde{y}_1}}\right)}\right]\tag{4-19}$$

结论证明完毕。

附注 4.3：因为需要估计扰动 ξ_y 的一阶导数$\dot{\xi}_y$(细节会在后文分析)，现存的固定时间扰动观测器无法使用。结论 4.1 说明，可基于扰动 ξ_y 的观测值，固定时间内估计其一阶导数 $\dot{\xi}_y$。

4.3　控制器设计与稳定性证明

为镇定考虑非匹配扰动的 AMV 系统，本章基于反步法与结论 4.1 观测器，提出时变控制律，其解析分为两部分。

第一步，本章考虑子系统[x,y]的镇定控制问题。以速度 u 与偏航角 ψ 为输入，据系统式(4-1)可知，其动态特性满足：

$$\begin{aligned}\dot{x}&=u\cos\psi-v\sin\psi+\xi_x\\ \dot{y}&=u\sin\psi+v\cos\psi+\xi_y\end{aligned}\tag{4-20}$$

由于横漂速度 v 难以控制，纵向速度需要为状态 x 和 y 的收敛提供持续激励。定义误差函数 e_x 为 $e_x=x-\lambda y\sin(\alpha t)$，可知若速度 u 保证 e_x 收敛，则状态 $x=\lambda y\sin(\alpha t)$。因此，如速度 u 与偏航角 ψ 可保证状态 e_x 与 y 收敛，则 x 亦收敛到 0。据系统式(4-20)可知，子系统[e_x,y]动态特性可描述为如下形式：

$$\begin{aligned}\dot{e}_x&=\delta_u u-\delta_v v-\lambda\alpha y\cos(\alpha t)+\xi_x-\lambda\sin(\alpha t)\xi_y\\ \dot{y}&=u\sin\psi+v\cos\psi+\xi_y\end{aligned}\tag{4-21}$$

其中，$\delta_u=\cos\psi-\lambda\sin\psi\sin(\alpha t+\beta)$；$\delta_v=\sin\psi+\lambda\cos\psi\sin(\alpha t+\beta)$。

定义 $\psi=\psi_d$ 与 $u=u_d$ 作为系统输入

$$\begin{aligned}\psi_d&=-\arctan\left[\frac{\kappa_\psi}{\lambda}\frac{y^2\cos(\alpha t)}{\beta+y^2}\right]\\ u_d&=\frac{\lambda\alpha y\cos(\alpha t)-\kappa_u[x-\lambda y\sin(\alpha t)]}{\cos(\psi_d)[1-\lambda\tan(\psi_d)\sin(\alpha t)]}\end{aligned}\tag{4-22}$$

其中，参数 κ_u、α、β、λ、κ_ψ 均为小于 2 的正常数。

定理 4.2：考虑系统式(4-20)，若假设 4.1 与假设 4.2 成立，且虚拟输入 $\psi=\psi_d$ 与 $u=u_d$，虚拟控制律式(4-22)可确保如下性质成立：

(ⅰ) 位置状态 x 与 y 满足：

$$\sup_{t\to\infty}|x|\leqslant\frac{\gamma_1}{\kappa_u}+\lambda S_M+\frac{\lambda\pi}{2\alpha}\gamma_3\qquad \sup_{t\to\infty}|y|\leqslant S_M+\frac{\pi}{2\alpha}\gamma_3\tag{4-23}$$

(ⅱ) 偏航角 ψ 与纵向速度 u 满足：

$$\sup_{t\to\infty}|\psi|\leqslant\arctan\left(\frac{\kappa_\psi}{\lambda}\right)\qquad \sup_{t\to\infty}|u|\leqslant\frac{\lambda\alpha\left(S_M+\frac{\pi\gamma_3}{2\alpha}\right)+\gamma_1}{\left(1-\frac{\kappa_\psi}{2}\right)\cos\left(\frac{\kappa_\psi}{\lambda}\right)}\tag{4-24}$$

其中，$\gamma_1=(\lambda+1)v_{\max}+\xi_{x\max}+\lambda\xi_{y\max}$；$\gamma_3=\dfrac{\gamma_1}{1-\kappa_\psi}+v_{\max}+\xi_{y\max}$；$S_M$ 为下述等式关于 S 的最大实数解

$$\left(\frac{\pi}{\alpha}-2\rho\right)\frac{\kappa_\psi\alpha\sin^2(\alpha\rho)}{1+\kappa_\psi}\frac{S^3}{\beta+S^2}=\frac{\pi}{\alpha}\gamma_3 \tag{4-25}$$

此处 $0<\rho<\dfrac{\pi}{2\alpha}$ 为待选正参数。

证明：为方便理解，本章将定理的证明分为状态 x 与 y 的有界性与偏航角、速度有界性两部分。

（ⅰ）首先证明 x 与 y 有界。根据系统式(4-21)与式(4-22)，子系统 $[e_x,y]$ 的动态特性可描述为

$$\begin{aligned}\dot{e}_x&=-\kappa_u e_x-\delta_v v+\xi_x-\lambda\sin(\alpha t)\xi_y\\ \dot{y}&=-\frac{\kappa_\psi\alpha\cos^2(\alpha t)}{\lambda\Delta}\frac{y^3}{\beta+y^2}+\frac{\kappa_u}{\Delta}\tanh^2(y)\cos(\alpha t)e_x+v\cos\psi+\xi_y\end{aligned} \tag{4-26}$$

其中，$\Delta=1/\lambda-\tan(\psi_d)\sin(\alpha t)$。式(4-26)说明 e_x 满足：

$$e_x=e^{-\kappa_u t}e_x(0)+e^{-\kappa_u t}\int_0^t e^{\kappa_u\sigma}[-\delta_v(\sigma)v(\sigma)+\xi_x(\sigma)-\lambda\sin(\alpha\sigma)\xi_y(s)]\mathrm{d}\sigma \tag{4-27}$$

由于 $|v|\leqslant v_{\max}$、$|\xi_x|\leqslant\xi_{x\max}$、$|\xi_y|\leqslant\xi_{y\max}$，可得

$$\sup_{t\to\infty}|e_x|\leqslant\frac{[(\lambda+1)v_{\max}+\xi_{x\max}+\lambda\xi_{y\max}]}{\kappa_u} \tag{4-28}$$

定义 $\gamma_1=(\lambda+1)v_{\max}+\xi_{x\max}+\lambda\xi_{y\max}$ 与 $S=|y|$。据式(4-26)～式(4-28)可知

$$\lim_{t\to\infty}\dot{S}\leqslant-\frac{\kappa_\psi\alpha\cos^2(\alpha t)}{1+\kappa_\psi}\frac{S^3}{\beta+S^2}+\frac{\kappa_u}{1-\kappa_\psi}\gamma_1+v_{\max}+\xi_{y\max} \tag{4-29}$$

式(4-29)中存在周期函数 $\cos^2(\alpha t)$ 作为 S^3 系数，项 $\dfrac{\kappa_\psi\alpha\cos^2(\alpha t)}{1+1/\lambda}\dfrac{S^3}{\beta+S^2}$ 对系统作用亦随 $\cos^2(\alpha t)$ 的值周期变化。因此，为便于计算，引入常数 ρ 满足 $0<\rho<\pi/2\alpha$ 作为分段点。通过放缩法，本章根据 $\cos^2(\alpha t)$ 的值，对任意整数 $k=1,2,\cdots,n$，把控制过程在点 ρ 分为 W 与 D 两个区间：

$$\begin{aligned}W&=\left[\frac{k}{\alpha}\pi+\frac{\pi}{2\alpha}+\rho,\frac{k}{\alpha}\pi+\frac{3\pi}{2\alpha}-\rho\right]\\ D&=\left(\frac{k}{\alpha}\pi+\frac{\pi}{2\alpha}-\rho,\frac{k}{\alpha}\pi+\frac{\pi}{2\alpha}+\rho\right)\end{aligned} \tag{4-30}$$

据式(4-29)与式(4-30)可知，对任意整数 k 都有如下性质：

$$\dot{S}\leqslant\begin{cases}-\dfrac{\kappa_\psi\alpha\gamma_2}{1+1/\lambda}\dfrac{S^3}{\beta+S^2}+\gamma_3 & t\in W \quad (4\text{-}31\text{a})\\ \gamma_3 & t\in D \quad (4\text{-}31\text{b})\end{cases}$$

其中，$\gamma_3=\dfrac{\gamma_1}{1-\kappa_\psi}+v_{\max}+\xi_{y\max}$。

定义 $\gamma_2=\sin^2(\alpha\rho)$。在区间 W，因 $\cos^2(\alpha t)\geqslant\gamma_2$，可得不等式(4-31a)成立。在区间 D，因 $\cos^2(\alpha t)<\gamma_2$，使用放缩法。不失一般性，假设极端负面情况成立，即无任何反馈作用使 S 收敛。此时周期时变函数 $\cos^2(\alpha t)$ 被看做为 0，则不等式(4-31b)成立。为方便理解该方法的关键，本章于图 4-1 展示该方法的工作原理。

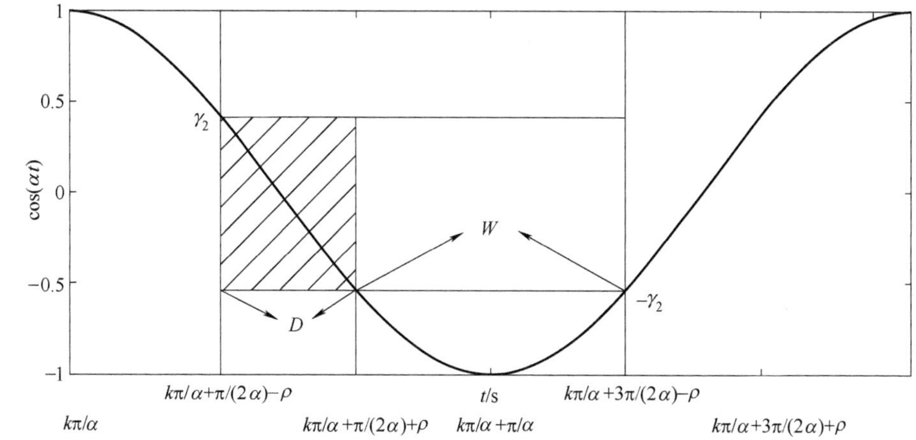

图 4-1　闭环系统相位图

在区间 D，虚拟输入可被近似为 0，而在区间 W，虚拟输入 u_d 与 ψ_d 具有相关作用。因 S_M 为式$\left(\frac{\pi}{\alpha}-2\rho\right)\left[\frac{\kappa_\psi\alpha\gamma_2}{1+\kappa_\psi}\frac{S^3}{\beta+S^2}\right]=\frac{\pi}{\alpha}\gamma_3$ 关于 S 最大实数解，如 $S>S_M$，必有

$$\left(\frac{\pi}{\alpha}-2\rho\right)\left[\frac{\kappa_\psi\alpha\gamma_2}{1+\kappa_\psi}\frac{S^3}{\beta+S^2}-\gamma_3\right]>2\rho\gamma_3 \tag{4-32}$$

式(4-31)、式(4-32)说明：

$$\begin{aligned}&\int_{\frac{k}{\alpha}\pi+\frac{\pi}{2\alpha}-\rho}^{\frac{k}{\alpha}\pi+\frac{3\pi}{2\alpha}-\rho}\dot{S}(\sigma)\mathrm{d}\sigma=\int_{\frac{k}{\alpha}\pi+\frac{\pi}{2\alpha}+\rho}^{\frac{k}{\alpha}\pi+\frac{3\pi}{2\alpha}-\rho}\dot{S}(\sigma)\mathrm{d}\sigma+\int_{\frac{k}{\alpha}\pi+\frac{\pi}{2\alpha}-\rho}^{k\pi+\frac{\pi}{2\alpha}+\rho}\dot{S}(\sigma)\mathrm{d}\sigma\leqslant\\&2\rho\gamma_3-\left(\frac{\pi}{\alpha}-2\rho\right)\left[\frac{\kappa_\psi\alpha\gamma_2}{1+\kappa_\psi}\frac{S^3}{\beta+S^2}-\gamma_3\right]<0\end{aligned} \tag{4-33}$$

因此，如 $S\left(\frac{k+1}{\alpha}\pi+\frac{3\pi}{2\alpha}-\rho\right)>S_M$，则必有

$$S\left(\frac{k+1}{\alpha}\pi+\frac{3\pi}{2\alpha}-\rho\right)<S\left(\frac{k}{\alpha}\pi+\frac{3\pi}{2\alpha}-\rho\right) \tag{4-34}$$

综上所述，可得

$$\lim_{k\to\infty}S\left(\frac{k}{\alpha}\pi+\frac{3\pi}{2\alpha}-\rho\right)<S_M \tag{4-35}$$

据不等式(4-31b)，在区间 D，满足 $\dot{S}\leqslant\gamma_3$。因此，结合不等式(4-35)，可得

对任意 $t\in D$

$$\lim_{k\to\infty}S(t)<S_M+2\rho\gamma_3 \tag{4-36}$$

在区间 W，据不等式(4-36)，对任意 $S(t)>S_M+2\rho\gamma_3$，必有 $\dot{S}<0$。因此，对区间 $t\in W$ 与 $t\in D$，都有

$$\lim_{t\to\infty}|y(t)|=\lim_{t\to\infty}S\leqslant\frac{\pi}{2\alpha}\gamma_3+S_M+2\gamma_3\rho S_M \tag{4-37}$$

其中，$\gamma_3=\dfrac{\gamma_1}{1-\kappa_\psi}+v_{\max}+\xi_{y\max}$；$\gamma_1=(\lambda+1)v_{\max}+\xi_{x\max}+\lambda\xi_{y\max}$。结合不等式(4-28)与 e_x 定义，可得

$$\lim_{t\to\infty}|x|\leqslant\frac{\gamma_1}{\kappa_u}+\lambda S_M+\frac{\lambda\pi}{2\alpha}\gamma_3 \tag{4-38}$$

式(4-37)与式(4-38)证明性质(ⅰ)成立。

(ⅱ)而后证明虚拟偏航角与虚拟速度的有界性。根据式(4-22)有 $\psi=\psi_d$，可得

$$\psi=-\arctan\left[\frac{\kappa_\psi}{\lambda}\frac{y^2\cos(\alpha t)}{\beta+y^2}\right] \tag{4-39}$$

因 $|\cos(\alpha t)|\leqslant 1$，可得

$$\left|\frac{y^2\cos(\alpha t)}{\beta+y^2}\right|<1 \tag{4-40}$$

结合式(4-39)与式(4-40)则必有如下性质成立：

$$\sup_{t\to\infty}|\psi|<\arctan\left(\frac{\kappa_\psi}{\lambda}\right) \tag{4-41}$$

此外，因纵向速度满足 $u=u_d$，可得

$$u=\frac{\lambda\alpha y\cos(\alpha t)-\kappa_u e_x}{\cos(\psi_d)[1-\lambda\tan(\psi_d)\sin(\alpha t)]} \tag{4-42}$$

其中，$e_x=x-\lambda y\sin(\alpha t)$。

据不等式(4-28)，e_x 满足

$$\sup_{t\to\infty}|e_x|\leqslant\frac{[(\lambda+1)v_{\max}+\xi_{x\max}+\lambda\xi_{y\max}]}{\kappa_u} \tag{4-43}$$

式(4-43)说明

$$\sup_{t\to\infty}|u|\leqslant\frac{\lambda\alpha\left(S_M+\dfrac{\pi\gamma_3}{2\alpha}\right)+\gamma_1}{\left(1-\dfrac{\kappa_\psi}{2}\right)\cos\left(\dfrac{\kappa_\psi}{\lambda}\right)} \tag{4-44}$$

式(4-44)说明性质(ⅱ)成立，定理4.2证明完毕。

附注 4.4：相比现存 AMV 周期时变镇定控制方法，本章采用分段规划方法，根据周期函数值将虚拟状态划分为两部分，以解决 AMV 系统镇定控制的非匹配扰动问题。通过放缩法，证明两段函数分别等价于正常数和零。为简化计算，本章将横漂速度看做非匹配的扰动。

第二步，基于上述虚拟控制律，本章设计真实控制律。定义 T_B 为 AMV 扰动估计误差收敛截止时间，据结论 4.1 可知，如时间 $t>T_B$，则扰动可看做已知量。定义 $u_e=u-u_d$、$\psi_e=\psi-\psi_d$、$r_e=r-\dot{\psi}_d$。子系统 $[u_e,\psi_e,r_e]$ 动态特性可描述为如下形式：

$$\begin{aligned}\dot{u}_e&=f_1(t)+g_1\tau_1\\ \dot{\psi}_e&=r_e\\ \dot{r}_e&=f_2(t)+g_2\tau_2\end{aligned}\tag{4-45}$$

此处，函数 $f_1(t)$、$f_2(t)$、g_1、g_2 可描述为如下形式：

$$f_1(t)=u_s-\dot{u}_d\qquad f_2(t)=r_s-\ddot{\psi}_d\qquad g_1=\frac{1}{m_{11}}\qquad g_2=\frac{1}{m_{33}}\tag{4-46}$$

其中

$$u_s=-\frac{d_{11}}{m_{11}}u+\frac{m_{22}}{m_{11}}vr+\epsilon_1\qquad r_s=\frac{d_{33}}{m_{33}}r+\frac{m_{22}-m_{11}}{m_{33}}uv+\epsilon_2\tag{4-47}$$

上述 ϵ_1 与 ϵ_2 可详见结论 4.1。状态 $\dot{u}_d$、$\dot{\psi}_d$、$\ddot{\psi}_d$ 可描述为

$$\dot{\psi}_d=\frac{\psi_{d,3}}{\psi_{d,0}}\qquad \ddot{\psi}_d=\frac{\psi_{d,1}}{\psi_{d,0}}-\frac{\psi_{d,2}\psi_{d,3}}{\psi_{d,0}^2}\qquad \dot{u}_d=\frac{u_{d,1}}{u_{d,0}}-\frac{u_{d,2}u_{d,3}}{u_{d,0}^2}\tag{4-48}$$

式(4-48)中，$\psi_{d,0}$、$\psi_{d,1}$、$\psi_{d,2}$、$\psi_{d,3}$、$u_{d,0}$、$u_{d,1}$、$u_{d,2}$、$u_{d,3}$ 分别为

$$\psi_{d,0}=\lambda^2\ (\beta+y^2)^2+\kappa_\psi^2y^4\cos^2(\alpha t)\tag{4-49a}$$

$$u_{d,0}=\cos(\psi_d)-\lambda\sin(\psi_d)\sin(\alpha t)\tag{4-49b}$$

$$\begin{aligned}\psi_{d,1}=&2\alpha\lambda\kappa_\psi y(\beta+2y^2)\sin(\alpha t)y_s+\alpha^2\lambda\kappa_\psi(\beta+y^2)y^2\cos(\alpha t)-\\&2\beta\lambda\kappa_\psi y_s^2\cos(\alpha t)+2\alpha\beta\lambda\kappa_\psi\ yy_s\sin(\alpha t)-2\beta\lambda\kappa_\psi\ y\dot{y}_s\cos(\alpha t)\end{aligned}\tag{4-49c}$$

$$\psi_{d,2}=4\lambda^2(\beta+y^2)yy_s+4\kappa_\psi^2y^3y_s\cos^2(\alpha t)-\alpha\kappa_\psi^2y^4\sin(2\alpha t)\tag{4-49d}$$

$$\psi_{d,3}=\alpha\lambda\kappa_\psi(\beta+y^2)y^2\sin(\alpha t)-2\beta\lambda\kappa_\psi y\cos(\alpha t)\tag{4-49e}$$

$$u_{d,1}=-\kappa_u[x_s-\lambda y_s\sin(\alpha t)-\lambda\alpha y_s\cos(\alpha t)]+\lambda\alpha y_s\cos(\alpha t)-\lambda\alpha^2y\sin(\alpha t)\tag{4-49f}$$

$$u_{d,2}=\lambda\alpha y\cos(\alpha t)-\kappa_u[x-\lambda y\sin(\alpha t)]\tag{4-49g}$$

$$u_{d,3}=-\sin(\psi_d)\dot{\psi}_d-\lambda\cos(\psi_d)\dot{\psi}_d\sin(\alpha t)-\alpha\lambda\sin(\psi_d)\cos(\alpha t)\tag{4-49h}$$

其中，α、β、λ、κ_ψ 为常数，定义于定理 4.2；x_s、y_s、$\dot{y}_s$、v_s 可描述为如下形式：

$$x_s=u\cos\psi-v\sin\psi+\epsilon_x\tag{4-50a}$$

$$y_s=u\sin\psi+v\cos\psi+\epsilon_y\tag{4-50b}$$

$$\dot{y}_s=ur\cos\psi-u_s\sin\psi-v_s\cos\psi-vr\sin\psi+\epsilon_{y,1}\tag{4-50c}$$

$$v_s=-\frac{d_{22}}{m_{22}}v-\frac{m_{11}}{m_{22}}ur+\epsilon_v \tag{4-50d}$$

上述 ϵ_x、ϵ_y、$\epsilon_{y,1}$、ϵ_v 定义详见式(4-14)与式(4-15)。

为固定时间镇定系统式(4-45)，本章引入如下理论：

引理 4.2[138]：定义 $D^*\varphi(t)$ 为函数 $\varphi(t)$ 右导数，可描述为

$$D^*\varphi(t)=\lim_{h\to 0}\left[\frac{\varphi(t+h)-\varphi(t)}{h}\right]。$$

若存在李雅普诺夫函数 V：$R^n\to R_+\cup\{0\}$ 满足 $D^*V[z(t)]\leqslant-\{\alpha V^p[z(t)]+\beta V^q[z(t)]\}^k$，其中，$\alpha$、$\beta$、$p$、$q$、$k>0$ 满足 $pk<1$、$qk>1$，则函数 V 在固定时间内收敛到 0，其截止时间为 $T(z_0)\leqslant\left[\dfrac{1}{\alpha^k(1-pk)}+\dfrac{1}{\beta^k(qk-1)}\right]$，$\forall z_0\in R^n$。

引理 4.3[138]：考虑如下系统：

$$\dot{z}_1=z_2 \qquad \dot{z}_2=\tau \tag{4-51}$$

其中，z_1、$z_2\in R$ 为系统状态；τ 为控制输入。定义 $T_{\max}>0$，控制输入 τ 设计为如下形式：

$$\tau=-\frac{1}{2}(\alpha_1+3\beta_1z_1^2)\operatorname{sign}(\phi)-\operatorname{sig}^{\frac{1}{2}}[\alpha_2\phi+\beta_2\operatorname{sig}^3(\phi)] \tag{4-52}$$

则对任意 $z_1(0)$、$z_2(0)\in R^n$，状态 z_1、z_2 可在固定时间 $T_{\max}$ 内收敛到 0。此处，

$$\phi=z_2+\operatorname{sig}^{\frac{1}{2}}[\operatorname{sig}^2(z_2)+\alpha_1z_1+\beta_1\operatorname{sig}^3(z_1)] \tag{4-53}$$

参数 $\alpha_1/2=\alpha_2=\beta_1/2=\beta_2=64/T_{\max}^2$。

据引理 4.2 与引理 4.3，本章提出如下控制律：

$$\tau_1=-\frac{1}{g_1}\left\{\alpha\operatorname{sig}^p(u_e)+\frac{1}{g_1}\operatorname{sig}^q(u_e)+f_1(t)\right\} \tag{4-54a}$$

$$\tau_2=-\frac{1}{g_2}\left\{\frac{1}{2}(\alpha_1+3\beta_1\psi_e^2)\operatorname{sign}(\Theta)+f_2(t)+\operatorname{sig}^{\frac{1}{2}}[\alpha_2\Theta+\beta_2\operatorname{sig}^3(\Theta)]\right\} \tag{4-54b}$$

其中

$$\Theta=r_e+\operatorname{sig}^{\frac{1}{2}}[\operatorname{sig}^2(r_e)+\alpha_1\psi_e+\beta_1\operatorname{sig}^3(\psi_e)] \tag{4-55}$$

参数 $\dfrac{\alpha_1}{2}=\alpha_2=\dfrac{\beta_1}{2}=\beta_2=\dfrac{64}{T_{C_2}^2}$，参数 κ_1、κ_2、γ_1、γ_2 满足

$$\frac{1}{\kappa_1(1-\gamma_1)}+\frac{1}{\kappa_2(\gamma_2-1)}=T_{C_1} \tag{4-56}$$

此处，T_{C_1} 与 T_{C_2} 为待选正参数。

结论 4.2：考虑 AMV 系统式(4-1)，若假设 4.1 与假设 4.2 成立，对任意 $t>T_B$，控制律式(4-54)可保证定理 4.2 中性质(ⅰ)与性质(ⅱ)成立，其中，T_B 为观测器截止时间。

证明：据引理 4.1，状态 u_e 可在固定时间内收敛到 0，其截止时间为 $T_{C_1}+T_B$。据引理 4.2，子系统$[\psi_e, r_2]$可在固定时间内收敛到 0，其截止时间为 $T_{C_2}+T_B$。因此，$\forall t>T_B+\max\{T_{C_1}, T_{C_2}\}$，可得 $\psi=\psi_d$，且 $u=u_d$。即控制律式(4-54)可保证定理 4.2 中性质(ⅰ)与性质(ⅱ)成立，结论 4.2 证明完毕。

相比现存 AMV 镇定控制方法，本章所提控制律可同时解决匹配和非匹配的扰动。此外，本章提出固定时间高阶观测器，通过改进的滑模微分算子来估计扰动的 n 阶导数。据定理 4.2，系统状态界值取决于参数 κ_ψ、κ_u、α、λ、S_M。其主要关系可由对 S_M 的分析直接获取，其中 S_M 为如下等式的最大实数解。

$$\left(\frac{\pi}{\alpha}-2\rho\right)\frac{\kappa_\psi\alpha\gamma_2}{1+\kappa_\psi}\frac{S^3}{\beta+S^2}=\frac{\pi}{\alpha}\gamma_3 \tag{4-57}$$

由于等式右边为正，显然，$S_M>0$。因此，若 $S_M>1$，据式(4-57)，可得

$$\frac{S_M^3}{\beta+S_M^3}\leqslant\frac{\pi(1+\kappa_\psi)\gamma_3}{\kappa_\psi}\frac{1}{\sin^2(\alpha\rho)\alpha(\pi-2\rho\alpha)} \tag{4-58}$$

上式中，S_M 上界取决于项 $\sin^2(\alpha\rho)\alpha(\pi-2\rho\alpha)$的最大值。将常数$\mu$ 定义为 $\mu=2\alpha\rho/\pi$，可得 $\rho=\mu\pi/2\alpha$ 及 $0<\mu<1$。因此，$\sin^2(\alpha\rho)\alpha(\pi-2\rho\alpha)$可表示为

$$\sin^2(\alpha\rho)\alpha(\pi-2\rho\alpha)=\alpha\sin^2\left(\frac{\mu\pi}{2}\right)(\pi-\mu\pi) \tag{4-59}$$

定义 γ_4 为

$$\gamma_4=\sin^2\left(\frac{\mu\pi}{2}\right)(\pi-\mu\pi)\qquad \mu\in(0,1) \tag{4-60}$$

在式(4-60)中，γ_4 最大值取决于μ，与 α 无关，详细信息如图 4-2 所示。由于难以精确估计 γ_4 的最大值，且无法通过参数设计进行更改，本章省略有关 γ_4 的进一步讨论。因此，S_M 上界取决于 α 的值，较大的 α 意味着 S_M 上界较小。因此可通过设计参数 α 控制 S_M 上界，即控制位置状态 x 和 y 的界限。

若 $S_M\leqslant1$，由于 $S_M^4\leqslant S_M^3$，据式(4-60)可得

$$\frac{S_M^4}{\beta+S_M^2}\leqslant\frac{\pi(1+\kappa_\psi)\gamma_3}{\kappa_\psi}\frac{1}{\sin^2(\alpha\rho)\alpha(\pi-2\rho\alpha)} \tag{4-61}$$

与 $S_M>1$ 情况相似，提高 α 的值可保证位置状态 x 与 y 界值更小。

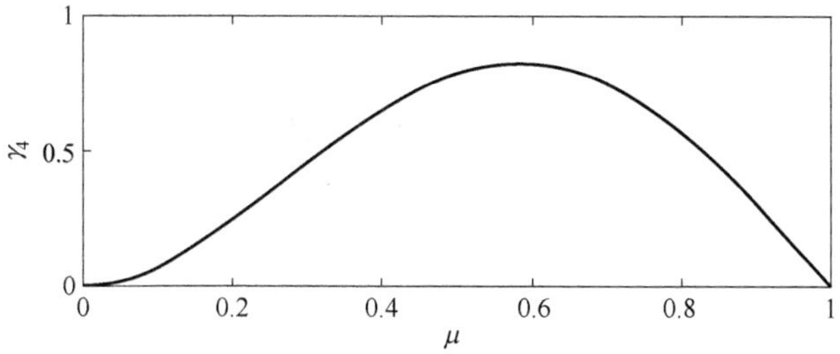

图 4-2　参数关系图

附注 4.5：在选择参数 α 时需要权衡，虽 α 越大可得位置状态 $|x|$ 和 $|y|$ 上限越小，但也意味着更大的纵向速度 $|u|$。在物理上，该情况可直观解释。非匹配扰动的存在导致 AMV 无法严格固定在平衡点处。为此需要纵向速度为 AMV 的镇定提供激励，因此其与位置 x 和 y 的界限成反比。本章所提出基于固定时间的方法不仅具有更快的收敛速度，而且对干扰与系统不确定性具有更好的鲁棒性。

4.4 仿真分析

本章使用数值模拟表明了该方法的有效性。定义 AMV 初始条件如下：

$$\begin{aligned}&[x(0),y(0),\psi(0),u(0),v(0),r(0)]^{\mathrm{T}}\\&=[3(\mathrm{m}),-3(\mathrm{m}),0(\mathrm{rad}),0(\mathrm{m/s}),0(\mathrm{m/s}),0(\mathrm{rad/s})]^{\mathrm{T}}\end{aligned}\tag{4-62}$$

AMV 阻尼参数与惯性系数与前文相同，为 $m_{11}=25.8\mathrm{kg}$、$m_{22}=34.8\mathrm{kg}$、$m_{33}=3.76\mathrm{kg}\cdot\mathrm{m}^2$、$d_{11}=12+3.5|u|\mathrm{kg/s}$、$d_{22}=17\mathrm{kg/s}$、$d_{33}=0.5+0.1|r|\mathrm{kg}\cdot\mathrm{m}^2/\mathrm{s}$。控制器参数选择如下：

$$\kappa_u=3,\ \kappa_\psi=0.7,\ \beta=0.1,\ \lambda=1\tag{4-63}$$

图 4-3 与图 4-4 说明，本章所提抗干扰时变控制律可保证 AMV 系统的稳定性。即位置误差、偏航角、速度皆收敛于零。此处，参数选择 α 为 3。此外，图 4-5 显示 AMV 系统的输入也可以收敛到零。

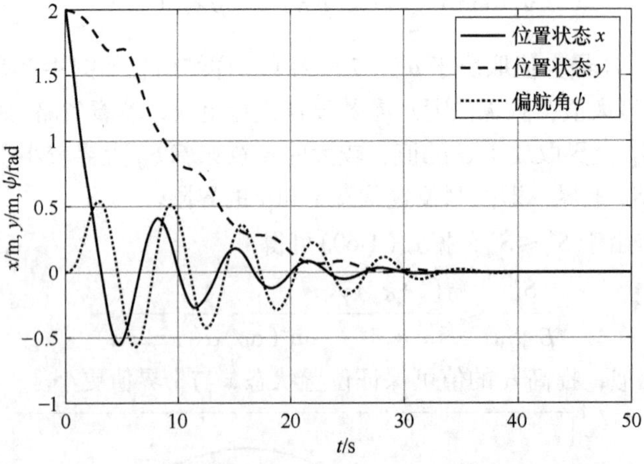

图 4-3 位置与偏航角无扰动情况响应

图 4-6、图 4-7 和图 4-8 展示位置、偏航角、速度、纵向推进力 τ_1、艏摇力矩 τ_2 轨迹，说明本章抗干扰方法在扰动存在的情况下，可保证闭环系统的有界性。此处，选择参数 α 为 5。

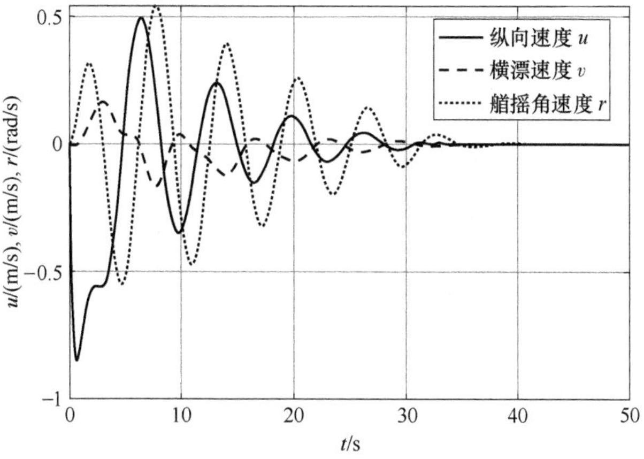

图 4-4　速度无扰动情况响应

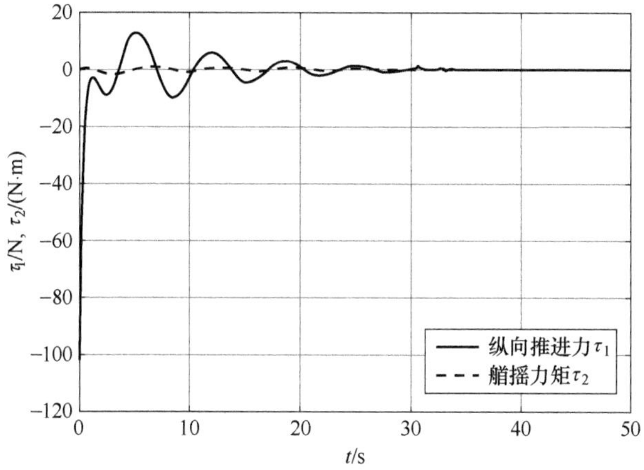

图 4-5　纵向推进力与艏摇力矩无扰动情况响应

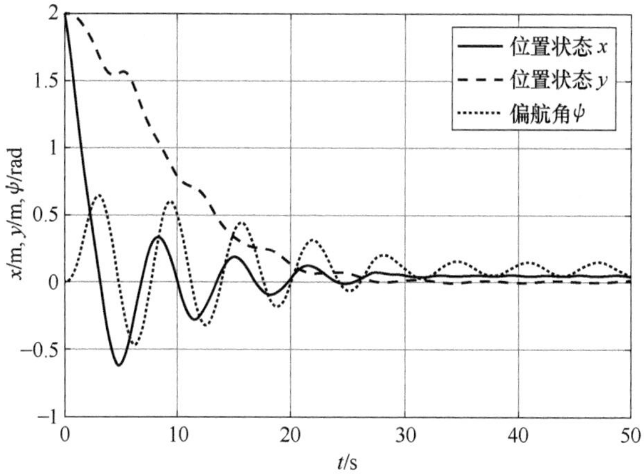

图 4-6　位置与偏航角有扰动情况响应

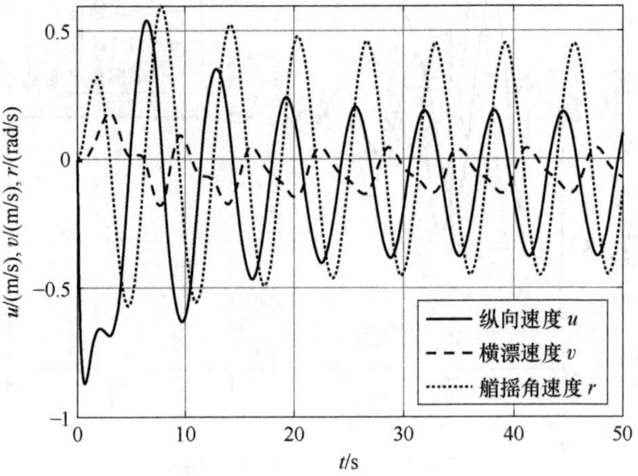

图 4-7 速度有扰动情况响应

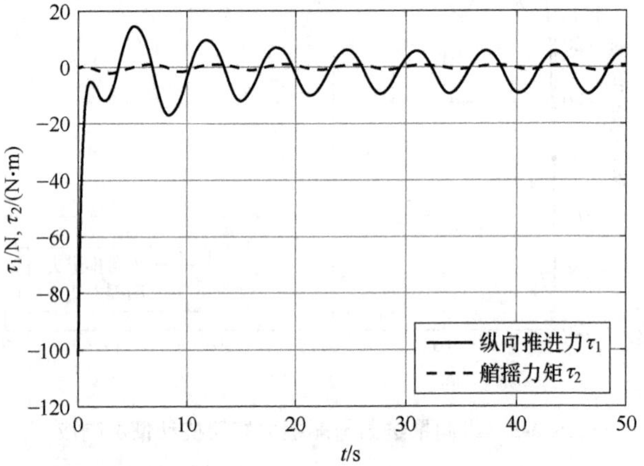

图 4-8 纵向推进力与艏摇力矩有扰动情况响应

为进一步验证 AMV 系统的稳定性，本章考虑存在扰动情况下的状态收敛情况，其中扰动可表示如下：

$$\xi_x=[0.1+0.2\cos(0.1t)]\mathrm{m/s} \qquad \xi_y=[0.1+0.05\sin(0.1t)]\mathrm{m/s}$$
$$\xi_\psi=[0.05+0.01\sin(0.1t)]\mathrm{rad/s} \qquad \xi_v=0.2\sin(0.3t)\mathrm{N/kg}$$
$$\xi_1=[5\cos(0.2t)+10\sin(0.1t)]\mathrm{N/kg} \qquad \xi_2=[4\cos(0.25t)+5\sin(0.2t)]\mathrm{N\cdot m/kg} \tag{4-64}$$

观测器参数选择如下：

$$\begin{bmatrix} p_1 & p_2 & p_x & p_y & p_{\xi_{\tilde{y}}} & p_v & \kappa_{\tilde{u}3} \\ \kappa_{\tilde{r}3} & \kappa_{\tilde{x}3} & \kappa_{\tilde{y}3} & \kappa_{\tilde{v}3} & \kappa_{\tilde{u}2} & \kappa_{\tilde{r}2} & \kappa_{\tilde{x}2} \\ \kappa_{\tilde{y}2} & \kappa_{\tilde{v}2} & \kappa_{\tilde{u}1} & \kappa_{\tilde{r}1} & \kappa_{\tilde{x}1} & \kappa_{\tilde{y}1} & \kappa_{\tilde{v}1} \end{bmatrix} = \begin{bmatrix} 2 & 2 & 2 & 2 & 2 & 2 & 8 \\ 8 & 1 & 1 & 1 & 1 & 1 & 1 \\ 1 & 1 & 4 & 4 & 4 & 4 & 4 \end{bmatrix} \tag{4-65}$$

为方便论述，本章定义如下估计误差方均根作为性能指标：

$$\xi_e = \sqrt{e_x^2 + e_y^2 + e_v^2 + e_1^2 + e_2^2} \tag{4-66}$$

其中，e_x、e_y、e_v、e_1、e_2 为扰动 ξ_x、ξ_y、ξ_ψ、ξ_v、ξ_1、ξ_2 的估计误差。图 4-9 中，误差状态 ξ_e 在 2s 前收敛到零，说明估计误差的收敛。

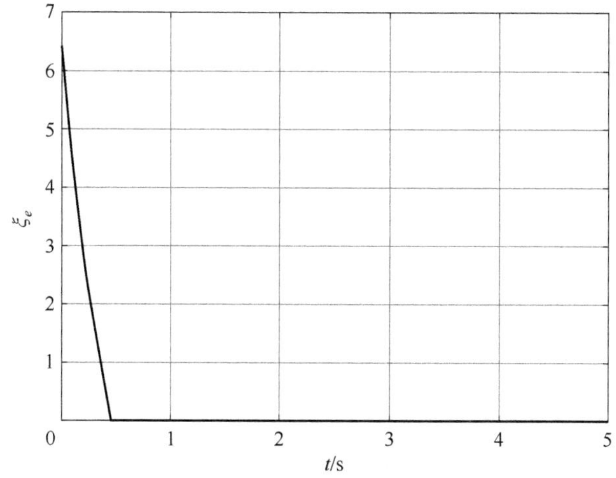

图 4-9　扰动估计误差性能指标响应

为验证本章所提方法的抗干扰性能，考虑在不同初始条件下，所提控制律和方法Ⅰ、方法Ⅱ(参考文献[111])的性能比较。情况 1 和情况 2 详细信息见表 4-1。

表 4-1　扰动信号

情况	ξ_x/(m/s)	ξ_y/(m/s)	ξ_ψ/(rad/s)	ξ_u/(N/kg)	ξ_v/(N/kg)	ξ_r/(N·m/kg)
1	0.1	0.1	0.05	$\Omega_1(t)$	$\Omega_2(t)$	$\Omega_3(t)$
2	0.2	0.3	0.1	$\Omega_4(t)$	$\Omega_5(t)$	$\Omega_6(t)$

此处，$\Omega_1(t)$、$\Omega_2(t)$、$\Omega_3(t)$、$\Omega_4(t)$、$\Omega_5(t)$、$\Omega_6(t)$ 可分别表述为如下形式：

$$\begin{aligned} &\Omega_1(t) = 5\cos(0.2t) + 10\sin(0.1t) \quad && \Omega_2(t) = 0.2\sin(0.3t) \\ &\Omega_3(t) = 4\cos(0.25t) + 5\sin(0.2t) \quad && \Omega_4(t) = 10\cos(0.1t) + 5\sin(0.3t) \\ &\Omega_5(t) = 0.5\sin(0.2t) \quad && \Omega_6(t) = 7\cos(0.2t) + 8\sin(0.4t) \end{aligned} \tag{4-67}$$

定义收敛性能指标 Q 与输入二次方根 J 为如下形式：

$$Q = \sqrt{x^2 + y^2 + \psi^2 + u^2 + v^2 + r^2} \qquad J = \sqrt{\tau_1^2 + \tau_2^2} \tag{4-68}$$

定义本章抗干扰方法收敛指标与能耗指标为 Q_1 与 J_1，方法Ⅰ为 Q_2 与 J_2，方法Ⅱ为 Q_3 与 J_3。下面通过仿真对比三种方法的性能指标 Q 与输入 J。

本章对比情况 1 条件下本章所提抗干扰方法与方法Ⅱ之间的性能指标 Q 和输入 J 轨迹，如图 4-10 与图 4-11 所示。显然，抗干扰方法中 Q_1 的最大值为三种方法最小。此外，抗干扰方法得到的 J_1 与方法Ⅰ得到的 J_2 相似，相比方法Ⅱ得到的 J_3 差距较大。即可通过较小的输入与能耗成本获得更好的性能。由于方法Ⅱ并未考虑扰动问题，与其他两种方法差别较大，只需考虑与方法Ⅰ在情况 2 下的比较。图 4-12 与图 4-13 表明，两种方法具有相似控制输入需求，抗干扰方法性能指标 Q_1 相对较小。

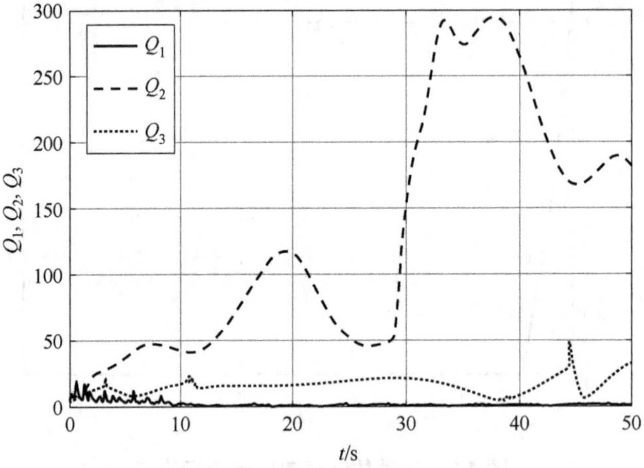

图 4-10　情况 1 收敛性能指标对比图

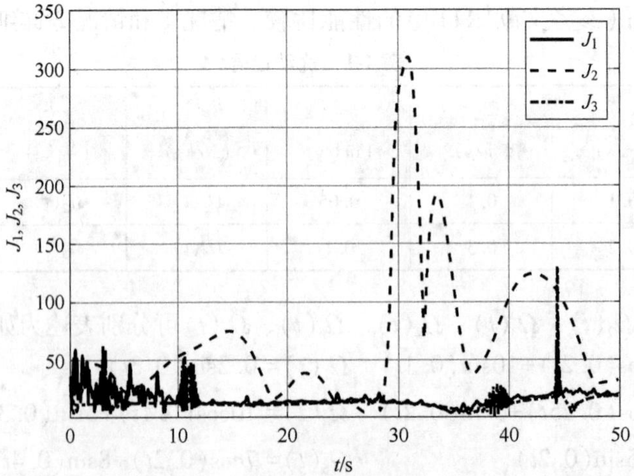

图 4-11　情况 1 能耗对比图

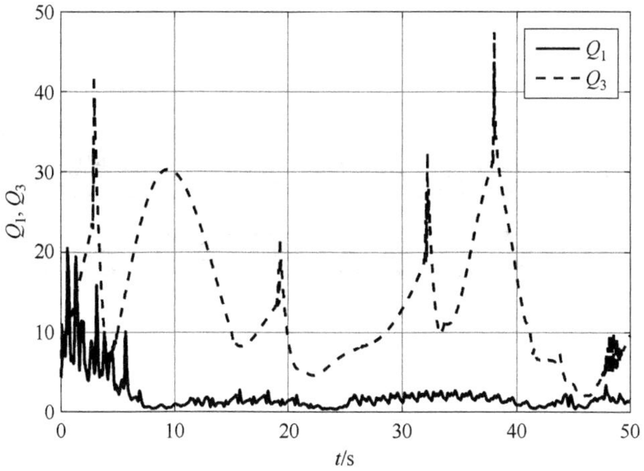

图 4-12　情况 2 收敛性能指标对比图

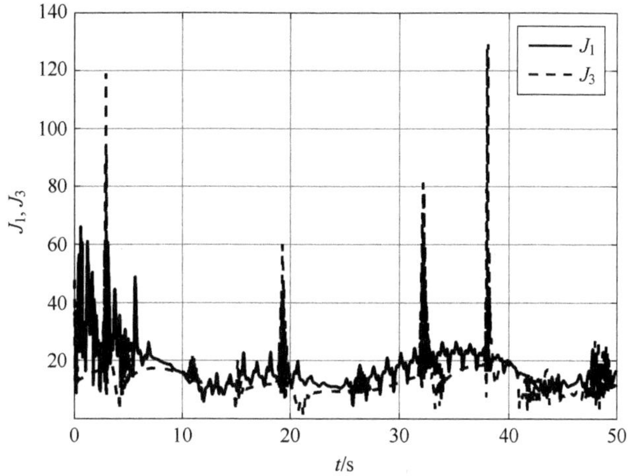

图 4-13　情况 2 能耗对比图

4.5　本章小结

本章研究同时存在匹配和非匹配扰动的 AMV 镇定控制问题。基于高阶滑模微分器，设计一种固定时间扰动观测器。在此基础上使用反步法，通过在虚拟偏航角和虚拟速度中引入周期项，提出使 AMV 系统收敛至有界区域的控制方法，并通过放缩法证明该区域大小与控制律参数相关。最后仿真验证所设计抗干扰控制器的有效性。

第5章 状态受限及执行器死区下AMV抗扰时变镇定控制

当偏航约束、执行器死区、外部扰动同时存在时，镇定控制的挑战性显著增高。本章首先引入基于障碍李雅普诺夫函数的反步法镇定 AMV 系统，同时保证其状态不超出偏航角和速度约束的边界，并将该方法推广到初始状态超过约束区域的情况。此外由于死区特性的存在，输入信号无法完整获取，本章提出一种新的固定时间扰动观测器，通过补偿函数克服执行器死区对扰动观测器的影响。进一步，理论证明该方法在横漂扰动存在的情况下，仍可得到有界稳定的结论。

5.1 问题描述

与常规模型相比，本章考虑具有执行器死区特性与外部扰动的欠驱动海洋航行器。为简化计算，与第4章相同，本章考虑模型为对称结构。根据模型式(2-2)，建立如下具有非完整约束条件的 AMV 系统：

$$\begin{cases}\dot{x}=u\cos\psi-v\sin\psi\\ \dot{y}=u\sin\psi+v\cos\psi\\ \dot{\psi}=r\end{cases}\tag{5-1a}$$

$$\begin{cases}\dot{u}=-\dfrac{d_{11}}{m_{11}}u+\dfrac{m_{22}}{m_{11}}vr+\dfrac{\tau_1[\varpi_1(t)]}{m_{11}}+\xi_1\\ \dot{v}=-\dfrac{d_{22}}{m_{22}}v-\dfrac{m_{11}}{m_{22}}ur\\ \dot{r}=-\dfrac{d_{33}}{m_{33}}r-\dfrac{m_{22}-m_{11}}{m_{33}}uv+\dfrac{\tau_2[\varpi_2(t)]}{m_{33}}+\xi_2\end{cases}\tag{5-1b}$$

此处，ξ_1 和 ξ_2 分别表示未知外部扰动引起的力和力矩；τ_1 和 τ_2 为具有死区非线性的纵向方向和艏摇方向的力和力矩，表示为

$$\tau_i(\varpi_i)=\begin{cases}a_{i,r}(t)[\varpi_i-b_{i,r}] & \varpi_i\geqslant b_{i,r},\\ 0 & -b_{i,l}<\varpi_i<b_{i,r},\\ a_{i,l}(t)[\varpi_i+b_{i,l}] & \varpi_i\leqslant -b_{i,l},\end{cases}\tag{5-2}$$

其中，当 $i=1,2$ 时，$a_{i,r}(t)$、$a_{i,l}(t)$、$b_{i,r}$和 $b_{i,l}$；$\overline{a}_{i,r}$、$\overline{a}_{i,l}$、$\underline{a}_{i,r}$、$\underline{a}_{i,l}$、$\overline{b}_{i,r}$、$\overline{b}_{i,l}$、$\underline{b}_{i,r}$、$\underline{b}_{i,l}$为正常数。

本章旨在建立一种控制方法，在保证闭环系统所有状态有界且保证偏航约束的前提下使式(5-1)中的 AMV 系统实现渐近稳定，即

$$\lim_{t\to+\infty}\|x(t),y(t),\psi(t),u(t),v(t),r(t)\|_2=0 \tag{5-3}$$

$$-\overline{r}<r<\overline{r} \qquad -\overline{\psi}<\psi<\overline{\psi} \tag{5-4}$$

其中，$\overline{r}$ 与 $\overline{\psi}$ 为预先定义的正常数。

附注 5.1：带有偏航约束和输入死区的 AMV 镇定控制是一个未解决的问题。由于横漂速度 v 缺少直接执行机构，现有的控制方法无法在存在执行器死区和偏航约束的条件下实现 AMV 的渐近镇定控制。部分文献在轨迹跟踪问题或路径跟踪问题的结果中考虑了 AMV 输出约束，但此类方法无法直接解决镇定问题。因为镇定控制问题中，所有状态需收敛于零，动态特性 $\dot{y}=u\sin\psi+v\cos\psi$ 的存在，使得其不满足 Brockett 必要条件。因此本章使用周期函数镇定 AMV，主要目标为镇定具有偏航限制的 AMV 系统。虽参考文献[53]中方法可解决输出受限问题，然而其方法基于 MPC，并依赖于奇异状态变换来确保迭代的可行性。并且由于未知的输入死区表示输入信号不可测，现存扰动观测器无法直接应用，使得问题具有挑战性。

假设 5.1：假设扰动由两部分组成，即 $\xi_1=\xi_{1,1}+\xi_{1,2}$、$\xi_2=\xi_{2,1}+\xi_{2,2}$，其中 $\xi_{1,1}$和 $\xi_{2,1}$满足线性增长条件 $|\xi_{1,1}|\leqslant\sigma_{1,1}|u|$、$|\xi_{2,1}|\leqslant\sigma_{2,1}|r|$，而 $\xi_{1,2}$和 $\xi_{2,2}$满足 $|\xi_1|<\xi_{1\max}$、$|\xi_2|<\xi_{2\max}$、$|\dot{\xi}_{1,2}|<\sigma_{1,2}$、$|\dot{\xi}_{2,2}|<\sigma_{2,2}$、$\xi_{1\max}$、$\xi_{2\max}$、$\sigma_{1,1}$、$\sigma_{1,2}$、$\sigma_{2,1}$与 $\sigma_{2,2}$是已知正常数。

附注 5.2：由于风、浪、流等因素，横漂速度方向可能存在扰动。但由于 AMV 在横漂上没有执行机构，无执行机构控制横漂。因此当存在横漂上的扰动时，AMV 难以渐近稳定。但可实现有界镇定，该结论于后文讨论。本章假设 AMV 的质量和阻尼矩阵是对角矩阵的，虽不符合多数情况，但非对称结构可通过对惯性质量和阻尼矩阵引入某些坐标变换简化为对称结构(见参考文献[111])。

5.2　状态受限问题

本章首先引入微分同胚变换简化计算。对于转换后的系统，基于反步法和障碍李雅普诺夫函数，提出虚拟输入来镇定子系统$[\vartheta_2,\vartheta_3]$。而后，基于所需虚拟输入，给出考虑偏航约束的子系统式(5-5b)的 AMV 镇定控制律。

为简化系统式(5-1)的控制设计，引入第 3 章中的微分同胚变换式(3-3)与式(3-6)，可得

$$\begin{cases}\dot{\vartheta}_1=-\dfrac{d_{22}}{m_{11}}\vartheta_1-\dfrac{d_{22}}{m_{11}}\vartheta_5+\vartheta_2\vartheta_6-\dfrac{m_{22}}{d_{22}}\vartheta_4\vartheta_6\\ \dot{\vartheta}_4=-\dfrac{d_{22}}{m_{22}}\vartheta_4+\dfrac{d_{22}}{m_{22}}\vartheta_6(\vartheta_1+\vartheta_5)\end{cases}\tag{5-5a}$$

$$\begin{cases}\dot{\vartheta}_2=\vartheta_5\vartheta_6\\ \dot{\vartheta}_3=\vartheta_6\\ \dot{\vartheta}_5=(1-d_{11}d_{22}^{-1})u-\vartheta_2\vartheta_6-d_{22}^{-1}\tau_1[\varpi_1(t)]-\dfrac{m_{11}}{d_{22}}\xi_1\\ \dot{\vartheta}_6=-d_{33}m_{33}^{-1}\vartheta_6-(m_{11}-m_{22})m_{33}^{-1}uv+m_{33}^{-1}\tau_2[\varpi_2(t)]+\xi_2\end{cases}\tag{5-5b}$$

由引理 3.2 和引理 3.3 可得，为使 AMV 系统式(5-1)全局渐近稳定，只需设计控制律使系统式(5-5b)全局渐近稳定。

上述引理，需假设不存在扰动作用于横漂速度。本章证明即使存在横漂扰动的情况下，所提出的方法也可保证 AMV 的有界性，这将在后面讨论。此外，如忽略横漂速度 v，系统式(5-1)中的子系统动力学可以表述为 $\dot{x}=u\cos\psi$，$\dot{y}=u\sin\psi$，在结构上与转换后的系统式(5-5b)相似。因此，对于转换后的系统式(5-5b)，所得到的稳定方法可以在不考虑横漂速度的情况下稳定 AMV。同样适用于无漂非完整约束系统的稳定控制。

为优先解决偏航约束的问题，考虑无扰动情况下的系统式(5-5b)，可描述为如下形式：

$$\begin{cases}\dot{\vartheta}_2=\vartheta_5\vartheta_6\\ \dot{\vartheta}_3=\vartheta_6\\ \dot{\vartheta}_5=\left(1-\dfrac{d_{11}}{d_{22}}\right)u-\vartheta_2\vartheta_6-\dfrac{1}{d_{22}}\tau_1[\varpi_1(t)]\\ \dot{\vartheta}_6=-\dfrac{d_{33}}{m_{33}}\vartheta_6-\dfrac{m_{11}-m_{22}}{m_{33}}uv+\dfrac{\tau_2[\varpi_2(t)]}{m_{33}}\end{cases}\tag{5-6}$$

基于 BLF 相关理论，定义 $\vartheta_5=\alpha_5$ 与 $\vartheta_6=\alpha_6$ 为子系统式(5-6)的虚拟控制输入，可描述为

$$\begin{aligned}&\alpha_5=\kappa_{\alpha_5}\vartheta_2\sin t\\ &\alpha_6=-\tanh\left[\kappa_{\alpha_5}\vartheta_2\tanh(\vartheta_2)\sin t+\sec^2\left(\frac{\pi\vartheta_3^2}{2\bar{\vartheta}_3^2}\right)\vartheta_3\right]\kappa_{\alpha_6}\end{aligned}\tag{5-7}$$

基于虚拟控制律式(5-7)的闭环子系统$[\vartheta_2,\vartheta_3]$可表示为

$$\dot{\vartheta}_2=-\tanh\left[\kappa_{\alpha_5}\vartheta_2\tanh(\vartheta_2)\sin t+\sec^2\left(\frac{\pi\vartheta_3^2}{2\bar{\vartheta}_3^2}\right)\vartheta_3\right]\kappa_{\alpha_5}\kappa_{\alpha_6}\vartheta_2\sin t \tag{5-8a}$$

$$\dot{\vartheta}_3=-\kappa_{\alpha_6}\tanh\left[\kappa_{\alpha_5}\vartheta_2\tanh(\vartheta_2)\sin t+\sec^2\left(\frac{\pi\vartheta_3^2}{2\bar{\vartheta}_3^2}\right)\vartheta_3\right] \tag{5-8b}$$

其中，$0<\kappa_{\alpha_6}<\bar{\vartheta}_6-|\vartheta_6(0)|$，$\bar{\vartheta}_3$、$\kappa_{\alpha_5}$和 $\bar{\vartheta}_6>|\vartheta_6(0)|$为正常数；$\vartheta_6(0)$表示 ϑ_6 的初值。

定理 5.1：考虑闭环系统式(5-8)，如初始状态 $\vartheta_3(0)$与 $\vartheta_6(0)$满足$|\vartheta_3(0)|<\bar{\vartheta}_3$、$|\vartheta_6(0)|<\bar{\vartheta}_6$，则必有如下性质成立：

(1) 状态 ϑ_2、ϑ_3、α_5 与 α_6 渐近收敛于零；

(2) 状态 ϑ_3 与虚拟输入 α_6 有界且满足$|\vartheta_3|<\bar{\vartheta}_3$、$|\alpha_6|<\bar{\vartheta}_6-|\vartheta_6(0)|$。

证明：为便于阅读，本章将定理证明分为稳定性与偏航约束两部分。考虑如下障碍李雅普诺夫函数：

$$V_1=\ln[\cosh(\vartheta_2)]+V_2 \tag{5-9}$$

其中，$V_2=\dfrac{\bar{\vartheta}_3^2}{\pi}\tan\left(\dfrac{\pi\vartheta_3^2}{2\bar{\vartheta}_3^2}\right)$，且$|\vartheta_3(0)|<\bar{\vartheta}_3$。

(1) 首先通过本章为 AMV 镇定控制所构造的障碍李雅普诺夫函数，证明状态 ϑ_2、ϑ_3、α_5 与 α_6 渐近收敛于零。据式(5-9)，对任意$|\vartheta_3|<\bar{\vartheta}_3$，$V_1\geqslant 0$ 且连续可微，由于初始状态$|\vartheta_3(0)|<\bar{\vartheta}_3$，$V_1$ 的时间导数可描述为$\dot{V}_1=-\tanh(\Gamma_1)\Gamma_1\leqslant 0$，其中

$$\Gamma_1=\kappa_{\alpha_5}\vartheta_2\tanh(\vartheta_2)\sin t+\sec^2\left(\frac{\pi\vartheta_3^2}{2\bar{\vartheta}_3^2}\right)\vartheta_3 \tag{5-10}$$

因 V_1 单调不增且非负，可得 V_1 有界。据单调收敛定理，V_1 必收敛于某个非负极限值。此外，据式(5-9)可得非负函数 $V_2=\dfrac{\bar{\vartheta}_3^2}{\pi}\tan\left(\dfrac{\pi\vartheta_3^2}{2\bar{\vartheta}_3^2}\right)$于 $\ln[\cosh(\vartheta_2)]$存在上界。则状态 ϑ_2 与 $\sec\left(\dfrac{\pi\vartheta_3^2}{2\bar{\vartheta}_3^2}\right)$有界，因此 $\Gamma_1=\kappa_{\alpha_5}\vartheta_2\tanh(\vartheta_2)\sin t+\sec^2\left(\dfrac{\pi\vartheta_3^2}{2\bar{\vartheta}_3^2}\right)\vartheta_3$ 有界。即$\dot{V}_1=-\tanh(\Gamma_1)\Gamma_1$ 有界，V_1 一致连续。据引理 2.8 和式(5-10)可知 Γ_1 收敛于零，结合式(5-7)可得

$$\lim_{t\to+\infty}\alpha_6=\lim_{t\to+\infty}(-\kappa_{\alpha_6}\Gamma_1)=0 \tag{5-11}$$

而后，证明状态 ϑ_2 与 ϑ_3 收敛于零。定义 $\Gamma_2=\Gamma_1\cos^2\left(\dfrac{\pi\vartheta_3^2}{2\bar{\vartheta}_3^2}\right)$，因 $\lim\limits_{t\to+\infty}\Gamma_1=0$，

可得

$$\lim_{t\to+\infty}\Gamma_2=\lim_{t\to+\infty}\left[\kappa_{\alpha_5}\vartheta_2\tanh(\vartheta_2)\cos^2\left(\frac{\pi\vartheta_3^2}{2\overline{\vartheta}_3^2}\right)\sin t+\vartheta_3\right]=0 \tag{5-12}$$

此外，由式(5-8)可得 Γ_2 的时间导数为如下形式：

$$\begin{aligned}\dot{\Gamma}_2=&\kappa_{\alpha_5}\tanh(\vartheta_2)\alpha_5\alpha_6\cos^2\left(\frac{\pi\vartheta_3^2}{2\overline{\vartheta}_3^2}\right)\sin t+\kappa_{\alpha_5}\vartheta_2[1-\tanh^2(\vartheta_2)]\cos^2\left(\frac{\pi\vartheta_3^2}{2\overline{\vartheta}_3^2}\right)\alpha_5\alpha_6\sin t+\\&\kappa_{\alpha_5}\vartheta_2\tanh(\vartheta_2)\cos^2\left(\frac{\pi\vartheta_3^2}{2\overline{\vartheta}_3^2}\right)\cos t-\kappa_{\alpha_5}\vartheta_2\tanh(\vartheta_2)\frac{\pi\vartheta_3^2}{\overline{\vartheta}_3^2}\sin\left(\frac{\pi\vartheta_3^2}{\overline{\vartheta}_3^2}\right)\alpha_6\sin t+\alpha_6\end{aligned} \tag{5-13}$$

据以上陈述可得虚拟输入 α_6、状态 ϑ_2 与 $V_2=\frac{\overline{\vartheta}_3^2}{\pi}\tan\left(\frac{\pi\vartheta_3^2}{2\overline{\vartheta}_3^2}\right)$ 有界。由式(5-13)知 $\dot{\Gamma}_2$ 有界，因此可得 Γ_2 一致连续。此外，由式(5-12)可得 Γ_2 收敛于零。根据引理 2. 8，这两个性质保证 $\lim_{t\to+\infty}\dot{\Gamma}_2=0$。据式(5-13)与 $\lim_{t\to+\infty}\alpha_6=0$ 可得

$$\lim_{t\to+\infty}\kappa_{\alpha_5}\vartheta_2\tanh(\vartheta_2)\cos^2\left(\frac{\pi\vartheta_3^2}{2\overline{\vartheta}_3^2}\right)\cos t=0 \tag{5-14}$$

因 $|\vartheta_3|<\overline{\vartheta}_3$，所以 $\cos^2\left(\frac{\pi\vartheta_3^2}{2\overline{\vartheta}_3^2}\right)\neq 0$。式(5-14)表示 $\lim_{t\to+\infty}\kappa_{\alpha_5}\vartheta_2^2\cos t=0$。对 $\vartheta_2^2\cos t$ 求导，由引理 2. 8 可得 $\vartheta_2^2\sin t$ 收敛于零。因此 $\lim_{t\to+\infty}\vartheta_2^2=\lim_{t\to+\infty}(\vartheta_2^2\cos^2 t+\vartheta_2^2\sin^2 t)=0$。注意在式(5-12)中 ϑ_3 收敛于零。此外，$\lim_{t\to+\infty}\alpha_5=\lim_{t\to+\infty}\kappa_{\alpha_5}\vartheta_2\sin t=0$。因此状态 ϑ_2、ϑ_3 与虚拟输入 α_5、α_6 收敛于零。

(2) 而后，证明约束条件成立。因 $V_2=\frac{\overline{\vartheta}_3^2}{\pi}\tan\left(\frac{\pi\vartheta_3^2}{2\overline{\vartheta}_3^2}\right)$ 有界，可得 $\left|\frac{\vartheta_3}{\overline{\vartheta}_3}\right|<1$ 即 $|\vartheta_3|<\overline{\vartheta}_3$。此外，由式(5-7)可得 $\alpha_6<\kappa_{\alpha_6}=\overline{\vartheta}_6-|\vartheta_6(0)|$。证明完成。

附注 5. 3：本章所用正切障碍李雅普诺夫函数 $\frac{\overline{\vartheta}_3^2}{\pi}\tan\left(\frac{\pi\vartheta_3^2}{2\overline{\vartheta}_3^2}\right)$，广泛应用于具有输出约束的稳定性研究。当偏航角约束不存在时，$\overline{\vartheta}_3\to+\infty$，由引理 2. 10 与引理 2. 11 结论可得 $\lim_{\overline{\vartheta}_3\to+\infty}\frac{\overline{\vartheta}_3^2}{\pi}\tan\left(\frac{\pi\vartheta_3^2}{2\overline{\vartheta}_3^2}\right)=\frac{1}{2}\vartheta_3^2$。因此，若偏航角没有约束，二次型可代替障碍李雅普诺夫函数。偏航速度约束问题也有类似的情况。非线性系统采用传统障碍李雅普诺夫函数，即随着 $\overline{\vartheta}_3\to+\infty$，$V=\frac{1}{2}\ln\frac{\overline{\vartheta}_3^2}{\overline{\vartheta}_3^2-\vartheta_3^2}$ 与 $V=\frac{\overline{\vartheta}_3}{\pi}\tan^2\left(\frac{\pi\vartheta_3}{2\overline{\vartheta}_3}\right)$ 将收敛

于零而不收敛于$\frac{1}{2}\vartheta_3^2$。因此，当初始条件超过约束或不存在约束时，传统障碍李雅普诺夫函数不适用。此外，由于系统式(5-6)无法反馈线性化，现存的正切障碍李雅普诺夫函数方法不可直接镇定 AMV。为此，本章在定理 5.1 中，对正切障碍李雅普诺夫函数方法提出一种改进方案，以镇定 AMV。

据定理 5.1，基于反步法，虚拟输入 α_5 与 α_6 使子系统$[\vartheta_2,\vartheta_3]$渐近稳定且确保$|\vartheta_3|<\overline{\vartheta}_3$。利用定理 5.1 的结论设计实际控制 $\tau_1(\varpi_1)$ 与 $\tau_2(\varpi_2)$，使系统$[\vartheta_2,\vartheta_3,\vartheta_5,\vartheta_6]$渐近收敛于零且$|\vartheta_6|<\overline{\vartheta}_6$。定义子系统$[\vartheta_2,\vartheta_3]$的实际状态和虚拟输入的误差 $e_5=\vartheta_5-\alpha_5$、$e_6=\vartheta_6-\alpha_6$。系统$[\vartheta_2,\vartheta_3,e_5,e_6]$的动力学可表示为

$$\begin{aligned}\dot{\vartheta}_2&=\left\{-\kappa_{\alpha_5}\tanh\left[\kappa_{\alpha_5}\vartheta_2\tanh(\vartheta_2)\sin t+\sec^2\left(\frac{\pi\vartheta_3^2}{2\overline{\vartheta}_3^2}\right)\vartheta_3\right]+e_6\right\}(\kappa_{\alpha_6}\vartheta_2\sin t+e_5)\\ \dot{\vartheta}_3&=-\kappa_{\alpha_6}\tanh\left[\kappa_{\alpha_5}\vartheta_2\tanh(\vartheta_2)\sin t+\sec^2\left(\frac{\pi\vartheta_3^2}{2\overline{\vartheta}_3^2}\right)\vartheta_3\right]+e_6\end{aligned}\tag{5-15a}$$

$$\begin{aligned}\dot{e}_5&=(1-d_{11}d_{22}^{-1})u-\vartheta_2\vartheta_6-d_{22}^{-1}\tau_1[\varpi_1(t)]-\dot{\alpha}_5\\ \dot{e}_6&=-d_{33}m_{33}^{-1}\vartheta_6-(m_{11}-m_{22})m_{33}^{-1}uv+m_{33}^{-1}\tau_2[\varpi_2(t)]-\dot{\alpha}_6\end{aligned}\tag{5-15b}$$

其中，$\dot{\alpha}_5$ 与 $\dot{\alpha}_6$ 可表示为如下形式：

$$\dot{\alpha}_5=\kappa_{\alpha_5}\vartheta_2\cos t+\kappa_{\alpha_5}\vartheta_5\vartheta_6\sin t\tag{5-16a}$$

$$\begin{aligned}\dot{\alpha}_6=-\kappa_{\alpha_6}\Bigg\{&\kappa_{\alpha_5}\vartheta_2\tanh(\vartheta_2)\cos t+\kappa_{\alpha_5}\tanh(\vartheta_2)\vartheta_5\vartheta_6\sin t+\\ &\vartheta_6\sec^2\left(\frac{\pi\vartheta_3^2}{2\overline{\vartheta}_3^2}\right)\left[2\tan\left(\frac{\pi\vartheta_3^2}{2\overline{\vartheta}_3^2}\right)\frac{\vartheta_3^2\pi}{\overline{\vartheta}_3^2}+1\right]+\\ &\vartheta_2[1-\tanh^2(\vartheta_2)]\kappa_{\alpha_5}\vartheta_5\vartheta_6\sin t\Bigg\}\tanh(\Gamma_1)[1-\tanh^2(\Gamma_1)]\end{aligned}\tag{5-16b}$$

此处，$\Gamma_1=\kappa_{\alpha_5}\vartheta_2\tanh(\vartheta_2)\sin t+\sec^2\left(\frac{\pi\vartheta_3^2}{2\overline{\vartheta}_3^2}\right)\vartheta_3$，$\kappa_{\alpha_5}$与$\kappa_{\alpha_6}$为定理 5.1 中定义的正常数。定义$\overline{e}_6=\overline{\vartheta}_6-\kappa_{\alpha_6}$，因状态 $\vartheta_6=\alpha_6+e_6$ 与虚拟输入 α_6 满足$|\alpha_6|=|\kappa_{\alpha_6}\tanh(\Gamma_1)|<\kappa_{\alpha_6}$，若$|e_6|<\overline{e}_6$ 则$|\vartheta_6|<\overline{\vartheta}_6$ 成立。为保证该特性成立，提出如下控制律：

$$\varpi_1=\frac{\mathrm{sign}(e_5)}{2}\{\mathrm{sign}(e_5)(\varpi_{1,a}+\varpi_{1,b})-\varpi_{1,a}+\varpi_{1,b}\}\tag{5-17a}$$

$$\varpi_2=\frac{\mathrm{sign}(e_6)}{2}\{\mathrm{sign}(e_6)(\varpi_{2,a}+\varpi_{2,b})+\varpi_{2,a}-\varpi_{2,b}\}\tag{5-17b}$$

其中，$\varpi_{1,a}$、$\varpi_{1,b}$、$\varpi_{2,a}$与$\varpi_{2,b}$分别为

$$\varpi_{1,a}=-\frac{1}{\underline{a}_{1,l}|G_1|}[|F_1(t)|-\beta_1 e_5]-\bar{b}_{1,l} \tag{5-18a}$$

$$\varpi_{1,b}=\frac{1}{\underline{a}_{1,r}|G_1|}[|F_1(t)|+\beta_1 e_5]+\bar{b}_{1,r} \tag{5-18b}$$

$$\varpi_{2,a}=-\frac{1}{\underline{a}_{2,r}|G_2|}\left[|F_2(t)|+\beta_2\sec^2\left(\frac{\pi e_6^2}{2\bar{e}_6^2}\right)e_6\right]-\bar{b}_{2,r} \tag{5-18c}$$

$$\varpi_{2,b}=\frac{1}{\underline{a}_{2,l}|G_2|}\left[|F_2(t)|-\beta_2\sec^2\left(\frac{\pi e_6^2}{2\bar{e}_6^2}\right)e_6\right]+\bar{b}_{2,l} \tag{5-18d}$$

上式中的 $F_1(t)$、$F_2(t)$、$G_1(t)$ 与 $G_2(t)$ 定义如下：

$$F_1(t)=\alpha_6\vartheta_2+\left(1-\frac{d_{11}}{d_{22}}\right)u-\vartheta_2\vartheta_6-\dot{\alpha}_5 \tag{5-19a}$$

$$F_2(t)=\left[\vartheta_2\vartheta_5+\sec^2\left(\frac{\pi\vartheta_3^2}{2\bar{\vartheta}_3^2}\right)\vartheta_3\right]\cos^2\left(\frac{\pi e_6^2}{2\bar{e}_6^2}\right)-\frac{m_{11}-m_{22}}{m_{33}}uv-\frac{d_{33}}{m_{33}}\vartheta_6-\dot{\alpha}_6 \tag{5-19b}$$

$$G_1=-d_{22}^{-1},\ G_2=m_{33}^{-1} \tag{5-19c}$$

其中，$\dot{\alpha}_5$ 与 $\dot{\alpha}_6$ 在式(5-16)中给出。

附注 5.4：在实际情况中，符号函数可以引起抖振现象。但因振荡只存在于平衡点附近，且据式(5-17)得平衡点为 $e_5=0$ 和 $e_6=0$，此时 AMV 系统已基本稳定。此外，AMV 控制精度往往较低，即使在实践中使用平滑控制律，也同样很难精准实现渐近镇定控制。而符号函数亦存在优势，如当存在干扰时提高鲁棒性。

定理 5.2：考虑系统式(5-15)，若初始状态 $\vartheta_3(0)$、$\vartheta_6(0)$ 满足 $|\vartheta_3(0)|<\bar{\vartheta}_3$、$|\vartheta_6(0)|<\bar{\vartheta}_6$，式(5-17a)和式(5-17b)中的控制律有以下特性：

(1) 状态 ϑ_2、ϑ_3、e_5 与 e_6 渐近收敛到零；

(2) 状态 ϑ_3 与 e_6 满足 $|\vartheta_3|<\bar{\vartheta}_3$、$|e_6|<\bar{e}_6$。

证明：与前文相似，将定理证明分为稳定性与偏航约束两部分。据式(5-17a)和式(5-17b)，控制律 ϖ_1 与 ϖ_2 可写为

$$\varpi_1=\begin{cases}-\dfrac{1}{\underline{a}_{1,l}|G_1|}[|F_1(t)|-\beta_1 e_5]-\bar{b}_{1,l} & e_5<0\\ 0 & e_5=0\\ \dfrac{1}{\underline{a}_{1,r}|G_1|}[|F_1(t)|+\beta_1 e_5]+\bar{b}_{1,r} & e_5>0\end{cases} \tag{5-20}$$

$$\varpi_2=\begin{cases}-\dfrac{1}{\underline{a}_{2,r}|G_2|}\left[|F_2(t)|+\beta_2\sec^2\left(\dfrac{\pi e_6^2}{2\bar{e}_6^2}\right)e_6\right]-\bar{b}_{2,r} & e_6>0\\ 0 & e_6=0\\ \dfrac{1}{\underline{a}_{2,l}|G_2|}\left[|F_2(t)|-\beta_2\sec^2\left(\dfrac{\pi e_6^2}{2\bar{e}_6^2}\right)e_6\right]+\bar{b}_{2,l} & e_6<0\end{cases} \tag{5-21}$$

(1) 首先分析闭环系统稳定性。结合性质 $\alpha_6<\kappa_{\alpha_6}<\bar{\vartheta}_6-|\vartheta_6(0)|$ 与假设 $|\vartheta_6(0)|<\bar{\vartheta}_6$，可得 $e_6(0)=\vartheta_6(0)-\alpha_6(0)<|\vartheta_6(0)|+(\bar{\vartheta}_6-|\vartheta_6(0)|)\leqslant\bar{e}_6$，表示初始状态 $e_6(0)$ 在 $|e_6|<\bar{e}_6$ 内。为确保 $|e_6|<\bar{e}_6$ 在时间间隔$(0, +\infty)$内，定义如下障碍李雅普诺夫函数(BLF)：

$$V_3=V_2+\frac{1}{2}e_5^2+\frac{\bar{e}_6^2}{\pi}\tan\left(\frac{\pi e_6^2}{2\bar{e}_6^2}\right)\qquad |e_6(0)|<\bar{e}_6 \tag{5-22}$$

此处，V_2 在定理 5.1 的等式(5-9)中定义。据式(5-22)，函数 V_3 正定，且在集合 $|\vartheta_3|<\bar{\vartheta}_3$ 与 $|e_6|<\bar{e}_6$ 中连续可微。利用系统式(5-15)的动力学可得

$$\begin{aligned}\dot{V}_3=&-\tanh\left[\kappa_{\alpha_5}\vartheta_2\tanh(\vartheta_2)\sin t+\sec^2\left(\frac{\pi\vartheta_3^2}{2\bar{\vartheta}_3^2}\right)\vartheta_3\right]+\\&e_5\alpha_6\vartheta_2\kappa_{\alpha_6}\left[\kappa_{\alpha_5}\vartheta_2\tanh(\vartheta_2)\sin t+\sec^2\left(\frac{\pi\vartheta_3^2}{2\bar{\vartheta}_3^2}\right)\vartheta_3\right]+\\&\left[-\frac{d_{33}}{m_{33}}\vartheta_6-\frac{(m_{11}-m_{22})}{m_{33}}uv+\frac{\tau_2[\varpi_2(t)]}{m_{33}}-\dot{\alpha}_6\right]\sec^2\left(\frac{\pi e_6^2}{2\bar{e}_6^2}\right)e_6+\\&e_6\left[\vartheta_2\vartheta_5+\sec^2\left(\frac{\pi\vartheta_3^2}{2\bar{\vartheta}_3^2}\right)\vartheta_3\right]+e_5[(1-d_{11}d_{22}^{-1})u-\vartheta_2\vartheta_6-d_{22}^{-1}\tau_1[\varpi_1(t)]-\dot{\alpha}_5]\end{aligned} \tag{5-23}$$

其中，α_5、α_6、κ_{α_5}与 κ_{α_6} 在定理 5.1 中定义，$\dot{\alpha}_5$ 与 $\dot{\alpha}_6$ 如式(5-16)所示。由式(5-23)可得

$$\begin{aligned}\dot{V}_3=&-\kappa_{\alpha_6}\tanh[\kappa_{\alpha_5}\vartheta_2\tanh(\vartheta_2)\sin t+\vartheta_3][\kappa_{\alpha_5}\vartheta_2\tanh(\vartheta_2)\sin t+\vartheta_3]+\\&e_5\{F_1(t)+G_1\tau_1[\varpi_1(t)]\}+\sec^2\left(\frac{\pi e_6^2}{2\bar{e}_6^2}\right)\{F_2(t)+G_2\tau_2[\varpi_2(t)]\}\end{aligned} \tag{5-24}$$

据控制律式(5-17a)与式(5-17b)及条件 $G_1<0$、$G_2>0$ 可得

a.1) 若 $e_5\leqslant0$

$$\begin{aligned}e_5\{F_1(t)+G_1\tau_1[\varpi_1(t)]\}=&\frac{G_1a_{1,l}}{\underline{a}_{1,l}|G_1|}\beta_1e_5^2+e_5\left[F_1(t)-\frac{G_1a_{1,l}}{\underline{a}_{1,l}|G_1|}|F_1(t)|\right]+\\&G_1(b_{1,l}-\bar{b}_{1,l})e_5\end{aligned} \tag{5-25}$$

a.2) 若 $e_5>0$

$$\begin{aligned}e_5[F_1(t)+G_1\tau_1[\varpi_1(t)]]=&\frac{G_1a_{1,r}}{\underline{a}_{1,r}|G_1|}\beta_1e_5^2+e_5\left[F_1(t)+\frac{G_1a_{1,r}}{\underline{a}_{1,r}|G_1|}|F_1(t)|\right]+\\&G_1(\bar{b}_{1,r}-b_{1,r})e_5\end{aligned} \tag{5-26}$$

b. 1）若 $e_6<0$

$$e_6\sec^2\left(\frac{\pi e_6^2}{2\bar{e}_6^2}\right)\{F_2(t)+G_2\tau_2[\varpi_2(t)]\}=-G_2(\bar{b}_{2,l}-b_{2,l})\sec^2\left(\frac{\pi e_6^2}{2\bar{e}_6^2}\right)e_6-\beta_2\frac{G_2a_{2,l}}{\underline{a}_{2,l}|G_2|}\sec^4\left(\frac{\pi e_6^2}{2\bar{e}_6^2}\right)e_6^2+e_6\sec^2\left(\frac{\pi e_6^2}{2\bar{e}_6^2}\right)\left[F_2(t)-\frac{G_2a_{2,l}}{\underline{a}_{2,l}|G_2|}|F_2(t)|\right] \tag{5-27}$$

b. 2）若 $e_6\geqslant0$

$$e_6\sec^2\left(\frac{\pi e_6^2}{2\bar{e}_6^2}\right)\{F_2(t)+G_2\tau_2[\varpi_2(t)]\}=G_2(\bar{b}_{2,r}-b_{2,r})\sec^2\left(\frac{\pi e_6^2}{2\bar{e}_6^2}\right)e_6-\beta_2\frac{G_2a_{2,r}}{\underline{a}_{2,r}|G_2|}\sec^4\left(\frac{\pi e_6^2}{2\bar{e}_6^2}\right)e_6^2+e_6\sec^2\left(\frac{\pi e_6^2}{2\bar{e}_6^2}\right)\left[F_2(t)+\frac{G_2a_{2,r}}{\underline{a}_{2,r}|G_2|}|F_2(t)|\right] \tag{5-28}$$

因$\frac{a_{1,l}}{\underline{a}_{1,l}}\geqslant1$、$\frac{a_{1,r}}{\underline{a}_{1,r}}\geqslant1$、$\frac{a_{2,l}}{\underline{a}_{2,l}}\geqslant1$、$\frac{a_{2,r}}{\underline{a}_{2,r}}\geqslant1$ 且 $b_{1,r}\leqslant\bar{b}_{1,r}$、$b_{1,l}\leqslant\bar{b}_{1,l}$、$b_{2,r}\leqslant\bar{b}_{2,r}$、$b_{2,l}\leqslant\bar{b}_{2,l}$。上述等式中所有参数皆非正，因此有如下结论：

$$e_5\{F_1(t)+G_1\tau_1[\varpi_1(t)]\}\leqslant-\beta_1e_5^2 \tag{5-29a}$$

$$\sec^2\left(\frac{\pi e_6^2}{2\bar{e}_6^2}\right)e_6\{F_2(t)+G_2\tau_2[\varpi_2(t)]\}\leqslant-\beta_2\sec^4\left(\frac{\pi e_6^2}{2\bar{e}_6^2}\right)e_6^2 \tag{5-29b}$$

此外，V_3 的时间导数满足

$$\dot{V}_3\leqslant-\kappa_{\alpha_6}\tanh[\kappa_{\alpha_5}\vartheta_2\tanh(\vartheta_2)\sin t+\vartheta_3][\kappa_{\alpha_5}\vartheta_2\tanh(\vartheta_2)\sin t+\vartheta_3]-\beta_2\sec^4\left(\frac{\pi e_6^2}{2\bar{e}_6^2}\right)e_6^2-\beta_1e_5^2 \tag{5-30}$$

可得 V_3 为非增函数且收敛于某极限值。因此$\dot{V}_3$ 中的项全部有界且 V_3 一致连续。据引理 2. 8：

$$\lim_{t\to+\infty}\left\{\beta_1e_5^2+\kappa_{\alpha_6}\tanh[\kappa_{\alpha_5}\vartheta_2\tanh(\vartheta_2)\sin t+\vartheta_3][\kappa_{\alpha_5}\vartheta_2\tanh(\vartheta_2)\sin t+\vartheta_3]+\beta_2\sec^4\left(\frac{\pi e_6^2}{2\bar{e}_6^2}\right)e_6^2\right\}=0 \tag{5-31}$$

上式中，$\beta_1e_5^2$ 与$\beta_2\sec^4\left(\frac{\pi e_6^2}{2\bar{e}_6^2}\right)e_6^2$ 非负，因此可得

$$\lim_{t\to+\infty}\left\{\kappa_{\alpha_6}\tanh\left[\kappa_{\alpha_5}\vartheta_2\tanh(\vartheta_2)\sin t+\sec^2\left(\frac{\pi\vartheta_3^2}{2\overline{\vartheta}_3^2}\right)\vartheta_3\right]\cdot\left[\kappa_{\alpha_5}\vartheta_2\tanh(\vartheta_2)\sin t+\sec^2\left(\frac{\pi\vartheta_3^2}{2\overline{\vartheta}_3^2}\right)\vartheta_3\right]\right\}=0 \tag{5-32}$$

且 $\lim_{t\to+\infty}e_5=0$、$\lim_{t\to+\infty}e_6=0$。据定理 5.1，式(5-32)表示状态 ϑ_2 与 ϑ_3 收敛于零。

（2）此外，因 V_3 单调不增，约束条件 $|\vartheta_3|<\overline{\vartheta}_3$ 与 $|\vartheta_6|<\overline{\vartheta}_6$ 成立，表明偏航角和艏摇角速度达不到约束边界，证明完成。

在虚拟输入 α_6 中，引入 $\tanh(\cdot)$ 来确保 $|\alpha_6|=\kappa_{\alpha_6}|\tanh(\cdot)|<\overline{\vartheta}_6-|\vartheta_6(0)|$，所以 $e_6(0)$ 可以小于 $\overline{e}_6$。与现存文献中 AMV 的镇定方法相比，本章解决了执行器死区问题，且偏航角度和角速度不会超过预定范围。注意，参数 $\overline{\vartheta}_3$ 与 $\overline{\vartheta}_6$ 可以等于但不限于偏航约束。偏航约束 $|\psi|<\overline{\psi}$ 和 $|r|<\overline{r}$ 可由定理 5.2 中的控制律与 $\overline{\vartheta}_3=\overline{\psi}$、$\overline{\vartheta}_6=\overline{r}$ 来保证。若存在额外需求，可通过适当地选择参数 $\overline{\vartheta}_3$ 和 $\overline{\vartheta}_6$ 来解决。

5.3　执行器死区下的扰动观测器

根据假设 5.1，$|\xi_{1,1}|<\sigma_{1,1}|u|$ 与 $|\xi_{2,1}|<\sigma_{1,1}|r|$，仅需对扰动 $\xi_{1,2}$ 与 $\xi_{2,2}$ 设计观测器。定义 $[z]^q$ 为 $\mathrm{sign}(z)|z|^q$，$\hat{u}$、$\hat{r}$、ϵ_1 与 ϵ_2 为 u、r、$\xi_{1,2}$ 与 $\xi_{2,2}$ 的估计状态。据此，本章对为 AMV 系统设计如下扰动观测器：

$$\dot{\hat{u}}=-\frac{d_{11}}{m_{11}}u+\frac{m_{22}}{m_{11}}vr+\epsilon_1+\overline{a}_1(|\varpi_1(t)|+\overline{b}_1)\mathrm{sign}(\tilde{u})+\kappa_{\tilde{u}_1}\lfloor\tilde{u}\rfloor^{\frac{1}{2}}+\kappa_{\tilde{u}_2}\lfloor\tilde{u}\rfloor^{p_1}+\sigma_{1,1}|u|\mathrm{sign}(\tilde{u})+\underline{\tau}_1 \tag{5-33a}$$

$$\dot{\epsilon}_1=\kappa_{\tilde{u}_3}\mathrm{sign}(\tilde{u}) \tag{5-33b}$$

$$\dot{\hat{r}}=-\frac{d_{33}}{m_{33}}r-\frac{m_{22}-m_{11}}{m_{33}}uv+\epsilon_2+\sigma_{2,1}|r|\mathrm{sign}(\tilde{r})+\kappa_{\tilde{r}_1}\lfloor\tilde{r}\rfloor^{\frac{1}{2}}+\kappa_{\tilde{r}_2}\lfloor\tilde{r}\rfloor^{p_2}+\overline{a}_2(|\varpi_2(t)|+\overline{b}_2)\mathrm{sign}(\tilde{r})+\underline{\tau}_2 \tag{5-33c}$$

$$\dot{\epsilon}_2=\kappa_{\tilde{r}_3}\mathrm{sign}(\tilde{r}) \tag{5-33d}$$

其中，$\overline{a}_1>\max\{\overline{a}_{1,l}-\underline{a}_{1,l},\ \overline{a}_{1,r}-\underline{a}_{1,r}\}$、$\overline{a}_2>\max\{\overline{a}_{2,l}-\underline{a}_{2,l},\ \overline{a}_{2,r}-\underline{a}_{2,r}\}$、$\overline{b}_1>\max\{\overline{b}_{1,l}-\underline{b}_{1,l},\ \overline{b}_{1,r}-\underline{b}_{1,r}\}$、$\overline{b}_2>\max\{\overline{b}_{2,l}-\underline{b}_{2,l},\ \overline{b}_{2,r}-\underline{b}_{2,r}\}$、$p_1>1$、$p_2>1$、$\tilde{u}=u-\hat{u}$、$\tilde{r}=r-\hat{r}$，$\underline{\tau}_1$ 与 $\underline{\tau}_2$ 为

$$\underline{\tau}_i=\frac{\mathrm{sign}(\varpi_i)}{2}[\mathrm{sign}(\varpi_i)(\underline{\tau}_{i,a}+\underline{\tau}_{i,b})-\underline{\tau}_{i,a}+\underline{\tau}_{i,b}] \tag{5-34}$$

此处，$i=1,2$；$\underline{\tau}_{i,a}=\underline{a}_{i,r}[\varpi_i-\underline{b}_{i,r}]$；$\underline{\tau}_{i,b}=\underline{a}_{i,l}[\varpi_i+b_{i,l}]$。常数 $\kappa_{\tilde{u}_1}$、$\kappa_{\tilde{u}_2}$、$\kappa_{\tilde{u}_3}$、$\kappa_{\tilde{r}_1}$、$\kappa_{\tilde{r}_2}$、$\kappa_{\tilde{r}_3}$满足：

$$\begin{aligned}&\kappa_{\tilde{u}_1}>\sqrt{2\kappa_{\tilde{u}_3}},\quad \kappa_{\tilde{u}_2}>0,\quad \kappa_{\tilde{u}_3}>4\sigma_{1,2}\\&\kappa_{\tilde{r}_1}>\sqrt{2\kappa_{\tilde{r}_3}},\quad \kappa_{\tilde{r}_2}>0,\quad \kappa_{\tilde{r}_3}>4\sigma_{1,2}\end{aligned}\tag{5-35}$$

附注 5.5：由于存在死区，无法获取完整控制信号，因此现有的固定或有限时间观测器不能直接应用。本章引入大于$|\tau_i-\underline{\tau}_i|$的补偿项 $\bar{a}_1(|\varpi_1(t)|+\bar{b}_1)\text{sign}(\tilde{u})$和 $\bar{a}_2(|\varpi_2(t)|+\bar{b}_2)\text{sign}(\tilde{r})(i=1,2)$，通过 $\text{sign}(\tilde{u})$与 $\text{sign}(\tilde{r})$克服死区特性对观测器设计的影响。

引理 5.1：考虑系统式(5-1)，在假设 5.1 条件下，观测器式(5-33a~d)可在固定时间内估计扰动 $\xi_{1,2}$和 $\xi_{2,2}$。

证明：该结论可通过估计误差系统的固定时间收敛证明。定义估计误差状态 $e_1=\xi_{1,2}-\epsilon_1$、$e_2=\xi_{2,2}-\epsilon_2$。对 $\tilde{u}$、$\tilde{r}$ 求导，$\xi_{1,2}$和 $\xi_{2,2}$的观测器误差可描述为如下形式：

$$\dot{\tilde{u}}=\frac{\{\tau_1[\varpi_1(t)]-\underline{\tau}_1\}}{m_{11}}-\left[\frac{\bar{a}_1(|\varpi_1(t)|+\bar{b}_1)}{m_{11}}+\sigma_{1,1}|u|\right]\text{sign}(\tilde{u})-\tag{5-36a}$$

$$\kappa_{\tilde{u}_1}\lfloor\tilde{u}\rceil^{\frac{1}{2}}-\kappa_{\tilde{u}_2}\lfloor\tilde{u}\rceil^{p_1}+e_1+\xi_{1,1}$$

$$\dot{e}_1=-\kappa_{\tilde{u}_3}\text{sign}(\tilde{u})+\dot{\xi}_{1,2}$$

$$\dot{\tilde{r}}=\frac{\{\tau_2[\varpi_2(t)]-\underline{\tau}_2\}}{m_{33}}-\left\{\frac{\bar{a}_2[|\varpi_2(t)|+\bar{b}_2]}{m_{33}}+\sigma_{2,1}|r|\right\}\text{sign}(\tilde{r})-\tag{5-36b}$$

$$\kappa_{\tilde{r}_1}\lfloor\tilde{r}\rceil^{\frac{1}{2}}-\kappa_{\tilde{r}_2,i}\lfloor\tilde{r}\rceil^{p_2}+e_2+\xi_{2,1}$$

$$\dot{e}_2=-\kappa_{\tilde{r}_3}\text{sign}(r)+\dot{\xi}_{2,2}$$

据式(5-2)，可得

$$\tau_i(\varpi_i)=\begin{cases}a_{i,r}(t)[\varpi_i-b_{i,r}] & \varpi_i\geqslant b_{i,r}\\ 0 & -b_{i,l}<\varpi_i<b_{i,r}\\ a_{i,l}(t)[\varpi_i+b_{i,l}] & \varpi_i\leqslant -b_{i,l}\end{cases}\tag{5-37}$$

同时，根据控制律式(5-17)，当$\varpi_i>0$时，$\varpi_i>b_{i,r}$；$\varpi_i<0$时，$\varpi_i<-b_{i,l}$。

$$\underline{\tau}_i=\begin{cases}\underline{a}_{i,r}[\varpi_i-\underline{b}_{i,r}] & \varpi_i\geqslant b_{i,r}\\ 0 & -b_{i,l}<\varpi_i<b_{i,r}\\ \underline{a}_{i,l}[\varpi_i+\underline{b}_{i,l}] & \varpi_i\leqslant -b_{i,l}\end{cases}\tag{5-38}$$

因为$\forall i=1,2$，都有$(a_{i,r}-\underline{a}_{i,r})|\varpi_i|<\bar{a}_i|\varpi_i|$、$(a_{i,l}-\underline{a}_{i,l})|\varpi_i|<\bar{a}_i|\varpi_i|$、$b_{i,r}-\underline{b}_{i,r}<\bar{b}_i$，且 $b_{i,l}-\underline{b}_{i,l}<\bar{b}_i$，可得 $\bar{a}_i(|\varpi_i(t)|+\bar{b}_i)>|\tau_i-\underline{\tau}_i|$。考虑子系统$[\tilde{u},e_1]$与$[\tilde{r},e_2]$，通过

式 (5-37a) 与式 (5-37b)，可得

$$
\begin{aligned}
&\frac{\mathrm{d}|\tilde{u}|}{\mathrm{d}t}\leqslant -\kappa_{\tilde{u}_1}|\tilde{u}|^{\frac{1}{2}}-\kappa_{\tilde{u}_2}|\tilde{u}|^{p_1}+|e_1|\\
&\frac{\mathrm{d}|e_1|}{\mathrm{d}t}\leqslant -(\kappa_{\tilde{u}_3}-\sigma_{1,2})\operatorname{sign}(\tilde{u})\\
&\frac{\mathrm{d}|\tilde{r}|}{\mathrm{d}t}\leqslant -\kappa_{\tilde{r}_1}|\tilde{r}|^{\frac{1}{2}}-\kappa_{\tilde{r}_2}|\tilde{r}|^{p_2}+|e_2|\\
&\frac{\mathrm{d}|e_2|}{\mathrm{d}t}\leqslant -(\kappa_{\tilde{r}_3}-\sigma_{2,2})\operatorname{sign}(\tilde{r})
\end{aligned}
\tag{5-39}
$$

结合引理 5.1，可得当观测器增益 $\kappa_{\tilde{u}_1}$、$\kappa_{\tilde{u}_2}$、$\kappa_{\tilde{u}_3}$、$\kappa_{\tilde{r}_1}$、$\kappa_{\tilde{r}_2}$、$\kappa_{\tilde{r}_3}$满足式(5-36)中的条件，状态 $\tilde{u}$、e_1、$\tilde{r}$ 与 e_2 可以在固定时间内收敛到原点，则有如下结论：

$$
T_{\tilde{u}}\leqslant\left[\frac{1}{\kappa_{\tilde{u}_2}(p_1-1)\left(2^{\frac{1}{4}}\dfrac{\kappa_{\tilde{u}_1}}{\kappa_{\tilde{u}_2}}\right)^{\frac{p_1-1}{p_1+\frac{1}{2}}}}+\frac{2\left(2^{\frac{3}{4}}\dfrac{\kappa_{\tilde{u}_1}}{\kappa_{\tilde{u}_2}}\right)^{\frac{1}{2}}}{\kappa_{\tilde{u}_1}}\right]\times\left[1+\frac{\kappa_{\tilde{u}_3}+\sigma_{1,1}}{(\kappa_{\tilde{u}_3}-\sigma_{1,1})\left(1-\dfrac{\sqrt{2\kappa_{\tilde{u}_3}}}{\kappa_{\tilde{u}_1}}\right)}\right]
\tag{5-40a}
$$

$$
T_{\tilde{r}}\leqslant\left[\frac{1}{\kappa_{\tilde{r}_2}(p_2-1)\left(2^{\frac{1}{4}}\dfrac{\kappa_{\tilde{r}_1}}{\kappa_{\tilde{r}_2}}\right)^{\frac{p_2-1}{p_2+\frac{1}{2}}}}+\frac{2\left(2^{\frac{3}{4}}\dfrac{\kappa_{\tilde{r}_1}}{\kappa_{\tilde{r}_2}}\right)^{\frac{1}{2}}}{\kappa_{\tilde{r}_1}}\right]\times\left[1+\frac{\kappa_{\tilde{r}_3}+\sigma_{2,1}}{(\kappa_{\tilde{r}_3}-\sigma_{2,1})\left(1-\dfrac{\sqrt{2\kappa_{\tilde{r}_3}}}{\kappa_{\tilde{r}_1}}\right)}\right]
\tag{5-40b}
$$

证明完成。

补偿项 $\sigma_{1,1}|\tilde{u}|\operatorname{sign}(\tilde{u})$ 与 $\sigma_{2,1}|\tilde{r}|\operatorname{sign}(\tilde{r})$ 用于消除 $\xi_{1,1}$、$\xi_{2,1}$ 对观测器的影响。理论上，常数 $\sigma_{1,1}$、$\sigma_{1,2}$、$\sigma_{2,1}$ 与 $\sigma_{2,2}$ 可以未知。但由于大多数 AMV 的镇定控制问题中，扰动边界已知，因此假设其为已知常数来简化控制结构。

多数观测器设计中，估计误差可以渐近或在有限时间内收敛到零。相比之下，本章所引入的观测器可以在固定时间内估计扰动 $\xi_{1,2}$ 与 $\xi_{2,2}$。根据 $\hat{u}$ 和 $\hat{r}$ 的表达式，

对每个扰动引入三个观测器增益项。其目的为保证估计误差 e_1 与 e_2 在时间区间 $t\in[0,\max\{T_{\tilde u},T_{\tilde r}\}]$内收敛到零。此处，由于 $\kappa_{\tilde u_3}>4\sigma_{1,2}$ 且 $\kappa_{\tilde r_3}>4\sigma_{2,2}$，因此 $\kappa_{\tilde u_3}\mathrm{sign}(\tilde u)$和$\kappa_{\tilde r_3}\mathrm{sign}(\tilde r)$在固定时间内驱动 $\hat\epsilon_1$ 和 ϵ_2 到 $\xi_{1,2}$和 $\xi_{2,2}$。$\kappa_{\tilde u_2}\lceil\tilde u\rfloor^{p_1}$和 $\kappa_{\tilde r_2}\lceil\tilde r\rfloor^{p_2}$在固定时间内控制误差 $\tilde u$ 和 $\tilde r$ 到小区域内。而后，$\kappa_{\tilde u_1}\lceil\tilde u\rfloor^{\frac{1}{2}}$和 $\kappa_{\tilde r_1}\lceil\tilde r\rfloor^{\frac{1}{2}}$在固定时间内使 $\tilde u$ 与 $\tilde r$ 为零。为不受初始条件影响，需要$(\cdot)^{(K>1)}$项。若初始条件较大，会导致固定时间控制增益过高。因此，应慎重选择参数 $\kappa_{\tilde u_2}$、$\kappa_{\tilde r_2}$、p_1 与 p_2。

5.4 AMV 全局渐近镇定

5.4.1 初值位于约束区域内

为解决扰动问题，上一节提出一种考虑输入死区干扰的固定时间扰动观测器。本章在所提观测器的基础上，设计 AMV 镇定控制律，能够同时克服偏航约束、死区和扰动。而后，解决了初始偏航角和速度处于约束区域外的问题。在此基础上，提出了初始条件在约束区域内外的切换控制方法。最后，讨论了具有横漂方向扰动的 AMV 镇定控制，实现了 AMV 有界镇定。

据式(5-33)中扰动观测器，本章设计如下控制律：

$$\varpi_1=\{\mathrm{sign}(e_5)(\varpi_{1,a}+\varpi_{1,b})-\varpi_{1,a}+\varpi_{1,b}\}\frac{\mathrm{sign}(e_5)}{2} \tag{5-41a}$$

$$\varpi_2=\{\mathrm{sign}(e_6)(\varpi_{2,a}+\varpi_{2,b})+\varpi_{2,a}-\varpi_{2,b}\}\frac{\mathrm{sign}(e_6)}{2} \tag{5-41b}$$

其中，$\varpi_{1,a}$、$\varpi_{1,b}$、$\varpi_{2,a}$与$\varpi_{2,b}$定义如下：

$$\varpi_{1,a}=-\frac{1}{\underline{a}_{1,l}|G_1|}\left[\left|F_1(t)-\frac{m_{11}}{d_{22}}\mathrm{sat}(\epsilon_1)\right|+\sigma_{1,1}\frac{m_{11}}{d_{22}}|u|-\beta_1e_5\right]-\bar b_{1,l} \tag{5-42a}$$

$$\varpi_{1,b}=\frac{1}{\underline{a}_{1,r}|G_1|}\left[\left|F_1(t)-\frac{m_{11}}{d_{22}}\mathrm{sat}(\epsilon_1)\right|+\sigma_{1,1}\frac{m_{11}}{d_{22}}|u|+\beta_1e_5\right]+\bar b_{1,r} \tag{5-42b}$$

$$\varpi_{2,a}=-\frac{1}{\underline{a}_{2,r}|G_2|}\left[|F_2(t)+\mathrm{sat}(\epsilon_2)|+\sigma_{2,1}|r|+\beta_2\sec^2\left(\frac{\pi e_6^2}{2\bar e_6^2}\right)e_6\right]-\bar b_{2,r} \tag{5-42c}$$

$$\varpi_{2,b}=\frac{1}{\underline{a}_{2,l}|G_2|}\left[|F_2(t)+\mathrm{sat}(\epsilon_2)|+\sigma_{2,1}|r|-\beta_2\sec^2\left(\frac{\pi e_6^2}{2\bar e_6^2}\right)e_6\right]+\bar b_{2,l} \tag{5-42d}$$

其中，F_1、G_1、F_2 与 G_2 在式(5-19)中定义；$e_5=\vartheta_5-\alpha_5$、$e_6=\vartheta_6-\alpha_6$、α_5 与 α_6 在定理 5.1 中定义；$\bar e_6=\bar\vartheta_6-\kappa_{\alpha_6}$；$\bar\vartheta_6$ 为正常数；ϵ_1 与 ϵ_2 在引理 5.1 中定义。

定理 5.3：考虑 AMV 系统式(5-1)，在假设 5.1 下，若初始状态 $\vartheta_3(0)$、

$\vartheta_6(0)$满足 $|\vartheta_3(0)|<\bar{\vartheta}_3$、$|\vartheta_6(0)|<\bar{\vartheta}_6$，控制律式(5-41a)与式(5-41b)可保证如下性质：

（1）状态 x、y、ψ、u、v 与 r 满足 $\lim\limits_{t\to+\infty}\|x(t),y(t),\psi(t),u(t),v(t),r(t)\|_2=0$；

（2）AMV 不会违反偏航约束，即偏航角 ψ 与转艏角速度 r 满足 $-\bar{\vartheta}_3<\psi<\bar{\vartheta}_3$ 与 $-\bar{\vartheta}_6<r<\bar{\vartheta}_6$。

证明：因假设 $|\vartheta_3(0)|<\bar{\vartheta}_3$ 与 $|\vartheta_6(0)|<\bar{\vartheta}_6$，与定理 5.2 的证明类似，可得 $|e_6(0)|<\bar{e}_6$。与前文相同，证明分为稳定性与偏航约束两部分。

（1）首先，证明 AMV 所有状态都趋向于 0。与传统扰动观测器不同，固定时间观测器可以在控制信号中获得高增益，本章使用饱和项 sat 限制估计的扰动。当估计量大于实际扰动的界 $\xi_{i\max}$，其中 $i=1$，2 时，饱和函数可避免较高的控制增益。由于扰动估计误差固定时间收敛到 0，且 $D_i>\xi_{i\max}(i=1,2)$，存在时间常数 T_s 且 $\forall t>T_s$，有 $\epsilon_i<D_i(i=1,2)$。$\forall t>T_s$，V_3 的时间导数为

$$
\begin{aligned}
\dot{V}_3=&-\vartheta_2\vartheta_6-\kappa_{\alpha_6}\tanh\left[\kappa_{\alpha_5}\vartheta_2\tanh(\vartheta_2)\sin t+\sec^2\left(\frac{\pi\vartheta_3^2}{2\bar{\vartheta}_3^2}\right)\vartheta_3\right]-\\
&\dot{\alpha}_5\left[\kappa_{\alpha_5}\vartheta_2\tanh(\vartheta_2)\sin t+\sec^2\left(\frac{\pi\vartheta_3^2}{2\bar{\vartheta}_3^2}\right)\vartheta_3\right]-\frac{m_{11}}{d_{22}}e_1e_5+e_5\alpha_6\vartheta_2+\\
&e_6\left[\vartheta_2\vartheta_5+\sec^2\left(\frac{\pi\vartheta_3^2}{2\bar{\vartheta}_3^2}\right)\vartheta_3\right]+e_5[(1-d_{11}d_{22}^{-1})u+\epsilon_1+\xi_{1,1}]-\\
&d_{22}^{-1}\tau_1[\varpi_1(t)]+\sec^2\left(\frac{\pi e_6^2}{2\bar{e}_6^2}\right)e_6\{-(m_{11}-m_{22})m_{33}^{-1}uv+\epsilon_2+\\
&m_{33}^{-1}\tau_2[\varpi_2(t)]-d_{33}m_{33}^{-1}\vartheta_6-\dot{\alpha}_6+\xi_{2,1}\}+e_2\sec^2\left(\frac{\pi e_6^2}{2\bar{e}_6^2}\right)e_6
\end{aligned}
\tag{5-43}
$$

其中，α_5、α_6、κ_{α_5} 与 κ_{α_6} 在定理 5.1 中定义；$\dot{\alpha}_5$ 与 $\dot{\alpha}_6$ 如式(5-16)所示。由式(5-43)得

$$
\begin{aligned}
\dot{V}_3\leqslant&-\beta_1\left(e_5+\frac{m_{11}}{d_{22}}\frac{e_1}{2\beta_1}\right)^2-\kappa_{\alpha_6}\tanh\left[\kappa_{\alpha_5}\vartheta_2\tanh(\vartheta_2)\sin t+\sec^2\left(\frac{\pi\vartheta_3^2}{2\bar{\vartheta}_3^2}\right)\vartheta_3\right]\times\\
&\left[\kappa_{\alpha_5}\vartheta_2\tanh(\vartheta_2)\sin t+\sec^2\left(\frac{\pi\vartheta_3^2}{2\bar{\vartheta}_3^2}\right)\vartheta_3\right]-\\
&\beta_2\left[\sec^2\left(\frac{\pi e_6^2}{2\bar{e}_6^2}\right)e_6-\frac{e_2}{2\beta_2}\right]^2+\frac{m_{11}^2e_1^2}{4d_{22}^2\beta_1}+\frac{e_2^2}{4\beta_2}
\end{aligned}
\tag{5-44}
$$

因 e_1 与 e_2 在固定时间内收敛于零，V_3 有界且 $\forall t>\max\{T_{\tilde{u}},T_{\tilde{r}}\}$，可得

$$\dot{V}_3 \leqslant -\beta_2 \left[\sec^2\left(\frac{\pi e_6^2}{2\,\overline{e}_6^2}\right)e_6 - \frac{e_2}{2\beta_2}\right]^2 - \beta_1\left(e_5 + \frac{m_{11}}{d_{22}}\frac{e_1}{2\beta_1}\right)^2 -$$
$$\kappa_{\alpha_6}\tanh\left[\kappa_{\alpha_5}\vartheta_2\tanh(\vartheta_2)\sin t + \sec^2\left(\frac{\pi\vartheta_3^2}{2\overline{\vartheta}_3^2}\right)\vartheta_3\right]\times \tag{5-45}$$
$$\left[\kappa_{\alpha_5}\vartheta_2\tanh(\vartheta_2)\sin t + \sec^2\left(\frac{\pi\vartheta_3^2}{2\overline{\vartheta}_3^2}\right)\vartheta_3\right]$$

由定理 5.2 可得，与原系统式(5-1)相同，系统式(5-5b)渐近稳定。

(2) 而后证明控制律可保证状态不违反约束条件。因障碍李雅普诺夫函数 V_3 有界，可得 $|\psi| = |\vartheta_3| < \overline{\vartheta}_3$ 且 $|r| = |\vartheta_6| < \overline{\vartheta}_6$，证明完毕。

附注 5.6：本章引入固定时间扰动观测器代替渐近控制方法，可在固定时间内获得实际状态信息，以确保指标

$$\lim_{t\to+\infty}\int_0^t \frac{|m_{11}^2 e_1(s)|^2}{4d_{22}^2\beta_1} + \frac{|e_2(s)|^2}{4\beta_2}\mathrm{d}s = \int_0^{\max\{T_{\tilde{u}},T_{\tilde{r}}\}} \frac{|m_{11}^2 e_1(s)|^2}{4d_{22}^2\beta_1} + \frac{|e_2(s)|^2}{4\beta_2}\mathrm{d}s \tag{5-46}$$

有界即 V_3 有界。此外，有限时间观测器的值亦可能有界为 $\lim\limits_{t\to+\infty}\int_0^{T_L} \frac{|m_{11}^2 e_1(s)|^2}{4d_{22}^2\beta_1} + \frac{|e_2(s)|^2}{4\beta_2}\mathrm{d}s$，其中，$T_L$ 为观测器的估计截止时间。但在初始条件未知的情况下，难以得到精确的稳定时间，即 T_L 未知，使得其值的大小难以控制。

若选择 $\overline{\vartheta}_3 = \overline{\psi}$、$\overline{\vartheta}_6 = \overline{r}$，控制律式(5-41a)和式(5-41b)只能在偏航状态初值小于约束条件的假设下才能稳定系统，这在大多数实际情况下都是成立的。由于理论原因，本章将给出初值超过约束情况下的控制方法。

5.4.2 初始条件任意

实际情况中，系统初始条件可能处于输出约束区域之外，即 $|\psi(0)| > \overline{\psi}$ 与 $|r(0)| > \overline{r}$。为解决该问题，首先提出如下控制律：

$$\varpi_{1,\mathrm{outside}} = \varpi_1(\overline{\vartheta}_3 = |\psi(0)| + \delta_1,\quad \overline{\vartheta}_6 = |r(0)| + \delta_2) \tag{5-47a}$$
$$\varpi_{2,\mathrm{outside}} = \varpi_2(\overline{\vartheta}_3 = |\psi(0)| + \delta_1,\quad \overline{\vartheta}_6 = |r(0)| + \delta_2) \tag{5-47b}$$

其中，δ_1 与 δ_2 为正常数；ϖ_1 与 ϖ_2 在定理 5.3 中定义。由于系统式(5-1)由 $\varpi_{1,\mathrm{outside}}$ 和 $\varpi_{2,\mathrm{outside}}$ 渐近稳定，任取 $\vartheta_3 = \psi \geqslant \overline{\psi}$ 或 $\vartheta_6 = r \geqslant \overline{r}$，存在常数 t_s 满足 $\forall t > t_s$，$\vartheta_3 < \overline{\psi}$ 且 $\vartheta_6 < \overline{r}$。可得取决于 $\overline{\psi} - \psi$ 与 $\overline{r} - r$ 的切换策略如下：

$$\varpi_1 = \frac{1}{2}\mathrm{sign}(\overline{\psi} - \psi)\,\mathrm{sign}(\overline{r} - r)\,[1 + \mathrm{sign}(\overline{\psi} - \psi)]\,[1 + \mathrm{sign}(\overline{r} - r)]\times \tag{5-48a}$$
$$(\varpi_{1,\mathrm{inside}} - \varpi_{1,\mathrm{outside}}) + \varpi_{1,\mathrm{outside}}$$

$$\varpi_2=\frac{1}{2}\mathrm{sign}(\overline{\psi}-\psi)\mathrm{sign}(\bar{r}-r)[1+\mathrm{sign}(\overline{\psi}-\psi)][1+\mathrm{sign}(\bar{r}-r)]\times (\varpi_{2,\mathrm{inside}}-\varpi_{2,\mathrm{outside}})+\varpi_{2,\mathrm{outside}} \tag{5-48b}$$

此处$\varpi_{1,\mathrm{inside}}$、$\varpi_{2,\mathrm{inside}}$、$\varpi_{1,\mathrm{outside}}$与$\varpi_{2,\mathrm{outside}}$分别为

$$\varpi_{1,\mathrm{inside}}=\varpi_1(\overline{\vartheta}_3=\overline{\psi},\overline{\vartheta}_6=\bar{r}),\ \varpi_{2,\mathrm{inside}}=\varpi_2(\overline{\vartheta}_3=\overline{\psi},\overline{\vartheta}_6=\bar{r}) \tag{5-49a}$$

$$\varpi_{1,\mathrm{outside}}=\varpi_1[\overline{\vartheta}_3=|\psi(0)|+\delta_1,\ \overline{\vartheta}_6=|r|(0)+\delta_2] \tag{5-49b}$$

$$\varpi_{2,\mathrm{outside}}=\varpi_2[\overline{\vartheta}_3=|\psi(0)|+\delta_1,\ \overline{\vartheta}_6=|r|(0)+\delta_2] \tag{5-49c}$$

定理 5.4：考虑 AMV 系统式(5-1)，若假设 5.1 成立，控制律式(5-48)保证下述性质成立：

(1) 状态 x、y、ψ、u、v、r 满足 $\lim\limits_{t\to+\infty}\|x(t),y(t),\psi(t),u(t),v(t),r(t)\|_2=0$；

(2) 存在常数 t_s 满足 $\forall t>t_s$，$-\overline{\psi}<\psi<\overline{\psi}$、$-\bar{r}<r<\bar{r}$。

证明：经过计算可得对任意 $|\psi|\geqslant\overline{\psi}$ 或 $|r|\geqslant\bar{r}$，$\varpi_1=\varpi_{1,\mathrm{outside}}$且$\varpi_2=\varpi_{2,\mathrm{outside}}$。与定理 5.3 证明过程类似，可得系统式(5-1)渐近稳定且满足 $|\psi|<|\psi(0)|+\delta_1$，$|r|<|r(0)|+\delta_2$。因此在有限时间内 ψ 与 r 收敛于区域 $|\psi|<\overline{\psi}$ 与 $|r|<\bar{r}$。当 $|\psi|<\overline{\psi}$ 且 $|r|<\bar{r}$ 时，$\varpi_1=\varpi_{1,\mathrm{inside}}$、$\varpi_2=\varpi_{2,\mathrm{inside}}$。据定理 5.3，系统式(5-1)可以在 $|\psi|<\overline{\psi}$ 和 $|r|<\bar{r}$ 的条件下渐近稳定。证明完成。

控制律在约束区域内和约束区域外的主要区别是 $\overline{\vartheta}_3$ 和 $\overline{\vartheta}_6$ 的选择。当初始偏航状态 $\psi(0)$ 与 $r(0)$ 超越约束区域 $\overline{\psi}$ 与 $\bar{r}$ 时，可以选择较大的 $\overline{\vartheta}_3=|\psi(0)|+\delta_1$ 和 $\overline{\vartheta}_6=|r(0)|+\delta_2$。当初始条件未知且超出约束区域时，可使用无穷作为约束条件避免奇异问题，显示所选 BLF 的优势。

5.4.3　相关扩展

本小节进一步讨论了具有时变偏航约束和横漂扰动存在的情况，并给出解决方案。

5.4.3.1　横漂方向扰动

若存在横漂扰动 ξ_v，可得 $\dot{v}=-\dfrac{d_{22}}{m_{22}}v-\dfrac{m_{11}}{m_{22}}ur+\xi_v$。在子系统式(5-5b)中，经过计算得 $\dot{\vartheta}_2=\vartheta_5\vartheta_6+\dfrac{m_{22}}{d_{22}}\xi_v$。表明 V_3 的时间导数为

$$\dot{V}_3=-\kappa_{\alpha_6}\tanh(\Gamma_1)\Gamma_1-\beta_1\left(e_5-\frac{e_1}{2\beta_1}\right)^2-\beta_2\left[\sec^2\left(\frac{\pi e_6^2}{2\bar{e}_6^2}\right)e_6-\frac{e_2}{2\beta_2}\right]+\xi_v\tanh(\vartheta_2)+\frac{m_{11}^2e_1^2}{4d_{22}^2\beta_1}+\frac{e_2^2}{4\beta_2} \tag{5-50}$$

其中，$\Gamma_1=\kappa_{\alpha_5}\vartheta_2\tanh(\vartheta_2)\sin t+\sec^2\left(\frac{\pi\vartheta_3^2}{2\bar{\vartheta}_3^2}\right)\vartheta_3$ 在定理 5.4 中定义。对任意 $t>\max\{T_{\tilde{u}}, T_{\tilde{r}}\}$，$e_1$ 与 e_2 在固定时间内收敛到零。

$$\dot{V}_3=-\kappa_{\alpha_6}\gamma_2\Gamma_1^2-\beta_1e_5^2-\beta_2\left[\sec^2\left(\frac{\pi e_6^2}{2\bar{e}_6^2}\right)e_6\right]^2+\xi_v\tanh(\vartheta_2) \tag{5-51}$$

其中，$\gamma_2=\frac{\tanh(\Gamma_1)}{\Gamma_1}>0$。

据式(5-52)得，当$\dot{V}_3>0$时，常数 γ_1 存在且满足 $\Gamma_1<\gamma_1$。因此 $\Gamma_2=\Gamma_1\cos^2\left(\frac{\pi\vartheta_3^2}{2\bar{\vartheta}_3^2}\right)<\gamma_1$。经过计算，由式(5-13)可得

$$\begin{aligned}\dot{\Gamma}_2=&\kappa_{\alpha_5}\tanh(\vartheta_2)\alpha_5\alpha_6\cos^2\left(\frac{\pi\vartheta_3^2}{2\bar{\vartheta}_3^2}\right)\sin t+\kappa_{\alpha_5}\vartheta_2[1-\tanh^2(\vartheta_2)]\times\\&\cos^2\left(\frac{\pi\vartheta_3^2}{2\bar{\vartheta}_3^2}\right)\alpha_5\alpha_6\sin t+\kappa_{\alpha_5}\vartheta_2\tanh(\vartheta_2)\cos^2\left(\frac{\pi\vartheta_3^2}{2\bar{\vartheta}_3^2}\right)\cos t+\\&\alpha_6+\xi_v\tanh(\vartheta_2)-\kappa_{\alpha_5}\vartheta_2\tanh(\vartheta_2)\frac{\pi\vartheta_3^2}{\bar{\vartheta}_3^2}\sin\left(\frac{\pi\vartheta_3^2}{\bar{\vartheta}_3^2}\right)\alpha_6\sin t\end{aligned} \tag{5-52}$$

其中，γ_2、γ_3、γ_4 分别满足：

$$\gamma_2=\frac{\tanh(\Gamma_1)}{\Gamma_1}>0 \tag{5-53}$$

$$\gamma_3=\tanh(\vartheta_2)\vartheta_2+\vartheta_2^2[1-\tanh^2(\vartheta_2)]>0 \tag{5-54}$$

$$\gamma_4=\sin\left(\frac{\pi\vartheta_3^2}{\bar{\vartheta}_3^2}\right)\frac{\pi}{\bar{\vartheta}_3^2}[\Gamma_1-\kappa_{\alpha_5}\vartheta_2\tanh(\vartheta_2)\sin t]^2>0 \tag{5-55}$$

因$\dot{\Gamma}_2$ 连续，可得

$$\Gamma_2=\int_0^t\dot{\Gamma}_2(s)\mathrm{d}s+\Gamma_2(0) \tag{5-56}$$

据黎曼积分性质，Γ_2 有界表示$\dot{\Gamma}_2$ 也有界。因此，因 $\alpha_6<\kappa_{\alpha_6}$ 和 Γ_1 有界，式(5-56)表明$|\vartheta_2|$有上界。

此外，ϑ_4 的动力学表示为

$$\dot{\vartheta}_4=-\frac{d_{22}}{m_{22}}\vartheta_4+\frac{d_{22}}{m_{22}}\vartheta_6(\vartheta_1+\vartheta_5)+\xi_v \tag{5-57}$$

定义李雅普诺夫函数 $V_4=\frac{d_{22}}{2m_{22}}\vartheta_1^2+\frac{m_{22}}{2d_{22}}\vartheta_4^2$，时间导数为$\dot{V}_4=-\frac{d_{22}^2}{m_{11}m_{22}}\vartheta_1^2-\frac{d_{22}^2}{m_{11}m_{22}}\vartheta_1\vartheta_5+$

$\frac{d_{22}}{m_{22}}\vartheta_1\vartheta_3\vartheta_6-\vartheta_2^2+\vartheta_2\vartheta_5\vartheta_6+\xi_v\vartheta_4$。因此，$\dot{V}_4$ 满足如下性质：

$$\dot{V}_4 \leqslant -\frac{d_{22}^2}{m_{11}m_{22}}\vartheta_1^2-\frac{d_{22}^2}{m_{11}m_{22}}\vartheta_1\vartheta_5+\frac{d_{22}}{m_{22}}\vartheta_1\vartheta_3\vartheta_6- \vartheta_2^2+\vartheta_2\vartheta_5\vartheta_6+\frac{2d_{22}}{m_{22}}|\xi_v|\sqrt{V_4} \tag{5-58}$$

因状态 ϑ_2、ϑ_3、ϑ_5 与 ϑ_6 有界，则 V_4 有界，可得状态 ϑ_1 与 ϑ_4 有界。显然，初始 AMV 系统式(5-1)有界。由于横漂不存在执行器，因此 AMV 系统的界限难以精确控制。

5.4.3.2　时变偏航约束

时变输出约束可增加控制器复杂程度，在理论上更有意义与挑战性。本章基于反步法，给出部分技术支持。因动态关系限制，偏航角与艏摇角速度的时变约束需满足下述条件：

假设 5.2：偏转角和速度约束的时间导数 $\bar{\psi}$ 与 $\bar{r}$ 分别满足 $|\dot{\bar{\psi}}|<\rho\cdot\bar{r}$ 与 $\bar{r}>r_{\min}$，其中 $r_{\min}$ 与 $\rho<1$ 为正常数。

当 $|\dot{\bar{\psi}}|>\bar{r}$ 时，转速 r 将不足以保证 $|\psi|<\bar{\psi}$。考虑如下子系统：

$$\dot{\vartheta}_2=\alpha_5\alpha_6 \qquad \dot{\vartheta}_3=\alpha_6 \tag{5-59}$$

其中，α_5 与 α_6 为 ϑ_2 与 ϑ_3 的虚拟输入，定义 γ 为

$$\gamma=\lambda\tanh(\vartheta_2)\sin t+\frac{2\bar{\psi}}{\pi}\tan\left(\frac{\pi\vartheta_3}{2\bar{\psi}}\right) \tag{5-60}$$

此处，$0<\lambda<1$ 为常数。根据 ϑ_2 与 ϑ_3 的动力学可得

$$\dot{\gamma}=\frac{2\dot{\bar{\psi}}}{\pi}\tan\left(\frac{\pi\vartheta_3}{2\bar{\psi}}\right)+\sec^2\left(\frac{\pi\vartheta_3}{2\bar{\psi}}\right)\alpha_6-\sec^2\left(\frac{\pi\vartheta_3}{2\bar{\psi}}\right)\frac{\dot{\bar{\psi}}}{\bar{\psi}}\vartheta_3+\lambda\tanh(\vartheta_2)\cos t+ \lambda\alpha_5\alpha_6[1-\tanh^2(\vartheta_2)]\sin t \tag{5-61}$$

定义 α_5 与 α_6 为

$$\alpha_5=-\tanh\left[\frac{2\dot{\bar{\psi}}}{\pi}\tan\left(\frac{\pi\vartheta_3}{2\bar{\psi}}\right)-\lambda\tanh(\vartheta_2)\cos t-K_2\gamma+ \arctan\left(\frac{\vartheta_3\pi}{2\dot{\bar{\psi}}}\right)\sec^2\left(\frac{\pi\vartheta_3}{2\bar{\psi}}\right)\frac{2\bar{\psi}}{\pi}\right]K_1\tanh(\vartheta_2) \tag{5-62}$$

$$\alpha_6=\left[-\frac{2\dot{\bar{\psi}}}{\pi}\tan\left(\frac{\pi\vartheta_3}{2\bar{\psi}}\right)+\sec^2\left(\frac{\pi\vartheta_3}{2\bar{\psi}}\right)\frac{\dot{\bar{\psi}}}{\bar{\psi}}\vartheta_3-\lambda\tanh(\vartheta_2)\cos t-K_2\tanh(\gamma)\right]\cdot \left\{\sec^2\left(\frac{\pi\vartheta_3}{2\bar{\psi}}\right)+\alpha_5[1-\lambda\ \tanh^2(\vartheta_2)]\sin t\right\}^{-1} \tag{5-63}$$

子系统[ϑ_2,ϑ_3]的动力学可表示为

$$\dot{\vartheta}_2=-K_1\left\{\sec^2\left(\frac{\pi\vartheta_3}{2\bar{\psi}}\right)-K_1\tanh(\Gamma_3)[1-\tanh^2(\vartheta_2)]\sin t\right\}^{-1}\times \tanh(\vartheta_2)\tanh(\Gamma_3)\Gamma_3 \tag{5-64}$$

$$\dot{\gamma}=-K_2\gamma$$

其中，参数 K_1、K_2 与 λ 为正常数且满足：

$$K_1\lambda<1-\rho,\quad \lambda+K_2<(1-\lambda K_1-\rho)r_{\min} \tag{5-65}$$

Γ_3 的表达式为

$$\Gamma_3=\sec^2\Gamma_4\arctan(\Gamma_4)\frac{2\dot{\bar{\psi}}}{\pi}-K_2\gamma-\lambda\tanh(\vartheta_2)\cos t-\frac{2\dot{\bar{\psi}}}{\pi}\tan\Gamma_4 \tag{5-66}$$

其中，$\Gamma_4=\dfrac{(s-\vartheta_2\sin t)\pi}{2\bar{\psi}}$。据式(5-64)与式(5-66)，可得 γ 收敛于零且$\dfrac{\mathrm{d}|\vartheta_2|}{\mathrm{d}t}>0$。因$|\vartheta_2|>0$，$\dfrac{\mathrm{d}|\vartheta_2|}{\mathrm{d}t}>0$ 表示$|\vartheta_2|$有上界，且单调非增。据单调有界定理，状态 ϑ_2 存在极限。因 $\gamma=\lambda\tanh(\vartheta_2)\sin t+\dfrac{2\bar{\psi}}{\pi}\tan\left(\dfrac{\pi\vartheta_3}{2\bar{\psi}}\right)$ 收敛于零且 ϑ_2 有界，可得$|\psi|<\bar{\vartheta}_3$。结合式(5-64)可得 $\dot{\vartheta}_2$ 有界，因此$|\vartheta_2|$一致连续的。据引理 2.8，可得 $\lim\limits_{t\to+\infty}\dot{\vartheta}_2=0$，所以 $\lim\limits_{t\to+\infty}\Gamma_3\vartheta_2=0$。由于 $\lim\limits_{t\to+\infty}\gamma=0$，可得状态 ϑ_2 与 ϑ_3 满足 $\lim\limits_{t\to+\infty}\vartheta_2=0$，$\lim\limits_{t\to+\infty}\vartheta_3=0$ 且$|\vartheta_3|<\bar{\psi}$。类似于具有常数约束的镇定控制，这里不再赘述。α_6 的表达式可表示为

$$\alpha_6=\left[-\lambda\tanh(\vartheta_2)\cos^2\left(\frac{\pi\vartheta_3}{2\bar{\psi}}\right)\cos t-K_2\cos^2\left(\frac{\pi\vartheta_3}{2\bar{\psi}}\right)\tanh(s)-\frac{\dot{\bar{\psi}}}{\pi}\sin\left(\frac{\pi\vartheta_3}{\bar{\psi}}\right)+\frac{\dot{\bar{\psi}}}{\bar{\psi}}\vartheta_3\right]\times \left\{1+\lambda\alpha_5\cos^2\left(\frac{\pi\vartheta_3}{2\bar{\psi}}\right)[1-\tanh^2(\vartheta_2)]\sin t\right\}^{-1} \tag{5-67}$$

因$|\vartheta_3|<\bar{\psi}$，α_6 的绝对值满足$|\alpha_6|<\dfrac{\lambda+K_2+|\dot{\bar{\psi}}|}{1-\lambda K_1}<\bar{r}$。因此，其余难点仅为具有偏航速度约束的跟踪控制，已在输出约束相关工作中解决。常量和时变约束的方法可以提供两种不同的选项来解决约束问题。

与常规非线性的控制相比，AMV 镇定控制具有强非线性项，例如 $\dot{\vartheta}_2=\vartheta_5\vartheta_6$。因此，现存输出约束方法不能直接用于 AMV 镇定控制。此外，与常量约束相比，时变偏航大大增加了 AMV 稳定的复杂性。该特性可通过 α_5 和 α_6 表达式说明，且其导数形式必然更加复杂，因此会增加计算负担，对于反步法策略尤为明显。此外，在实践中大多数约束都是常量。因此，本章仅由于技术原因，给出具有时变

约束 AMV 初步镇定方法。对于具有时变偏航约束的镇定问题，本章仅提供技术支持，未作进一步讨论。

5.5　仿真分析

AMV 的惯性阻尼、控制参数和执行机构死区见表 5-1。设 AMV 初始条件为

$$\begin{aligned}&[x(0),y(0),\psi(0),u(0),v(0),r(0)]\\&=[10(\mathrm{m}),10(\mathrm{m}),0(\mathrm{rad}),0(\mathrm{m/s}),0(\mathrm{m/s}),0(\mathrm{rad/s})]\end{aligned}\tag{5-68}$$

分别表示位置 x 与 y、偏航角 ψ、速度 u、v 和 r 的初值。模型的不确定性和扰动为

$$\begin{aligned}\xi_1&=5\cos(0.2t)+10\sin(0.1t)+\frac{1}{3}|u|\\\xi_2&=4\cos(0.25t)+5\sin(0.2t)+\frac{1}{2}|r|\end{aligned}\tag{5-69}$$

此处，观测器参数与扰动 ξ_1 与 ξ_2 参数为

$$\sigma_{1,1}=\frac{1}{3},\quad \sigma_{1,2}=2,\quad \sigma_{2,1}=\frac{1}{2},\quad \sigma_{2,2}=2\tag{5-70}$$

$$\begin{bmatrix}p_1 & p_2 & \kappa_{\tilde{u}_3} & \kappa_{\tilde{u}_r}\\ \kappa_{\tilde{u}_2} & \kappa_{\tilde{r}_2} & \kappa_{\tilde{u}_1} & \kappa_{\tilde{r}_1}\end{bmatrix}=\begin{bmatrix}2 & 2 & 8 & 8\\ 1 & 1 & 4 & 4\end{bmatrix}\tag{5-71}$$

常量 $\overline{\psi}$ 与 $\bar{r}$ 选择 1.5。

表 5-1　参数

参数	值	单位	参数	值	单位
m_{11}	25.8	kg	$b_{1,l}$	0.25	—
d_{11}	12	kg/s	$b_{2,r}$	0.15	—
m_{22}	34.8	kg	$b_{2,l}$	0.15	—
d_{22}	17	kg/s	$\underline{a}_{1,r}$	0.7	—
m_{33}	3.76	kg	$\underline{a}_{1,l}$	0.7	—
d_{33}	0.5	$\mathrm{kg\cdot m^2/s}$	$\underline{a}_{2,r}$	0.8	—
κ_{α_5}	1	—	$\underline{a}_{2,l}$	0.8	—
κ_{α_6}	15	—	$\bar{a}_{1,r}$	0.9	—
β_1	1	—	$\bar{a}_{1,l}$	0.9	—
β_2	1	—	$\bar{a}_{2,r}$	1	—
$a_{1,r}$	$0.8+0.1\sin t$	—	$\bar{a}_{2,l}$	1	—
$a_{1,l}$	$0.8+0.1\sin t$	—	$\bar{b}_{1,r}$	0.3	—
$a_{2,r}$	$0.9+0.1\sin t$	—	$\bar{b}_{1,l}$	0.3	—
$a_{2,l}$	$0.9+0.1\sin t$	—	$\bar{b}_{2,r}$	0.2	—
$b_{1,r}$	0.25	—	$\bar{b}_{2,l}$	0.2	—

如图 5-1、图 5-2 与图 5-3 所示。位置 x 和 y、偏航角 ψ、速度 u、v、r 和估计误差 e_1 和 e_2 都收敛到零。此外，由图 5-2、图 5-3 中可以看出，扰动估计 ε_1 与 ε_2 可在 2s 内跟踪扰动 ξ_1 与 ξ_2。

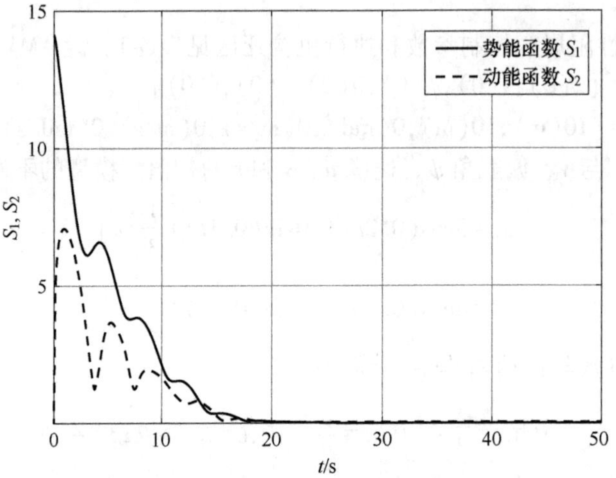

图 5-1　势能函数与动能函数响应

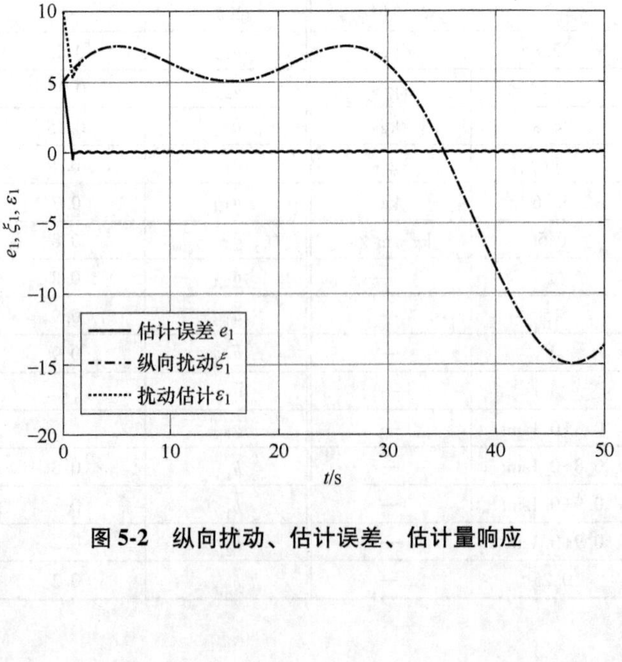

图 5-2　纵向扰动、估计误差、估计量响应

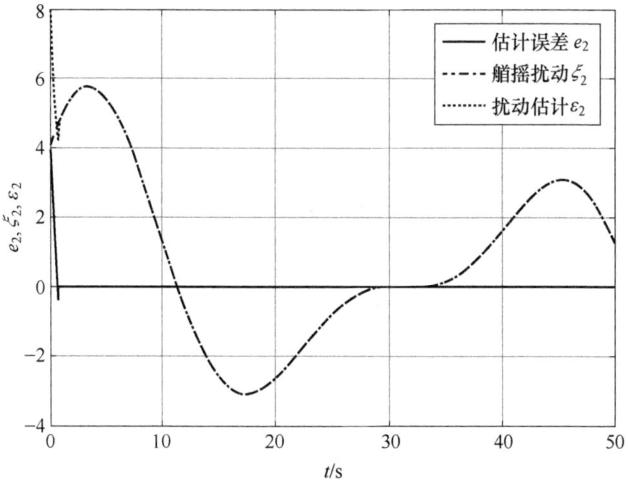

图 5-3　艏摇扰动、估计误差、估计量响应

由于存在 sign(·)项，执行器难以实际执行步长为 0.01s 的控制信号。因此，在图 5-4、图 5-5 和图 5-6 中展示步长为 0.2s 的仿真结果，可清楚说明 sign(·)项的效果。系统状态和估计误差均收敛于平衡点附近，即 AMV 实现镇定控制。在 sign(·)项中可以使用更小的参数来进一步降低其影响。

而后，比较了本章所提 BLF 方法、MPC 方法、方法Ⅱ(参考文献[111])之间偏航角 ψ 和艏摇角速度 r 的收敛性能。为集中研究约束问题，本章比较中不考虑扰动和执行器死区因素。本章考虑了两种初始条件不同的情况，见表 5-2。情况 1 中，常量 $\overline{\psi}$ 与 $\bar{r}$ 选择 1.2，情况 2 中，常量 $\overline{\psi}$ 与 $\bar{r}$ 选择 0.8，皆在图中标出。对比结果如图 5-7～图 5-12 所示。

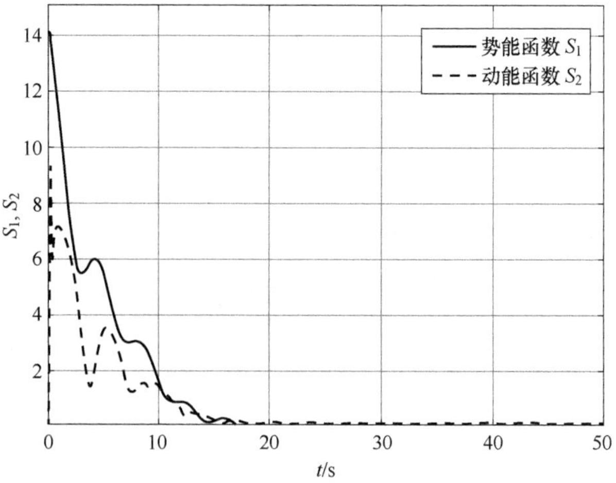

图 5-4　步长 0.2s 时势能函数与动能函数响应

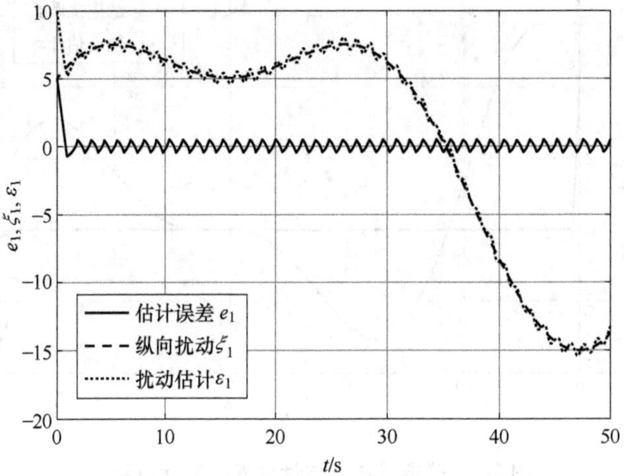

图 5-5　步长 0.2s 时纵向扰动、估计误差、估计量响应

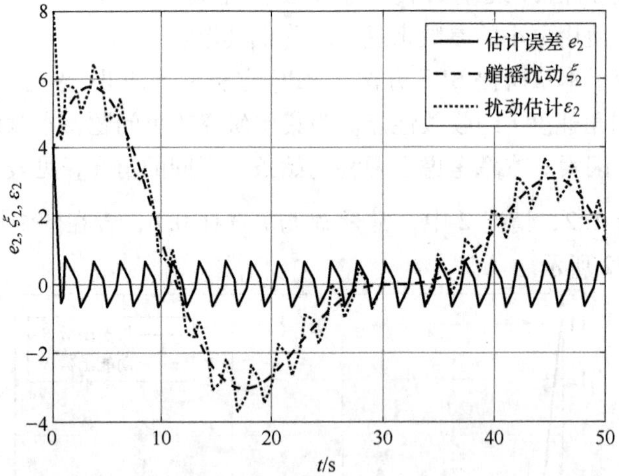

图 5-6　步长 0.2s 时艏摇扰动、估计误差、估计量响应

表 5-2　初始条件

情况	$x(0)$	$y(0)$	$\psi(0)$	$u(0)$	$v(0)$	$r(0)$
1	3m	3m	0rad	0m/s	0m/s	0rad/s
2	1m	−1m	0rad	0m/s	0m/s	0rad/s

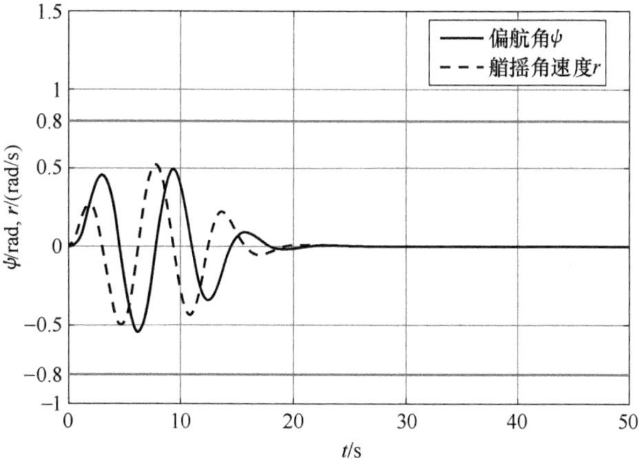

图 5-7　情况 1 基于 BLF 方法偏航角与艏摇角速度响应

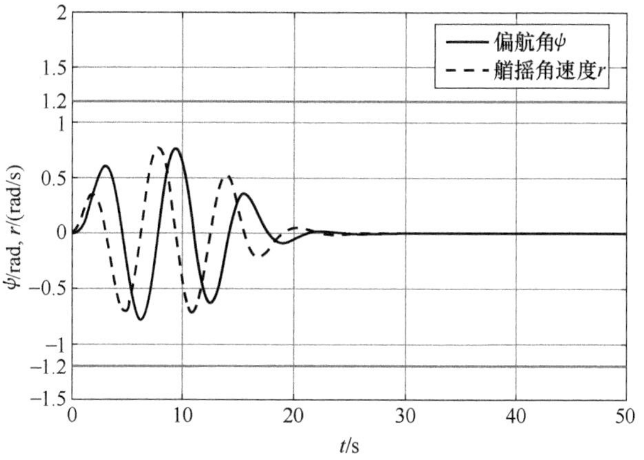

图 5-8　情况 2 基于 BLF 方法偏航角与艏摇角速度响应

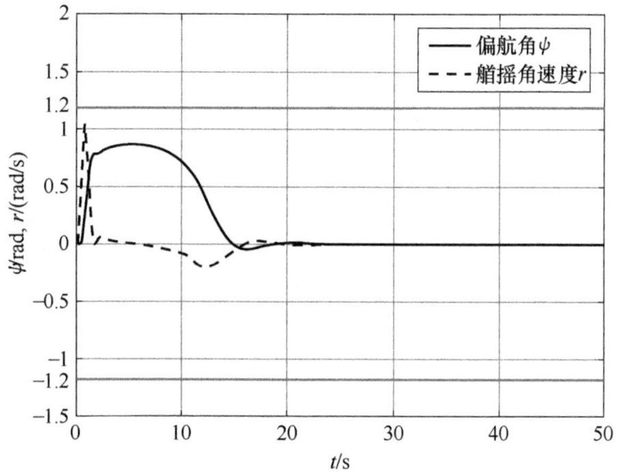

图 5-9　情况 1 基于 MPC 方法偏航角与艏摇角速度响应

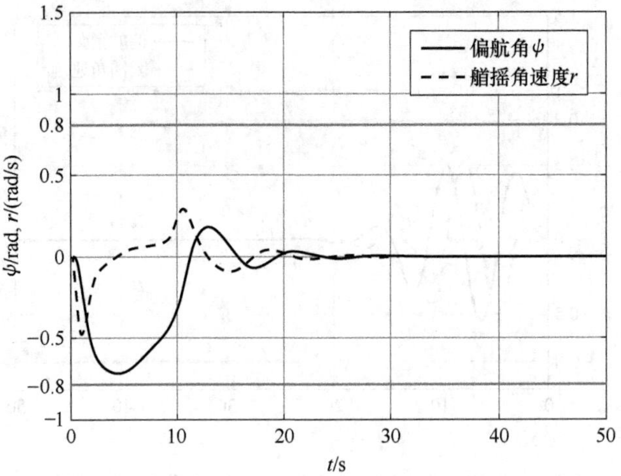

图 5-10　情况 2 基于 MPC 方法偏航角与艏摇角速度响应

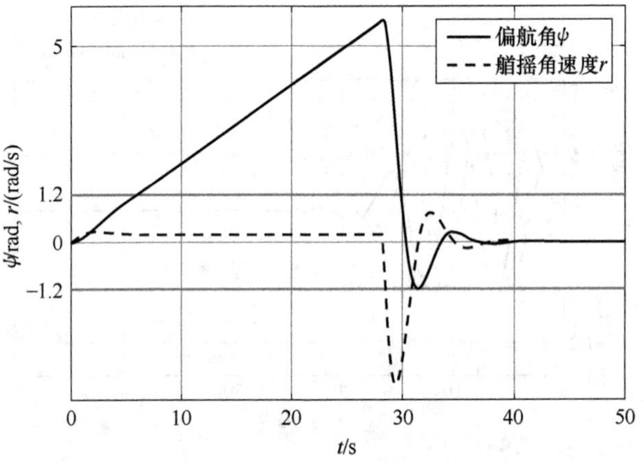

图 5-11　情况 1 基于方法Ⅱ偏航角与艏摇角速度响应

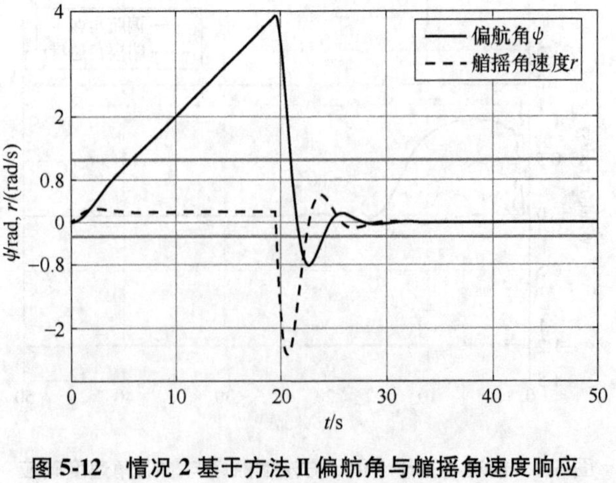

图 5-12　情况 2 基于方法Ⅱ偏航角与艏摇角速度响应

由图 5-11 与图 5-12 可知，在方法Ⅱ的有限时间控制律下，偏航角 ψ 的最大值大于 5rad，偏航角速度 r 的最小值约为 4rad/s，两者都超出偏航约束。因为方法Ⅱ没有考虑输出约束，所以在情况 2 中，方法Ⅱ控制律下的这两种状态分别为 4rad 与−3rad/s。

具有二次代价函数的 MPC 方法结果如图 5-9 与图 5-10 所示。MPC 方法中使用的成本函数为

$$Q=15x^2+15y^2+5\psi^2+u^2+r^2+v^2+0.1\tau_1^2+0.1\tau_2^2 \tag{5-72}$$

上述一般二次成本函数在某些情况下可能没有解。虽可使用参考文献[53]中所提时变成本函数确保 MPC 控制算法的可行性，但该方法涉及奇异坐标变换。

从图中可以看出，在 MPC 下没有违反偏航约束并且收敛速度稍快。尽管 MPC 方法可获得较好性能，但某些情况下可能无解。

图 5-13 和图 5-14 显示偏航约束下艏摇力矩的比较，说明本章 BLF 控制方法艏

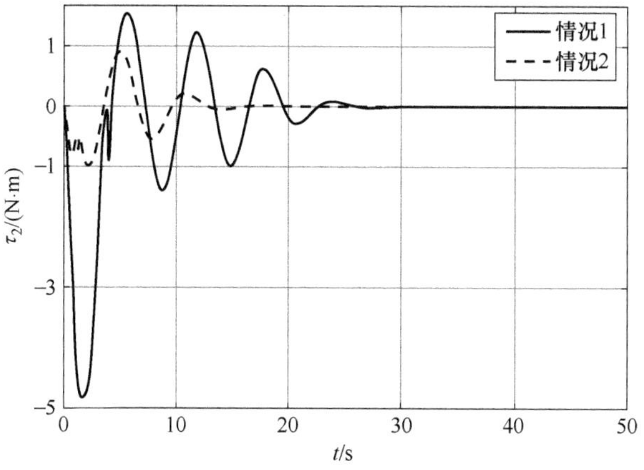

图 5-13　BLF 方法艏摇力矩响应

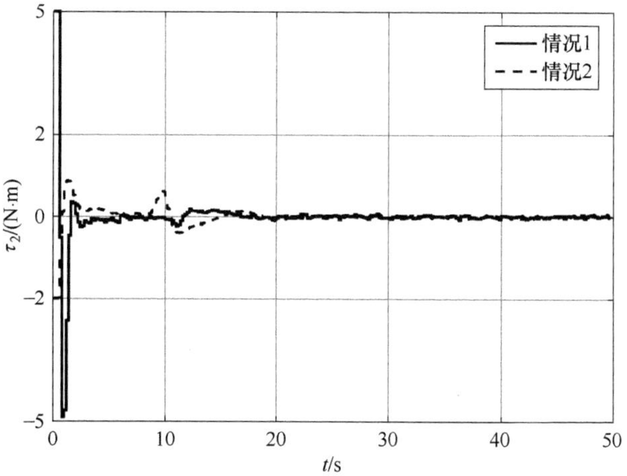

图 5-14　MPC 方法艏摇力矩响应

摇力矩的变化率低于 MPC 方法。为公平比较二者性能，两种方法中的艏摇力矩 τ_2 被设置为相同上限，在两种模拟情况下分别为 5N · m 和 2N · m。采样时间为 0.2s，预设的时间窗口为 $t=4$s。

5.6 本章小结

本章研究了具有执行器死区和偏航约束的 AMV 抗干扰镇定控制问题。首先，引入基于 BLF 的反步法以镇定 AMV 系统，且可同时保证 AMV 状态不超出偏航角和速度约束的边界。此外，由于执行器死区存在特性，扰动观测器无法获取完整的输入信号，本章提出一种新的固定时间的扰动观测器。最后，仿真验证了所提方法的有效性。

第 6 章　切换策略下的 AMV 全局指数镇定控制

前文基于周期时变控制策略，研究了收敛速度、抗干扰、输出约束等问题。本章从切换控制的角度提出两种控制律，实现 AMV 的指数镇定控制。首先，引入固定时间切换策略，保证微分同胚系统固定时间稳定的同时，解决参考文献[111]中切换驻留时间取决于初始条件的问题。由于当执行器死区存在时，现存固定时间控制策略难以直接使用，本章引入辅助补偿变量，针对带有输入死区特性的非线性系统提出一种固定时间控制方法，从而得到转换后系统的全局固定时间控制律。并证明该方法可拓展为 AMV 全局指数镇定控制律。而后，基于参考文献[128]中方法，使用反步法和互为补偿的尺度函数，得到微分同胚系统的 C_1 光滑固定时间控制律。与现存的固定时间控制律相比，本节控制律不需要符号函数，可避免抖振问题。同时该方法可拓展得到 AMV 指数协同镇定控制律。最后给出仿真及讨论，验证方法的有效性。

6.1　固定时间策略

6.1.1　问题描述

由于具有执行器死区特性，与系统式(2-2)所描述略微不同，AMV 模型为

$$\begin{cases}\dot{x}=u\cos\psi-v\sin\psi\\ \dot{y}=u\sin\psi+v\cos\psi\\ \dot{\psi}=r\end{cases} \tag{6-1a}$$

$$\begin{cases}\dot{u}=-\dfrac{d_{11}}{m_{11}}u+\dfrac{m_{22}}{m_{11}}vr+\dfrac{m_{23}+m_{32}}{2m_{11}}r^2+\dfrac{\tau_1(\varpi_1)}{m_{11}}\\ \dot{v}=-\dfrac{d_{22}}{m_{22}}v-\dfrac{m_{11}}{m_{22}}ur-\dfrac{d_{23}}{m_{22}}r-\dfrac{m_{23}}{m_{22}}\dot{r}\\ \dot{r}=\dfrac{m_{22}}{m_{22}m_{33}-m_{32}m_{23}}\left\{\dfrac{uv}{m_{22}}(m_{11}m_{22}-m_{22}^2)+\tau_2(\varpi_2)+\dfrac{ur}{m_{22}}\left[m_{11}m_{32}-\dfrac{m_{22}(m_{23}-m_{32})}{2}\right]+\right.\\ \left.\qquad\dfrac{v}{m_{22}}(m_{32}d_{22}-m_{22}d_{32})-(m_{22}d_{33}-m_{32}d_{23})\dfrac{r}{m_{22}}\right\}\end{cases} \tag{6-1b}$$

其中，τ_1、τ_2 为控制输入，其死区非线性特性可表述为

$$\tau_i(\varpi_i)=\begin{cases} a_{i,r}(t)[\varpi_i-b_{i,r}] & \varpi_i\geqslant b_{i,r} \\ 0 & -b_{i,l}<\varpi_i<b_{i,r} \\ a_{i,l}(t)[\varpi_i+b_{i,l}] & \varpi_i\leqslant -b_{i,l} \end{cases} \tag{6-2}$$

此处，$i=1,2$；$a_{i,r}(t)$、$a_{i,l}(t)$、$b_{i,r}(t)$、$b_{i,l}(t)$为正时变函数满足 $a_{i,r}(t)\geqslant \underline{a}_{i,r}$，$a_{i,l}(t)\geqslant \underline{a}_{i,l}$，$b_{i,r}\leqslant \bar{b}_{i,r}$，$b_{i,l}\leqslant \bar{b}_{i,l}$；参数$\underline{a}_{i,r}$，$\underline{a}_{i,l}$，$\bar{b}_{i,r}$，$\bar{b}_{i,l}$为已知的正实数。

本节研究设计控制律实现 AMV 系统的全局指数镇定控制，即任意初始条件，保证存在常数 Ξ_0 与 K 满足 $\forall t\in R^+\cup\{0\}$，$\|x(t),y(t),\psi(t),u(t),v(t),r(t)\|_2\leqslant \Xi_0 e^{-Kt}$。

附注 6.1：模型式(6-2)表述死区特性，其特点在于当控制器信号ϖ_i满足$-b_{i,l}<\varpi_i<b_{i,r}$时，执行器输出为 0。否则，以控制器信号$\varpi_i$的非线性函数输出。由于执行器死区特性式(6-2)存在，现存 AMV 镇定控制方法不可直接使用，尤其当控制信号处于执行器死区特性区域$[-b_{i,l},b_{i,r}]$内。

6.1.2 执行器死区下的 AMV 镇定控制

AMV 系统带有执行器死区特性，因此，与第 2 章中微分同胚变换相比，调整部分内容但整体相似。引入针对非对称结构的状态变换，参考系统式(3-8)，可得

$$\begin{aligned} \dot{\vartheta}_1&=-\gamma_4\vartheta_1-\gamma_4\vartheta_5+\vartheta_2\vartheta_6-\gamma_1^{-1}\vartheta_4\vartheta_6+\gamma_3\gamma_1^{-1}\vartheta_3\vartheta_6 \\ \dot{\vartheta}_4&=-\gamma_1\vartheta_4+\gamma_1\vartheta_6(\vartheta_1+\vartheta_5)+\gamma_3\vartheta_6 \end{aligned} \tag{6-3a}$$

$$\begin{aligned} \dot{\vartheta}_2&=\vartheta_5\vartheta_6 \\ \dot{\vartheta}_3&=\vartheta_6 \\ \dot{\vartheta}_5&=f_1(t)+g_1\tau_1(\varpi_1) \\ \dot{\vartheta}_6&=f_2(t)+g_2\tau_2(\varpi_2) \end{aligned} \tag{6-3b}$$

其中，$f_1(t)$、$f_2(t)$、g_1、g_2 满足如下条件：

$$\begin{aligned} f_1(t)=&\gamma_4(\vartheta_1+\vartheta_5)-\frac{1}{\gamma_4 m_{11}}[0.5(m_{23}+m_{32})r^2+m_{22}vr-d_{11}u]+ \\ &d_r\gamma_1^{-1}\vartheta_4\vartheta_6-d_r\gamma_3\gamma_1^{-1}\vartheta_3\vartheta_6-\vartheta_2\vartheta_6 \end{aligned} \tag{6-4}$$

$$\begin{aligned} f_2(t)=&\left\{\frac{(m_{11}m_{22}-m_{22}^2)}{m_{22}}uvr+\frac{(m_{32}d_{22}-m_{22}d_{32})}{m_{22}}v+\right. \\ &\frac{[m_{11}m_{32}-0.5m_{22}(m_{23}-m_{32})]}{m_{22}}u- \\ &\left.\frac{(m_{22}d_{33}-m_{32}d_{23})}{m_{22}}r\right\}\frac{m_{22}}{(m_{22}m_{33}-m_{32}m_{23})} \end{aligned} \tag{6-5}$$

$$g_1=-\gamma_4^{-1}m_{11}^{-1} \qquad g_2=\frac{m_{22}}{(m_{22}m_{33}-m_{32}m_{23})} \tag{6-6}$$

此处

$$\epsilon=\frac{m_{23}}{m_{22}},\ \gamma_1=\frac{d_{22}}{m_{22}},\ \gamma_2=\frac{m_{11}}{m_{22}},\ \gamma_3=\frac{d_{22}m_{23}}{m_{22}^2}-\frac{d_{23}}{m_{22}},\ \gamma_4=\frac{d_{22}}{m_{11}} \tag{6-7}$$

附注 6.2：因 AMV 存在执行器死区特性，常规的输入变换无法使用，因此状态变换后所得系统为式(6-3)，而非第 2 章微分同胚变换后所得系统。

引理 6.1：若系统式(6-3)全局指数稳定则系统式(6-1)全局指数稳定。

证明：定义 $\Xi=[\vartheta_1,\vartheta_2,\vartheta_3,\vartheta_4,\vartheta_5,\vartheta_6]^{\mathrm{T}}$。如系统式(6-3)全局指数稳定，则必有常数$\chi_1$ 与 K_1 满足 $\forall i\in(1,2,3,4,5,6)$

$$|\vartheta_i|\leqslant\|\Xi\|_2=\sqrt{\sum_{i=1}^{6}\vartheta_i^2}\leqslant\chi_1\mathrm{e}^{-K_1t} \tag{6-8}$$

定义 $\sigma=[x,y,\psi,u,v,r]^{\mathrm{T}}$，据引理 3.2 可知，该状态变换为微分同胚变换。因此，存在雅可比矩阵：

$$\sigma=\Phi^*(\Xi)=[\Phi_1^*,\Phi_2^*,\Phi_3^*,\Phi_4^*,\Phi_5^*,\Phi_6^*]^{\mathrm{T}} \tag{6-9}$$

其中，$\Phi^*(\Xi)=[\Phi_1^*,\Phi_2^*,\Phi_3^*,\Phi_4^*,\Phi_5^*,\Phi_6^*]^{\mathrm{T}}$ 为

$$\begin{aligned}
&\Phi_1^*=\vartheta_1\cos(\vartheta_3)-\vartheta_2\sin(\vartheta_3)+\frac{1}{\gamma_1}\vartheta_4\sin(\vartheta_3)-\frac{\gamma_3}{\gamma_1}\vartheta_3\sin(\vartheta_3)-\epsilon[\cos(\vartheta_3)-1]\\
&\Phi_2^*=\vartheta_1\sin(\vartheta_3)+\vartheta_2\cos(\vartheta_3)-\frac{1}{\gamma_1}\vartheta_4\cos(\vartheta_3)+\frac{\gamma_3}{\gamma_1}\vartheta_3\cos(\vartheta_3)-\epsilon\sin(\vartheta_3)\\
&\Phi_3^*=\vartheta_3\\
&\Phi_4^*=\vartheta_4-\epsilon\vartheta_6\\
&\Phi_5^*=-\frac{\gamma_1}{\gamma_2}(\vartheta_1+\vartheta_5)\\
&\Phi_6^*=\vartheta_6
\end{aligned} \tag{6-10}$$

结合式(6-8)与式(6-10)可知：

$$\begin{aligned}
&|x|=|\Phi_1^*|\leqslant|\vartheta_1|+|\vartheta_2|+\frac{1}{\gamma_1}|\vartheta_4|+\frac{\gamma_3}{\gamma_1}\vartheta_3+\epsilon|\vartheta_3|^2\leqslant\epsilon\cdot\chi_1^2\mathrm{e}^{-2K_1t}+\left(2+\frac{1+\gamma_3}{\gamma_1}\right)\chi_1\mathrm{e}^{-K_1t}\\
&|y|=|\Phi_2^*|\leqslant|\vartheta_1|+|\vartheta_2|+\frac{1}{\gamma_1}|\vartheta_4|+\frac{\gamma_3}{\gamma_1}|\vartheta_3|+\epsilon|\vartheta_3|\leqslant\left(2+\epsilon+\frac{1+\gamma_3}{\gamma_1}\right)\chi_1\mathrm{e}^{-K_1t}\\
&|\psi|=|\Phi_3^*|\leqslant|\vartheta_3|\leqslant\chi_1\mathrm{e}^{-K_1t}
\end{aligned} \tag{6-11}$$

$$\begin{aligned}
&|u|=|\Phi_4^*|\leqslant|\vartheta_4|+\epsilon|\vartheta_6|\leqslant(1+\epsilon)\chi_1\mathrm{e}^{-K_1t}\\
&|v|=|\Phi_5^*|\leqslant\frac{\gamma_1}{\gamma_2}(|\vartheta_1|+|\vartheta_5|)\leqslant\frac{2\gamma_1}{\gamma_2}\chi_1\mathrm{e}^{-K_1t}\\
&|r|=|\Phi_6^*|\leqslant|\vartheta_6|\leqslant\chi_1\mathrm{e}^{-K_1t}
\end{aligned} \tag{6-12}$$

据式(6-11)与式(6-12)可知，系统式(6-3)中状态 $\vartheta_i(i=1,2,3,4,5,6)$ 指数收敛，则系统式(6-1)中状态 x、y、ψ、u、v、r 全局指数收敛。定理证明完毕。

据引理 6.1 可知，为全局指数镇定系统式(6-1)，只需全局指数镇定系统式(6-3)。

引理 6.2：若子系统式(6-3b)固定时间稳定，则系统式(6-3)全局指数稳定。

证明：根据定义 2.3 可知，如系统式(6-3b)固定时间稳定，则必有时间常数 T 满足对任意 $t\geqslant T$，都有

$$\|\vartheta_2,\vartheta_3,\vartheta_5,\vartheta_6\|_2=0 \tag{6-13}$$

因此 $\forall t\geqslant T$，子系统式(6-3a)可描述为

$$\dot{\vartheta}_1=-\gamma_4\vartheta_1,\ \dot{\vartheta}_4=-\gamma_1\vartheta_4 \tag{6-14}$$

由此可知，$\forall t\geqslant T$，都有

$$\vartheta_1(t)=\vartheta_1(T)\mathrm{e}^{-\gamma_4(t-T)},\ \vartheta_4(t)=\vartheta_4(T)\mathrm{e}^{-\gamma_1(t-T)} \tag{6-15}$$

因为 $\Xi=[\vartheta_1,\vartheta_2,\vartheta_3,\vartheta_4,\vartheta_5,\vartheta_6]^{\mathrm{T}}$，可得

$$\|\Xi\|_2=\sqrt{\sum_{i=1}^{6}\vartheta_i^2} \tag{6-16}$$

结合式(6-15)可知，$\forall t\geqslant T$，Ξ 满足如下性质

$$\|\Xi\|_2=\sqrt{\vartheta_1^2(T)\mathrm{e}^{-2\gamma_4(t-T)}+\vartheta_4^2(T)\mathrm{e}^{-2\gamma_1(t-T)}} \tag{6-17}$$

提取公因式，可得 $\forall t\geqslant T$

$$\|\Xi\|_2\leqslant\sqrt{2}\max\{\vartheta_1(T)\mathrm{e}^{\gamma_4T},\vartheta_4(T)\mathrm{e}^{\gamma_1T}\}\mathrm{e}^{-\min\{\gamma_1,\gamma_4\}t} \tag{6-18}$$

因此 $\forall t\geqslant T$，状态 $\vartheta_i(i=1,2,3,4,5,6)$ 可全局指数收敛到零。且若时间 $t<T$，函数 $\|\Xi\|_2=\sqrt{\sum_{i=1}^{6}\vartheta_i^2}$ 有界，因此，必有常数 K_2 与 χ_2 满足：

$$\|\Xi\|_2\leqslant\chi_2\mathrm{e}^{-K_2T}\leqslant\chi_2\mathrm{e}^{-K_2t} \tag{6-19}$$

综上所述，可得 $\forall t\in R^+\cup\{0\}$，必有常数 T、K_2、χ_2 满足：

$$\|\Xi\|_2\leqslant\max\{\sqrt{2}\vartheta_1(T)\mathrm{e}^{\gamma_4T},\sqrt{2}\vartheta_4(T)\mathrm{e}^{\gamma_1T},\chi_2\}\mathrm{e}^{\gamma_5t} \tag{6-20}$$

其中

$$\gamma_5=-\min\{K_2,\gamma_1,\gamma_4\} \tag{6-21}$$

据式(6-20)可知，状态 $\vartheta_i(i=1,2,3,4,5,6)$ 全局指数收敛到 0。结合引理 6.1，可得 AMV 系统全局指数稳定，引理 6.2 证明完毕。

由于有限时间切换控制策略的切换驻留时间取决于系统初始条件。若在实际 AMV 镇定控制过程中，如初始条件未知，则该方法无法使用。因此，本节引入固定时间方法，以保证切换驻留时间与初始条件无关。

据引理 6.1 与引理 6.2，如子系统式(6-3b)固定时间稳定，则系统式(6-1)全局指数稳定。可知存在执行器死区的情况下，该结论与第 2 章相关结论类似，只需设计固定时间控制律镇定子系统式(6-3b)。为此，本节首先研究具有输入死区特性的二阶非线性系统固定时间镇定控制问题。基于此，结合切换策略提出系统

式(6-3b)的固定时间控制方法，从而得到 AMV 全局指数镇定控制律。

考虑如下具有死区特性的二阶非线性系统

$$\begin{aligned}\dot{\epsilon}_1 &= \epsilon_2 \\ \dot{\epsilon}_2 &= f(\epsilon_1,\epsilon_2,t)+g(\epsilon_1,\epsilon_2,t)\tau(\varpi)\end{aligned} \tag{6-22}$$

此处，ϵ_1 与 ϵ_2 为状态变量，$f(\epsilon_1,\epsilon_2,t)$ 与 $g(\epsilon_1,\epsilon_2,t)$ 为已知函数且满足 $|g(\epsilon_1,\epsilon_2,t)|>0$，$\varpi$ 为系统输入信号，τ 表示死区特性可描述为

$$\tau=\begin{cases} a_r(t)[\varpi-b_r] & \varpi\geqslant b_r \\ 0 & -b_l<\varpi<b_r \\ a_l(t)[\varpi+b_l] & \varpi\leqslant -b_l \end{cases} \tag{6-23}$$

其中，$a_r(t)$、$a_l(t)$、$b_r(t)$、$b_l(t)$ 为正函数，满足 $a_r(t)\geqslant \underline{a}_r$、$a_l(t)\geqslant \underline{a}_l$、$b_r(t)\leqslant \overline{b}_r$、$b_l(t)\leqslant \overline{b}_l$。此处 $\underline{a}_r$、$\underline{a}_l$、$\overline{b}_r$、$\overline{b}_l$ 为已知正常数。

定义 $\lfloor z\rceil^q$ 为 $\mathrm{sign}(z)|z|^q$。对二阶非线性系统式(6-22)，本节设计如下控制律：

$$\varpi=\begin{cases} -\dfrac{1}{\underline{a}_l|g(\epsilon_1,\epsilon_2,t)|}(|f(\epsilon_1,\epsilon_2,t)+\epsilon_{3*}|)-\overline{b}_l & \xi_2 g(\epsilon_1,\epsilon_2,t)>0 \\ 0 & \xi_2=0 \\ \dfrac{1}{\underline{a}_r|g(\epsilon_1,\epsilon_2,t)|}(|f(\epsilon_1,\epsilon_2,t)+\epsilon_{3*}|)+\overline{b}_r & \xi_2 g(\epsilon_1,\epsilon_2,t)<0 \end{cases} \tag{6-24}$$

其中，ξ_1 与 ξ_2 可描述为

$$\xi_1=\beta_1\lfloor\epsilon_1\rceil^{q_1}+\lfloor\epsilon_2\rceil^{\frac{1}{\lambda}}+\beta_2\lfloor\epsilon_1\rceil^{q_2}\qquad \xi_2=\lfloor\xi_1\rceil^{\lambda}+\epsilon_2 \tag{6-25}$$

ϵ_{3*} 可表述为

$$\begin{aligned}\epsilon_{3*}=&(\beta_3\lfloor\xi_2\rceil^{q_3}+\beta_4\lfloor\xi_2\rceil^{q_4}+\beta_1\lambda q_1|\xi_1|^{\lambda-1}|\epsilon_1|^{q_1-1}\epsilon_2+\\ &\beta_2\lambda q_2|\xi_1|^{\lambda-1}|\epsilon_1|^{q_2-1}\epsilon_2)(1+|\xi_1|^{\lambda-1}|\epsilon_2|^{\frac{1}{\lambda}-1})^{-1}\end{aligned} \tag{6-26}$$

此处，参数 $\lambda=0.5$；$1<q_1<2$；$q_2>2$；$0<q_3<1$；$q_4>1$；β_1、β_2、β_3、β_4 为待选正参数。

定理 6.1：控制律式(6-24)可保证系统式(6-22)全局固定时间稳定，且截止时间为

$$T=\frac{2^{\frac{1-q_3}{2}}}{\beta_3(1-q_3)}+\frac{2^{\frac{1-q_4}{2}}}{\beta_4(q_4-1)}+\frac{2^{\lambda}}{\beta_1^{\lambda}(1-\lambda q_1)}+\frac{2^{\lambda}}{\beta_2^{\lambda}(\lambda q_2-1)} \tag{6-27}$$

证明：首先，需在过程中引入间接辅助变量，通过辅助变量的稳定，实现二阶非线性系统的固定时间镇定。定义李雅普诺夫函数：

$$V=\frac{1}{2}\xi_2^2 \tag{6-28}$$

可知 $V\geqslant 0$。对李雅普诺夫函数 V 求导可得

$$\begin{aligned}\dot{V} &= \xi_2 \Big[f(\epsilon_1,\epsilon_2,t)+g(\epsilon_1,\epsilon_2,t)\tau(\varpi)+\lambda\,|\xi_1|^{\lambda-1}\Big(\beta_1 q_1\,|\epsilon_1|^{q_1-1}\epsilon_2 + \\ &\quad \frac{1}{\lambda}|\epsilon_2|^{\frac{1}{\lambda}-1}[f(\epsilon_1,\epsilon_2,t)+g(\epsilon_1,\epsilon_2,t)\tau(\varpi)]+\beta_2 q_2\,|\epsilon_1|^{q_2-1}\epsilon_2\Big)\Big] \\ &= \xi_2 \Big[(1+|\xi_1|^{\lambda-1}|\epsilon_2|^{\frac{1}{\lambda}-1})g(\epsilon_1,\epsilon_2,t)\tau(\varpi)+\beta_1\lambda q_1\,|\xi_1|^{\lambda-1}|\epsilon_1|^{q_1-1}\epsilon_2 + \\ &\quad (1+|\xi_1|^{\lambda-1}|\epsilon_2|^{\frac{1}{\lambda}-1})f(\epsilon_1,\epsilon_2,t)+\beta_2\lambda q_2\,|\xi_1|^{\lambda-1}|\epsilon_1|^{q_2-1}\epsilon_2\Big]\end{aligned} \tag{6-29}$$

结合式(6-29)与式(6-26)中 ϵ_{3*} 定义可得

$$\begin{aligned}\dot{V} &= -\beta_3\,|\xi_2|^{q_3+1}-\beta_4\,|\xi_2|^{q_4+1}+(1+|\xi_1|^{\lambda-1}|\epsilon_2|^{\frac{1}{\lambda}-1})\times \\ &\quad \xi_2[f(\epsilon_1,\epsilon_2,t)+\epsilon_{3*}+g(\epsilon_1,\epsilon_2,t)\tau(\varpi)]\end{aligned} \tag{6-30}$$

式(6-30)说明:

$$\dot{V} = (1+|\xi_1|^{\lambda-1}|\epsilon_2|^{\frac{1}{\lambda}-1})\Lambda-\beta_3|\xi_2|^{q_3+1}-\beta_4|\xi_2|^{q_4+1} \tag{6-31}$$

其中

$$\Lambda = \xi_2[g(\epsilon_1,\epsilon_2,t)\tau(\varpi)+f(\epsilon_1,\epsilon_2,t)+\epsilon_{3*}] \tag{6-32}$$

将控制律式(6-24)代入式(6-32)可得

$$\Lambda = \begin{cases} \xi_2\cdot\Lambda_1 & \xi_2\cdot g(\epsilon_1,\epsilon_2,t)>0 \\ \xi_2\cdot\Lambda_2 & \xi_2\cdot g(\epsilon_1,\epsilon_2,t)<0 \end{cases} \tag{6-33}$$

其中，Λ_1 与 Λ_2 可表述为

$$\begin{aligned}\Lambda_1 &= f(\epsilon_1,\epsilon_2,t)+\epsilon_{3*}-a_l(\bar{b}_l-b_l)g(\epsilon_1,\epsilon_2,t)- \\ &\quad \frac{a_l g(\epsilon_1,\epsilon_2,t)}{\underline{a}_l\,|g(\epsilon_1,\epsilon_2,t)|}(|f(\epsilon_1,\epsilon_2,t)+\epsilon_{3*}|)\end{aligned} \tag{6-34}$$

$$\begin{aligned}\Lambda_2 &= f(\epsilon_1,\epsilon_2,t)+\epsilon_{3*}+a_r(\bar{b}_r-b_r)g(\epsilon_1,\epsilon_2,t)+ \\ &\quad \frac{a_r g(\epsilon_1,\epsilon_2,t)}{\underline{a}_r\,|g(\epsilon_1,\epsilon_2,t)|}(|f(\epsilon_1,\epsilon_2,t)+\epsilon_{3*}|)\end{aligned} \tag{6-35}$$

已知 $a_l>\underline{a}_l>0$、$a_r>\underline{a}_r>0$、$0<b_l<\bar{b}_l$、$0<b_r<\bar{b}_r$，故式(6-33)结合式(6-34)与式(6-35)可得

$$\begin{aligned} &\xi_2\cdot\Lambda_1<0 \qquad \xi_2\cdot g(\epsilon_1,\epsilon_2,t)>0 \\ &\xi_2\cdot\Lambda_2<0 \qquad \xi_2\cdot g(\epsilon_1,\epsilon_2,t)<0 \end{aligned} \tag{6-36}$$

因此，对于任意 ξ_2 与非 0 函数 $g(\epsilon_1,\epsilon_2,t)$，都有 $\Lambda\leqslant 0$ 成立。结合式(6-31)，说明

$$\begin{aligned}\dot{V} &= \Lambda(1+|\xi_1|^{\lambda-1}|\epsilon_2|^{\frac{1}{\lambda}-1})-\beta_3|\xi_2|^{q_3+1}-\beta_4|\xi_2|^{q_4+1} \\ &\leqslant -\beta_3|\xi_2|^{q_3+1}-\beta_4|\xi_2|^{q_4+1}\end{aligned} \tag{6-37}$$

将式(6-28)代入不等式(6-37)可得

$$\dot{V} \leqslant -2^{\frac{1+q_3}{2}}\beta_3 V^{\frac{1+q_3}{2}}-2^{\frac{1+q_4}{2}}\beta_4 V^{\frac{1+q_4}{2}} \tag{6-38}$$

已知 $0<q_3<1$ 且 $q_4>1$,式(6-38)说明对任意 $V\leq 1$,都有 $\dot{V}\leq -2^{\frac{1+q_3}{2}}\beta_3 V^{\frac{1+q_3}{2}}$ 成立且对任意 $V>1$ 都有 $\dot{V}\leq -2^{\frac{1+q_4}{2}}\beta_4 V^{\frac{1+q_4}{2}}$ 成立。根据引理 4.3,对任意 $V(0)>1$,都有不等式 $\dot{V}\leq -2^{\frac{1+q_4}{2}}\beta_4 V^{\frac{1+q_4}{2}}$ 保证 V 在固定时间 $\frac{2^{\frac{1-q_4}{2}}}{\beta_4(q_4-1)}$ 内收敛进入区间 $V\leq 1$。对区间 $V\leq 1$,不等式 $\dot{V}\leq -2^{\frac{1+q_3}{2}}\beta_3 V^{\frac{1+q_3}{2}}$ 可保证在固定时间 $\frac{2^{\frac{1-q_3}{2}}}{\beta_3(1-q_3)}$ 内 $V=0$ 成立。因此,对于任意 $V(0)$,都有 $V=0$ 成立,截止时间为

$$T_1=\frac{2^{\frac{1-q_3}{2}}}{\beta_3(1-q_3)}+\frac{2^{\frac{1-q_4}{2}}}{\beta_4(q_4-1)} \tag{6-39}$$

因此据控制律式(6-25)中 ξ_2 定义,对任意 $t>T_1$,都有如下结论:

$$\xi_2=\epsilon_2+\lfloor\xi_1\rfloor^\lambda=0 \tag{6-40}$$

式(6-40)说明 $\epsilon_2=-\lfloor\xi_1\rfloor^\lambda$。已知 $1/\lambda>0$ 为偶数,因此可得

$$\lfloor\epsilon_2\rfloor^{\frac{1}{\lambda}}+\xi_1=-\text{sign}(\xi_1)|\xi_1|+\xi_1=0 \tag{6-41}$$

据式(6-41)可知

$$\beta_1\lfloor\epsilon_1\rfloor^{q_1}+2\lfloor\epsilon_2\rfloor^{\frac{1}{\lambda}}+\beta_2\lfloor\epsilon_1\rfloor^{q_2}=0 \tag{6-42}$$

从而得出如下结论

$$\dot{\epsilon}_1=-2^{-\lambda}\beta_1^\lambda\lfloor\epsilon_1\rfloor^{\lambda q_1}-2^{-\lambda}\beta_2^\lambda\lfloor\epsilon_1\rfloor^{\lambda q_2} \tag{6-43}$$

即对于任意初始状态,都有 $\epsilon_1=0$ 成立,根据引理 4.3,其截止时间为

$$t\geq T_2=\frac{2^\lambda}{\beta_1^\lambda(1-\lambda q_1)}+\frac{2^\lambda}{\beta_2^\lambda(\lambda q_2-1)} \tag{6-44}$$

据结论 $\xi_2=0$ 与 $\epsilon_1=0$ 可得 $\epsilon_2=0$,因此对任意 $t\geq T_1+T_2$,都有 $\epsilon_1=0$ 与 $\epsilon_2=0$。定理证明完毕。

上述定理中,本节引入状态变换:

$$\xi_2=\lfloor\xi_1\rfloor^\lambda+\epsilon_2 \tag{6-45}$$

以此保证控制律的非奇异性。该特性可以由 ϵ_{3*} 的非奇异性直接得出。通过 ϵ_{3*} 定义可知:

$$\epsilon_{3*}=(\beta_3\lfloor\xi_2\rfloor^{q_3}+\beta_4\lfloor\xi_2\rfloor^{q_4}+\beta_1\lambda q_1|\xi_1|^{\lambda-1}|\epsilon_1|^{q_1-1}\epsilon_2+\beta_2\lambda q_2|\xi_1|^{\lambda-1}|\epsilon_1|^{q_2-1}\epsilon_2)\times$$
$$(1+|\xi_1|^{\lambda-1}|\epsilon_2|^{\frac{1}{\lambda}-1})^{-1} \tag{6-46}$$

进一步,有

$$\epsilon_{3*}=|\xi_1|^{1-\lambda}(\beta_3\lfloor\xi_2\rfloor^{q_3}+\beta_4\lfloor\xi_2\rfloor^{q_4})\left(|\xi_1|^{1-\lambda}+|\epsilon_2|^{\frac{1}{\lambda}-1}\right)^{-1}+$$
$$\beta_1\lambda q_1|\epsilon_1|^{q_1-1}\epsilon_2\left(|\xi_1|^{1-\lambda}+|\epsilon_2|^{\frac{1}{\lambda}-1}\right)^{-1}+ \tag{6-47}$$
$$\beta_2\lambda q_2|\epsilon_1|^{q_2-1}\epsilon_2\left(|\xi_1|^{1-\lambda}+|\epsilon_2|^{\frac{1}{\lambda}-1}\right)^{-1}$$

已知参数 $\lambda=0.5$，因此

$$|\xi_1|^{1-\lambda}(|\xi_1|^{1-\lambda}+|\epsilon_2|^{\frac{1}{\lambda}-1})^{-1}=|\xi_1|^{0.5}(|\xi_1|^{0.5}+|\epsilon_2|^{\frac{1}{\lambda}-1})^{-1}\leqslant 1 \tag{6-48}$$

$$|\epsilon_2|(|\xi_1|^{1-\lambda}+|\epsilon_2|^{\frac{1}{\lambda}-1})^{-1}=|\epsilon_2|(|\xi_1|^{1-\lambda}+|\epsilon_2|)^{-1}\leqslant 1 \tag{6-49}$$

则 ϵ_{3*} 必为非奇异变量，结合式(6-25)控制律为非奇异。值得注意的是，证明过程直接使用结论：

$$\frac{\mathrm{d}\lfloor z\rceil^{\alpha}}{\mathrm{d}t}=|z|^{\alpha-1}\dot{z} \tag{6-50}$$

因篇幅原因，本节提供如下简易证明：

$$\frac{\mathrm{d}\lfloor z\rceil^{\alpha}}{\mathrm{d}t}=\begin{cases}\alpha z^{\alpha-1}\dot{z} & z\geqslant 0\\ \alpha(-z)^{\alpha-1}\dot{z} & z<0\end{cases} \tag{6-51}$$

附注 6.3：控制律参数选择须满足状态 ξ_2、ϵ_1、ϵ_2 固定时间收敛要求。即参数 λ、q_2、q_4 保证状态 ξ_2 与 ϵ_1 固定时间收敛至原点某邻域，而参数 λ、q_1、q_3 确保状态 ξ_2 与 ϵ_1 在固定时间内从该邻域收敛至原点。因此系统稳定的截止时间独立于系统状态初始条件，仅取决于如何选择参数 λ、q_1、q_2、q_3、q_4 与参数 β_1、β_2、β_3、β_4。虽提高参数 q_2 与 q_4 可减小系统截止时间，以此改善收敛速度，但可能造成控制律高增益，从而加大系统负担。

据定理 6.1，本节所提控制方法可固定时间镇定带有输入死区特性的二阶非线性系统。基于此，研究带有执行器死区特性的 AMV 镇定控制方法。为固定时间镇定具有输入死区特性的系统式(6-3b)，同时保证切换驻留时间独立于初始条件。本节基于上述固定时间理论，将有限时间切换策略改进为固定时间切换策略。基于此，提出系统式(6-3b)的固定时间镇定控制律，并证明该方法可拓展为 AMV 全局指数镇定控制律。

为方便阅读，本节将输入 ϖ_1 与 ϖ_2 设计分为三个步骤，分别处于区间 $t\in[0,T_1]$、$t\in(T_1,T_1+T_2]$、$t\in(T_1+T_2,T_1+T_2+T_3]$。第一步，在区间 $t\in[0,T_1]$，控制状态 ϑ_6 收敛于待设计常数 d_r。第二步，在区间 $t\in(T_1,T_1+T_2]$，基于条件 $\vartheta_6=d_r$，镇定子系统 $[\vartheta_2,\vartheta_5]$。第三步，在区间 $t\in(T_1+T_2,T_1+T_2+T_3]$，镇定子系统 $[\vartheta_3,\vartheta_6]$。为方便读者了解本节切换策略实质，切换算法描述见表 6-1：

表 6-1　固定时间切换策略

步骤 1：$0\leqslant t\leqslant T_1$，设计控制律 $\varpi_2=\varpi_{2a}$ 控制 ϑ_6 收敛于 d_r
步骤 2：$T_1<t\leqslant T_2$，$\vartheta_6=d_r$，设计控制律 $\varpi_1=\varpi_{1b}$ 使状态 ϑ_2 与 ϑ_5 收敛于 0
步骤 3：设计控制律 $\varpi_2=\varpi_{2c}$ 保证状态 ϑ_3 与 ϑ_6 收敛于 0

由于 AMV 初始条件未知，本节考虑最不理想情况即所有系统状态远离平衡点。综上所述，详细切换策略可见如下描述：

步骤 1：当 $t\leqslant T_1$ 时，据上述策略可知，状态 ϑ_2 与 ϑ_5 并未收敛，本节需设计控制律，驱动 ϑ_6 收敛于 d_r，作为步骤 2 中子系统 $[\vartheta_2,\vartheta_5]$ 镇定的激励条件。定义

$e_3=\vartheta_3-d_r t$、$e_6=\vartheta_6-d_r$。则需在区间 $t\in[0,T_1]$ 镇定系统 $[e_3,e_6]$，据系统式(6-3b)，其动态特性为

$$\begin{aligned}\dot{e}_3&=e_6\\ \dot{e}_6&=f_2(t)+g_2\cdot\tau_r(\varpi_2)\end{aligned}\tag{6-52}$$

其中，$f_2(t)$ 与 g_2 定义可见式(6-5)与式(6-6)。

本节假设 $g_2>0$，符合多数 AMV 系统情况。据定理 6.1，为镇定系统式(6-52)于区间 $t\in[0,T_1]$，本节提出如下控制律

$$\varpi_2=\varpi_{2a}=\begin{cases}\dfrac{1}{\underline{a}_{2,l}\,g_2}(-|f_2(t)|-|e_{6+}|)-\bar{b}_{2,l} & z_{2,a}>0\\ 0 & z_{2,a}=0\\ \dfrac{1}{\underline{a}_{2,r}\,g_2}(|f_2(t)|+|e_{6+}|)+\bar{b}_{2,r} & z_{2,a}<0\end{cases}\tag{6-53}$$

其中

$$\begin{aligned}e_{6+}=&(L_{3,a}\lfloor z_{2,a}\rceil^{q_3}+L_{4,a}\lfloor z_{2,a}\rceil^{q_4}+L_{1,a}\lambda q_1|z_{1,a}|^{\lambda-1}|e_3|^{q_1-1}e_6+\\ &L_{2,a}\lambda q_2|z_{1,a}|^{\lambda-1}|e_3|^{q_2-1}e_6)(1+|z_{1,a}|^{\lambda-1}|e_6|^{\frac{1}{\lambda}-1})^{-1}\end{aligned}\tag{6-54}$$

且 $z_{1,a}$ 与 $z_{2,a}$ 满足

$$z_{1,a}=L_{1,a}\lfloor e_3\rceil^{q_1}+\lfloor e_6\rceil^{\frac{1}{\lambda}}+L_{2,a}\lfloor e_3\rceil^{q_2}\tag{6-55}$$

$$z_{2,a}=\lfloor z_{1,a}\rceil^{\lambda}+e_6\tag{6-56}$$

此处，λ、q_1、q_2、q_3、q_4 为常数，详细可见定理 6.1，参数 $L_{1,a}$、$L_{2,a}$、$L_{3,a}$、$L_{4,a}$ 为正常数，且满足如下性质

$$\frac{2^{\frac{1-q_3}{2}}}{L_{3,a}(1-q_3)}+\frac{2^{\frac{1-q_4}{2}}}{L_{4,a}(q_4-1)}+\frac{2^{\lambda}}{L_{1,a}^{\lambda}(1-\lambda q_1)}+\frac{2^{\lambda}}{L_{2,a}^{\lambda}(\lambda q_2-1)}=T_1\tag{6-57}$$

此外，虽在此部分，控制律设计目的并非将状态 ϑ_2 与 ϑ_5 收敛到 0，但仍需保证状态 ϑ_2 与 ϑ_5 有界或幅值减小。由前文可知，子系统 $[\vartheta_2,\vartheta_5]$ 动态特性满足如下性质

$$\dot{\vartheta}_2=\vartheta_5\vartheta_6\qquad \dot{\vartheta}_5=f_1(t)+g_1\tau_u(\tau_1)\tag{6-58}$$

定义李雅普诺夫函数为

$$V_1=\frac{1}{2}(\vartheta_2^2+\vartheta_5^2)\tag{6-59}$$

本节假设参数 $g_1<0$，适用多数 AMV 实际情况。设计控制律 ϖ_1 为如下形式

$$\varpi_1=\varpi_{1a}=\begin{cases}\dfrac{1}{\underline{a}_{1,l}\,g_1}(|f_1(t)+\vartheta_2\vartheta_6|-\vartheta_5)-\bar{b}_{1,l} & \vartheta_5<0\\ 0 & \vartheta_5=0\\ \dfrac{1}{\underline{a}_{1,r}\,g_1}(-|f_1(t)+\vartheta_2\vartheta_6|-\vartheta_5)+\bar{b}_{1,r} & \vartheta_5>0\end{cases}\tag{6-60}$$

结合状态 ϑ_2 与 ϑ_5 动态特性，对函数 V_1 求导

$$\dot{V}_1=\begin{cases}\vartheta_5\left[\vartheta_2\vartheta_6+f_1(t)+\dfrac{a_{1,l}}{\underline{a}_{1,l}}\mid\vartheta_2\vartheta_6+f_1(t)\mid-\dfrac{a_{1,l}\vartheta_5}{\underline{a}_{1,l}}-a_{1,l}\,g_1(\bar{b}_{1,l}-b_{1,l})\right]<0 & \vartheta_5<0\\ 0 & \vartheta_5=0\\ \vartheta_5\left[\vartheta_2\vartheta_6+f_1(t)-\dfrac{a_{1,r}}{\underline{a}_{1,r}}\mid\vartheta_2\vartheta_6+f_1(t)\mid+\dfrac{a_{1,r}\vartheta_5}{\underline{a}_{1,r}}+a_{1,r}\,g_1(\bar{b}_{1,r}-b_{1,r})\right]<0 & \vartheta_5>0\end{cases} \quad (6\text{-}61)$$

式(6-61)说明，函数 V_1 单调不增。因此，本节所提控制律可在区间 $t\in[0,T_1]$ 保证函数 $V_1=\dfrac{1}{2}(\vartheta_2^2+\vartheta_5^2)$ 单调不增，且控制 ϑ_6 收敛于常数 d_r，以此在区间 $t\in(T_1,T_1+T_2]$，为步骤 2 中子系统$[\vartheta_2,\vartheta_5]$的镇定提供持续激励。

步骤 2：当 $t>T_1$，需基于条件 $\vartheta_6=d_r$，设计控制律在固定时间内镇定子系统$[\vartheta_2,\vartheta_5]$。因此，在镇定子系统$[\vartheta_2,\vartheta_5]$之前，首先要保证 $\vartheta_6=d_r$，即误差状态 e_6 维持在 0。为此，设计控制律ϖ_2为如下形式：

$$\varpi_2=\varpi_{2b}=\begin{cases}\dfrac{1}{\underline{a}_{2,l}\,g_2}(-|f_2(t)|-|e_{6+}|)-\bar{b}_{2,l} & z_{2,a}>0\\ 0 & z_{2,a}=0\\ \dfrac{1}{\underline{a}_{2,r}\,g_2}(|f_2(t)|+|e_{6+}|)+\bar{b}_{2,r} & z_{2,a}<0\end{cases} \quad (6\text{-}62)$$

其中，状态 e_{6+}与 $z_{2,a}$定义可见式(6-54)~式(6-56)。式(6-62)可知$\varpi_{2b}=\varpi_{2a}$，据定理6.1，在区间 $t\in(T_1,T_1+T_2]$状态 e_6 可维持在0。则子系统$[\vartheta_2,\vartheta_5]$的动态特性可定义为

$$\begin{aligned}\dot{\vartheta}_2&=d_r\vartheta_5\\ \dot{\vartheta}_5&=f_1(t)+g_1\tau_u(\tau_1)\end{aligned} \quad (6\text{-}63)$$

此处$f_1(t)$与 g_1 定义可见式(6-4)与式(6-6)。定义 $\Theta_5=d_r\vartheta_5$，据式(6-63)可得系统$[\vartheta_2,\Theta_5]$动态特性为

$$\begin{aligned}\dot{\vartheta}_2&=\Theta_5\\ \dot{\Theta}_5&=f_3(t)+g_3\tau_u(\tau_1)\end{aligned} \quad (6\text{-}64)$$

其中，$f_3(t)=d_rf_1(t)$，$g_3=d_rg_1$。

综上所述，本节需设计控制律在区间 $t\in(T_1,T_2]$内，固定时间镇定子系统$[\vartheta_2,\Theta_5]$。在此，为方便计算，设计 d_r 为正常数，又因 g_1 为负，可得参数 $g_3<0$。据定理6.1，本节设计控制律ϖ_1如下：

$$\varpi_1=\varpi_{1b}=\begin{cases}-\dfrac{1}{\underline{a}_{1,r}\,g_3}(|f_3(t)|+|\Theta_{5+}|)+\bar{b}_{1,r} & z_{2,b}>0\\ 0 & z_{2,b}=0\\ \dfrac{1}{\underline{a}_{1,l}\,g_3}(|f_3(t)|+|\Theta_{5+}|)-\bar{b}_{1,l} & z_{2,b}<0\end{cases} \quad (6\text{-}65)$$

其中

$$\Theta_{5+}=(L_{3,b}\lfloor z_{2,b}\rceil^{q_3}+L_{4,b}\lfloor z_{2,b}\rceil^{q_4}+L_{1,b}\lambda q_1|z_{1,b}|^{\lambda-1}|\vartheta_2|^{q_1-1}\Theta_5+L_{2,b}\lambda q_2\cdot |z_{1,b}|^{\lambda-1}|\vartheta_2|^{q_2-1}\Theta_5)(1+|z_{1,b}|^{\lambda-1}|\Theta_5|^{\frac{1}{\lambda}-1})^{-1} \tag{6-66}$$

且

$$z_{1,b}=L_{1,b}\lfloor\vartheta_2\rceil^{q_1}+\lfloor\Theta_5\rceil^{\frac{1}{\lambda}}+L_{2,b}\lfloor\vartheta_2\rceil^{q_2} \tag{6-67}$$

$$z_{2,b}=\lfloor z_{1,b}\rceil^{\lambda}+\Theta_5 \tag{6-68}$$

此处，参数 λ、q_1、q_2、q_3、q_4 定义可见定理 6.1，参数 $L_{1,b}$、$L_{2,b}$、$L_{3,b}$、$L_{4,b}$ 为正常数可描述为如下形式

$$\frac{2^{\frac{1-q_3}{2}}}{L_{3,b}(1-q_3)}+\frac{2^{\frac{1-q_4}{2}}}{L_{4,b}(q_4-1)}+\frac{2^{\lambda}}{L_{1,b}^{\lambda}(1-\lambda q_1)}+\frac{2^{\lambda}}{L_{2,b}^{\lambda}(\lambda q_2-1)}=T_2 \tag{6-69}$$

因此，控制律式(6-65)可在区间 $t\in(T_1,T_1+T_2]$ 镇定子系统$[\vartheta_2,\Theta_5]$。

步骤 3：在状态 ϑ_2 与 ϑ_5 收敛之后，最后，需设计控制律镇定子系统$[\vartheta_3,\vartheta_6]$，据系统式(6-3b)，其动态特性可描述为

$$\begin{aligned}\dot{\vartheta}_3&=\vartheta_6\\ \dot{\vartheta}_6&=f_2(t)+g_2(t)\tau_r(\varpi_2)\end{aligned} \tag{6-70}$$

其中，$f_2(t)$ 与 g_2 定义可见式(6-5)与式(6-6)。

在区间 $t\in[T_2,+\infty)$，为镇定子系统$[\vartheta_3,\vartheta_6]$，据定理 6.1 本节设计$\varpi_2$为

$$\varpi_2=\varpi_{2c}=\begin{cases}\dfrac{1}{\underline{a}_{2,l}\,g_2}(-|f_2(t)|-|\vartheta_{6+}|)-\bar{b}_{2,l} & z_{2,c}>0\\ 0 & z_{2,c}=0\\ \dfrac{1}{\underline{a}_{2,r}\,g_2}(|f_2(t)|+|\vartheta_{6+}|)+\bar{b}_{2,r} & z_{2,c}<0\end{cases} \tag{6-71}$$

其中，ϑ_{6+}可描述为

$$\vartheta_{6+}=(L_{3,c}\lfloor z_{2,c}\rceil^{q_3}+L_{4,c}\lfloor z_{2,c}\rceil^{q_4}+L_{1,c}\lambda q_1|z_{1,c}|^{\lambda-1}|\vartheta_3|^{q_1-1}\vartheta_6+L_{2,c}\lambda q_2|z_{1,c}|^{\lambda-1}|\vartheta_3|^{q_2-1}\vartheta_6)(1+|z_{1,c}|^{\lambda-1}|\vartheta_6|^{\frac{1}{\lambda}-1})^{-1} \tag{6-72}$$

及

$$z_{1,c}=L_{1,c}\lfloor\vartheta_2\rceil^{q_1}+\lfloor\vartheta_6\rceil^{\frac{1}{\lambda}}+L_{2,c}\lfloor\vartheta_2\rceil^{q_2} \tag{6-73}$$

$$z_{2,c}=\lfloor z_{1,c}\rceil^{\lambda}+\vartheta_6 \tag{6-74}$$

此处，参数 λ、q_1、q_2、q_3、q_4 定义可见定理 6.1，参数 $L_{1,b}$、$L_{2,b}$、$L_{3,b}$、$L_{4,b}$ 为正常数，可描述为

$$\frac{2^{\frac{1-q_3}{2}}}{L_{3,c}(1-q_3)}+\frac{2^{\frac{1-q_4}{2}}}{L_{4,c}(q_4-1)}+\frac{2^{\lambda}}{L_{1,c}^{\lambda}(1-\lambda q_1)}+\frac{2^{\lambda}}{L_{2,c}^{\lambda}(\lambda q_2-1)}=T_3 \tag{6-75}$$

此外，为保证状态 ϑ_2 与 ϑ_5 处于原点，在区间 $t\in(T_1+T_2,+\infty)$，本节设计 ϖ_1为如下形式

$$\varpi_1=\varpi_{1c}=\begin{cases}\dfrac{1}{\underline{a}_{1,l}\,g_1}(\,|f_1(t)+\vartheta_2\vartheta_6|-\vartheta_5)-\bar{b}_{1,l} & \vartheta_5<0\\ 0 & \vartheta_5=0\\ \dfrac{1}{\underline{a}_{1,r}\,g_1}(-|f_1(t)+\vartheta_2\vartheta_6|+\vartheta_5)+\bar{b}_{1,r} & \vartheta_5>0\end{cases}\tag{6-76}$$

据步骤 1 可知，式(6-76)可保证$\dot{V}_1\leqslant 0$，即$\forall t>T_1+T_2$，控制律$\varpi_1=\varpi_{1c}$可维持状态 ϑ_2 与 ϑ_5 在原点。

附注 6.4：控制律ϖ_{1a}与ϖ_{1c}可保证 V_1 在区间 $t\in[0,T_1]$单调不减，且于区间 $t\in[T_1+T_2,+\infty)$维持其在原点。参数选取存在某些权衡，如 d_r 与 T_2。通常，控制律中状态系数与系统收敛速度正相关。然而，由于在区间 $t\in(T_1,T_1+T_2]$中，存在动态特性 $\dot{\vartheta}_3=d_r$，提高 T_2 与 d_r 会增加$|\vartheta_3|$。因此，$d_r\cdot T_2$ 必取值足够小，以避免状态 ϑ_3 过大。此外，相对现存 AMV 镇定控制方法，本节引入固定时间理论，解决执行器死区问题。不需引入周期时变项(如 sin$t$ 或 cos$t$)与奇异项$\left(如\dfrac{\vartheta_2}{\vartheta_6}或\dfrac{\vartheta_5}{\vartheta_6}\right)$。且相比于有限时间切换方法，由于固定时间切换策略的驻留时间与系统初始条件无关，本节可任意选择切换时间。因此，本节可在任意时间内，镇定子系统式(6-3b)，不受初始条件限制。

综上所述，本节为保证状态 ϑ_2、ϑ_3、ϑ_5、ϑ_6 在固定时间 $T_1+T_2+T_3$ 内收敛到 0，给出如下控制器：

$$\begin{cases}\varpi_1=\varpi_{1a},\varpi_2=\varpi_{2a} & t\leqslant T_1\\ \varpi_1=\varpi_{1b},\varpi_2=\varpi_{2b} & T_1<t\leqslant T_2+T_1\\ \varpi_1=\varpi_{1c},\varpi_2=\varpi_{2c} & t>T_1+T_2\end{cases}\tag{6-77}$$

其中

$$\varpi_{1a}=\begin{cases}\underline{a}_{1,l}^{-1}\,g_1^{-1}(\,|f_1(t)+\vartheta_2\vartheta_6|-\vartheta_5)-\bar{b}_{1,l} & \vartheta_5<0\\ 0 & \vartheta_5=0\\ \underline{a}_{1,r}^{-1}\,g_1^{-1}(-|f_1(t)+\vartheta_2\vartheta_6|-\vartheta_5)+\bar{b}_{1,r} & \vartheta_5>0\end{cases}\tag{6-78}$$

$$\varpi_{2a}=\begin{cases}\underline{a}_{2,l}^{-1}\,g_2^{-1}(-|f_2(t)|-|e_{6+}|)-\bar{b}_{2,l} & z_{2,a}>0\\ 0 & z_{2,a}=0\\ \underline{a}_{2,r}^{-1}\,g_2^{-1}(\,|f_2(t)|+|e_{6+}|)+\bar{b}_{2,r} & z_{2,a}<0\end{cases}\tag{6-79}$$

$$\varpi_{1b}=\begin{cases}-\underline{a}_{1,r}^{-1}g_3^{-1}(|f_3(t)|+|\Theta_{5+}|)+\bar{b}_{1,r} & z_{2,b}>0\\ 0 & z_{2,b}=0\\ \underline{a}_{1,l}^{-1}g_3^{-1}(|f_3(t)|+|\Theta_{5+}|)-\bar{b}_{1,l} & z_{2,b}<0\end{cases} \tag{6-80}$$

$$\varpi_{2b}=\begin{cases}\underline{a}_{2,l}^{-1}g_2^{-1}(-|f_2(t)|-|e_{6+}|)-\bar{b}_{2,l} & z_{2,a}>0\\ 0 & z_{2,a}=0\\ \underline{a}_{2,r}^{-1}g_2^{-1}(|f_2(t)|+|e_{6+}|)+\bar{b}_{2,r} & z_{2,a}<0\end{cases} \tag{6-81}$$

$$\varpi_{1c}=\begin{cases}\underline{a}_{1,l}^{-1}g_1^{-1}(|f_1(t)+\vartheta_2\vartheta_6|-\vartheta_5)-\bar{b}_{1,l} & \vartheta_5<0\\ 0 & \vartheta_5=0\\ \underline{a}_{1,r}^{-1}g_1^{-1}(-|f_1(t)+\vartheta_2\vartheta_6|+\vartheta_5)+\bar{b}_{1,r} & \vartheta_5>0\end{cases} \tag{6-82}$$

$$\varpi_{2c}=\begin{cases}\underline{a}_{2,l}^{-1}g_2^{-1}(-|f_2(t)|-|\vartheta_{6+}|)-\bar{b}_{2,l} & z_{2,c}>0\\ 0 & z_{2,c}=0\\ \underline{a}_{2,r}^{-1}g_2^{-1}(|f_2(t)|+|\vartheta_{6+}|)+\bar{b}_{2,r} & z_{2,c}<0\end{cases} \tag{6-83}$$

上述中，$e_6=\vartheta_6-d_r$，$e_3=\vartheta_3-d_rt$，$\Theta_5=d_r\cdot\vartheta_5$

$$\begin{aligned}e_{6+}=&(L_{3,a}\lfloor z_{2,a}\rceil^{q_3}+L_{4,a}\lfloor z_{2,a}\rceil^{q_4}+L_{1,a}\lambda q_1|z_{1,a}|^{\lambda-1}|e_3|^{q_1-1}e_6+\\&L_{2,a}\lambda q_2|z_{1,a}|^{\lambda-1}|e_3|^{q_2-1}e_6)(1+|z_{1,a}|^{\lambda-1}|e_6|^{\frac{1}{\lambda}-1})^{-1}\end{aligned} \tag{6-84}$$

$$z_{1,a}=L_{1,a}\lfloor e_3\rceil^{q_1}+\lfloor e_6\rceil^{\frac{1}{\lambda}}+L_{2,a}\lfloor e_3\rceil^{q_2} \tag{6-85}$$

$$z_{2,a}=\lfloor z_{1,a}\rceil^{\lambda}+e_6 \tag{6-86}$$

$$\begin{aligned}\Theta_{5+}=&(L_{3,b}\lfloor z_{2,b}\rceil^{q_3}+L_{4,b}\lfloor z_{2,b}\rceil^{q_4}+L_{1,b}\lambda q_1|z_{1,b}|^{\lambda-1}|\vartheta_2|^{q_1-1}\Theta_5+\\&L_{2,b}\lambda q_2|z_{1,b}|^{\lambda-1}|\vartheta_2|^{q_2-1}\Theta_5)(1+|z_{1,b}|^{\lambda-1}|\Theta_5|^{\frac{1}{\lambda}-1})^{-1}\end{aligned} \tag{6-87}$$

$$z_{1,b}=L_{1,b}\lfloor\vartheta_2\rceil^{q_1}+\lfloor\Theta_5\rceil^{\frac{1}{\lambda}}+L_{2,b}\lfloor\vartheta_2\rceil^{q_2} \tag{6-88}$$

$$z_{2,b}=\lfloor z_{1,b}\rceil^{\lambda}+\Theta_5 \tag{6-89}$$

$$\begin{aligned}\vartheta_{6+}=&(L_{3,c}\lfloor z_{2,c}\rceil^{q_3}+L_{4,c}\lfloor z_{2,c}\rceil^{q_4}+L_{1,c}\lambda q_1|z_{1,c}|^{\lambda-1}|\vartheta_3|^{q_1-1}\vartheta_6+\\&L_{2,c}\lambda q_1|z_{1,c}|^{\lambda-1}|\vartheta_3|^{q_2-1}\vartheta_6)(1+|z_{1,c}|^{\lambda-1}|\vartheta_6|^{\frac{1}{\lambda}-1})^{-1}\end{aligned} \tag{6-90}$$

$$z_{1,c}=L_{1,c}\lfloor\vartheta_2\rceil^{q_1}+\lfloor\vartheta_6\rceil^{\frac{1}{\lambda}}+L_{2,c}\lfloor\vartheta_2\rceil^{q_2} \tag{6-91}$$

$$z_{2,c}=\lfloor z_{1,c}\rceil^{\lambda}+\vartheta_6 \tag{6-92}$$

其中，参数 $1/\lambda$ 为正偶数，且满足 $1<q_1<1/\lambda$、$q_2>1/\lambda$、$0<q_3<1$、$q_4>1$，参数β_1、β_2、β_3、β_4 为待选正实数，参数 $L_{1,a}$、$L_{2,a}$、$L_{3,a}$、$L_{4,a}$、$L_{1,b}$、$L_{2,b}$、$L_{3,b}$、$L_{4,b}$、$L_{1,c}$、$L_{2,c}$、$L_{3,c}$、$L_{4,c}$为正常数且满足如下条件：

$$\frac{2^{\frac{1-q_3}{2}}}{L_{3,a}(1-q_3)}+\frac{2^{\frac{1-q_4}{2}}}{L_{4,a}(q_4-1)}+\frac{2^{\lambda}}{L_{1,a}^{\lambda}(1-\lambda q_1)}+\frac{2^{\lambda}}{L_{2,a}^{\lambda}(\lambda q_2-1)}=T_1 \tag{6-93}$$

$$\frac{2^{\frac{1-q_3}{2}}}{L_{3,b}(1-q_3)}+\frac{2^{\frac{1-q_4}{2}}}{L_{4,b}(q_4-1)}+\frac{2^{\lambda}}{L_{1,b}^{\lambda}(1-\lambda q_1)}+\frac{2^{\lambda}}{L_{2,b}^{\lambda}(\lambda q_2-1)}=T_2 \tag{6-94}$$

$$\frac{2^{\frac{1-q_3}{2}}}{L_{3,c}(1-q_3)}+\frac{2^{\frac{1-q_4}{2}}}{L_{4,c}(q_4-1)}+\frac{2^{\lambda}}{L_{1,c}^{\lambda}(1-\lambda q_1)}+\frac{2^{\lambda}}{L_{2,c}^{\lambda}(\lambda q_2-1)}=T_3 \tag{6-95}$$

此处，$T_1>0$、$T_2>0$、$T_3>0$ 为待选切换驻留时间，$f_1(t)$、$f_2(t)$、g_1、g_2、g_3 可描述为如下形式：

$$\begin{aligned} f_1(t)=&-\gamma_1^{-1}\gamma_2\gamma_4u-\gamma_4^{-1}\left\{\frac{1}{m_{11}}[0.5(m_{23}+m_{32})r^2+m_{22}vr-d_{11}u]\right\}- \\ &\vartheta_2\vartheta_6+d_r\gamma_1^{-1}\vartheta_4\vartheta_6-d_r\gamma_3\gamma_1^{-1}\vartheta_3\vartheta_6 \end{aligned} \tag{6-96}$$

$$\begin{aligned} f_2(t)=&\frac{m_{22}}{(m_{22}m_{33}-m_{32}m_{23})}\left\{\frac{[m_{11}m_{32}-0.5m_{22}(m_{23}-m_{32})]}{m_{22}}u+\right. \\ &\left.(m_{11}-m_{22})uvr-\frac{(m_{22}d_{33}-m_{32}d_{23})}{m_{22}}r+\frac{(m_{32}d_{22}-m_{22}d_{32})}{m_{22}}v\right\} \end{aligned} \tag{6-97}$$

$$g_1=-\gamma_4^{-1}m_{11}^{-1}\qquad g_2=m_{22}(m_{22}m_{33}-m_{32}m_{23})^{-1}\qquad g_3=d_rg_1 \tag{6-98}$$

定理 6.2：控制律式(6-77)可保证子系统式(6-3b)固定时间稳定，截止时间为 $T_1+T_2+T_3$。

证明：据上述控制策略描述可得，第一步，在区间 $t\in[0,T_1]$ 控制律 $\boldsymbol{\varpi}_2=\boldsymbol{\varpi}_{2a}$ 保证状态 ϑ_6 固定时间收敛于常数 d_r，截止时间为 T_1。第二步，在区间 $t\in(T_1,T_1+T_2]$，基于条件 $\vartheta_6=d_r$ 控制律 $\boldsymbol{\varpi}_1=\boldsymbol{\varpi}_{1b}$ 固定时间镇定子系统 $[\vartheta_2,\ \vartheta_5]$，截止时间为 T_2。最后一步，在区间 $t\in(T_1+T_2,+\infty)$，控制律 $\boldsymbol{\varpi}_2=\boldsymbol{\varpi}_c$ 固定时间镇定子系统 $[\vartheta_3,\vartheta_6]$，截止时间为 T_3。综上所述，控制律式(6-77)可保证子系统式(6-3b)固定时间稳定，截止时间为 $T_1+T_2+T_3$。定理证明完毕，细节可见前文步骤 1、步骤 2、步骤 3 关于控制策略的描述。

附注 6.5：本节所提固定时间控制方法不仅具有更快的收敛速度，且具有较好的扰动抑制性能，更好的鲁棒性。然而，由于分数幂指数存在，控制律非光滑。因此，基于固定时间的 AMV 镇定方法与传统方法各有利弊。除此之外，由于物理限制，AMV 通常也具有其他非线性特性，如执行器饱和。一般来说，固定时间稳定性的要求和输入饱和特性的存在是矛盾的。本节主要研究了固定时间稳定，而不考虑饱和问题。

结论 6.1：控制律式(6-77)可保证 AMV 系统式(6-1)全局指数稳定。

证明：据定理 6.2 可知，控制律式(6-77)可保证系统式(6-3b)固定时间稳定。因此，据引理 6.1 与引理 6.2 可知，控制律式(6-77)可保证系统式(6-1)指数稳定。

结论证明完毕。

6.2　尺度函数策略

6.2.1　问题描述

海洋航行器所执行的团体任务中，存在某些协同需求，本节将研究目标进一步拓展为多 AMV 协同镇定控制。考虑 $n(>0)$ 个欠驱动海洋航行器，第 j 个航行器模型可以描述为如下形式：

$$\dot{x}_j=u_j\cos(\psi_j)-v_j\sin(\psi_j) \tag{6-99a}$$

$$\dot{y}_j=u_j\sin(\psi_j)+v_j\cos(\psi_j) \tag{6-99b}$$

$$\dot{\psi}_j=r_j \tag{6-99c}$$

$$\dot{u}_j=\frac{m_{2,j}}{m_{1,j}}v_jr_j-\frac{d_{1,j}}{m_{1,j}}u_j+\frac{1}{m_{1,j}}\tau_{1,j} \tag{6-100a}$$

$$\dot{v}_j=-\frac{m_{1,j}}{m_{2,j}}u_jr_j-\frac{d_{2,j}}{m_{2,j}}v_j \tag{6-100b}$$

$$\dot{r}_j=\frac{m_{1,j}-m_{2,j}}{m_{3j}}u_jv_j-\frac{d_{3,j}}{m_{3,j}}r_j+\frac{1}{m_{3,j}}\tau_{2,j} \tag{6-100c}$$

其中，x_j、y_j 为大地坐标系下的质心位置坐标；ψ_j 为艏摇角；u_j、v_j、r_j 分别为纵向、横漂速度和艏摇角速度；参数 $m_{1,j}$、$m_{2,j}$、$m_{3,j}$、$d_{1,j}$、$d_{2,j}$、$d_{3,j}$($j=1,2,\cdots,n$)为惯性质量和水动力阻尼参数；$\tau_{1,j}$是纵向力，$\tau_{2,j}$是艏摇力矩，二者皆表示控制输入。

目标点 p 定义为常数向量$[p_{x,j},p_{y,j}]^{\mathrm{T}}$，且 p 的角度旋转或平移不改变其几何形状。本节的目标为对每个 AMV 设计独立控制器，以保证其与相邻 AMV 的相对状态关系，即

$$\lim_{t\to\infty}\begin{bmatrix}x_i-x_j\\y_i-y_j\end{bmatrix}=\begin{bmatrix}\cos(\eta_1) & -\sin(\eta_1)\\ \sin(\eta_1) & \cos(\eta_1)\end{bmatrix}\begin{bmatrix}p_{x,i}-p_{x,j}\\p_{y,i}-p_{y,j}\end{bmatrix} \tag{6-101a}$$

$$\lim_{t\to\infty}\frac{1}{m}\sum_{j=1}^{m}x_j=\eta_2 \qquad \lim_{t\to\infty}\frac{1}{m}\sum_{j=1}^{m}y_j=\eta_3 \tag{6-101b}$$

$$\lim_{t\to\infty}\psi_j=\eta_4 \qquad 1\leqslant j\leqslant n \tag{6-101c}$$

$$\lim_{t\to\infty}[u_j,v_j,r_j]^{\mathrm{T}}=[0,0,0]^{\mathrm{T}} \tag{6-101d}$$

其中，$1\leqslant i\neq j\leqslant n$；$\eta=[\eta_1,\eta_2,\eta_3,\eta_4]^{\mathrm{T}}$ 为常数向量。

在协同控制问题中，式(6-101a)表示 AMV 群体收敛到所需几何形状 P。等式(6-101b)表示所需协同镇定目标为固定点集合，以点 η_2、η_3 为中心，且式(6-101c)

说明每个 AMV 收敛到相同的方位角 η_4。其中向量 η 可预先定义，也可不预先定义。在协同控制问题中，需根据第 j 个与第 i 个 AMV 之间的相对信息设计第 j 个 AMV 的控制律，其中 $i \in N_j$，使 AMV 状态收敛到一个静止点。类似于镇定控制问题，因此 AMV 动态特性不满足 Brockett 定理的必要条件，不存在光滑静态的控制律实现该目标。综上所述，本节考虑的协同镇定控制问题具有挑战性。

6.2.2 微分同胚变换

为方便计算，本节将对系统式(6-99)与式(6-100)进行坐标转换。引入如下状态变换[168]：

$$z_{1,j} = \left[x_j - \left(p_{x,j} - \sum_{i=1}^{m} p_{x,i}\right)\right]\cos(\psi_j) + \sin(\psi_j)\left[y_j - \left(p_{y,j} - \sum_{i=1}^{m} p_{y,j}\right)\right] \tag{6-102a}$$

$$z_{2,j} = -\left[x_j - \left(p_{x,j} - \sum_{i=1}^{m} p_{x,j}\right)\right]\sin(\psi_j) + \frac{m_{2j}}{d_{2j}}v_j + \left[y_j - \left(p_{y,j} - \sum_{i=1}^{m} p_{y,i}\right)\right]\cos(\psi_j) \tag{6-102b}$$

$$z_{3,j} = \psi_j \qquad z_{4,j} = v_j \tag{6-102c}$$

$$z_{5,j} = -\frac{m_{1,j}}{d_{2,j}}u_j - z_{1j} \qquad z_{6,j} = r_j \tag{6-102d}$$

及输入变换

$$\varpi_{1,j} = \left(\frac{d_{1,j}}{d_{2,j}} - 1\right)u_j - z_{2,j}z_{6,j} - \frac{\tau_{1,j}}{d_{2,j}} \tag{6-103a}$$

$$\varpi_{2,j} = \frac{m_{1,j} - m_{2,j}}{m_{3,j}}u_j v_j - \frac{d_{3,j}}{m_{3,j}}r_j + \frac{\tau_{2,j}}{m_{3,j}} \tag{6-103b}$$

对于任意 $1 \leqslant j \leqslant n$，状态 $z_{1,j}$、$z_{2,j}$、$z_{3,j}$、$z_{4,j}$、$z_{5,j}$、$z_{6,j}$ 可表述为如下形式：

$$\dot{z}_{1,j} = -\frac{d_{2,j}}{m_{1,j}}z_{1,j} - \frac{d_{2,j}}{m_{1,j}}z_{5,j} + z_{2,j}z_{6,j} - \frac{m_{2,j}}{d_{2,j}}z_{4,j}z_{6,j} \tag{6-104a}$$

$$\dot{z}_{4,j} = -\frac{d_{2,j}}{m_{2,j}}z_{4,j} + \frac{d_{2,j}}{m_{2,j}}z_{6,j}(z_{1,j} + z_{5,j}) \tag{6-104b}$$

$$\dot{z}_{2,j} = z_{5,j}z_{6,j} \qquad \dot{z}_{3,j} = z_{6,j} \tag{6-104c}$$

$$\dot{z}_{5,j} = \varpi_{1,j} \qquad \dot{z}_{6,j} = \varpi_{2,j} \tag{6-104d}$$

引理 6.3[168]：若子系统 $[z_{2,j}, z_{3,j}, z_{5,j}, z_{6,j}]$ 与 $\dot{z}_{5,j}$ 有界，则实现 AMV 协同镇定控制，其解为 $\eta = [0, -c_5\cos(c_4), -c_5\sin(c_4), c_4]^{\mathrm{T}}$。此处，$c_4$ 与 c_5 为常数，$\lim\limits_{t\to\infty} z_{6,j} \xrightarrow{\exp} 0$ 表示 $z_{6,j}$ 指数收敛于 0。如 $c_4 = c_5 = 0$，则协同镇定问题解为 $\eta = 0$。即必有如下性质成立：

$$\lim_{t\to\infty} z_{2,j} = 0 \quad \lim_{t\to\infty} z_{3,j} = c_4 \quad \lim_{t\to\infty} z_{5,j} = c_5 \tag{6-105}$$

$$\lim_{t\to\infty}\dot{z}_{5,j}=0 \qquad \lim_{t\to\infty}z_{6,j}\xrightarrow{\exp}0 \qquad 1\leqslant j\leqslant n \tag{6-106}$$

上述微分同胚变换未考虑 AMV 之间的拓扑关系。为此，本节给出进一步的状态变换。定义 $\Theta_i=[\vartheta_{1,j},\vartheta_{2,j},\vartheta_{3,j},\vartheta_{4,j},\vartheta_{5,j},\vartheta_{6,j}]$ 及 $Z=[z_{1,j},z_{2,j},z_{3,j},z_{4,j},z_{5,j},z_{6,j}]$，可得 $\Theta_i=L(Z-Z_d)+B(Z-Z_d)$，即

$$\vartheta_{1,j}=b_jz_{1,j}-\sum_{i=1,i\neq j}^{n}a_{i,j}(d_{x,j}-d_{x,i})-\sum_{i=1,i\neq j}^{n}a_{i,j}z_{1,i}+l_jz_{1,j} \tag{6-107a}$$

$$\vartheta_{2,j}=b_jz_{2,j}-\sum_{i=1,i\neq j}^{n}a_{i,j}z_{2,i}-\sum_{i=1,i\neq j}^{n}a_{i,j}(d_{y,j}-d_{y,i})+l_jz_{2,j} \tag{6-107b}$$

$$\vartheta_{3,j}=z_{3,j}-c_4 \tag{6-107c}$$

$$\vartheta_{4,j}=b_jz_{4,j}+l_jz_{4,j}-\sum_{i=1,i\neq j}^{n}a_{i,j}z_{4,i} \tag{6-107d}$$

$$\vartheta_{5,j}=b_i(z_{5,j}-c_5)+\sum_{i=1,i\neq j}^{n}a_{i,j}(d_{x,j}-d_{x,i})-\sum_{i=1,i\neq j}^{n}a_{i,j}z_{5,i}+l_jz_{5,j} \tag{6-107e}$$

$$\vartheta_{6,j}=z_{6,j} \tag{6-107f}$$

根据式(6-99)、式(6-104)、式(6-106)和式(6-111)，可得对任意 $1\leqslant j\neq i\leqslant m$，

$$\begin{aligned}\dot{\vartheta}_{1,j}=&-\sum_{i=1,i\neq j}^{n}\left[a_{i,j}\left(z_{2,i}z_{6,i}-\frac{m_{2,i}}{d_{2,i}}z_{4,i}z_{6,i}-d_{y,i}z_{6,i}\right)\right]+\\&(b_j+l_j)\left(-\frac{m_{2,j}}{d_{2,j}}z_{4,j}z_{6,j}+z_{2,j}z_{6,j}-d_{y,j}z_{6,j}\right)-\frac{d_{2,j}}{m_{1,j}}\vartheta_{1,j}\end{aligned} \tag{6-108a}$$

$$\begin{aligned}\dot{\vartheta}_{4,j}=&-\frac{d_{2,j}}{m_{2,j}}\vartheta_{4,j}+\frac{d_{2,j}}{m_{2,j}}(b_j+l_j)z_{6,j}(z_{1,j}+z_{5,j})-\\&\sum_{i=1,i\neq j}^{n}\frac{a_{i,j}d_{2,i}}{m_{2,i}}z_{6,i}(z_{1,i}+z_{5,i})\end{aligned} \tag{6-108b}$$

$$\dot{\vartheta}_{2,j}=\vartheta_{5,j}\vartheta_{6,j}-\sum_{i=1,i\neq j}^{n}a_{i,j}(\vartheta_{6,i}-\vartheta_{6,j})z_{5,j} \tag{6-109a}$$

$$\dot{\vartheta}_{5,j}=(b_j+l_j)\varpi_{1,j}-\sum_{i=1,i\neq j}^{n}\varpi_{1,i} \tag{6-109b}$$

$$\dot{\vartheta}_{3,j}=\vartheta_{6,j},\ \dot{\vartheta}_{6,i}=\varpi_{2,j} \tag{6-109c}$$

其中，$l_j=\sum_{i=1,i\neq j}^{n}a_{i,j}$。

引理 6.4：考虑系统式(6-109)，若状态 $\vartheta_{2,i}$、$\vartheta_{3,i}$、$\vartheta_{5,i}$和 $\vartheta_{6,i}$固定时间内收敛到 0，则引理 6.3 中式(6-105)与式(6-106)成立。

证明：若状态 $\vartheta_{2,i}$、$\vartheta_{3,i}$、$\vartheta_{3,i}$和 $\vartheta_{6,i}$在固定时间内收敛到 0，则存在常数 t_s 满足 $\forall\, t>t_s$，$\|\vartheta_{2,i},\vartheta_{3,i},\vartheta_{5,i},\vartheta_{6,i}\|=0$。据式(6-107)，对所有 $t\geqslant t_s$

$$z_{2,j}=0 \qquad z_{3,j}=c_4 \qquad z_{5,j}=c_5 \tag{6-110}$$

$$z_{6,j}=0 \qquad \dot{z}_{5,j}=0 \tag{6-111}$$

因此，可知$(z_{2,j},z_{3,j},z_{5,j},z_{6,j})$和$\dot{z}_{5,j}$有界，根据引理6.3，可知

$$\lim_{t\to\infty} z_{2,j}=0 \qquad \lim_{t\to\infty} z_{3,j}=c_4 \qquad \lim_{t\to\infty} z_{5,j}=c_5 \tag{6-112}$$

$$\lim_{t\to\infty} \dot{z}_{5,j}=0 \qquad \lim_{t\to\infty} z_{6,j}\xrightarrow{\exp}0 \qquad 1\leqslant j\leqslant n \tag{6-113}$$

证明完毕。

6.2.3 控制器设计与稳定性证明

本节针对镇定控制问题所特有的系统耦合特性，基于反步法为两个虚拟输入分别设计互为补偿的尺度函数，从而将式(6-109)转化为时变线性系统。随后提出系统式(6-99)的固定时间控制律，并将其拓展为AMV指数协同镇定控制律。

首先，引入部分相关理论作为后续研究基础。考虑如下系统

$$\begin{aligned}\dot{z}_i&=\dot{z}_{i+1}\\ \dot{z}_n&=f(z,t)+g(z,t)\tau\end{aligned} \tag{6-114}$$

其中，$z=[z_1,\cdots,z_n]^{\mathrm{T}}$为系统状态，$\tau\in R$为控制输入，$f(z,t)$、$g(z,t)$为可能存在的非零项。

为固定时间镇定系统式(6-114)，定义状态变换$z(t)\to w(t)$为如下形式

$$w=\mu_1^{m+1}P(\mu_1)z \tag{6-115}$$

其中，$\mu_1=\dfrac{T}{T-t}$，矩阵$P(\mu_1)$为下三角形矩阵，其元素$\{P_{i,j}\}$为

$$P_{i,j}(\mu_1)=\overline{P}_{i,j}\mu_1^{n+i-j+1} \qquad 1\leqslant j\leqslant i\leqslant n \tag{6-116}$$

$$\overline{P}_{ij}=\begin{pmatrix}i-1\\ i-j\end{pmatrix}\frac{(n+m+i-j-1)!}{T^{i-j}(n+m-1)!} \tag{6-117}$$

根据参考文献[128]中结论，状态变换式(6-115)可得如下系统

$$w_1=\mu(t)z_1(t) \tag{6-118}$$

$$w_q(t)=\frac{\mathrm{d}w_{q-1}(t)}{\mathrm{d}t} \qquad q=2,\cdots,n+1 \tag{6-119}$$

为系统式(6-118)、式(6-119)设计如下控制律

$$\tau=-\frac{1}{g(z,t)}[f(z,t)+L_0+L_1+kz] \tag{6-120}$$

L_0表示为

$$L_0=\sigma^m l_0(\sigma)w \qquad L_1=\sigma^{n+m}(t)K_{n-1}^{\mathrm{T}}J_2w \tag{6-121}$$

其中，$\sigma(t)=\dfrac{T-t}{T}$，$J_2=[0_{(n-1)\times 1},I_{n-1}]$，$l_0(v)=[l_{0,1},l_{0,2},\cdots,l_{0,n}]$。对于$j=1,2,\cdots,n$,有

$$l_{0,j}(v)=\bar{l}_{0,j}\sigma^{j-1}(t) \tag{6-122}$$

此处

$$\bar{l}_{0,j}=\frac{n+m}{T^{n+1-j}}\sum_{i=0}^{n-j}\binom{n}{n-i-i+1}\binom{i+j-1}{i}\frac{(-1)^{i}(2n+m-i-j)!}{(n+m-1)!}\tag{6-123}$$

且

$$K_{n-1}=[k_1,\cdots,k_{n-1}]^{\mathrm{T}}\in R^{n-1}\tag{6-124}$$

式(6-124)中，k_{n-1}为待选向量系数，使得多项式 $s^{n-1}+k_{n-1}s^{n-2}+\cdots+k_1$ 和矩阵

$$\Lambda=\begin{bmatrix}0 & I_{n-2}\\ -k_1 & -k_2\cdots-k_{n-1}\end{bmatrix}\tag{6-125}$$

是赫尔维茨(Hurwitz)矩阵，此外，$l_0(\sigma)$有界。

引理 6.5[128]：考虑系统式(6-114)，控制律式(6-120)可保证其全局固定时间稳定，截止时间为 T，且存在常数 $\tilde{M}$，$\tilde{\delta}>0$ 满足对任意 $t\in[0,T)$：

$$|z(t)|\leqslant\sigma^{m+1}(t)\tilde{M}\mathrm{e}^{-\tilde{\delta}(t)}|z_0|\tag{6-126}$$

此外，控制律 τ 在区间$[0,T)$内有界。且若$f(z=0,t)=0$，则 τ 满足$\lim\limits_{t\to T}\tau=0$。

基于上述理论，以 AMV 作为研究对象。定义辅助变量 Λ 为 $\dot{\Lambda}=-\dfrac{K}{T_2-t}\Lambda$，$\Lambda(0)=\Lambda_0>0$，满足 $\Lambda_0=\sqrt{\dfrac{T_2^K}{(T_2-T_1)^{K-1}}}$，其中 $0<T_1<T_2$ 为正常数，K 为大于 3 的整数。基于反步法，定义误差变量 $e_{3,j}$、$e_{6,j}$、$e_{5,j}$为 $e_{3,j}=\vartheta_{3,j}-\alpha_{3,j}$、$e_{6,j}=\vartheta_{6,j}-\alpha_{6,j}$、$e_{5,j}=\vartheta_{5,j}-\alpha_{5,j}$，$\alpha_{3,j}$、$\alpha_{6,j}$、$\alpha_{5,j}$为虚拟输入，可描述为

$$\alpha_{3,j}=\begin{cases}\Lambda & t<T_2\\ 0 & t\geqslant T_2\end{cases}\tag{6-127}$$

$$\alpha_{6,j}=\begin{cases}-\dfrac{K}{T_2-t}\Lambda & t<T_2\\ 0 & t\geqslant T_2\end{cases}\tag{6-128}$$

$$\alpha_{5,j}=\begin{cases}\dfrac{\vartheta_{2,j}}{T_1-t}\Lambda_0 & t<T_1\\ 0 & t\geqslant T_1\end{cases}\tag{6-129}$$

定理 6.3：考虑系统式(6-118)，若系统状态 $e_{3,j}$、$e_{5,j}$和 $e_{6,j}$在时间 $T_0(<T_1)$前收敛到 0，则以下性质成立：

（ⅰ）状态 $\vartheta_{2,j}$、$\vartheta_{3,j}$、$\vartheta_{5,j}$、$\vartheta_{6,j}$在区间 $t\in[0,T_2]$内收敛到 0；

（ⅱ）虚拟输入 $\alpha_{5,j}$和 $\alpha_{6,j}$为 C^2 光滑。

证明：为方便阅读，可将过程分为两部分，分别为稳定性证明与光滑性证明。据式(6-127)与式(6-128)可知

$$\alpha_{3,j}=\begin{cases}\dfrac{(T_2-t)^K}{T_2^K}\Lambda_0 & t<T_2\\ 0 & t\geqslant T_2\end{cases}\tag{6-130}$$

$$\alpha_{6,j}=\begin{cases}-K\dfrac{(T_2-t)^{K-1}}{T_2^K}\Lambda_0 & t<T_2\\ 0 & t\geqslant T_2\end{cases}\tag{6-131}$$

（ⅰ）首先证明状态 $\vartheta_{2,j}$、$\vartheta_{3,j}$、$\vartheta_{5,j}$、$\vartheta_{6,j}$ 在区间 $t\in[0,T_2]$ 内收敛到 0。由于 $K>1$，$\alpha_{3,j}$ 和 $\alpha_{6,j}$ 在 $t=T_1$ 处是连续的，如控制律 $\varpi_{2,j}$ 确保 $e_{3,j}$ 和 $e_{6,j}$ 可以在时间 $T_2<T_1$ 前收敛到 0，则在区间 $t\in[T_0,T_2]$ 内

$$\vartheta_{3,j}=\frac{(T_2-t)^K}{T_2^K}\Lambda_0\qquad \vartheta_{6,j}=-K\frac{(T_2-t)^{K-1}}{T_2^K}\Lambda_0\tag{6-132}$$

根据子系统 $[\vartheta_{2,j},\vartheta_{3,j}]$ 的动态特性，$\vartheta_{2,j}$ 的导数可以表示为

$$\dot{\vartheta}_{2,j}=-K\frac{(T_2-t)^{K-1}}{T_2^K}\Lambda_0\vartheta_{5,j}\tag{6-133}$$

如控制律 $\varpi_{1,j}$ 确保 $e_{5,j}$ 可以在时间 T_0 前收敛到 0，则在区间 $[T_0,+\infty]$

$$\vartheta_{5,j}=\alpha_{5,j}=\begin{cases}\dfrac{\vartheta_{2,j}}{T_1-t}\Lambda_0 & t<T_1\\ 0 & t\geqslant T_1\end{cases}\tag{6-134}$$

结合式(6-119a)与式(6-134)可得

$$\dot{\vartheta}_{2,j}=\begin{cases}-K\dfrac{(T_2-t)^{K-1}}{T_2^K}\Lambda_0^2\dfrac{\vartheta_{2,j}}{T_1-t} & t<T_1\\ 0 & t\geqslant T_1\end{cases}\tag{6-135}$$

在区间 $t\in[0,T_1]$ 内

$$\dot{\vartheta}_{2,j}=-K\frac{(T_2-t)^{K-1}}{T_2^K}\Lambda_0^2\frac{\vartheta_{2,j}}{T_1-t}\tag{6-136}$$

根据二项式(Binomial)理论，$\forall t\in[0,T_1]$

$$\dot{\vartheta}_{2,j}=-\left[\sum_{i=0}^{K-1}\left(\frac{C_{K-1}^i(T_2-T_1)^{K-1-i}(T_1-t)^i}{T_1-t}\right)\right]\frac{K\Lambda_0^2}{T_2^K}\vartheta_{2,j}\tag{6-137}$$

因此，通过计算有如下结论

$$\vartheta_{2,j}=\mathrm{e}^{\Lambda_1}(T_2-t)^{\frac{K\Lambda_0^2}{T_2^K}(T_2-T_1)^{K-1}}\vartheta_{2,j}(0)\tag{6-138}$$

其中 Λ_1 可表示成如下形式

$$\Lambda_1=\frac{K\Lambda_0^2}{T_2^K}\sum_{i=1}^{i=K-1}\frac{(T_2-T_1)^{K-1-i}(T_1-t)^i}{i}\tag{6-139}$$

综上所述，可得 $\vartheta_{2,j}(t=T_1)=0$。因此，状态 $\vartheta_{2,j}$、$\vartheta_{3,j}$、$\vartheta_{5,j}$、$\vartheta_{6,j}$在区间 $t\in[0,T_2]$ 内收敛到 0。

（ⅱ）而后证明虚拟输入的光滑性。由于在区间 $[T_1,+\infty]$，$\dot{\vartheta}_{2,j}=0$，因此 $\forall t>T_1, \vartheta_{2,j}=0, \alpha_{5,j}$为

$$\alpha_{5,j}=\begin{cases}\Lambda_0 e^{\Lambda_1}(T_2-t)^{-1+\frac{K\Lambda_0^2}{T_2^K}(T_2-T_1)^{K-1}}\vartheta_{2,j}(0) & t<T_1\\ 0 & t\geqslant T_1\end{cases} \tag{6-140}$$

由于 $\Lambda_0=\sqrt{\dfrac{T_2^K}{(T_2-T_1)^{K-1}}}$，有

$$\alpha_{5,j}=\begin{cases}\vartheta_{2,j}(0)\Lambda_0 e^{\Lambda_1}(T_2-t)^{K-1} & t<T_1\\ 0 & t\geqslant T_1\end{cases} \tag{6-141}$$

$$\alpha_{6,j}=\begin{cases}-K\dfrac{(T_2-t)^{K-1}}{T_2^K}\Lambda_0 & t<T_2\\ 0 & t\geqslant T_2\end{cases} \tag{6-142}$$

则 $\alpha_{5,j}$和 $\alpha_{6,j}$的$(K-2)$阶导数为

$$\alpha_{5,j}^{(K-2)}=\frac{(-1)^{K-2}}{T_2^K}\vartheta_{2,j}(0)\Lambda_0\prod_{i=0}^{K-1}(K-i)e^{\Lambda_1} \tag{6-143}$$

$$\alpha_{6,j}^{(K-2)}=\frac{(-1)^{K-1}}{T_2^K}\Lambda_0\prod_{i=0}^{K-1}(K-i) \tag{6-144}$$

其中，$\Lambda_1=\dfrac{K\Lambda_0^2}{T_2^K}\sum_{i=1}^{i=K-1}\dfrac{(T_2-T_1)^{K-1-i}(T_1-t)^i}{i}$。因此，$\alpha_{5,j}$和 $\alpha_{6,j}$为$(K-2)$阶光滑。证明完毕。

附注 6.6： 与传统时变控制方法中的周期项 sin(t)或 cos(t)不同，本节采用尺度函数$\dfrac{1}{T-t}$。AMV 系统所有状态都需收敛到零，但由于动态特性 $\dot{\vartheta}_{2,j}=\alpha_{5,i}\alpha_{6,j}$，无法使用反馈线性化的方法镇定 AMV。因此，本节利用不同尺度函数对虚拟输入 $\alpha_{5,j}$和 $\alpha_{6,j}$引入动态补偿项 $\dot{\Lambda}=-\dfrac{K}{T_2-t}\Lambda$。则对于 $t\leqslant T_2$，α_5 为保证状态 ϑ_2 收敛提供持续激励条件。子系统式(6-109)可看作是对非线性系统进行解耦所得的一个时变线性系统。此外，与常规固定时间控制方法不同，本节提出的固定时间控制律不需要 sign 项，减少了抖振。设计参数 $K>3$ 是为确保状态 $\alpha_{5,j}$和 $\alpha_{6,j}$是光滑的，从而保证控制律是光滑的。因为需要控制律是 C^1 光滑的，所以参数 K 等于或大于 3。

根据定理 6.3，虚拟输入 $\alpha_{5,j}$和 $\alpha_{6,j}$可以在固定时间内镇定子系统$[\vartheta_{2,j},\vartheta_{3,j}]$，并确保状态 $\alpha_{5,j}$和 $\alpha_{6,j}$为$(K-2)$阶光滑。因此，只需要设计实际控制输入$\varpi_{1,j}$和

$\varpi_{2,j}$使得状态 $\vartheta_{2,j}$、$\vartheta_{3,j}$、$e_{3,j}$、$e_{5,j}$和 $e_{6,j}$在固定时间收敛到零。系统$[e_3,e_5,e_6]$的动态特性为

$$\dot{e}_{3,j}=e_{6,j} \qquad \dot{e}_{6,j}=\varpi_{2,j}-\dot{\alpha}_{6,j} \tag{6-145a}$$

$$\dot{e}_{5,j}=\varpi_{1,j}-\dot{\alpha}_{5,j} \tag{6-145b}$$

其中，

$$\dot{\alpha}_{5,j}=\begin{cases}\dfrac{\vartheta_{5,j}\vartheta_{6,j}}{T_1-t}\Lambda_0+\dfrac{\vartheta_{2,j}\Lambda_0}{(T_1-t)^2} & t<T_1\\ 0 & t\geqslant T_1\end{cases} \tag{6-146}$$

$$\dot{\alpha}_{6,j}=\begin{cases}K(K-1)\dfrac{(T_2-t)^{K-2}}{T_2^K}\Lambda_0 & t<T_2\\ 0 & t\geqslant T_2\end{cases} \tag{6-147}$$

根据引理 6.4，设计基于尺度函数的固定时间控制律如下

$$\varpi_{1,j}=\dot{\alpha}_{5,j}-\varpi_{a,j} \tag{6-148a}$$

$$\varpi_{2,j}=\dot{\alpha}_{6,j}-\varpi_{b,j} \tag{6-148b}$$

式中，$\varpi_{a,j}$和$\varpi_{b,j}$可以描述为

$$\varpi_{a,j}=\begin{cases}-\dfrac{m+1}{T_0-t}e_{5,j}-\dfrac{\kappa T_0^{m+1}}{(T_0-t)^{m+1}}e_{5,j} & t<T_0\\ e_{5,j} & t\geqslant T_0\end{cases} \tag{6-149}$$

$$\varpi_{b,j}=\begin{cases}\dfrac{(m+3)(m+2)e_3}{(T_0-t)^2}-\dfrac{2(m+2)e_6}{T_0-t}-\\ K_1\left[\dfrac{(m+2)}{(T_0-t)}e_{3,j}+e_{6,j}\right]-\dfrac{\kappa K_1 T_0^{m+2}}{(T_0-t)^{m+2}}e_{3,j}-\\ \dfrac{\kappa T_0^{m+2}}{(T_0-t)^{m+2}}e_{6,j}-\dfrac{(m+2)T_0^{m+2}}{(T_0-t)^{m+3}}e_{3,j} & t<T_0\\ -e_{3,j}-e_{6,j} & t\geqslant T_0\end{cases} \tag{6-150}$$

定理 6.4：考虑系统式(6-108)，控制律式(6-148)保证以下性质成立：

(ⅰ) 状态 $\vartheta_{2,j}$、$\vartheta_{3,j}$、$\vartheta_{5,j}$、$\vartheta_{6,j}$在固定时间 T_2 内收敛到 0，其中，$T_0<T_1$；

(ⅱ) 控制输入$\varpi_{1,j}$和$\varpi_{2,j}$为 C^1 光滑。

证明：与前文相同，结论的证明分为稳定性与光滑性两部分。结合动态特性式(6-145)与控制律式(6-148a、b)，可得，$\forall\, t<T_0$

$$\dot{e}_{3,j}=e_{6,j} \tag{6-151a}$$

$$\dot{e}_{5,j}=-\frac{m+1}{T_0-t}e_{5,j}-\frac{\kappa T_0^{m+1}}{(T_0-t)^{m+1}}e_{5,j} \tag{6-151b}$$

$$\dot{e}_{6,j}=\frac{(m+3)(m+2)e_3}{(T_0-t)^2}-\frac{2(m+2)e_6}{T_0-t}-K_1\left[\frac{(m+2)}{(T_0-t)}e_{3,j}+e_{6,j}\right]-\frac{\kappa K_1 T_0^{m+2}}{(T_0-t)^{m+2}}e_{3,j}-\frac{\kappa T_0^{m+2}}{(T_0-t)^{m+2}}e_{6,j}-\frac{(m+2)T_0^{m+2}}{(T_0-t)^{m+3}}e_{3,j} \tag{6-151c}$$

（ⅰ）首先证明状态 $\vartheta_{2,j}$、$\vartheta_{3,j}$、$\vartheta_{5,j}$、$\vartheta_{6,j}$ 在固定时间 T_2 内收敛到 0。由引理 6.5 可知，状态 $e_{3,j}$、$e_{5,j}$、$e_{6,j}$ 在固定时间 T_0 内收敛到零。因为 $T_2<T_0$，根据定理 6.3，状态 $\vartheta_{2,j}$、$\vartheta_{3,j}$、$\vartheta_{5,j}$、$\vartheta_{6,j}$ 在固定时间 T_2 内收敛到 0。$\boldsymbol{\varpi}_{a,j}$ 和 $\boldsymbol{\varpi}_{b,j}$ 的时间导数为

$$\dot{\boldsymbol{\varpi}}_{a,j}=\begin{cases}-\dfrac{m+1}{T_0-t}e_{5,j}-\left(-\dfrac{m+1}{T_0-t}e_{5,j}-\dfrac{\kappa T_0^{m+1}}{(T_0-t)^{m+1}}e_{5,j}\right)\dfrac{m+1}{(T_0-t)^2}-\\ \left(-\dfrac{m+1}{T_0-t}e_{5,j}-\dfrac{\kappa T_0^{m+1}}{(T_0-t)^{m+1}}e_{5,j}\right)\dfrac{\kappa T_0^{m+1}}{(T_0-t)^{m+1}}-\\ \dfrac{(m+1)\kappa T_0^{m+1}}{(T_0-t)^{m+2}}e_{5,j} & t<T_0\\ -e_{5,j} & t\geqslant T_0\end{cases} \tag{6-152a}$$

$$\dot{\boldsymbol{\varpi}}_{b,j}=\begin{cases}\dfrac{(m+3)(m+2)e_6}{(T_0-t)^2}+\dfrac{2(m+3)(m+2)e_3}{(T_0-t)^3}-\\ \dfrac{2(m+2)}{T_0-t}\Delta_i-\dfrac{(m+2)\kappa K_1 T_0^{m+2}}{(T_0-t)^{m+3}}e_{3,j}-\\ K_1\left[\dfrac{(m+2)}{(T_0-t)^2}e_{3,j}+\dfrac{(m+2)}{(T_0-t)}e_{6,j}+\Delta_i\right]-\\ \dfrac{\kappa K_1 T_0^{m+2}}{(T_0-t)^{m+2}}e_{6,j}-\dfrac{(m+2)\kappa T_0^{m+2}}{(T_0-t)^{m+3}}e_{6,j}-\\ \dfrac{2(m+2)e_6}{(T_0-t)^2}-\dfrac{\kappa T_0^{m+2}}{(T_0-t)^{m+2}}\Delta_i-\\ \dfrac{(m+3)T_0^{m+2}}{(T_0-t)^{m+4}}e_{3,j}-\dfrac{(m+2)T_0^{m+2}}{(T_0-t)^{m+3}}e_{6,j} & t<T_0\\ -e_{3,j}-e_{6,j} & t\geqslant T_0\end{cases} \tag{6-152b}$$

其中，$\boldsymbol{\Delta}_i$ 表示为

$$\boldsymbol{\Delta}_i=\frac{(m+3)(m+2)e_3}{(T_0-t)^2}-K_1\left[\frac{(m+2)}{(T_0-t)}e_{3,j}+e_{6,j}\right]-\frac{2(m+2)e_6}{T_0-t}\frac{\kappa K_1 T_0^{m+2}}{(T_0-t)^{m+2}}e_{3,j}-\frac{\kappa T_0^{m+2}}{(T_0-t)^{m+2}}e_{6,j}-\frac{(m+2)T_0^{m+2}}{(T_0-t)^{m+3}}e_{3,j} \tag{6-153}$$

（ⅱ）而后证明控制输入的光滑性。根据引理6.5，对于所有的$t\in[0,T_0)$，状态$e_{3,j}$、$e_{5,j}$、$e_{6,j}$满足

$$|e_{k,j}(t)|\leqslant\sigma^{m+1}(t)\tilde{M}e^{-\tilde{\delta}(t)}|e_{k,j}(0)|\qquad k=3,5,6 \tag{6-154}$$

因此，$\lim\limits_{t\to T_0^-}\varpi_{a,j}=\varpi_{b,j}=0$。根据上述公式，可知$\dot{\varpi}_{a,j}$和$\dot{\varpi}_{b,j}$连续，因此$\varpi_{a,j}$和$\varpi_{b,j}$为$C^1$光滑。此外，由定理6.3，可知$\alpha_{5,j}$和$\alpha_{6,j}$为$C^2$光滑，即$\dot{\alpha}_{5,j}$和$\dot{\alpha}_{6,j}$为$C^1$光滑。因此，输入$\varpi_{1,j}$和$\varpi_{2,j}$为$C^1$光滑。

与常规有限时间或固定时间控制方法相比，本节所提固定时间控制律式(6-148)无需符号函数，而是基于时变控制增益。该结构特征使得收敛时间不仅是有限的，而且可设计的。此外，由于该方法具有时变增益，无需使用高阶项以实现系统的固定时间收敛，可有效避免高控制增益问题。控制过程中虽存在切换点，但可通过设计参数例如K来保证控制律的C^1光滑性，使切换点左右两边的导数相等。

综上所述，针对AMV系统提出以下结论：

结论6.2：考虑系统式(6-99)和式(6-100)，如控制律$\tau_{1,j}$和$\tau_{2,j}$设计为

$$\tau_{1,j}=(d_{1,j}-d_{2,j})u_j-d_{2,j}z_{2,j}z_{6,j}-d_{2,j}\varpi_{1,j} \tag{6-155a}$$

$$\tau_{2,j}=-(m_{1,j}-m_{2,j})u_jv_j+d_{3,j}r_j-m_{3,j}\varpi_{2,j} \tag{6-155b}$$

则可实现目标式(6-101)，且控制律$\tau_{1,j}$和$\tau_{2,j}$为C^1光滑。其中，$j=1,2,3,\cdots,n$，$\varpi_{1,j}$和$\varpi_{2,j}$定义于式(6-148)。

证明：根据输入变换式(6-103)和定理6.4，控制律式(6-155)保证子系统式(6-109)固定时间稳定。由引理6.4可知，系统式(6-108)、式(6-109)指数稳定。基于引理6.3，协同镇定控制问题得以解决。据定理6.4，控制律$\varpi_{1,j}$和$\varpi_{2,j}$为C^1光滑。因此输入$\tau_{1,j}$和$\tau_{2,j}$亦为C^1光滑，结论证明完毕。

附注6.7：通常情况下，光滑控制律不能保证海洋航行器指数稳定性。为此部分文献引入时变项$e^{\kappa t}$。相比之下，本节通过引入固定时间控制律镇定子系统式(6-109)。并且与以往的固定时间或有限时间控制方法相比，本节所提出的控制律为C^1光滑。

6.3 数值仿真

6.3.1 固定时间策略

通过MATLAB仿真，验证6.1节所提方法的有效性。AMV初始条件如下：

$$\begin{aligned}&[x(0),y(0),\psi(0),u(0),v(0),r(0)]^{\mathrm{T}}\\&=[3(\mathrm{m}),-3(\mathrm{m}),0.7(\mathrm{rad}),0(\mathrm{m/s}),0(\mathrm{m/s}),0(\mathrm{rad/s})]^{\mathrm{T}}\end{aligned} \tag{6-156}$$

AMV惯性质量与阻尼系数为$m_{11}=25.8\mathrm{kg}$、$m_{22}=34.8\mathrm{kg}$、$m_{23}=7.2\mathrm{kg}$、$m_{32}=7.2\mathrm{kg\cdot m^2}$、$m_{33}=3.76\mathrm{kg\cdot m^2}$、$d_{11}=12+3.5|u|\mathrm{kg/s}$、$d_{22}=17\mathrm{kg/s}$、$d_{23}=0.2\mathrm{kg/s}$、

$d_{32}=0.5\text{kg}\cdot\text{m}^2/\text{s}$、$d_{33}=0.5+0.1|r|\ \text{kg}\cdot\text{m}^2/\text{s}$。

控制参数可选为

$$\begin{bmatrix} q_1 & q_2 & q_3 & q_4 \\ L_{1,a} & L_{2,a} & L_{3,a} & L_{4,a} \\ L_{1,b} & L_{2,b} & L_{3,b} & L_{4,b} \\ L_{1,c} & L_{2,c} & L_{3,c} & L_{4,c} \end{bmatrix}=\begin{bmatrix} 1.2 & 3.4 & 0.6 & 1.2 \\ 10 & 10 & 10 & 10 \\ 10 & 2 & 10 & 2 \\ 0.5 & 5 & 0.5 & 5 \end{bmatrix} \tag{6-157}$$

计算可得截止时间 T_1、T_2、T_3 分别为 5.1078s、6.7378s、15.8388s，子系统$[\vartheta_2, \vartheta_3, \vartheta_5, \vartheta_6]$稳定截止时间为 $T=T_1+T_2+T_3=27.6844\text{s}$。

执行器死区参数可描述为如下形式：

$$\begin{bmatrix} a_{1,r} & a_{1,l} & a_{2,r} & a_{2,l} \\ b_{1,r} & b_{1,l} & b_{2,r} & b_{2,l} \\ \underline{a}_{1,r} & \underline{a}_{1,l} & \underline{a}_{2,r} & \underline{a}_{2,l} \\ \bar{b}_{1,r} & \bar{b}_{1,l} & \bar{b}_{2,r} & \bar{b}_{2,l} \end{bmatrix}=\begin{bmatrix} \sigma_1(t) & \sigma_1(t) & \sigma_2(t) & \sigma_2(t) \\ 0.25 & 0.25 & 0.15 & 0.15 \\ 0.7 & 0.7 & 0.8 & 0.8 \\ 0.3 & 0.3 & 0.2 & 0.2 \end{bmatrix} \tag{6-158}$$

此处，$\sigma_1(t)=0.8+0.1\sin t$，$\sigma_2(t)=0.9+0.1\sin t$ 为时变函数。

首先，验证通过控制律式(6-77)～式(6-83)所得 AMV 系统式(6-1)的闭环系统稳定性。图 6-1 说明，海洋航行器的位置状态、偏航角、速度、艏摇角速度皆收敛于 0。为进一步展示所提控制方法的有效性，图 6-2 展示子系统式(6-3b)中微分同胚状态 ϑ_2、ϑ_3、ϑ_5、ϑ_6 轨迹，据所提固定时间切换策略，本节将所示收敛过程分为三个阶段。第一阶段，在区间 $t\in[0, T_1\approx5.1\text{s}]$，状态 ϑ_6 收敛致常数 $d_r=0.2$，即实现步骤 1 目标。第二阶段，系统稳定的关键状态 ϑ_2 固定时间收敛到 0，截止时间为 $T_1+T_2\approx13.8\text{s}$。最后，基于控制律式(6-77)～式(6-83)在区间 $t\in[T_1+T_2, T_1+T_2+T_3]$，状态 ϑ_3 与 ϑ_6 可在 $T_1+T_2+T_3\approx27.6\text{s}$ 内收敛到 0。

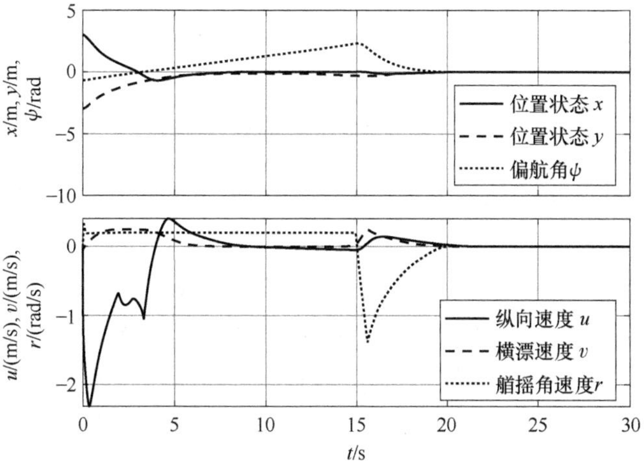

图 6-1　位置、偏航角、速度响应

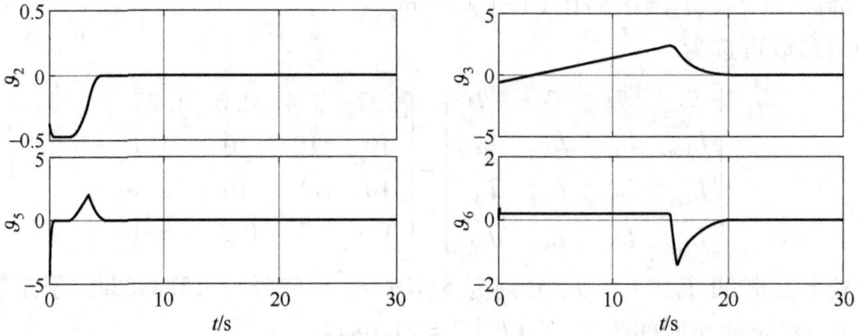

图 6-2　微分同胚状态响应

为证明本节固定时间切换策略所得闭环系统的指数稳定性，定义指数函数 $E=20\cdot e^{-0.1t}$ 及收敛性能指标

$$Q=(x^2+y^2+\psi^2+u^2+v^2+r^2)^2 \tag{6-159}$$

图 6-3 展示 Q、E 轨迹。可得 $Q\leqslant E$，即性能指标 Q 指数收敛到 0。

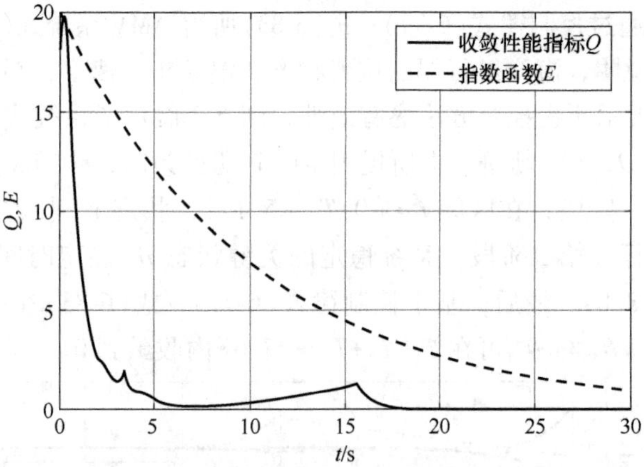

图 6-3　收敛性能指标与指数函数对比

为进一步验证固定时间切换控制策略的优势，首先给出本节固定时间切换控制方法与方法 I（参考文献[46]）的仿真对比。图 6-4 与图 6-5 展示在原点附近的位置轨迹，及收敛性能指标 Q 对比结果，说明了本节方法的准确性。

最后，在图 6-6 与图 6-7 中，给出纵向推进力 τ_1 与艏摇力矩 τ_2 的仿真对比情况。结果说明，固定时间切换控制方法相对于方法 I 有更小的控制输入，即具有更低的执行器性能需求。这说明本节方法在能耗方面的优势。同时，由于本节方法存在切换控制的缘故，存在不连续性。

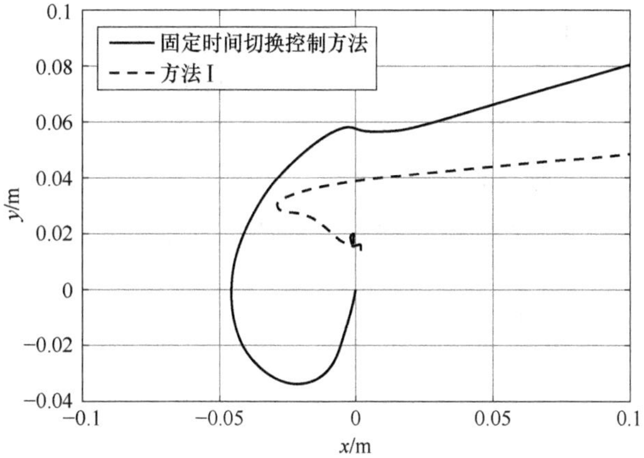

图 6-4　固定时间切换控制方法与方法 I 位置对比图

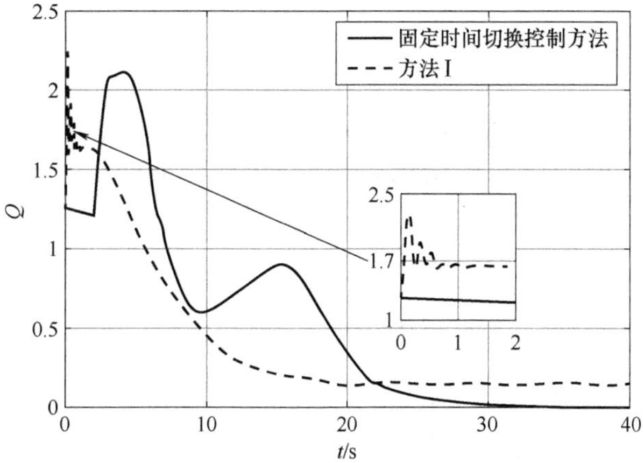

图 6-5　固定时间切换控制方法与方法 I 收敛性能对比图

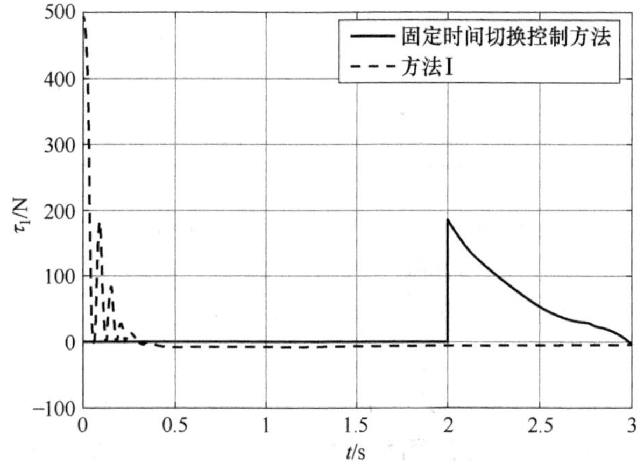

图 6-6　固定时间切换控制方法与方法 I 纵向推进力对比图

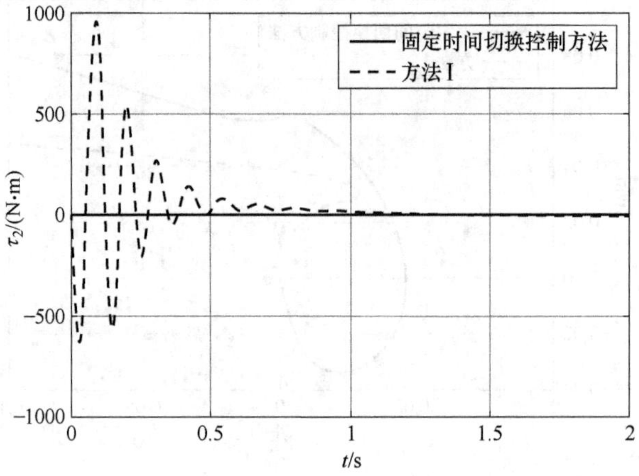

图 6-7　固定时间切换控制方法与方法 I 艏摇力矩对比图

6.3.2　尺度函数策略

通过仿真验证 6.2 节所提控制律有效性。考虑三个模型参数相同的欠驱动海洋航行器：$m_{1,j}=25.8\text{kg}$、$m_{2,j}=34.8\text{kg}$、$m_{3,j}=3.76\text{kg}\cdot\text{m}^2$、$d_{1,j}=12+3.5|u|\text{kg/s}$、$d_{2,j}=17\text{kg/s}$、$d_{3,j}=0.5+0.1|r|\text{kg}\cdot\text{m}^2/\text{s}$，$j=1、2、3$。所期望的几何形式为三角形，定义为

$$[p_{x,1},p_{y,1}]=[-1,-1],[p_{x,2},p_{y,2}]=[1,-1],[p_{x,3},p_{y,3}]=[0,2] \tag{6-160}$$

控制参数选为

$$T_0=0.5,\ T_1=1.5,\ T_2=3,\ K=3,\ \kappa=1 \tag{6-161}$$

为说明本节方法有效性，将海洋航行器初始状态设定两种不同情况，见表 6-2。

表 6-2　初始条件

情况	$x_1(0)$	$x_2(0)$	$x_3(0)$	$y_1(0)$	$y_2(0)$	$y_3(0)$	$\psi_1(0)$	$\psi_2(0)$	$\psi_3(0)$	ψ_d
1	−2m	−2m	0m	−2m	−2m	4m	0rad	0rad	0rad	0rad
2	4m	8m	0m	1m	−1m	1m	0.5rad	0.7rad	−0.1rad	π/2rad

假设海洋航行器通信有向，且拓扑固定如图 6-8 所示。

图 6-9 显示每个海洋航行器的路径，其收敛到所需的几何图形。另外，仿真表明在两种情况下，每个艏摇角和速度$[\psi_j,u_j,v_j,r_j]$收敛于一个常数向量，其中，速度 u_j、v_j 和 r_j 收敛到零。

图 6-10 与图 6-11 中展示情况 1 下，纵向推进力 τ_1 与艏摇力矩 τ_2 响应曲线。图中可明显看出，本节尺度函数控制律所得输入轨迹具有较好的平滑性。

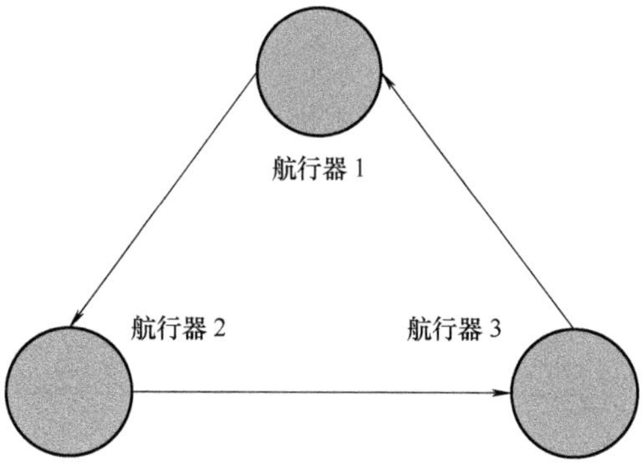

图 6-8　通信拓扑图

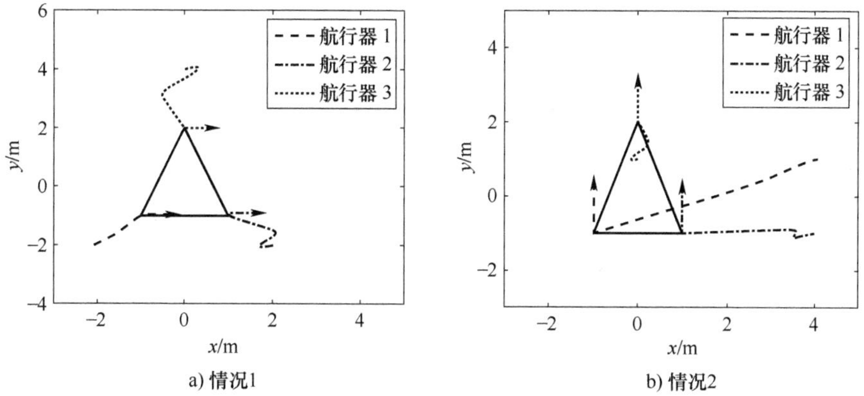

图 6-9　航行器位置

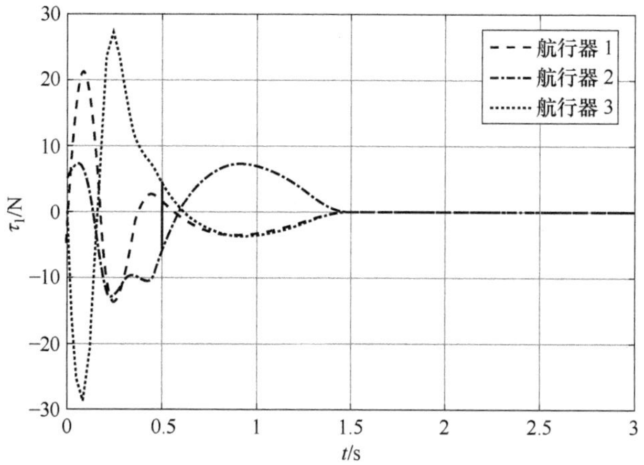

图 6-10　尺度函数方法纵向推进力响应

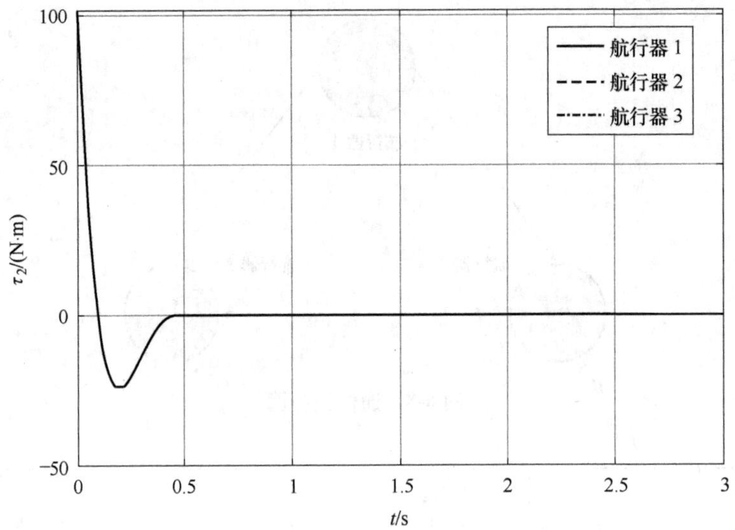

图 6-11　尺度函数方法艏摇力矩响应

为验证所提算法在不同初始条件下的有效性，此处，比较本节算法和方法Ⅱ控制算法在情况 1 和情况 2 中的微分同胚状态 $\vartheta_{2,j}$的响应轨迹。状态 $\vartheta_{2,j}$收敛说明系统式(6-109)稳定，其中，$j=1,2,3$。

图 6-12~图 6-15 显示，在两种情况中，基于本节尺度函数方法所得微分同胚状态 $\vartheta_{2,j}(j=1,2,3)$在 3s 之前收敛到 0，其收敛时间设定为 T_2。然而，在不同的初始条件下，有限时间控制方法具有不同的稳定时间。这说明通过本节控制律，状态 $\vartheta_{2,j}$可以固定时间内收敛，且与初始条件无关。

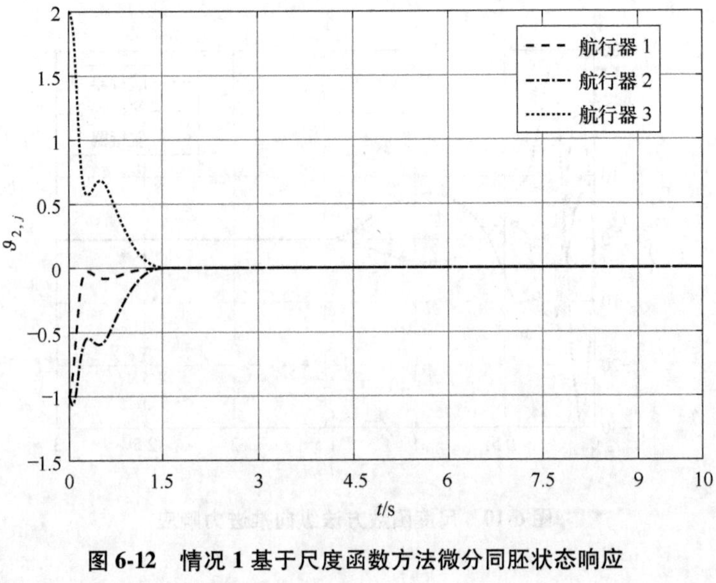

图 6-12　情况 1 基于尺度函数方法微分同胚状态响应

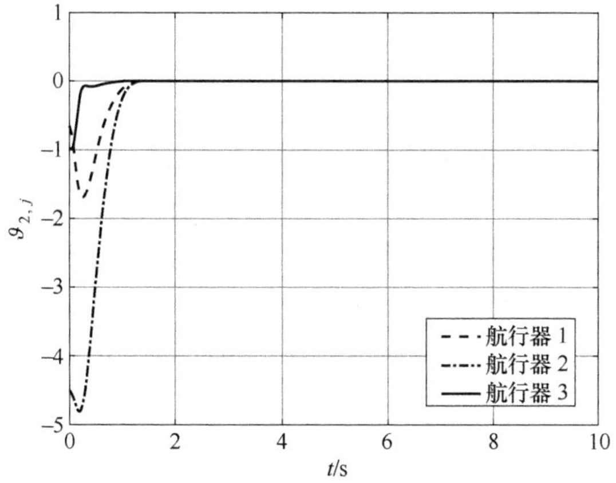

图 6-13　情况 2 基于尺度函数方法微分同胚状态响应

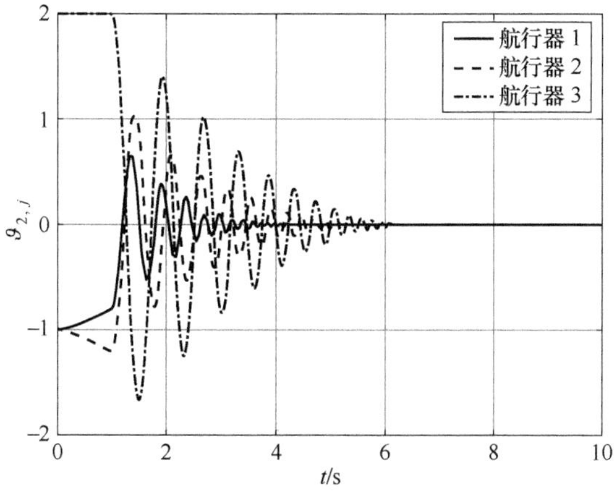

图 6-14　情况 1 基于方法Ⅱ微分同胚状态响应

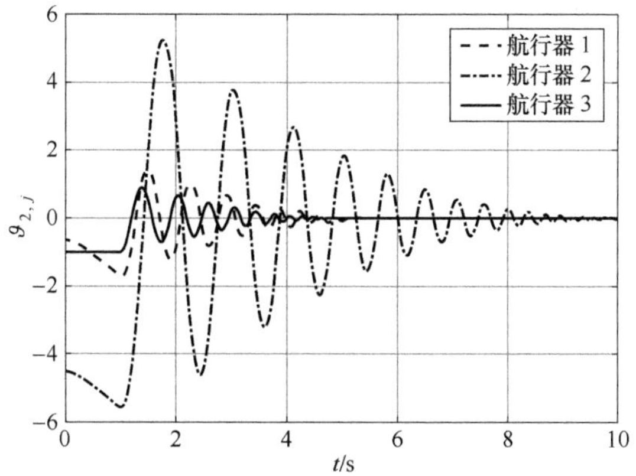

图 6-15　情况 2 基于方法Ⅱ微分同胚状态响应

6.4 本章小结

本章研究了具有执行器死区特性的 AMV 全局指数镇定问题。首先通过模型变换，将系统模型转化为两个子系统。而后，针对变换后的系统，提出了一种基于固定时间控制理论的切换方案。为解决执行器死区问题，本章提出一种带有输入死区的二阶非线性系统固定时间控制方法。基于此，得到 AMV 全局指数稳定控制律。而后，针对微分同胚系统，使用反步法和互为补偿的尺度函数，提出 C^1 光滑固定时间控制律，该方法不需要符号函数，可避免抖振问题，并将其拓展得到 AMV 协同镇定控制律。

第7章　执行器饱和下的AMV轨迹跟踪控制

海洋航行器的轨迹跟踪的控制目标是跟踪平面或空间上以时间为参数的轨迹，需要满足时间与空间的约束。针对具有时变扰动的海洋航行器运动数学模型，设计具有高精度的轨迹跟踪控制律是一项极具挑战性的任务。而当前针对扰动，主要有三种处理方案：基于滑模变结构理论控制法，基于近似值控制法及基于观测器法。但由于滑模控制理论具有抖振及基于近似值法中固有残差的存在，使得基于扰动观测器的控制理论得到广泛使用；当前，基于扰动观测器的轨迹跟踪控制研究中，只能得到一致最终有界或者渐近稳定的观测效果。随着先进控制理论的发展，可以确保有限时间内实现控制目标的理论被提出，即有限时间稳定理论及固定时间理论。基于该理论我们对扰动观测器进行了进一步研究，确保稳定时间内对扰动估计。

此外，当前跟踪控制器设计使用比较广泛的理论为反步法(Backstepping)及动态面法(Dynamic Surface Control，DSC)，两种算法各有优缺点：反步法设计易懂，但由于其需要对虚拟输入进行求导，导致随着系统阶的增加，增加计算量；DSC通过引入一阶滤波器，避免了对虚拟输入求导，但滤波器的引入为系统增加了滤波误差，虽然简化了设计，降低了精度；指令滤波技术有效地解决了两种算法的弊端，通过引入滤波器，简化设计，引入误差补偿系统，对滤波误差进行补偿，提高跟踪进度。本章基于扰动观测器、指令滤波技术，首先研究了执行器饱和下具有时变扰动的海洋航行器轨迹跟踪过程控制，而后，进一步考虑了执行器动态、模型参数不确定问题。为实现对时变扰动的精确估计，借助固定时间理论，提出两种新型扰动观测器，确保稳定时间内对扰动实现估计，且估计误差非零。为了应对输入饱和问题，引入了动态辅助系统。并且分别对滤波误差设计了误差补偿系统，增加了跟踪精度，提高了系统性能。

7.1　执行器饱和问题

7.1.1　问题描述

考虑海洋航行器水平面运动模型

$$\begin{cases} \dot{\eta}=R(\psi)\upsilon \\ M\dot{\upsilon}+C(\upsilon)\upsilon+D(\upsilon)\upsilon=\tau+\tau_w \end{cases} \tag{7-1}$$

为了描述简单，上述运动学方程[即式(7-1)的第二部分]可以描述为

$$\begin{aligned} \dot{u}&=f_u(\upsilon)+\frac{1}{m_1}\tau_u+\frac{1}{m_1}\tau_{wu} \\ \dot{v}&=f_v(\upsilon)+\frac{1}{m_2}\tau_{wv} \\ \dot{r}&=f_r(\upsilon)+\frac{1}{m_3}\tau_r+\frac{1}{m_3}\tau_{wr} \end{aligned} \tag{7-2}$$

其中

$$\begin{aligned} f_u(\upsilon)&=\frac{m_2}{m_1}vr-\frac{d_1}{m_1}u \\ f_v(\upsilon)&=-\frac{m_1}{m_2}ur-\frac{d_2}{m_2}v \\ f_r(\upsilon)&=\frac{m_1-m_2}{m_3}uv-\frac{d_3}{m_3}r \end{aligned} \tag{7-3}$$

考虑执行器(即 τ_u,τ_r)存在饱和

$$-\tau_{*\min}\leqslant\tau\leqslant\tau_{*\max} \qquad *=u,r \tag{7-4}$$

因此，控制输入 τ_*($*=u,r$)可以定义为

$$\tau_*=\mathrm{sat}(\tau_{0*})=\begin{cases} \tau_{*\max} & \tau_{0*}>\tau_{*\max} \\ \tau_{0*} & \tau_{*\min}\leqslant\tau_{0*}\leqslant\tau_{*\max} \\ \tau_{*\min} & \tau_{0*}<\tau_{*\min} \end{cases} \tag{7-5}$$

其中，τ_{0*}为不存在饱和时的输入。

假设 7.1：参考轨迹形式如下述动态方程

$$\begin{aligned} \dot{x}_d&=u_d\cos(\psi_d) \\ \dot{y}_d&=u_d\sin(\psi_d) \\ \dot{\psi}_d&=r_d \end{aligned} \tag{7-6}$$

假设 7.2：干扰项 τ_w 是未知时变有界的，且上界满足

$$\|\tau_w\|\leqslant\rho \tag{7-7}$$

本节的控制目标为：在假设 7.1 和假设 7.2 的条件下，考虑输入饱和及时变扰动的轨迹跟踪问题，针对海洋航行器模型式(7-1)~式(7-3)，设计非线性控制律，使得海洋航行器跟踪上规划轨迹，同时保证闭环系统中的所有信号都是有一致最终有界的。

7.1.2　扰动观测器设计及稳定性分析

为了对扰动精确估计，引入下面变量

$$s=\upsilon-\chi \tag{7-8}$$

这里，χ 的动态为

$$\dot{\chi}=M^{-1}\{k_1 s+k_2\operatorname{sign}(s)+k_3\operatorname{sig}^p(s)+k_4\operatorname{sig}^q(s)-\varpi\} \tag{7-9}$$

式中，$k_i,(i=1,2,3,4)$ 为待设计的正常数，$0<p<1$，$q>1$，$\varpi=C(\upsilon)\upsilon+D(\upsilon)\upsilon-\tau$。

扰动观测器设计如下

$$\hat{\tau}_w=k_1 s+k_2\operatorname{sign}(s)+k_3\operatorname{sig}^p(s)+k_4\operatorname{sig}^q(s) \tag{7-10}$$

式中，$k_2\geqslant\rho$。

为了验证扰动观测器的稳定性，选取如下李雅普诺夫函数

$$V_e=\frac{1}{2}s^{\mathrm{T}}Ms \tag{7-11}$$

根据式(7-1)、式(7-9)和式(7-10)，有

$$\begin{aligned}M\dot{s}&=M\dot{\upsilon}-M\dot{\chi}\\&=\tau_w-\varpi-[k_1 s+k_2\operatorname{sign}(s)+k_3\operatorname{sig}^p(s)+k_4\operatorname{sig}^q(s)-\varpi]\\&=-k_1 s-k_2\operatorname{sign}(s)-k_3\operatorname{sig}^p(s)-k_4\operatorname{sig}^q(s)+\tau_w\end{aligned} \tag{7-12}$$

根据式(7-7)、式(7-10)及式(7-12)，对系统式(7-11)求导得

$$\begin{aligned}\dot{V}_e&=s^{\mathrm{T}}[-k_1 s-k_2\operatorname{sign}(s)-k_3\operatorname{sig}^p(s)-k_4\operatorname{sig}^q(s)+\tau_w]\\&=-k_1\|s\|^2-k_2 s\cdot\operatorname{sign}(s)-k_3 s\cdot\operatorname{sig}^p(s)-k_4 s\cdot\operatorname{sig}^q(s)+s\cdot\tau_w\\&=-k_1\|s\|^2-k_2\|s\|-k_3\operatorname{sig}^{p+1}(s)-k_4\operatorname{sig}^{q+1}(s)+s\cdot\tau_w\\&\leqslant-k_1\|s\|^2-k_2\|s\|+\rho\|s\|-k_3\operatorname{sig}^{p+1}(s)-k_4\operatorname{sig}^{q+1}(s)\\&\leqslant-k_1\|s\|^2-k_3\operatorname{sig}^{\frac{p+1}{2}}(\|s\|^2)-k_4\operatorname{sig}^{\frac{q+1}{2}}(\|s\|^2)\\&\leqslant-k_3\operatorname{sig}^{\frac{p+1}{2}}(\|s\|^2)-k_4\operatorname{sig}^{\frac{q+1}{2}}(\|s\|^2)\end{aligned} \tag{7-13}$$

由于矩阵 M 为正定的，我们有 $\lambda_{\max}(M)>0$，因此，不等式(7-13)可以进一步写为

$$\dot{V}_e\leqslant-k_3\left(\frac{2}{\lambda_{\max}(M)}\right)^{\frac{p+1}{2}}\operatorname{sig}^{\frac{p+1}{2}}(V_e)-k_4\left(\frac{2}{\lambda_{\max}(M)}\right)^{\frac{q+1}{2}}\operatorname{sig}^{\frac{q+1}{2}}(V_e) \tag{7-14}$$

由于 $0<p<1$，$q>1$，得 $0<\frac{p+1}{2}<1$，$\frac{q+1}{2}>1$。根据引理 2.5，可得观测误差系统式(7-11)是全局固定时间稳定的。

根据上述分析，可得

$$V_e=\dot{V}_e=0\qquad\forall t\geqslant T_0 \tag{7-15}$$

进一步，根据 V_e 的定义，有

$$\dot{s}=0 \qquad \forall t \geqslant T_0 \tag{7-16}$$

定义扰动观测误差为

$$\tau_{we}=\hat{\tau}_w=\tau_w \tag{7-17}$$

根据式(7-1)、式(7-10)，有

$$\begin{aligned}\tau_{we}&=\hat{\tau}_w-\tau_w\\&=k_1 s+k_2\operatorname{sign}(s)+k_3\operatorname{sig}^p(s)+k_4\operatorname{sig}^q(s)-(M\dot{\upsilon}+\varpi)\\&=M\{-\dot{\upsilon}+M^{-1}[k_1 s+k_2\operatorname{sign}(s)+k_3\operatorname{sig}^p(s)+k_4\operatorname{sig}^q(s)-\varpi]\}\\&=-M\dot{s}\end{aligned} \tag{7-18}$$

根据式(7-16)，可得

$$\tau_{we}=0 \qquad t\geqslant T_0 \tag{7-19}$$

根据上述分析，可得如下定理。

定理 7.1：在假设 7.2 下，通过选择合适的观测器参数 $k_i(i=1,2,3,4)$，p 及 q 构造的扰动观测器可以在稳定时间 T_0 内对有界扰动实现精确估计，且估计误差为零。

证明：式(7-14)可以进一步写为

$$\dot{V}_e\leqslant-\lambda_1\operatorname{sig}^{\tilde{p}}V_e-\lambda_1\operatorname{sig}^{\tilde{p}}V_e \tag{7-20}$$

式中，$\lambda_1=k_3\left(\dfrac{2}{\lambda_{\max}(M)}\right)^{\frac{p+1}{2}}$，$\lambda_2=k_3\left(\dfrac{2}{\lambda_{\max}(M)}\right)^{\frac{q+1}{2}}$，$\tilde{p}=\dfrac{p+1}{2}$，$\tilde{q}=\dfrac{q+1}{2}$。

根据引理 2.5，我们可得观测误差系统是全局固定时间稳定的，且稳定时间 T_0 有确定的上界

$$T_0\leqslant T_{\max}:=\frac{1}{\lambda_1(1-\tilde{p})}+\frac{1}{\lambda_2(\tilde{q}-1)} \tag{7-21}$$

证毕。

注 7.1：常规扰动观测器只可以得到观测误差一致最终有界或全局渐近稳定，而该收敛时间是无限的，本节给定的扰动观测器可以实现固定时间收敛，且观测误差为零。

7.1.3 轨迹跟踪控制律设计及稳定性分析

在海洋航行中，参考轨迹一般由路径点产生，如图 7-1 所示。由路径点引导海洋航行器沿着路径航行。导引原则的目的就是为海洋航行器提供期望的参考信号，使得海洋航行器收敛于基于路径点的规划轨迹上。

根据假设 7.1，我们可以得到相对于时间序列 t_d 的输入序列(u_d,r_d)。在图 7-1 中，以参考路径 p_i-p_{i+1} 为例，根据牛顿运动定律可得

$$t_d=\frac{\operatorname{distance}(p_i,p_{i+1})}{u_d} \qquad r_d=0 \tag{7-22}$$

定义误差变量

$$\tilde{x}_e=x-x_d^c \qquad \tilde{y}_e=y-y_d^c$$
$$\tilde{z}_e=\sqrt{\tilde{x}_e^2+\tilde{y}_e^2} \qquad \tilde{\psi}_e=\psi-\psi_r^c \tag{7-23}$$
$$\tilde{u}=u-u_d^c \qquad \tilde{r}=r-r_d^c$$

其中，x_d^c，y_d^c，ψ_r^c 为 x_d，y_d，ψ_r 通过下述指令滤波器所得

$$\begin{aligned}\dot{z}_1&=\omega z_2\\ \dot{z}_2&=-2\vartheta\omega z_2-\omega(z_1-\alpha_1)\end{aligned} \tag{7-24}$$

式中，ω 和 ϑ 为滤波器设计增益，满足 $\omega>0$ 和 $\vartheta\in(0,1]$，初始条件满足 $z_1(0)=\alpha_1(0)$ 且 $z_2(0)=0$。

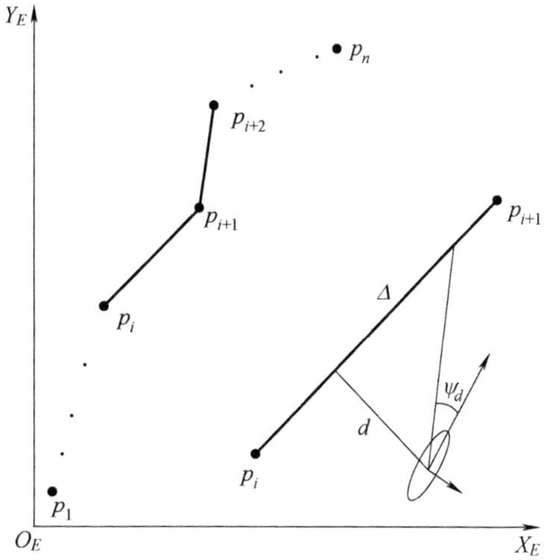

图 7-1　基于路径点的路径生成框图

为了跟踪上任意参考轨迹，设计下述事件角

$$\psi_r=\beta_1\tanh(\tilde{z}_e^2/\gamma)+\beta_2[(1-\tanh(\tilde{z}_e^2/\gamma)] \tag{7-25}$$

式中，$\beta_1=\arctan\left(\dfrac{\tilde{y}_e}{\tilde{x}_e}\right)$，$\beta_2=\arctan\left(\dfrac{y_i-y_{i-1}}{x_i-x_{i-1}}\right)$，$\gamma$ 为较小常数。

根据式(7-23)及式(7-25)，可得

$$\begin{aligned}\tilde{x}_e&=\tilde{z}_e\cos(\psi_r^c)\\ \tilde{y}_e&=\tilde{z}_e\sin(\psi_r^c)\end{aligned} \tag{7-26}$$

根据式(7-1)，式(7-23)和式(7-25)，对 $\tilde{z}_e$，$\tilde{\psi}_e$ 求导得

$$\begin{aligned}\dot{\tilde{z}}_e&=u\cos(\tilde{\psi}_e)-v\sin(\tilde{\psi}_e)-\dot{x}_d^c\cos(\psi_r^c)-\dot{y}_d^c\sin(\psi_r^c)\\ \dot{\tilde{\psi}}_e&=r-\dot{\psi}_r^c\end{aligned} \tag{7-27}$$

期望的虚拟控制输入(u_d,r_d)设计如下

$$\begin{aligned}u_d&=\frac{-k_{z_e}\tilde{z}_e+\dot{x}_d^c\cos(\psi_r^c)+\dot{y}_d^c\sin(\psi_r^c)+v\sin(\tilde{\psi}_e)-\lambda_{z_e}\xi_{z_e}}{\cos(\tilde{\psi}_e)}\\ r_d&=-k_{\psi_e}\tilde{\psi}_e+\dot{\psi}_r^c-\lambda_{\psi_e}\xi_{\psi_e}\end{aligned} \tag{7-28}$$

式中，ξ_{z_e}与 ξ_{ψ_e}为误差补偿信号。

注 7.2：与传统的 Backstepping 算法相比，指令滤波技术可以消除由重复求导导致的计算膨胀问题。因此，给定的控制算法具有更快的计算速度及较少的计算

时间。此外，引入误差补偿系统可以消除滤波器带来的滤波误差，得到更好的跟踪性能。

误差补偿信号 ξ_{z_e} 及 ξ_{ψ_e} 由下述动态系统产生

$$
\begin{aligned}
\dot{\xi}_{z_e} &= -\lambda_{z_e}\xi_{z_e} + (u_d^c - u_d)\cos(\tilde{\psi}_e) + \xi_u \\
\dot{\xi}_{\psi_e} &= -\lambda_{\psi_e}\xi_{\psi_e} + (r_d^c - r_d) + \xi_r
\end{aligned}
\tag{7-29}
$$

注 7.3：在最后一步，补偿信号为零，因此，在式(7-29)中 $(\xi_u,\xi_r)=(0,0)$。

为了验证跟踪误差的稳定性，选取如下李雅普诺夫函数

$$
V_1 = \frac{1}{2}(\tilde{z}_e^2 + \tilde{\psi}_e^2) \tag{7-30}
$$

根据式(7-23)、式(7-27)及 Young's 不等式，对其求导得

$$
\begin{aligned}
\dot{V}_1 &= \tilde{z}_e\begin{bmatrix}(\tilde{u} + u_d^c - u_d + r_d)\cos(\tilde{\psi}_e) - v\sin(\tilde{\psi}_e) - \\ \dot{x}_d^c\cos(\psi_r^c) - \dot{y}_d^c\sin(\psi_r^c)\end{bmatrix} + \tilde{\psi}_e(\tilde{r} + r_d^c - r_d + r_d) \\
&= \tilde{z}_e(\tilde{u}\cos\tilde{\psi}_e + (-k_{z_e}\tilde{z}_e + \dot{\xi}_{z_e})) + \tilde{\psi}_e(\tilde{r} - k_{\psi_e}\tilde{\psi}_e + \dot{\xi}_{\psi_e}) \\
&= -k_{z_e}\tilde{z}_e^2 - k_{\psi_e}\tilde{\psi}_e^2 + \tilde{z}_e\tilde{u}\cos\tilde{\psi}_e + \tilde{\psi}_e\tilde{r} + \tilde{z}_e\dot{\xi}_{z_e} + \tilde{\psi}_e\dot{\xi}_{\psi_e} \\
&\leqslant -(k_{z_e}-1)\tilde{z}_e^2 - (k_{\psi_e}-1)\tilde{\psi}_e^2 + \frac{1}{2}(\tilde{u}^2 + \tilde{r}^2 + \dot{\xi}_{z_e}^2 + \dot{\xi}_{\psi_e}^2)
\end{aligned}
\tag{7-31}
$$

可得，误差补偿信号是有界的，因此，当 $(\tilde{u},\tilde{r})$ 收敛时，误差 $\tilde{z}_e$，$\tilde{\psi}_e$ 收敛。

根据式(7-23)，速度跟踪误差为

$$
\begin{aligned}
\tilde{u} &= u - u_d^c \\
\tilde{r} &= r - r_d^c
\end{aligned}
\tag{7-32}
$$

对其求导得

$$
\begin{aligned}
\dot{\tilde{u}} &= f_u(v) + \frac{1}{m_1}\tau_u + \frac{1}{m_1}\tau_{wu} - \dot{u}_d^c \\
\dot{\tilde{r}} &= f_r(v) + \frac{1}{m_3}\tau_r + \frac{1}{m_3}\tau_{wr} - \dot{r}_d^c
\end{aligned}
\tag{7-33}
$$

$\dot{u}_d^c$，$\dot{r}_d^c$ 由 u_d 及 r_d 经过下述指令滤波器得出

$$
\begin{aligned}
\dot{z}_1 &= \omega z_2 \\
\dot{z}_2 &= -2\vartheta\omega z_2 - \omega(z_1 - \alpha_1)
\end{aligned}
\tag{7-34}
$$

式中，ω 和 ϑ 为滤波器增益，满足 $\omega>0$ 和 $\vartheta\in(0,1]$，初始条件满足 $z_1(0)=\alpha_1(0)$ 且 $z_2(0)=0$。

为了处理执行器饱和，引入辅助动态系统

$$\dot{\zeta}_* = \begin{cases} -k_{\zeta_*}\zeta_* - \dfrac{|\tilde{*}\Delta\tau| + 0.5\Delta\tau^2}{\|\zeta\|^2}\zeta_* + \Delta\tau & \|\zeta_*\| > \sigma \\ 0 & \|\zeta_*\| \leqslant \sigma \end{cases} \tag{7-35}$$

式中，$*=u,r,k_{\zeta_*}$ 为待设计正常数，σ 为较小常数，ζ_* 为辅助系统状态，$\Delta\tau=\tau-\tau_c$。

真实控制输入设计如下

$$\begin{aligned} \tau_{uc} &= m_1\left(-k_{ue}\tilde{u} - \frac{1}{m_1}\hat{\tau}_{wu} - f_u(\upsilon) + \dot{u}_d^c + \kappa_u\zeta_u\right) \\ \tau_{rc} &= m_3\left(-k_{re}\tilde{r} - \frac{1}{m_3}\hat{\tau}_{wr} - f_r(\upsilon) + \dot{r}_d^c + \kappa_r\zeta_r\right) \end{aligned} \tag{7-36}$$

式中，k_{ue}，k_{re}，κ_u 及 κ_r 为待设计参数。

根据上述内容，我们可得如下定理。

定理 7.2：在假设 7.1 和假设 7.2 的条件下，针对存在输入饱和及时变扰动的海洋航行器轨迹跟踪控制问题，对于海洋航行器运动数学模型式(7-1)～式(7-3)，设计基于扰动观测器式(7-10)，辅助动态系统式(7-36)，中间虚拟控制变量式(7-28)，指令滤波器式(7-34)，误差补偿系统式(7-29)的非线性控制律式(7-36)，对于给定的任意有界初始条件，通过选取恰当的参数，可以实现海洋航行器的轨迹跟踪控制，并保证闭环控制系统中的所有信号是一致最终有界的。

证明：为了验证整个闭环系统的稳定性，选择如下李雅普诺夫函数

$$V=\frac{1}{2}\tilde{z}_e^2+\frac{1}{2}\tilde{\psi}_e^2+\frac{1}{2}\tilde{u}m_1\tilde{u}+\frac{1}{2}\tilde{r}m_3\tilde{r}+\frac{1}{2}\varsigma^{\mathrm{T}}\varsigma+\frac{1}{2}\tau_{we}^{\mathrm{T}}\tau_{we} \tag{7-37}$$

对系统式(7-37)求导得

$$\dot{V}=\tilde{z}_e\dot{\tilde{z}}_e+\tilde{\psi}_e\dot{\tilde{\psi}}_e+\tilde{u}m_1\dot{\tilde{u}}+\tilde{r}m_3\dot{\tilde{r}}+\varsigma\dot{\varsigma} \tag{7-38}$$

由式(7-32)、式(7-33)及 Young's 不等式，有

$$\tilde{z}_e\dot{\tilde{z}}_e+\tilde{\psi}_e\dot{\tilde{\psi}}_e \leqslant -(k_{z_e}-1)\tilde{z}_e^2-(k_{\psi_e}-1)\tilde{\psi}_e^2+\frac{1}{2}(\tilde{u}^2+\tilde{r}^2+\dot{\xi}_{z_e}^2+\dot{\xi}_{\psi_e}^2) \tag{7-39}$$

和

$$\begin{aligned} &\tilde{u}m_1\dot{\tilde{u}}+\tilde{r}m_3\dot{\tilde{r}} \\ &= -k_{u_e}\tilde{u}^2-k_{r_e}\tilde{r}^2+\tilde{u}\kappa_u\varsigma_u+\tilde{r}\kappa_r\varsigma_r+\tilde{u}\Delta\tau_u+\tilde{r}\Delta\tau_r \\ &\leqslant -k_{u_e}\tilde{u}^2-k_{r_e}\tilde{r}^2+\tilde{u}^2+\tilde{r}^2+\frac{1}{2}(\kappa_u\varsigma_u)^2+\frac{1}{2}(\kappa_r\varsigma_r)^2+\tilde{u}\Delta\tau_u+\tilde{r}\Delta\tau_r \\ &\leqslant -k_{u_e}\tilde{u}^2-k_{r_e}\tilde{r}^2+\frac{3}{2}(\tilde{u}^2+\tilde{r}^2)+\frac{1}{2}(\kappa_u\varsigma_u)^2+\frac{1}{2}(\kappa_r\varsigma_r)^2+\frac{1}{2}(\Delta\tau_u^2+\Delta\tau_r^2) \end{aligned} \tag{7-40}$$

整个跟踪闭环系统的稳定性分下面两种情况讨论。

情况一：当$\|\varsigma\|\geqslant\sigma$时，根据式(7-35)及Young's不等式，有

$$\varsigma^{\mathrm{T}}\dot{\varsigma}=-\varsigma^{\mathrm{T}}\boldsymbol{\kappa}_{\varsigma}\varsigma-|\tilde{*}\Delta\tau|-\frac{1}{2}\Delta\tau^{2}+\varsigma\Delta\tau\leqslant-\varsigma^{\mathrm{T}}\boldsymbol{\kappa}_{\varsigma}\varsigma-|\tilde{*}\Delta\tau|+\frac{1}{2}\varsigma^{\mathrm{T}}\varsigma \tag{7-41}$$

将式(7-39)、式(7-40)代入式(7-41)，可得

$$\begin{aligned}\dot{V}\leqslant&-(k_{z_e}-1)\tilde{z}_e^2-(k_{\psi_e}-1)\tilde{\psi}_e^2-(k_{u_e}-2)\tilde{u}^2-(k_{r_e}-2)\tilde{r}^2+\\&\frac{1}{2}\{(\boldsymbol{\kappa}_u\varsigma_u)^2+(\boldsymbol{\kappa}_r\varsigma_r)^2\}-\varsigma^{\mathrm{T}}\boldsymbol{\kappa}_{\varsigma}\varsigma-|\tilde{*}\Delta\tau|+\frac{1}{2}\varsigma^{\mathrm{T}}\varsigma+\frac{1}{2}(\Delta\tau_u^2+\Delta\tau_r^2+\dot{\xi}_{z_e}^2+\dot{\xi}_{\psi_e}^2)\\\leqslant&-\left(k_{z_e}-\frac{1}{2}\right)e_{z_e}^2-\left(k_{\psi_e}-\frac{1}{2}\right)e_{\psi_e}^2-(k_{u_e}-2)\tilde{u}^2-(k_{r_e}-2)\tilde{r}^2-\\&\left[\lambda_{\min}\left(\boldsymbol{\kappa}_{\varsigma}-\frac{1}{2}\boldsymbol{\kappa}_*^2\right)-\frac{1}{2}\right]\varsigma^{\mathrm{T}}\varsigma+\frac{1}{2}(\Delta\tau_u^2+\Delta\tau_r^2+\dot{\xi}_{z_e}^2+\dot{\xi}_{\psi_e}^2)\\\leqslant&-2\mu_1V+C_1\end{aligned}\tag{7-42}$$

其中

$$\mu_1=\min\left\{k_{z_e}-1,k_{\psi_e}-1,k_{u_e}-2,k_{r_e}-2,\lambda_{\min}\left(\boldsymbol{\kappa}_{\varsigma}-\frac{1}{2}\boldsymbol{\kappa}_*^2\right)-\frac{1}{2}\right\}$$

$$C_1=\frac{1}{2}(\Delta\tau_u^2+\Delta\tau_r^2+\dot{\xi}_{z_e}^2+\dot{\xi}_{\psi_e}^2)$$

情况二：当$\|\varsigma\|<\sigma$时，根据式(7-35)及Young's不等式，可得

$$\varsigma^{\mathrm{T}}\dot{\varsigma}=0 \tag{7-43}$$

$$\begin{aligned}\frac{1}{2}\varsigma^{\mathrm{T}}\boldsymbol{\kappa}_*^{\mathrm{T}}\boldsymbol{\kappa}_*\varsigma&=-\frac{1}{2}\varsigma^{\mathrm{T}}\boldsymbol{\kappa}_*^{\mathrm{T}}\boldsymbol{\kappa}_*\varsigma+\varsigma^{\mathrm{T}}\boldsymbol{\kappa}_*^{\mathrm{T}}\boldsymbol{\kappa}_*\varsigma\\&\leqslant-\frac{1}{2}\varsigma^{\mathrm{T}}\boldsymbol{\kappa}_*^{\mathrm{T}}\boldsymbol{\kappa}_*\varsigma+\sigma^2\|\boldsymbol{\kappa}_*^{\mathrm{T}}\boldsymbol{\kappa}_*\|\end{aligned}\tag{7-44}$$

$$\tilde{u}\Delta\tau_u+\tilde{r}\Delta\tau_r\leqslant\frac{1}{2}(\tilde{u}^2+\tilde{r}^2)+\frac{1}{2}(\|\Delta\tau_u\|+\|\Delta\tau_r\|) \tag{7-45}$$

将式(7-33)、式(7-35)、式(7-36)和式(7-39)代入式(7-38)，且根据式(7-43)、式(7-44)可得

$$\begin{aligned}\dot{V}\leqslant&(k_{z_e}-1)\tilde{z}_e^2-(k_{\psi_e}-1)\tilde{\psi}_e^2-(k_{u_e}-2)\tilde{u}^2-(k_{r_e}-2)\tilde{r}^2-\\&\frac{1}{2}\lambda_{\min}(\boldsymbol{\kappa}_*^{\mathrm{T}}\boldsymbol{\kappa}_*)\varsigma^{\mathrm{T}}\varsigma+\sigma^2\|\boldsymbol{\kappa}_*^{\mathrm{T}}\boldsymbol{\kappa}_*\|+\frac{1}{2}(\|\Delta\tau_u\|+\|\Delta\tau_r\|+\dot{\xi}_{z_e}^2+\dot{\xi}_{\psi_e}^2)\\\leqslant&-2\mu_2V+C_2\end{aligned}\tag{7-46}$$

式中

$$\mu_2=\min\left\{k_{z_e}-\frac{1}{2},k_{\psi_e}-\frac{1}{2},k_{u_e}-2,k_{r_e}-2,\lambda_{\min}(\boldsymbol{\kappa}_*^{\mathrm{T}}\boldsymbol{\kappa}_*)\right\}$$

$$C_2=\sigma^2\|\boldsymbol{\kappa}_*^{\mathrm{T}}\boldsymbol{\kappa}_*\|+\frac{1}{2}(\|\Delta\tau_u\|+\|\Delta\tau_r\|+\dot{\xi}_{z_e}^2+\dot{\xi}_{\psi_e}^2)$$

将式(7-42)和式(7-46)整合，有

$$\dot{V} \leqslant -2\mu V + C \tag{7-47}$$

式中，$\mu = \min\{\mu_1, \mu_2\}$，$C = \max\{C_1, C_2\}$，且参数 k_{z_e}，k_{ψ_e}，k_{u_e}，k_{r_e}，$\boldsymbol{\kappa}_*$，k_ς 满足 $k_{z_e}>1$，$k_{\psi_e}>1$，$k_{u_e}>2$，$k_{r_e}>2$，$\lambda_{\min}\left(k_\varsigma - \frac{1}{2}\boldsymbol{\kappa}_*^{\mathrm{T}}\boldsymbol{\kappa}_*\right) > \frac{1}{2}$。

进一步解不等式式(7-47)，有

$$0 \leqslant V(t) \leqslant \frac{C}{2\mu} + \left[V(0) - \frac{C}{2\mu}\right] \mathrm{e}^{-2\mu t} \tag{7-48}$$

根据式(7-48)可知 $V(t)$ 是一致最终有界的，因此，跟踪误差$[e_{z_e}, e_{\psi_e}, \tilde{u}, \tilde{r}, \varsigma, \tau_{we}]^{\mathrm{T}}$ 是有界的。因此，轨迹跟踪误差可以收敛到集合$\|z_1\| \leqslant \sqrt{\frac{C}{\mu} + 2\left[V(0) - \frac{C}{2\mu}\right]\mathrm{e}^{-2\mu t}}$。

接下来，我们将会讨论横漂速度的有界性。

根据式(7-2)，横漂速度的动态可以写为

$$\dot{v} = -\frac{m_1}{m_2}ur - \frac{d_2}{m_2}v + \frac{1}{m_2}\tau_{wv} \tag{7-49}$$

针对海洋航行器，惯性参数及阻尼参数 m_1、m_2、d_2 都是正值。

考虑下面的李雅普诺夫函数

$$V_v = \frac{1}{2}v^2 \tag{7-50}$$

根据式(7-49)，对其求导得

$$\begin{aligned} \dot{V}_v &= -\frac{d_2}{m_2}v^2 + \frac{v}{m_2}(\tau_{wv} - m_1 ur) \\ &= \frac{2d_2}{m_2}V_v + \frac{v}{m_2}(\tau_{wv} - m_1 ur) \end{aligned} \tag{7-51}$$

由于 u，r 及 τ_{wv} 是有界的，定义有界变量 B_{ur} 满足 $|d_v - m_1 ur| < B_{ur}$，进一步，式(7-51)可以写为

$$\begin{aligned} \dot{V}_v &\leqslant -\left(\frac{d_2}{m_2} - \frac{1}{2m_2}\right)v^2 + \frac{B_{ur}^2}{2m_2} \\ &= -\frac{2}{m_2}\left(d_2 - \frac{1}{2}\right)V_v + \frac{B_{ur}^2}{m_2} \end{aligned} \tag{7-52}$$

根据式(7-52)，可知如果$|v| \geqslant |d_v - m_1 ur| / \sqrt{d_2 - 1/2}$，可得 $\dot{V}_v \leqslant 0$。因此，我们可以得出结论，横漂动力学 v 是无源有界的，且最终有界。因此，闭环系统中的所有信号都是一致最终有界。

7.2 未知时变扰动下的轨迹跟踪

7.2.1 问题描述

考虑式(2-2)中海洋航行器运动数学模型

$$\begin{cases} \dot{\eta}=R(\psi)\upsilon \\ M\dot{\upsilon}=-C(\upsilon)\upsilon-D(\upsilon)\upsilon+\tau+\tau_w \\ \dot{\tau}=-A_{\tau r}\tau+A_{\tau r}\tau_p \end{cases} \tag{7-53}$$

由于模型参数与海洋航行器不断变化的运行工况有关，因此模型参数存在不确定性。接下来，我们考虑系统矩阵中的不确定性，也就是 $M=M_0+\Delta M$，$C=C_0+\Delta C$，$D=D_0+\Delta D$，其中，M_0、C_0 和 D_0 均为标称矩阵；M_0 为正定对称矩阵；ΔM，ΔC 和 ΔD 均为不确定矩阵。

因此，式(7-53)中的动力学部分可以描述为

$$\dot{\upsilon}=\frac{1}{M_0}[-C_0(\upsilon)\upsilon-D_0(\upsilon)\upsilon]+\frac{1}{M_0}\tau+\Delta \tag{7-54}$$

式中，$\Delta=[\Delta_u,\Delta_v,\Delta_r]^{\mathrm{T}}=\frac{1}{M_0}[\Delta M\dot{\upsilon}+\Delta C(\upsilon)\upsilon+\Delta D(\upsilon)\upsilon+\tau_w]$为由模型参数不确定及时变扰动诱导的复合扰动。

假设 7.3：不确定部分 $\Delta=[\Delta_u,\Delta_v,\Delta_r]^{\mathrm{T}}$ 是连续可微的，且满足 $0<\|\dot{\Delta}_*\|\leqslant\rho_*(*=u,v,r)$，其中，$\rho_*$ 为已知有界常数。

假设 7.4：期望的轨迹 $\eta_d=[x_d,y_d,\psi_d]^{\mathrm{T}}$ 是一，二阶可导的，且导数有界。

本节的控制目标为：在假设 7.3 下，设计扰动观测器，实现对复合扰动的精确估计。进一步，基于设计的扰动观测器，运用固定时间理论、指令滤波器、误差补偿系统，设计非线性控制律，实现轨迹跟踪，同时保证闭环系统中的所有信号都是全局固定时间稳定的，数学形式描述如下

$$\lim_{t\to T}\|\eta-\eta_d\|=0 \tag{7-55}$$

及

$$\|\eta-\eta_d\|=0 \qquad \forall t\geqslant T \tag{7-56}$$

7.2.2 扰动观测器设计及稳定性分析

根据假设 7.3，扰动项 Δ 不可直接测量，因此，本节设计了扰动观测器实现对扰动精确估计。

定义 z_1 与 z_2 为设计观测器状态，引入新变量 $\Pi_1=z_1-\upsilon$，且观测器设计如下

$$\begin{aligned}
\dot{z}_1 &= -\kappa_1\left(\mathrm{sig}^{\frac{1}{2}}(\Pi_1)+\gamma\,\mathrm{sig}^{\frac{3}{2}}(\Pi_1)\right)-z_2+\frac{1}{M_0}(C_0(v)v+D_0(v)v)-\frac{1}{M_0}\tau \\
\dot{z}_2 &= -\kappa_2\left(2\gamma\,\mathrm{sign}(\Pi_1)+\frac{3\gamma^2}{2}\mathrm{sig}^2(\Pi_1)+\frac{1}{2}\mathrm{sign}(\Pi_1)\right)
\end{aligned} \tag{7-57}$$

式中，$\kappa_i\in R^{3\times3}(i=1,2)$为待设计正定参数矩阵，$\gamma$ 为正数。

根据式(7-54)、式(7-57)，对变量 Π_1 求导，得

$$\begin{aligned}
\dot{\Pi}_1 &= \dot{z}_1-\dot{v} \\
&= -\kappa_1\left(\mathrm{sig}^{\frac{1}{2}}(\Pi_1)+\gamma\,\mathrm{sig}^{\frac{3}{2}}(\Pi_1)\right)-z_2-\frac{1}{M_0}(C_0(v)v+D_0(v)v-\tau)+ \\
&\quad \frac{1}{M_0}(C_0(v)v+D_0(v)v)-\frac{1}{M_0}\tau+\Delta \\
&= -\kappa_1\left(\mathrm{sig}^{\frac{1}{2}}(\Pi_1)+\gamma\,\mathrm{sig}^{\frac{3}{2}}(\Pi_1)\right)-z_2+\Delta
\end{aligned} \tag{7-58}$$

令 $\Pi_2=\Delta-z_2$，式(7-58)可以写为

$$\dot{\Pi}_1=-\kappa_1\left(\mathrm{sig}^{\frac{1}{2}}(\Pi_1)+\gamma\,\mathrm{sig}^{\frac{3}{2}}(\Pi_1)\right)+\Pi_2 \tag{7-59}$$

对 Π_2 求导，有

$$\begin{aligned}
\dot{\Pi}_2 &= -\dot{z}_2+\dot{\Delta} \\
&= -\kappa_2\left(2\gamma\,\mathrm{sign}(\Pi_1)+\frac{3\gamma^2}{2}\mathrm{sig}^2(\Pi_1)+\frac{1}{2}\mathrm{sign}(\Pi_1)\right)+\dot{\Delta}
\end{aligned} \tag{7-60}$$

因此，观测误差 Δ 的动态可以描述为

$$\begin{aligned}
\dot{\Pi}_1 &= -\kappa_1\left(\mathrm{sig}^{\frac{1}{2}}(\Pi_1)+\gamma\,\mathrm{sig}^{\frac{3}{2}}(\Pi_1)\right)+\Pi_2 \\
\dot{\Pi}_2 &= -\kappa_2\left(2\gamma\,\mathrm{sign}(\Pi_1)+\frac{3\gamma^2}{2}\mathrm{sig}^2(\Pi_1)+\frac{1}{2}\mathrm{sign}(\Pi_1)\right)+\dot{\Delta}
\end{aligned} \tag{7-61}$$

根据上述内容，我们可得如下定理。

定理 7.3：在假设 7.3 条件下，设计的扰动观测器式(7-57)可以在稳定时间 T_o 内对复合扰动 Δ 实现精确估计，估计误差为零，当且仅当观测器参数 $\kappa_{i*}(i=1,2;\ *=u,v,r)$满足下述集合

$$\begin{aligned}
L=&\left\{(\kappa_{1*},\kappa_{2*})\in R^2\ \middle|\ 0<\kappa_{1*}\leqslant 2\sqrt{\rho_*},\kappa_{2*}>\frac{\kappa_{1*}^2}{4}+\frac{4\rho_*^2}{\kappa_{1*}^2}\right\}\cup \\
&\{(\kappa_{1*},\kappa_{2*})\in R^2\ |\ \kappa_{1*}>2\sqrt{\rho_*},\kappa_{2*}>\rho_*\}
\end{aligned} \tag{7-62}$$

证明：由于经过变换，此观测器与参考文献[232]观测器类似，因此，本节证明省略。

注 7.4：通过对固定时间稳定性的定义，可得复合扰动可以在稳定时间内得到精确的估计。需要注意的是，额外因素的影响，如延迟、采样步骤、采样噪声等，

会使恒等式 $\Pi_2 \equiv 0$ 无法实现，这意味着观测器无法在估计误差为零的情况下对复合扰动进行估计。在实际应用中，可以用参考文献[232]中的低通滤波器或参考文献[233]中的控制方法来逼近不确定性 Δ，两者都能保证逼近误差的有界性。

注 7.5：收敛时间的上限只取决于设计参数 κ_1，κ_2 及 γ。这意味着，通过调整观测器设计参数，可以调整稳定时间，大大提高了该方法的适用性。

7.2.3 轨迹跟踪控制律设计及稳定性分析

海洋航行器轨迹跟踪框图如图 7-2 所示。

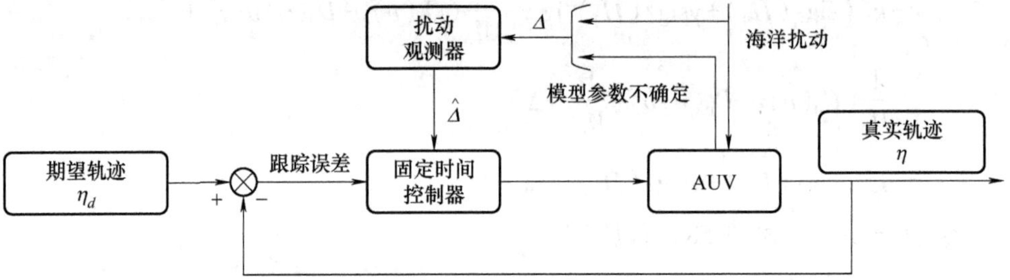

图 7-2 海洋航行器轨迹跟踪框图

在假设 7.3、假设 7.4 下，基于设计的扰动观测器，指令滤波技术及固定时间理论，设计非线性控制律，实现轨迹跟踪控制，得到全局固定时间稳定的跟踪性能。

首先：定义位置跟踪误差面 $s_1 \in R^3$，速度跟踪误差面 $s_2 \in R^3$，指令执行器信号跟踪误差面 $s_3 \in R^3$ 如下

$$s_1 = \eta - \eta_d \tag{7-63}$$

$$s_2 = \upsilon - \alpha_1^d \tag{7-64}$$

$$s_3 = \tau - \alpha_2^d \tag{7-65}$$

式中，$\alpha_i^d \in R^3 (i=1,2)$ 为待设计的经过指令滤波器的虚拟输入。

整个控制器设计过程包括下面三步。

第一步：根据式(7-53)，对位置跟踪误差 s_1 求导得

$$\begin{aligned}\dot{s}_1 &= \dot{\eta} - \dot{\eta}_d \\ &= R(\psi)\upsilon - \dot{\eta}_d\end{aligned} \tag{7-66}$$

定义 α_1 为中间虚拟控制输入

$$\alpha_1 = -R^{\mathrm{T}}(\psi)(k_1 s_1 + k_2 s_1^{\alpha} + k_3 s_1^{\beta} - k_4 \xi_1) + R^{\mathrm{T}}(\psi)\dot{\eta}_d \tag{7-67}$$

式中，$k_1 \in R^{3\times3}$，$k_2 \in R^{3\times3}$，$k_3 \in R^{3\times3}$ 为待设计的正定参数矩阵，α，β 为正实数，满足 $0<\alpha<1$，$\beta>1$。ξ_1 为待设计的误差补偿信号。

为了得到 α_1^d 及 $\dot{\alpha}_1^d$，将名义稳定函数 α_1 经过下面滤波器

$$
\begin{aligned}
&\dot{\varphi}_{1,1}=l_{1,1}\\
&l_{1,1}=-\lambda_{1,1}\mathrm{sig}^{m_{1,1}}(\varphi_{1,1}-\alpha_1)-\lambda_{1,2}\mathrm{sig}^{n_{1,1}}(\varphi_{1,1}-\alpha_1)+\varphi_{1,2}\\
&\dot{\varphi}_{1,2}=-\lambda_{1,3}\mathrm{sig}^{m_{1,2}}(\varphi_{1,1}-\alpha_1)-\lambda_{1,4}\mathrm{sig}^{n_{1,2}}(\varphi_{1,1}-\alpha_1)
\end{aligned}
\tag{7-68}
$$

式中，$\varphi_{1,1}$为 α_1 的估计值，$l_{1,1}$为 $\varphi_{1,1}$的导数，$\lambda_{1,i}(i=1,2,3,4)$为正实数，$m_{1,1}=\alpha$，$n_{1,1}=\beta$，$m_{1,2}=\dfrac{\alpha}{2-\alpha}$，$n_{1,2}=2\beta-1$，初始条件满足 $\varphi_{1,1}(0)=\alpha_1(0)$，$l_{1,1}(0)=0$。

定义滤波误差

$$
\omega_1=\alpha_1-\alpha_1^d \tag{7-69}
$$

滤波误差补偿信号 ξ_1 由下述动态系统产生：

$$
\dot{\xi}_1=-k_4\xi_1-k_5\xi_1^{\alpha}-k_6\xi_1^{\beta}-f_1\xi_1+\omega_1 \qquad \xi_1(0)=0 \tag{7-70}
$$

式中，$k_5\in R^{3\times3}$，$k_6\in R^{3\times3}$，$k_7\in R^{3\times3}$为待设计正定参数矩阵，且满足 $k_4+1\leqslant 2k_1$，$k_4\geqslant 1$，$k_7\geqslant 2$，$f_1=\dfrac{|\omega_1 s_1|+\dfrac{k_7}{2}\omega_1^2}{\|\xi_1\|^2}$。

为了验证位置跟踪误差系统的稳定性，选取如下李雅普诺夫函数

$$
V_1=\frac{1}{2}s_1^{\mathrm{T}}s_1+\frac{1}{2}\xi_1^{\mathrm{T}}\xi_1 \tag{7-71}
$$

对其求导

$$
\dot{V}_1=s_1^{\mathrm{T}}\dot{s}_1+\xi_1^{\mathrm{T}}\dot{\xi}_1 \tag{7-72}
$$

根据式(7-66)，式(7-67)，式(7-70)及引理 2.6，有

$$
\begin{aligned}
\dot{V}_1&=s_1^{\mathrm{T}}(-k_1s_1-k_2s_1^{\alpha}-k_3s_1^{\beta}+k_4\xi_1)+\xi^{\mathrm{T}}(-k_4\xi_1-k_5\xi^{\alpha}-k_6\xi^{\beta}-f_1\xi_1+\omega_1)\\
&=-k_1s_1^{\mathrm{T}}s_1-k_2(s_1^{\mathrm{T}}s_1)^{\frac{\alpha+1}{2}}-k_3(s_1^{\mathrm{T}}s_1)^{\frac{\beta+1}{2}}+k_4s_1^{\mathrm{T}}\xi_1-k_4\xi_1^{\mathrm{T}}\xi_1-\\
&\quad k_5(\xi_1^{\mathrm{T}}\xi_1)^{\frac{\alpha+1}{2}}-k_6(\xi_1^{\mathrm{T}}\xi_1)^{\frac{\beta+1}{2}}-f_1(\xi_1^{\mathrm{T}}\xi_1)+\xi_1^{\mathrm{T}}\omega_1\\
&=-k_1s_1^{\mathrm{T}}s_1-k_2(s_1^{\mathrm{T}}s_1)^{\frac{\alpha+1}{2}}-k_3(s_1^{\mathrm{T}}s_1)^{\frac{\beta+1}{2}}+k_4s_1^{\mathrm{T}}\xi_1-k_4\xi_1^{\mathrm{T}}\xi_1-\\
&\quad k_5(\xi_1^{\mathrm{T}}\xi_1)^{\frac{\alpha+1}{2}}-k_6(\xi_1^{\mathrm{T}}\xi_1)^{\frac{\beta+1}{2}}-\frac{|\omega_1s_1|+\frac{k_7}{2}\omega_1^2}{\|\xi_1\|^2}(\xi_1^{\mathrm{T}}\xi_1)+\xi_1^{\mathrm{T}}\omega_1\\
&\leqslant-k_1s_1^{\mathrm{T}}s_1-k_2(s_1^{\mathrm{T}}s_1)^{\frac{\alpha+1}{2}}-k_3(s_1^{\mathrm{T}}s_1)^{\frac{\beta+1}{2}}+\frac{k_4}{2}(s_1^{\mathrm{T}}s_1+\xi_1^{\mathrm{T}}\xi_1)-k_4\xi_1^{\mathrm{T}}\xi_1-\\
&\quad k_5(\xi_1^{\mathrm{T}}\xi_1)^{\frac{\alpha+1}{2}}-k_6(\xi_1^{\mathrm{T}}\xi_1)^{\frac{\beta+1}{2}}+\frac{1}{2}(s_1^{\mathrm{T}}s_1+\omega_1^2)-\frac{k_7}{2}\omega_1^2+\frac{1}{2}(\xi_1^{\mathrm{T}}\xi_1+\omega_1^2)\\
&\leqslant-k_2(s_1^{\mathrm{T}}s_1)^{\frac{\alpha+1}{2}}-k_3(s_1^{\mathrm{T}}s_1)^{\frac{\beta+1}{2}}-k_5(\xi_1^{\mathrm{T}}\xi_1)^{\frac{\alpha+1}{2}}-k_6(\xi_1^{\mathrm{T}}\xi_1)^{\frac{\beta+1}{2}}\\
&\leqslant-\lambda_{\min}(k_2,k_5)\left((s_1^{\mathrm{T}}s_1)^{\frac{\alpha+1}{2}}+(\xi_1^{\mathrm{T}}\xi_1)^{\frac{\alpha+1}{2}}\right)-\lambda_{\min}(k_3,k_6)\left((s_1^{\mathrm{T}}s_1)^{\frac{\beta+1}{2}}+(\xi_1^{\mathrm{T}}\xi_1)^{\frac{\beta+1}{2}}\right)
\end{aligned}
\tag{7-73}
$$

$$\leqslant -\lambda_{\min}(k_2,k_5)2^{\frac{\alpha+1}{2}}V_1^{\frac{\alpha+1}{2}}-\lambda_{\min}(k_3,k_6)2^{\frac{1+\beta}{2}}V_1^{\frac{\beta+1}{2}}$$

根据引理 2.5，可知该系统是全局固定时间稳定的。

第二步：根据式(7-54)，对式(7-64)求导得

$$\begin{aligned}\dot{s}_2&=\dot{\upsilon}-\dot{\alpha}_1^d\\&=\frac{1}{M_0}(-C_0(\upsilon)\upsilon-D_0(\upsilon)\upsilon)+\frac{1}{M_0}\tau+\Delta-\dot{\alpha}_1^d\end{aligned}\tag{7-74}$$

这里，选择虚拟输入 α_2 为

$$\alpha_2=M_0(-k_8s_2-k_9s_2^{\alpha}-k_{10}s_2^{\beta}+k_{11}\xi_2+\dot{\alpha}_1^d)+(C_0(\upsilon)\upsilon+D_0(\upsilon)\upsilon)-M_0z_2\tag{7-75}$$

式中，$k_i\in R^{3\times3}(i=8,9,10,11)$为待设计的正定参数矩阵；$\xi_2$ 为待设计的滤波补偿信号。

类似地，为了得到 α_2^d 及 $\dot{\alpha}_2^d$，将名义稳定函数 α_2 经过下面滤波器

$$\begin{aligned}&\dot{\varphi}_{2,1}=l_{2,1}\\&t_{2,1}=-\lambda_{2,1}\mathrm{sig}^{m_{2,1}}(\varphi_{2,1}-\alpha_2)-\lambda_{2,2}\mathrm{sig}^{n_{2,1}}(\varphi_{2,1}-\alpha_2)+\varphi_{2,2}\\&\dot{\varphi}_{2,2}=-\lambda_{2,3}\mathrm{sig}^{m_{2,2}}(\varphi_{2,1}-\alpha_2)-\lambda_{2,4}\mathrm{sig}^{n_{2,2}}(\varphi_{2,1}-\alpha_2)\end{aligned}\tag{7-76}$$

式中，$\varphi_{2,1}$为 α_2 的估计值；$l_{2,1}$为 $\varphi_{2,1}$的导数；$\lambda_{2,i}(i=1,2,3,4)$为待设计参数；$m_{2,1}=\alpha$；$n_{2,1}=\beta$；$m_{2,2}=\dfrac{\alpha}{2-\alpha}$；$n_{2,2}=2\beta-1$，初始条件满足 $\varphi_{2,1}(0)=\alpha_2(0)$，$l_{2,1}(0)=0$。

定义滤波误差

$$\omega_2=\alpha_2-\alpha_2^d\tag{7-77}$$

误差补偿信号 ξ_2 由下述动态系统产生：

$$\dot{\xi}_2=-k_{11}\xi_2-k_{12}\xi_2^{\alpha}-k_{13}\xi_2^{\beta}-f_2\xi_2+\omega_2,\xi_2(0)=0\tag{7-78}$$

式中，$k_i\in R^{3\times3}(i=12,13,14)$为待设计的正定参数矩阵，满足 $k_{11}+2\leqslant 2k_8$，$k_{11}\geqslant 1$，$k_{14}\geqslant 2$，$f_2=\dfrac{|\omega_2s_2|+\dfrac{k_{14}}{2}\omega_2^2}{\|\xi_2\|^2}$。

为了验证速度跟踪误差系统的稳定性，选取如下李雅普诺夫函数

$$V_2=\frac{1}{2}s_2^{\mathrm{T}}s_2+\frac{1}{2}\xi_2^{\mathrm{T}}\xi_2\tag{7-79}$$

对其求导为

$$\dot{V}_2=s_2^{\mathrm{T}}\dot{s}_2+\xi_2^{\mathrm{T}}\dot{\xi}_2\tag{7-80}$$

根据式(7-74)、式(7-75)、式(7-78)和引理 2.6，可得

$$\begin{aligned}\dot{V}_2&=s_2^{\mathrm{T}}\dot{s}_2+\xi_2^{\mathrm{T}}\dot{\xi}_2\\&=s_2^{\mathrm{T}}(-k_8s_2-k_9s_2^{\alpha}-k_{10}s_2^{\beta}+k_{11}\xi_2+\Delta-z_2)+\xi_2^{\mathrm{T}}(-k_{11}\xi_2-k_{12}\xi_2^{\alpha}-k_{13}\xi_2^{\beta}-f_2\xi_2+\omega_2)\\&=-k_8(s_2^{\mathrm{T}}s_2)-k_9(s_2^{\mathrm{T}}s_2)^{\frac{\alpha+1}{2}}-k_{10}(s_2^{\mathrm{T}}s_2)^{\frac{\beta+1}{2}}+k_{11}s_2^{\mathrm{T}}\xi_2+s_2^{\mathrm{T}}(\Delta-z_2)-\end{aligned}$$

$$
\begin{aligned}
&k_{11}(\xi_2^{\mathrm{T}}\xi_2)-k_{12}(\xi_2^{\mathrm{T}}\xi_2)^{\frac{\alpha+1}{2}}-k_{13}(\xi_2^{\mathrm{T}}\xi_2)^{\frac{\beta+1}{2}}-\xi_2^{\mathrm{T}}f_2\xi_2+\xi_2^{\mathrm{T}}\omega_2\\
\leqslant&-k_8(s_2^{\mathrm{T}}s_2)-k^9(s_2^{\mathrm{T}}s_2)^{\frac{\alpha+1}{2}}-k_{10}(s_2^{\mathrm{T}}s_2)^{\frac{\beta+1}{2}}+\frac{k_{11}}{2}(s_2^{\mathrm{T}}s_2+\xi_2^{\mathrm{T}}\xi_2)+\frac{1}{2}s_2^{\mathrm{T}}s_2+\\
&\frac{1}{2}(\Delta-z_2)^{\mathrm{T}}(\Delta-z_2)-k_{11}(\xi_2^{\mathrm{T}}\xi_2)-k_{12}(\xi_2^{\mathrm{T}}\xi_2)^{\frac{\alpha+1}{2}}-k_{13}(\xi_2^{\mathrm{T}}\xi_2)^{\frac{\beta+1}{2}}+\frac{1}{2}s_2^{\mathrm{T}}s_2+\\
&\frac{1}{2}\omega_2^2-\frac{k_{14}}{2}\omega_2^2+\frac{1}{2}(\xi_2^{\mathrm{T}}\xi_2+\omega_2^2)\\
=&-\left(\frac{2k_8-k_{11}-2}{2}\right)s_2^{\mathrm{T}}s_2-k_9(s_2^{\mathrm{T}}s_2)^{\frac{\alpha+1}{2}}-k_{10}(s_2^{\mathrm{T}}s_2)^{\frac{\beta+1}{2}}-\left(\frac{k_{11}-1}{2}\right)\xi_2^{\mathrm{T}}\xi_2-\\
&k_{12}(\xi_2^{\mathrm{T}}\xi_2)^{\frac{\alpha+1}{2}}-k_{13}(\xi_2^{\mathrm{T}}\xi_2)^{\frac{\beta+1}{2}}-\frac{k_{14}-2}{2}\omega_2^2+\frac{1}{2}(\Delta-z_2)^{\mathrm{T}}(\Delta-z_2) \qquad (7\text{-}81)\\
\leqslant&-k_9(s_2^{\mathrm{T}}s_2)^{\frac{\alpha+1}{2}}-k_{10}(s_2^{\mathrm{T}}s_2)^{\frac{\beta+1}{2}}-k_{12}(\xi_2^{\mathrm{T}}\xi_2)^{\frac{\alpha+1}{2}}-k_{13}(\xi_2^{\mathrm{T}}\xi_2)^{\frac{\beta+1}{2}}+\frac{1}{2}(\Delta-z_2)^{\mathrm{T}}(\Delta-z_2)\\
\leqslant&-\lambda_{\min}(k_9,k_{12})\left[(s_1^{\mathrm{T}}s_1)^{\frac{\alpha+1}{2}}+(\xi_1^{\mathrm{T}}\xi_1)^{\frac{\alpha+1}{2}}\right]-\lambda_{\min}(k_{10},k_{13})\left[(s_1^{\mathrm{T}}s_1)^{\frac{\beta+1}{2}}+(\xi_1^{\mathrm{T}}\xi_1)^{\frac{\beta+1}{2}}\right]+\\
&\frac{1}{2}(\Delta-z_2)^{\mathrm{T}}(\Delta-z_2)\\
\leqslant&-\lambda_{\min}(k_9,k_{12})2^{\frac{\alpha+1}{2}}\left[\left(\frac{1}{2}s_2^{\mathrm{T}}s_2\right)^{\frac{\alpha+1}{2}}+\left(\frac{1}{2}\xi_2^{\mathrm{T}}\xi_2\right)^{\frac{\alpha+1}{2}}\right]+\frac{1}{2}(\Delta-z_2)^{\mathrm{T}}(\Delta-z_2)-\\
&\lambda_{\min}(k_{10},k_{13})2^{\frac{\alpha+1}{2}}\left[\left(\frac{1}{2}s_2^{\mathrm{T}}s_2\right)^{\frac{\beta+1}{2}}+\left(\frac{1}{2}\xi_2^{\mathrm{T}}\xi_2\right)^{\frac{\beta+1}{2}}\right]\\
\leqslant&-\lambda_{\min}(k_9,k_{12})2^{\frac{\alpha+1}{2}}V_2^{\frac{\alpha+1}{2}}-\lambda_{\min}(k_{10},k_{13})2^{\frac{1+\beta}{2}}V_2^{\frac{\beta+1}{2}}+\frac{1}{2}(\Delta-z_2)^{\mathrm{T}}(\Delta-z_2)
\end{aligned}
$$

根据定理 7.3 可知，一定存在两个正常数 T_o 及 M_0 使得下面内容成立

$$\Delta\equiv z_2 \qquad \forall t\geqslant T_o \tag{7-82}$$

且

$$|\Delta-z_2|\leqslant M_0 \qquad t\in[0,T_o] \tag{7-83}$$

因此，我们可得

$$\dot{V}_2\leqslant-\lambda_{\min}(k_9,k_{11})2^{\frac{\alpha+1}{2}}V_2^{\frac{\alpha+1}{2}}-\lambda_{\min}(k_{10},k_{13})2^{\frac{1+\beta}{2}}V_2^{\frac{\beta+1}{2}}+\frac{1}{2}\|M_0\|^2 \qquad t\in[0,T_o] \tag{7-84}$$

$$\dot{V}_2\leqslant-\lambda_{\min}(k_9,k_{11})2^{\frac{\alpha+1}{2}}V_2^{\frac{\alpha+1}{2}}-\lambda_{\min}(k_{10},k_{13})2^{\frac{1+\beta}{2}}V_2^{\frac{\beta+1}{2}} \qquad \forall t\geqslant T_o \tag{7-85}$$

根据引理 2.5，可知系统是固定时间稳定的。

第三步：根据式(7-53)，对式(7-65)求导得

$$
\begin{aligned}
\dot{s}_3&=\dot{\tau}-\dot{\alpha}_2^d\\
&=-A_{\tau_r}\tau+A_{\tau_r}\tau_p-\dot{\alpha}_2^d
\end{aligned} \tag{7-86}
$$

真实控制输入 $\boldsymbol{\tau}_p \in R^3$ 设计如下

$$\boldsymbol{\tau}_p = A_{\tau r}^{-1}(-k_{15}s_3 - k_{16}s_3^{\alpha} - k_{17}s_3^{\beta}) + \dot{\alpha}_2^d + \boldsymbol{\tau} \tag{7-87}$$

为了验证该系统的稳定性，选择李雅普诺夫函数

$$V_3 = \frac{1}{2}s_3^{\mathrm{T}}s_3 \tag{7-88}$$

根据式(7-86)、式(7-87)，对系统式(7-88)求导得

$$\begin{aligned}\dot{V}_3 &= s_3^{\mathrm{T}}(-k_{15}s_3 - k_{16}s_3^{\alpha} - k_{17}s_3^{\beta})\\ &\leqslant -k_{16}(s_3^{\mathrm{T}}s_3)^{\frac{\alpha+1}{2}} - k_{17}(s_3^{\mathrm{T}}s_3)^{\frac{\beta+1}{2}}\\ &\leqslant -\lambda_{\min}(k_{16})2^{\frac{\alpha+1}{2}}V_3^{\frac{\alpha+1}{2}} - \lambda_{\min}(k_{17})2^{\frac{\beta+1}{2}}V_3^{\frac{\beta+1}{2}}\end{aligned} \tag{7-89}$$

根据引理 2.5，可知，系统是全局固定时间稳定的。

综上所有内容，可得如下定理。

定理 7.4：在假设 7.3 和假设 7.4 下，考虑含有模型参数不确定及时变扰动的海洋航行器轨迹跟踪控制问题，考虑模型为式(7-53)的海洋航行器模型，设计基于扰动观测器式(7-57)，中间虚拟控制输入式(7-67)、式(7-75)，指令滤波器式(7-68)、式(7-76)及误差补偿系统式(7-70)、式(7-78)的真实控制律式(7-87)，通过选择适当参数，可实现海洋航行器的轨迹跟踪控制，且保证闭环系统中的所有信号都是全局固定时间稳定的。

证明：为了验证整个系统的稳定性，选取如下李雅普诺夫函数

$$V = V_1 + V_2 + V_3 \tag{7-90}$$

根据式(7-73)、式(7-81)和式(7-89)，对式(7-90)求导得

$$\begin{aligned}\dot{V} \leqslant& -\lambda_{\min}(k_2,k_5)2^{\frac{\alpha+1}{2}}V_1^{\frac{\alpha+1}{2}} - \lambda_{\min}(k_3,k_6)2^{\frac{1+\beta}{2}}V_1^{\frac{\beta+1}{2}} - \lambda_{\min}(k_9,k_{11})2^{\frac{\alpha+1}{2}}V_2^{\frac{\alpha+1}{2}} -\\ &\lambda_{\min}(k_{10},k_{13})2^{\frac{1+\beta}{2}}V_2^{\frac{\beta+1}{2}} - \lambda_{\min}(k_{16})2^{\frac{\alpha+1}{2}}V_3^{\frac{\alpha+1}{2}} - \lambda_{\min}(k_{17})2^{\frac{\beta+1}{2}}V_3^{\frac{\beta+1}{2}}\\ \leqslant& -\bar{k}2^{\frac{\alpha+1}{2}}(V_1^{\frac{\alpha+1}{2}} + V_2^{\frac{\alpha+1}{2}} + V_3^{\frac{\alpha+1}{2}}) - \underline{k}2^{\frac{1+\beta}{2}}(V_1^{\frac{\beta+1}{2}} + V_2^{\frac{\beta+1}{2}} + V_3^{\frac{\beta+1}{2}})\\ \leqslant& -\bar{k}2^{\frac{\alpha+1}{2}}V^{\frac{\alpha+1}{2}} - \underline{k}2^{\frac{1+\beta}{2}}3^{\frac{1-\beta}{2}}V^{\frac{\beta+1}{2}}\end{aligned} \tag{7-91}$$

式中

$$\bar{k} = \min\{\lambda_{\min}(k_2,k_5),\lambda_{\min}(k_9,k_{11}),\lambda_{\min}(k_{16})\}$$
$$\underline{k} = \min\{\lambda_{\min}(k_3,k_6),\lambda_{\min}(k_{10},k_{13}),\lambda_{\min}(k_{17})\}$$

根据引理 2.5，可得该系统是全局固定时间稳定的，且稳定时间 T 有确定的上界，满足：

$$T \leqslant T_{\max} := T_o + \frac{2}{\bar{k}2^{\frac{\alpha+1}{2}}(1-\alpha)} + \frac{2}{\underline{k}2^{\frac{\beta+1}{2}}(\beta-1)} \tag{7-92}$$

7.3 仿真分析

7.3.1 饱和问题

为了验证 7.1 节所提控制方案的有效性，对海洋航行器进行了数值模拟。所需路径$(x(t),y(t))$由下述路径点给定

$$\begin{cases} P_0(x(0),y(0))=(0,0) \\ P_1(x(50),y(50))=(50,0) \\ P_2(x(100),y(100))=(50+25\sqrt{2},25\sqrt{2}) \\ P_3(x(150),y(150))=(50+25\sqrt{2},25\sqrt{2}) \\ P_4(x(200),y(200))=(50+50\sqrt{2},0) \\ P_5(x(250),y(250))=(100+50\sqrt{2},0) \end{cases} \tag{7-93}$$

初始位置及期望速度为$(x(0),y(0),\psi(0))=(-2,-2,0.2)$，$u_d=1\text{m/s}$。

扰动矢量给定如下

$$\tau_w=[\tau_{wu},\tau_{wv},\tau_{wr}]^{\mathrm{T}}=\begin{cases} 1.5+2\sin(0.02t)+1.5\sin(0.1t) \\ -0.9+2\sin(0.02t-\pi/6)+1.5\sin(0.3t) \\ -2+2\sin(0.05t)+2\sin(0.1t) \end{cases} \tag{7-94}$$

仿真结果如图 7-3～图 7-6 所示。

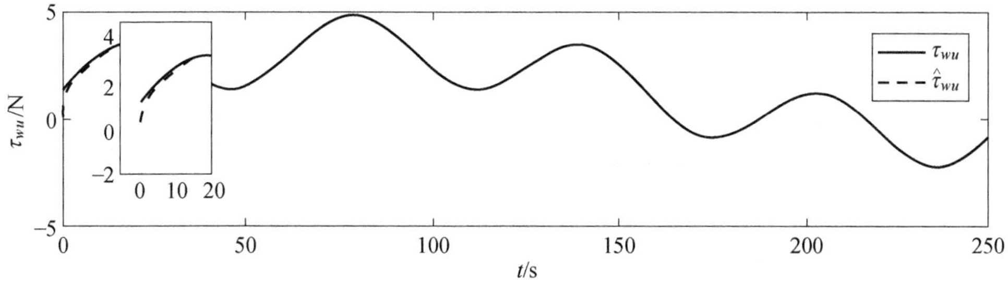

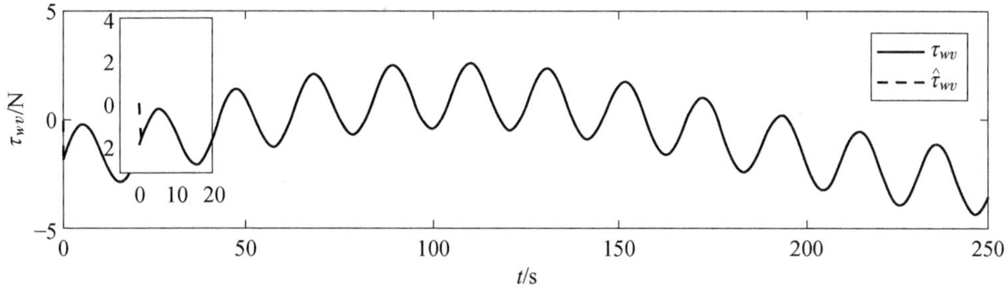

图 7-3　扰动 τ_{wu}，τ_{wv}，τ_{wr}及其估计值 $\hat{\tau}_{wu}$，$\hat{\tau}_{wv}$，$\hat{\tau}_{wr}$

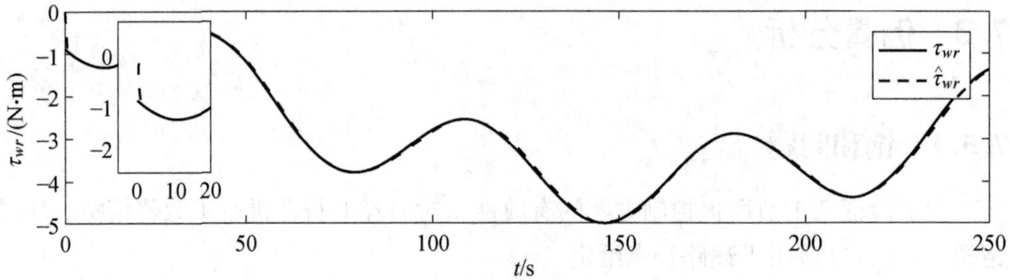

图 7-3 扰动 τ_{wu}，τ_{wv}，τ_{wr} 及其估计值 $\hat{\tau}_{wu}$，$\hat{\tau}_{wv}$，$\hat{\tau}_{wr}$（续）

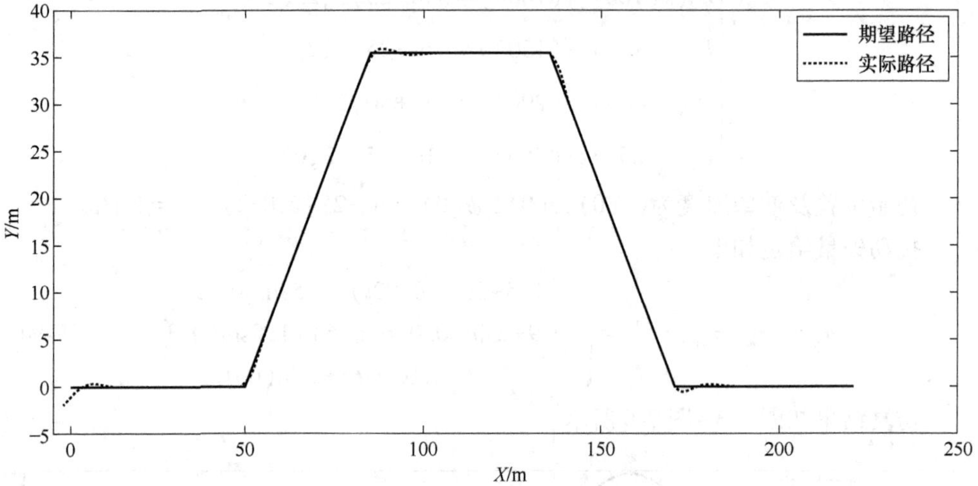

图 7-4 期望及实际路径

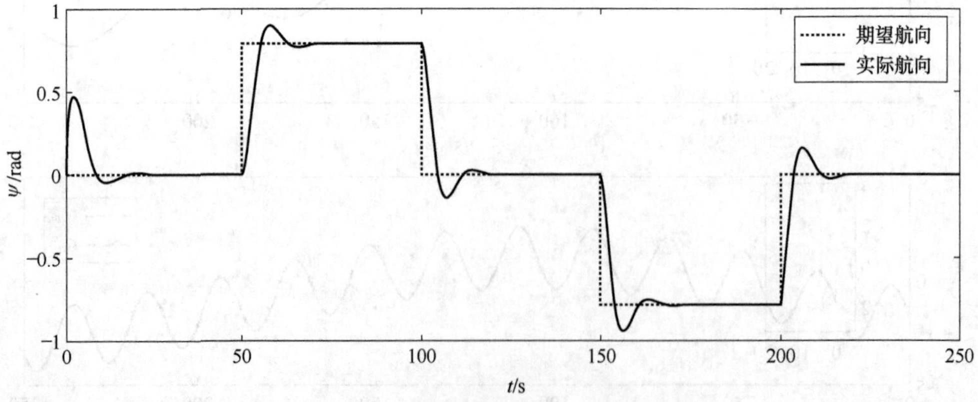

图 7-5 期望及实际航向

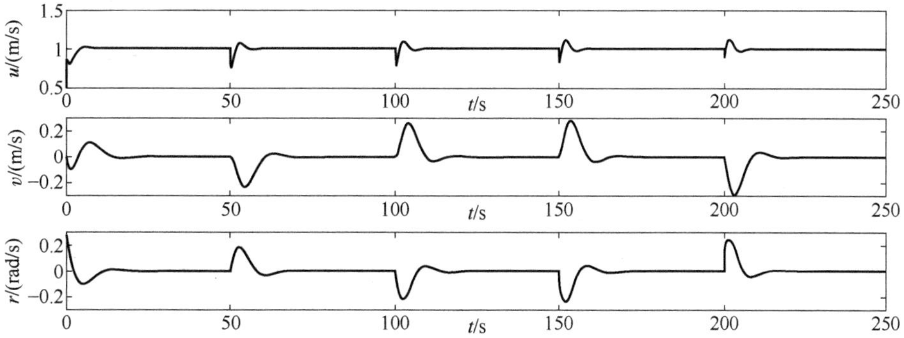

图 7-6　海洋航行器速度矢量(u,v,r)

为了更好地描述饱和对系统的影响，下面的仿真图只对应路径段$\overline{P_0P_1}$。

本节给出了直线路径下的两种情况：a）不考虑输入饱和的控制器标记为 Without SA；b）控制器包括辅助系统用 With SA 标记。仿真结果分别如图 7-7～图 7-10 所示。

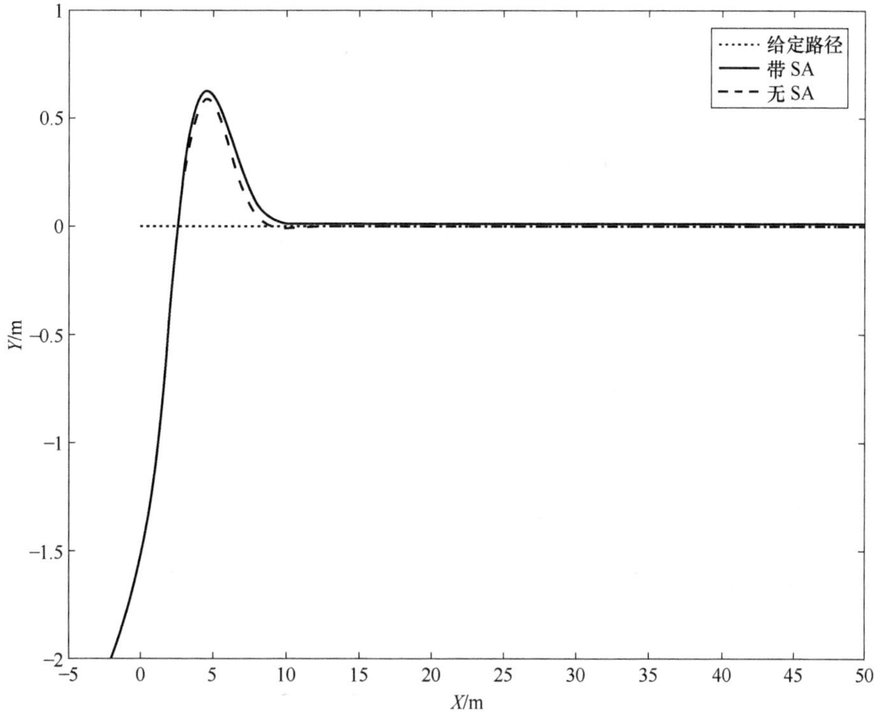

图 7-7　轨迹跟踪位置

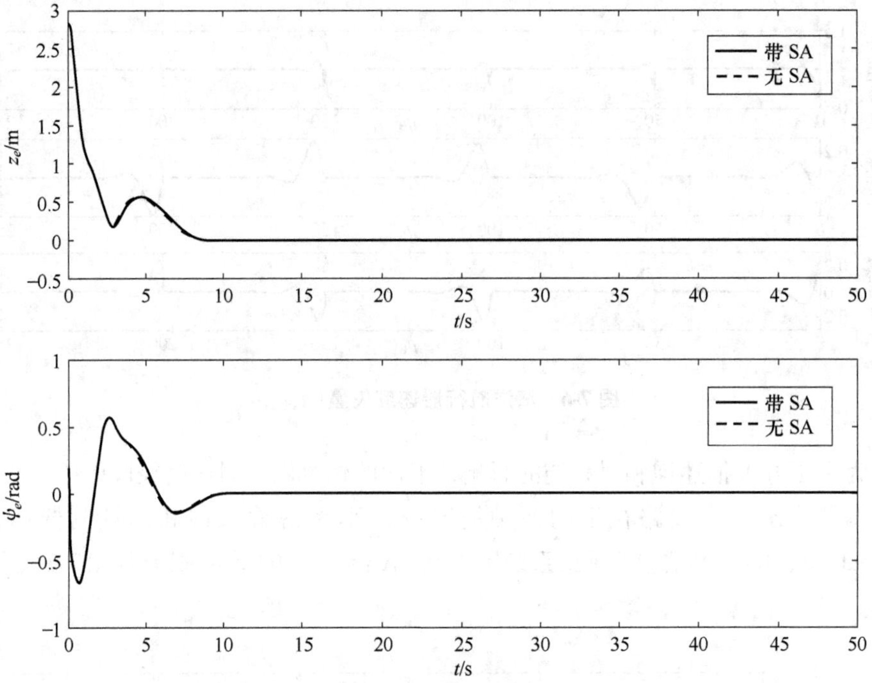

图 7-8　位置及航向跟踪误差(z_e, ψ_e)

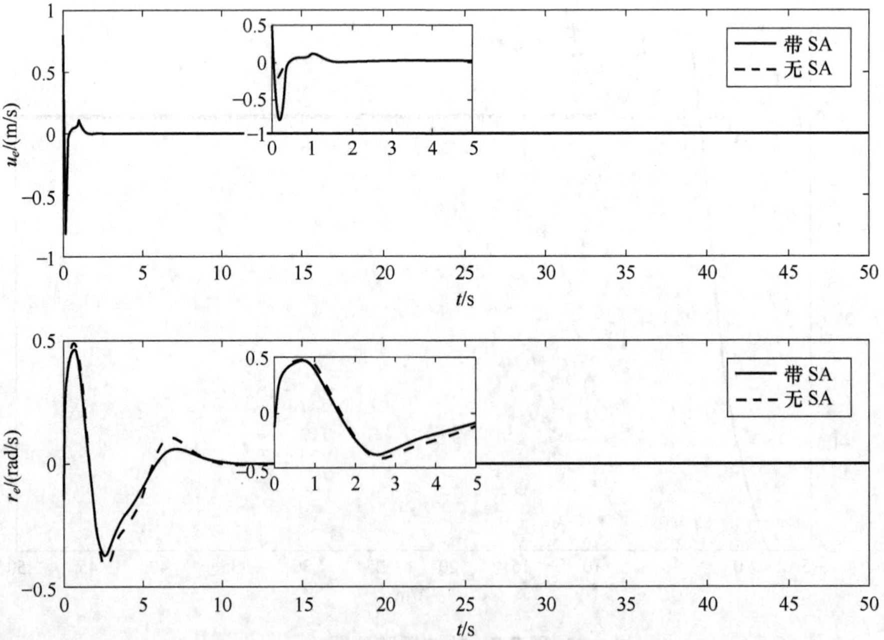

图 7-9　前进速度及艏摇角速度跟踪误差(u_e, r_e)

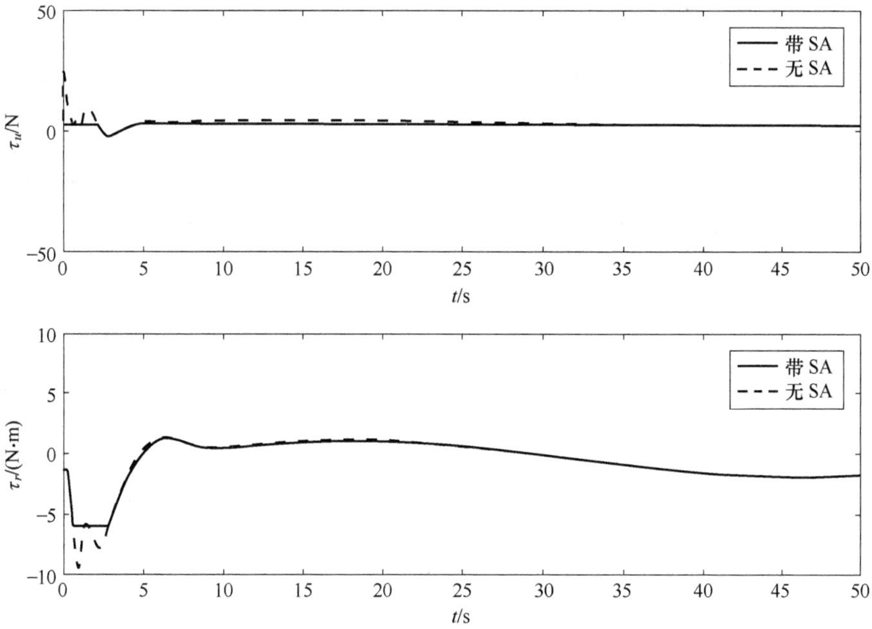

图 7-10 控制输入(τ_u,τ_r)

观测器及控制器参数设计为 $k_1=[2,2,2]^{\mathrm{T}}$，$k_2=[6,6,6]^{\mathrm{T}}$，$k_3=[3,3,3]^{\mathrm{T}}$，$k_4=[3,3,3]^{\mathrm{T}}$，$p=3/5$，$q=11/9$，$k_{z_e}=2$，$k_{\psi_e}=1.75$，$k_{u_e}=3$，$k_{r_e}=5$，$k_{\varsigma_u}=10$，$k_{\varsigma_r}=10$，$\kappa_u=5$，$\kappa_r=5$，$\sigma=6$，$\vartheta=0.75$，$\omega=20$。

如图 7-3 所示，所提出的干扰观测器可以在固定时间内对实际外部干扰进行估计，估计误差为零。所要求的和实际的路径在平面上显示如图 7-4 所示，可以看出，本节提出的方案可以获得优越明显的跟踪性能。在图 7-5 中，给出了 LOS 引导律下的 e 实际航向和所要求的航向，从图中可以看出，海洋航行器可以用所要求的航向跟踪给定的轨迹。在这些仿真图中，无输入饱和的控制器(Without SA)显示了更好的性能。然而，它的控制输入远远超出了执行器的工作条件。这意味着它不实用。图 7-6 显示了控制输入 u，v，r。仿真图 7-7~图 7-10 给出了在给定控制器下直线轨迹跟踪的控制效果，从图可以看出，控制效果满足要求，且从图 7-10 可以看出，输入均在指定区域内。仿真结果表明，该控制器是有效的且可操作的。此外，给定控制算法具有较快的可操作性。仿真结果验证了本节设计的海洋航行器轨迹跟踪方法的有效性和最佳性能。

从图 7-7~图 7-10 可以看出，饱和的存在影响了控制系统的性能。在误差系统稳定之前，无饱和系统比有饱和系统收敛速度快，收敛时间短，当误差系统稳定时，两种系统性能相同。

7.3.2 未知时变扰动

为了验证7.2节算法的有效性，进行一系列仿真。海洋航行器模型参数见表7-1。

表7-1 海洋航行器模型参数

符号	数值	单位
m	23.8	kg
X_u	0.1052	kg/s/s
Y_v	-0.8612	kg/s/s
N_r	0	kg·m²/s
$X_{\dot{u}}$	-2	kg/s
$Y_{\dot{v}}$	-10	kg
$N_{\dot{r}}$	-1	kg·m²
$X_{u\|u\|}$	-1.3274	kg/m
$Y_{v\|v\|}$	-36.2823	kg/m
$N_{r\|r\|}$	0	kg·m²/s
I_z	1.76	kg·m²/s

在该仿真中，期望轨迹$(\boldsymbol{\eta}_d,\boldsymbol{v}_d)$由下述动态系统产生

$$\begin{cases}\dot{\boldsymbol{\eta}}_d=\boldsymbol{R}(\psi_d)\boldsymbol{v}_d\\ \boldsymbol{M}\dot{\boldsymbol{v}}_d=-\boldsymbol{C}(\boldsymbol{v}_d)\boldsymbol{v}_d-\boldsymbol{D}(\boldsymbol{v}_d)\boldsymbol{v}_d+\boldsymbol{\tau}_d\end{cases} \tag{7-95}$$

其中，$\boldsymbol{\tau}_d=[5,2\cos^2(0.01t),\sin^2(0.01t)]^{\mathrm{T}}$。

为了突显执行器特性，执行器参数矩阵选择为$A_{\tau_r}=\mathbf{diag}(0.2,0.2,0.2)$。

下面分两种情况进行验证本节算法的有效性。

情况一： 令模型参数不确定部分为$\Delta M=0\%M_0$，$\Delta C=0\%C_0$，$\Delta D=0\%D_0$，即只存在海洋时变扰动；

情况二： 令模型参数不确定部分为$\Delta M=0.2\%M_0$，$\Delta C=0.2\%C_0$，$\Delta D=0.2\%D_0$，即该复合扰动同时包含时变扰动及模型参数不确定；需要强调的是，在情况二中，我们只验证扰动观测器的效果。

时变干扰由下述一阶高斯-马尔可夫过程产生

$$\begin{aligned}\dot{d}_u+a_1d_u&=\varpi_u\\ \dot{d}_v+a_2d_v&=\varpi_v\\ \dot{d}_r+a_3d_r&=\varpi_r\end{aligned} \tag{7-96}$$

式中，$\boldsymbol{\varpi}=[\varpi_u,\varpi_v,\varpi_r]^{\mathrm{T}}$为零值高斯白噪声矢量，$a_i(i=1,2,3)$为正实数，$\boldsymbol{\varpi}(0)=[0.5\mathrm{N},0.5\mathrm{N},0.5\mathrm{N}]^{\mathrm{T}},a_1=a_2=a_3=2$。

期望轨迹初始状态为 $\eta_d(0)=[1\text{m},2\text{m},\pi/4\text{rad}]$，$\upsilon_d(0)=[1,2,0]^{\mathrm{T}}$。海洋航行器初始状态为 $\eta(0)=[-2\text{m},-1\text{m},\pi/8\text{rad}]$，$\upsilon(0)=[0,0,0]^{\mathrm{T}}$。情况一仿真结果如图 7-11～图 7-20 所示。

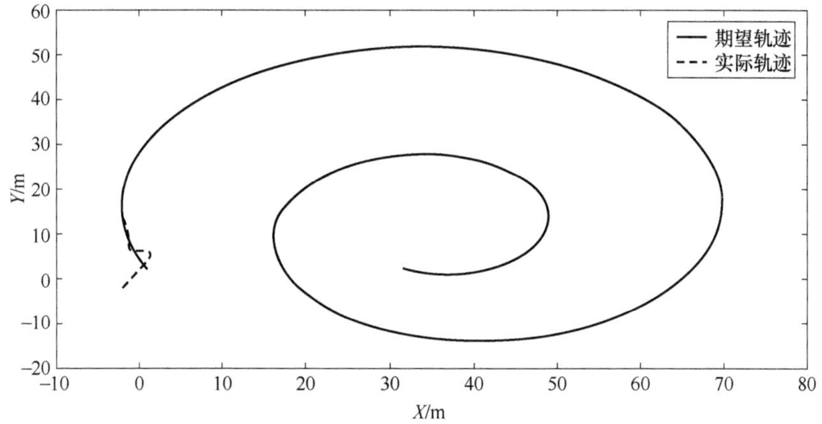

图 7-11　海洋航行器期望轨迹及真实轨迹

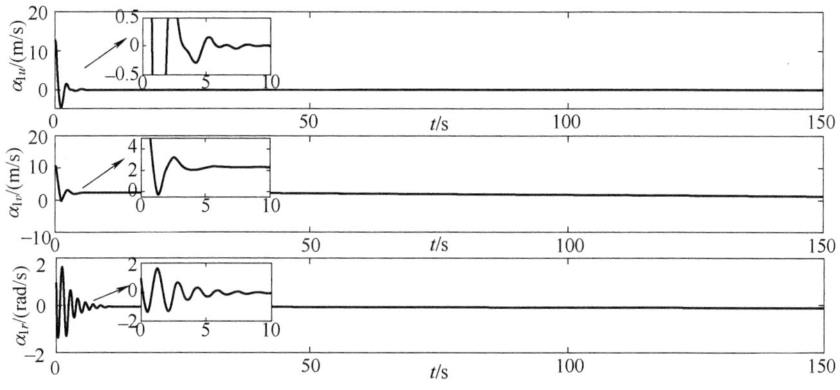

图 7-12　给定的虚拟控制输入 α_1

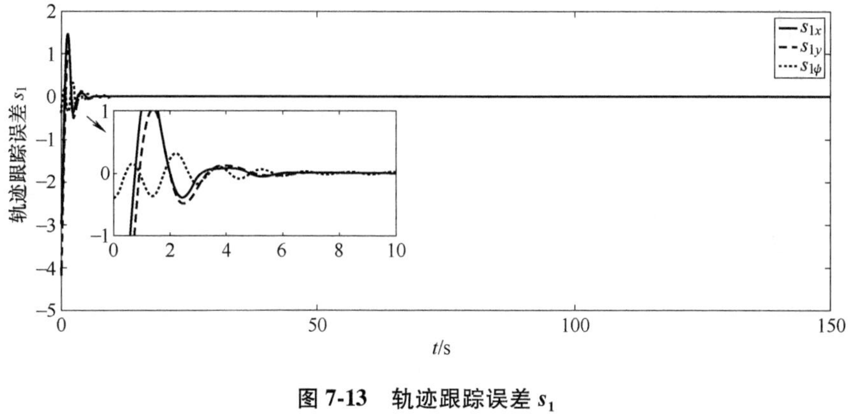

图 7-13　轨迹跟踪误差 s_1

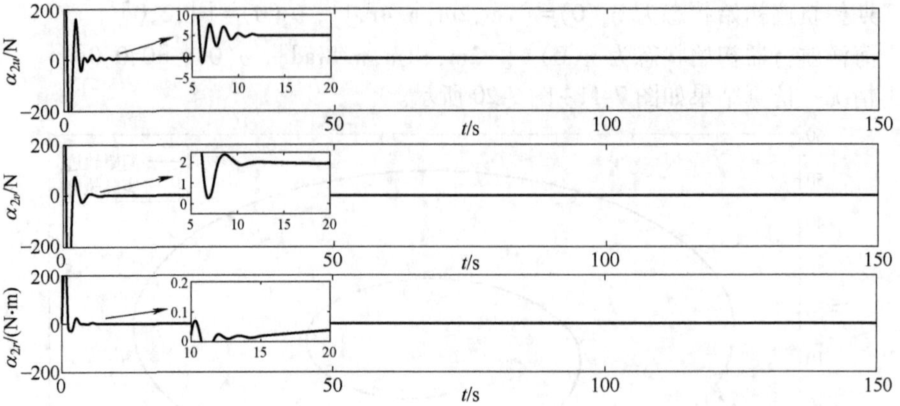

图 7-14　给定的虚拟控制输入 $\boldsymbol{\alpha}_2$

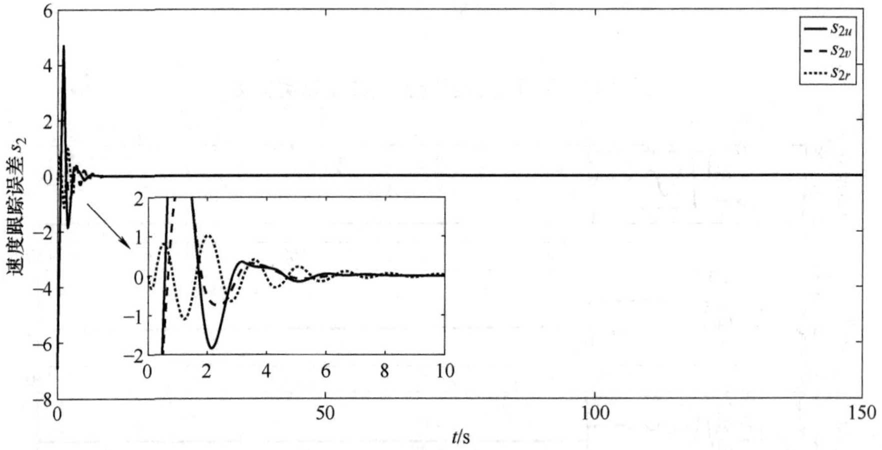

图 7-15　速度跟踪误差 s_2

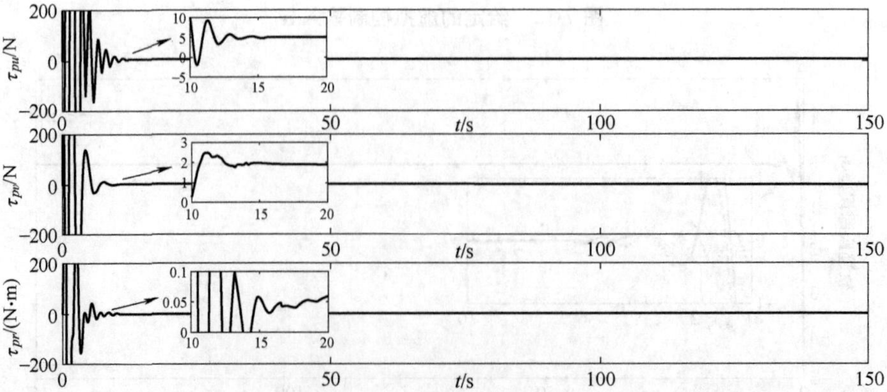

图 7-16　给定的真实输入 $\boldsymbol{\tau}_p$

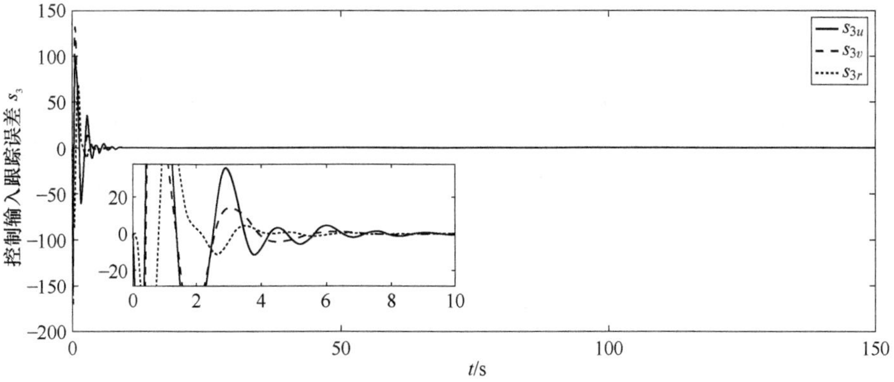

图 7-17　控制输入跟踪误差 s_3

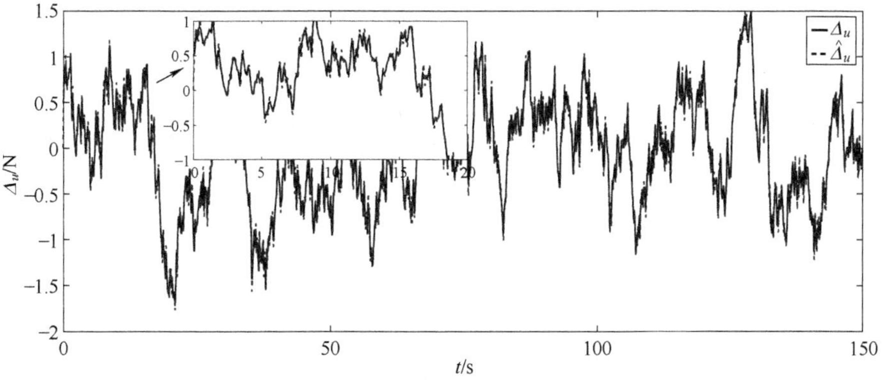

图 7-18　符合干扰 $\boldsymbol{\Delta}_u$ 及其估计值 $\hat{\boldsymbol{\Delta}}_u$

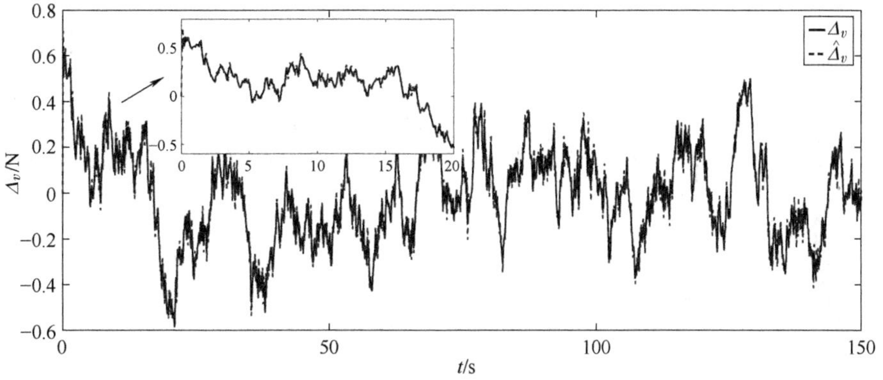

图 7-19　符合干扰 $\boldsymbol{\Delta}_v$ 及其估计值 $\hat{\boldsymbol{\Delta}}_v$

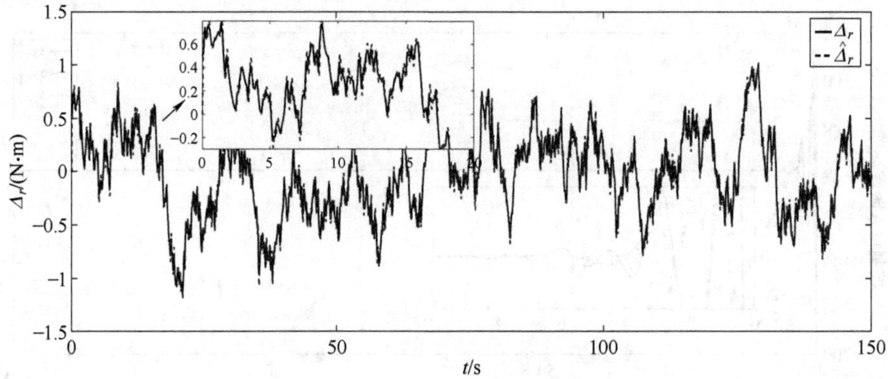

图 7-20　符合干扰 $\boldsymbol{\Delta}_r$ 及其估计值 $\hat{\boldsymbol{\Delta}}_r$

情况二仿真结果如图 7-21～图 7-23 所示。

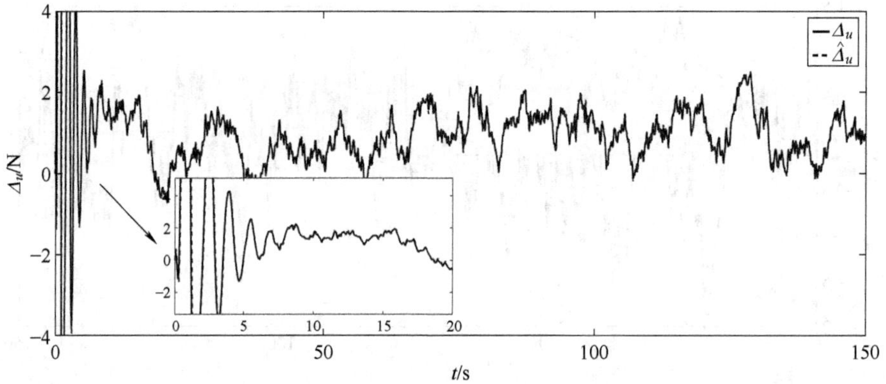

图 7-21　符合干扰 $\boldsymbol{\Delta}_u$ 及其估计值 $\hat{\boldsymbol{\Delta}}_u$（情况二）

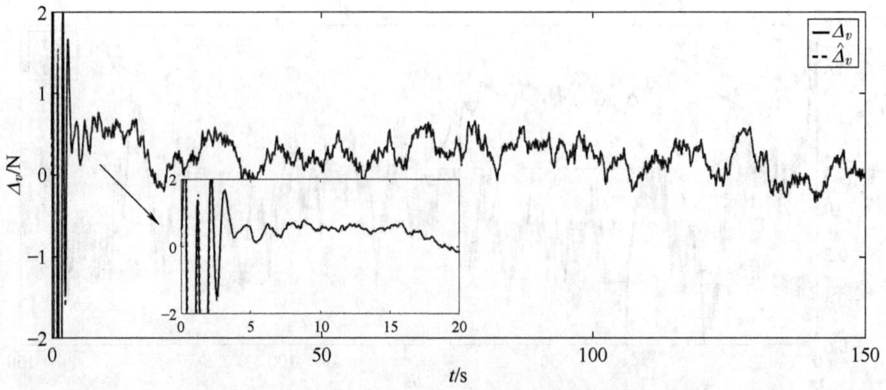

图 7-22　符合干扰 $\boldsymbol{\Delta}_v$ 及其估计值 $\hat{\boldsymbol{\Delta}}_v$（情况二）

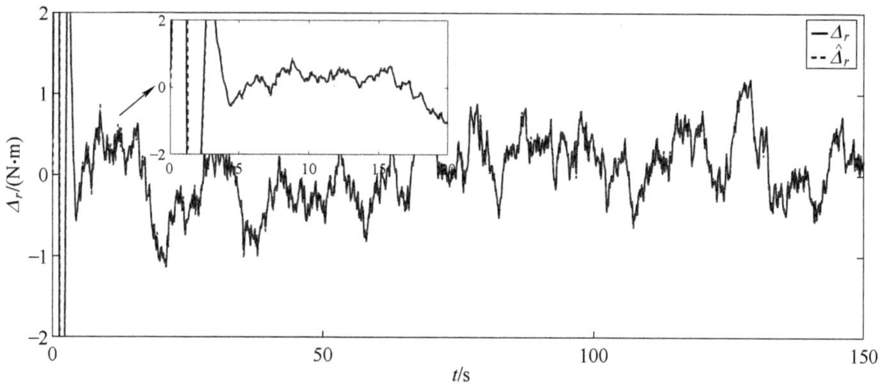

图 7-23　符合干扰 $\boldsymbol{\Delta}_r$ 及其估计值 $\hat{\boldsymbol{\Delta}}_r$（情况二）

情况一观测器设计参数为 $\kappa_1=\mathbf{diag}(150,150,150)$，$\kappa_2=\mathbf{diag}(200,200,200)$，$\gamma=8$。

情况二观测器设计参数为 $\kappa_1=\mathbf{diag}(180,180,180)$，$\kappa_2=\mathbf{diag}(250,250,250)$，$\gamma=8$。

控制器参数设计为 $k_1=\mathbf{diag}(2,2,2)$，$k_2=\mathbf{diag}(3/5,3/5,3/5)$，
$k_3=\mathbf{diag}(5/7,5/7,5/7)$，$k_4=\mathbf{diag}(2,2,2)$，$k_5=\mathbf{diag}(3/5,3/5,3/5)$，
$k_6=\mathbf{diag}(5/7,5/7,5/7)$，$k_7=\mathbf{diag}(3,3,3)$，$k_8=\mathbf{diag}(2,2,2)$，
$k_9=\mathbf{diag}(3/5,3/5,3/5)$，$k_{10}=\mathbf{diag}(5/7,5/7,5/7)$，$k_{11}=\mathbf{diag}(2,2,2)$，
$k_{12}=\mathbf{diag}(3/5,3/5,3/5)$，$k_{13}=\mathbf{diag}(5/7,5/7,5/7)$，$k_{14}=\mathbf{diag}(3,3,3)$，
$k_{15}=\mathbf{diag}(15,15,15)$，$k_{16}=\mathbf{diag}(3/5,3/5,3/5)$，$k_{17}=\mathbf{diag}(5/7,5/7,5/7)$，
$\lambda_{1,1}=\lambda_{2,1}=1$，$\lambda_{1,2}=\lambda_{2,2}=4$，$\lambda_{1,3}=\lambda_{2,3}=8$，$\lambda_{1,4}=\lambda_{2,4}=24$，$\alpha=5/7$，$\beta=5/3$。

轨迹跟踪结果如图 7-11 所示，从图可以看出，在给定的控制律作用下，海洋航行器可以跟踪上期望轨迹，虚拟控制输入 α_1，α_2，真实输入 τ_p，轨迹跟踪误差 s_1，速度跟踪误差 s_2 及控制输入跟踪误差 s_3 分别在图 7-12～图 7-17 示出。根据图 7-13，图 7-15，图 7-17，我们可以看出，跟踪误差将会在 10s 左右以好的精度收敛到零。复合干扰 Δ 及其估计值 $\hat{\Delta}$ 如图 7-18～图 7-23 所示，根据仿真图可以看出，复合干扰可以由给定的扰动观测器精确估计。这些仿真结果也显示了轨迹跟踪闭环系统是全局固定时间稳定的。因此针对存在由模型参数不确定及时变扰动引起的复合扰动存在下的海洋航行器的轨迹跟踪控制，本节提出跟踪控制器是有效的。

为了突出本节提出的控制律可以在不同初始条件下实现稳定时间内的轨迹跟踪控制，海洋航行器初始状态为 $\eta_1(0)=[-2\text{m},-2\text{m},\pi/8\text{rad}]$，$\eta_2(0)=[-4\text{m},-1\text{m},\pi/6\text{rad}]$，控制器设计增益选取与上述仿真相同，仿真结果如图 7-24 和图 7-25 所示。

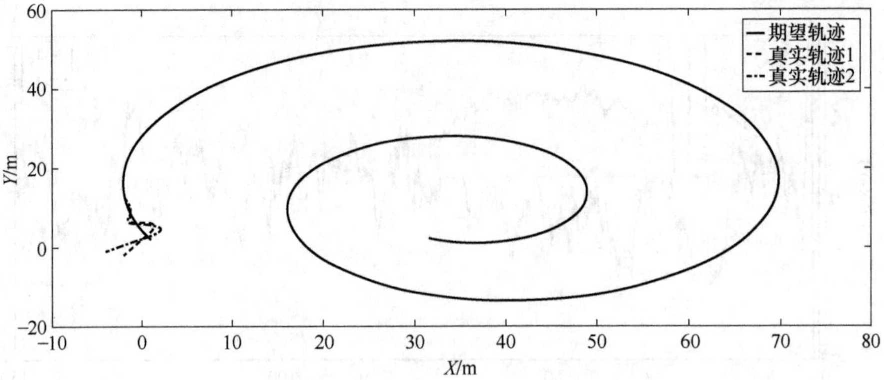

图 7-24 不同情况下海洋航行器期望轨迹及真实轨迹

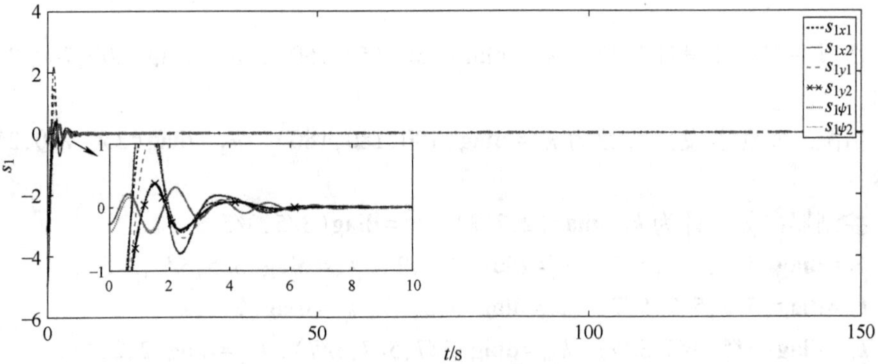

图 7-25 轨迹跟踪误差 s_1

从仿真结果可以看出，给定的控制律可以实现不同初始条件下相同时间内的轨迹跟踪控制。

7.4 本章小结

本章首先研究了输入饱和及时变扰动下的海洋航行器轨迹跟踪控制，借助辅助动态系统消除了饱和，设计了跟踪控制律，使海洋航行器行驶在期望的轨迹上，并保证闭环控制系统是一致最终有界的。进一步，考虑了执行器动态、模型参数不确定及时变扰动的情况，设计了基于固定时间的控制律，使得海洋航行器稳定时间内行驶到期望轨迹上，并保证整个跟踪闭环控制系统是全局固定时间稳定的。需要强调的是，为了应对干扰，分别设计了扰动观测器，实现稳定时间内对扰动精确估计且估计误差为零。

第 8 章　状态受限海洋航行器轨迹跟踪控制

本章在全状态受限情况下研究 AMV 的轨迹跟踪控制问题。首先，为了解决 AMV 欠驱动结构给系统控制器设计带来的不便，将系统模型转化为两个子系统，系统所受到的限制条件也转换为子系统的限制条件；其次，在 AMV 控制器的设计过程中，为了克服 AMV 航行中所受环境干扰的影响，构造了一个有限时间扰动观测器，能让观测器的估计值尽可能快地跟踪上实际扰动值；然后，为了保证变换后系统的稳定性，避免约束状态达到边界值，使用了 tan 型的 BLF 方法，与传统的障碍函数相比，构造 tan 型 BLF 来解决状态受限问题更具有实用价值，后面设计的控制器输入适用范围更广。最后，仿真结果表明，具有全状态约束的 AMV 能够跟踪上期望轨迹。

8.1　系统模型和问题描述

假设 AMV 为对称结构，根据式(2-2)，其系统可描述为

$$
\begin{cases}
\dot{x}=u\cos(\psi)-v\sin(\psi)\\
\dot{y}=u\sin(\psi)+v\cos(\psi)\\
\dot{\psi}=r\\
\dot{u}=\dfrac{m_{22}}{m_{11}}vr-\dfrac{d_{11}}{m_{11}}u+\dfrac{1}{m_{11}}\tau_u+\dfrac{1}{m_{11}}\Delta_u\\
\dot{v}=-\dfrac{m_{11}}{m_{22}}ur-\dfrac{d_{22}}{m_{22}}v\\
\dot{r}=\dfrac{m_{11}-m_{22}}{m_{33}}uv-\dfrac{d_{33}}{m_{33}}r+\dfrac{1}{m_{33}}\tau_r+\dfrac{1}{m_{33}}\Delta_r
\end{cases}
\tag{8-1}
$$

由于 AMV 的任务需要，本章研究 AMV 在全状态约束条件下的轨迹跟踪问题，所谓全状态约束，即 AMV 的位置(x,y)、偏航角 ψ 以及纵向速度、横漂速度和艏摇角速度(u,v,r)需要满足下列约束条件

$$
\begin{cases}
\underline{x}(t)<x(t)<\bar{x}(t)\\
\underline{y}(t)<y(t)<\bar{y}(t)\\
\underline{\psi}(t)<\psi(t)<\bar{\psi}(t)\\
\underline{u}(t)<u(t)<\bar{u}(t)\\
\underline{v}(t)<v(t)<\bar{v}(t)\\
\underline{r}(t)<r(t)<\bar{r}(t)
\end{cases}
\tag{8-2}
$$

其中，$\bar{x}$，$\underline{x}$，$\bar{y}$，$\underline{y}$，$\bar{\psi}$，$\underline{\psi}$，$\bar{u}$，$\underline{u}$，$\bar{v}$，$\underline{v}$，$\bar{r}$，$\underline{r}\in R$ 是预先定义的时变连续函数，且这些函数是二阶可微的。

假设 8.1[93]：存在常数$\bar{X}_0$，$\underline{X}_0$，$\bar{Y}_0$，$\underline{Y}_0$，$\bar{\Psi}_0$，$\underline{\Psi}_0$，$\bar{U}_0$，$\underline{U}_0$，$\bar{V}_0$，$\underline{V}_0$，$\bar{R}_0$，$\underline{R}_0$，满足

$$
[\bar{x}(t),\bar{y}(t),\bar{\psi}(t),\bar{u}(t),\bar{v}(t),\bar{r}(t)]\leqslant[\bar{X}_0,\bar{Y}_0,\bar{\Psi}_0,\bar{U}_0,\bar{V}_0,\bar{R}_0]
$$
$$
[\underline{x}(t),\underline{y}(t),\underline{\psi}(t),\underline{u}(t),\underline{v}(t),\underline{r}(t)]\geqslant[\underline{X}_0,\underline{Y}_0,\underline{\Psi}_0,\underline{U}_0,\underline{V}_0,\underline{R}_0]
$$

AMV 的期望位置(x_d,y_d)、艏向角 ψ_d 和纵向速度、横漂速度和艏摇角速度(u_d,v_d,r_d)由以下动态方程表示

$$
\begin{cases}
\dot{x}_d=u_d\cos(\psi_d)-v_d\sin(\psi_d)\\
\dot{y}_d=u_d\sin(\psi_d)+v_d\cos(\psi_d)\\
\dot{\psi}_d=r_d\\
\dot{u}_d=\dfrac{m_{22}}{m_{11}}v_dr_d-\dfrac{d_{11}}{m_{11}}u_d+\dfrac{1}{m_{11}}\tau_{ud}\\
\dot{v}_d=-\dfrac{m_{11}}{m_{22}}u_dr_d-\dfrac{d_{22}}{m_{22}}v_d\\
\dot{r}_d=\dfrac{m_{11}-m_{22}}{m_{33}}u_dv_d-\dfrac{d_{33}}{m_{33}}r_d+\dfrac{1}{m_{33}}\tau_{rd}
\end{cases}
\tag{8-3}
$$

假设 8.2[93]：存在函数$\bar{X}_{d0}(t)$，$\bar{Y}_{d0}(t)$，$\bar{\Psi}_{d0}(t)$，$\bar{U}_{d0}(t)$，$\bar{V}_{d0}(t)$，$\bar{R}_{d0}(t):R_+\to R$，$\underline{X}_{d0}(t)$，$\underline{Y}_{d0}(t)$，$\underline{\Psi}_{d0}(t)$，$\underline{U}_{d0}(t)$，$\underline{V}_{d0}(t)$，$\underline{R}_{d0}(t):R_+\to R$ 满足

$$
\begin{aligned}
&[\underline{x}(t),\underline{y}(t),\underline{\psi}(t),\underline{u}(t),\underline{v}(t),\underline{r}(t)]\leqslant\\
&[\underline{X}_{d0}(t),\underline{Y}_{d0}(t),\underline{\Psi}_{d0}(t),\underline{U}_{d0}(t),\underline{V}_{d0}(t),\underline{R}_{d0}(t)]\leqslant\\
&[x_d(t),y_d(t),\psi_d(t),u_d(t),v_d(t),r_d(t)]\leqslant\\
&[\bar{X}_{d0}(t),\bar{Y}_{d0}(t),\bar{\Psi}_{d0}(t),\bar{U}_{d0}(t),\bar{V}_{d0}(t),\bar{R}_{d0}(t)]\leqslant\\
&[\bar{x}(t),\bar{y}(t),\bar{\psi}(t),\bar{u}(t),\bar{v}(t),\bar{r}(t)]
\end{aligned}
$$

假设 8.3：r_d 是有界的，且满足 $r_d\leqslant\bar{r}_d\leqslant\dfrac{d_{22}}{m_{11}}$。

注 8.1：由于 AMV 的欠驱动特性，在考虑实际情况时，AMV 的艏摇角速度不能太大，因此对 AMV 的期望艏摇角速度做一些限制是合理的。

假设 8.4：模型的不确定性及其导数是有界的，即 $|\Delta_u|<\delta_u$，$|\Delta_r|<\delta_r$，$|\dot{\Delta}_u|<\delta_u$，$|\dot{\Delta}_r|<\delta_r$，其中 δ_u 和 δ_r 是已知的正常数。

本章的控制目标是设计控制器 τ_u 和 τ_r，使具有全状态约束的 AMV 能够到达期望的位置(x_d,y_d)、艏向角 ψ_d 和速度(u_d,v_d,r_d)。

8.2　控制器设计

在这一部分中，设计控制器的过程分为三步：首先，引入有限时间观测器来估计建模的不确定性；然后，在适当的协调变换下，将系统式(8-1)转化为两个子系统，并对约束条件式(8-2)进行相应的变换；最后，设计了一种新的跟踪控制律，使变换后的模型稳定。

8.2.1　有限时间观测器设计

为了估计 Δ_u 和 Δ_r，设计了如下的观测器：

$$\begin{aligned}
\dot{\hat{u}}&=z_u+\frac{m_{22}}{m_{11}}vr-\frac{d_{11}}{m_{11}}u+\frac{1}{m_{11}}\tau_u\\
\dot{\hat{r}}&=z_r+\frac{m_{11}-m_{22}}{m_{33}}uv-\frac{d_{33}}{m_{33}}r+\frac{1}{m_{33}}\tau_r\\
z_\ell&=-\lambda_{\ell 0}\sqrt{L_\ell|\hat{\ell}-\ell|}\,\mathrm{sign}(\hat{\ell}-\ell)+\hat{\Delta}_\ell\\
\dot{\hat{\Delta}}_\ell&=-\lambda_{\ell 1}\ell_\ell\mathrm{sign}(\hat{\Delta}_\ell-z_\ell)
\end{aligned}\tag{8-4}$$

其中，$\ell=u,r$；$\lambda_{\ell 0}$，$\lambda_{\ell 1}$，L_ℓ 是要设计的观测器系数；$\hat{\ell}$ 和 $\hat{\Delta}_\ell$ 分别是 ℓ 和 Δ_ℓ 的估计值。

估计误差定义为 $\ell_e=\hat{\ell}-\ell$ 和 $\Delta_{\ell e}=\hat{\Delta}_\ell-\Delta_\ell$，观测器估计误差动态方程如下：

$$\begin{aligned}
\dot{\ell}_e&=-\lambda_{\ell 0}\sqrt{L_\ell|\ell_e|}\,\mathrm{sign}(\ell_e)+\Delta_{\ell e}\\
\dot{\Delta}_{\ell e}&=-\lambda_{\ell 1}L_\ell\mathrm{sign}(\Delta_{\ell e}-\dot{\ell}_e)-\dot{\Delta}_\ell
\end{aligned}\tag{8-5}$$

引入下列引理来证明该观测器的稳定性。

引理 8.1[73]：如果选择的观测器增益 L_ℓ 满足 $L_\ell>\delta_\ell$，则观测器误差动态系统式(8-5)是有限时间稳定的。

8.2.2　模型变换

为了解决 AMV 的欠驱动问题，简化控制律设计，通过下面的全局状态变换，将含有约束式(8-2)的系统式(8-1)转化为具有两个子系统的严格反馈形式。

$$\begin{cases} z_1 = x\cos\psi + y\sin\psi \\ z_2 = v \\ z_3 = -x\sin\psi + y\cos\psi + \dfrac{m_{22}}{d_{22}}v \\ z_4 = \psi \\ z_5 = -\dfrac{m_{11}}{d_{22}}u - x\cos\psi - y\sin\psi \\ z_6 = r \end{cases} \tag{8-6}$$

基于式(8-5)，控制输入可以变换为

$$\begin{aligned} \omega_1 &= \left(\frac{d_{11}}{d_{22}} - 1\right)u - z_3 z_6 - \frac{\tau_u + \Delta_u}{d_{22}} \\ \omega_2 &= \frac{m_{11} - m_{22}}{m_{33}}uv - \frac{d_{33}}{m_{33}}r + \frac{\tau_r + \Delta_r}{m_{33}} \\ \hat{\omega}_1 &= \left(\frac{d_{11}}{d_{22}} - 1\right)u - z_3 z_6 - \frac{\tau_u + \hat{\Delta}_u}{d_{22}} \\ \hat{\omega}_2 &= \frac{m_{11} - m_{22}}{m_{33}}uv - \frac{d_{33}}{m_{33}}r + \frac{\tau_r + \hat{\Delta}_r}{m_{33}} \end{aligned} \tag{8-7}$$

其中，$\hat{\omega}_1$，$\hat{\omega}_2$ 分别是 ω_1，ω_2 的估计值。然后，可以得到估计误差

$$e_{\omega 1} = \hat{\omega}_1 - \omega_1 = -\frac{\hat{\Delta}_u - \Delta_u}{d_{22}}$$

$$e_{\omega 2} = \hat{\omega}_2 - \omega_2 = \frac{\hat{\Delta}_r - \Delta_r}{m_{33}}$$

将式(8-7)代入式(8-6)求导，系统式(8-1)可以写为

$$\begin{cases} \dot{z}_1 = -\dfrac{d_{22}}{m_{11}}z_1 - \dfrac{d_{22}}{m_{11}}z_5 + z_3 z_6 - \dfrac{m_{22}}{d_{22}}z_2 z_6 \\ \dot{z}_2 = -\dfrac{d_{22}}{m_{22}}z_2 + \dfrac{d_{22}}{m_{22}}z_6(z_1 + z_5) \end{cases} \tag{8-8a}$$

$$\begin{cases} \dot{z}_3 = z_5 z_6 \\ \dot{z}_4 = z_6 \\ \dot{z}_5 = \omega_1 \\ \dot{z}_6 = \omega_2 \end{cases} \tag{8-8b}$$

参照式(8-6)的变换，对期望状态($z_{1d}, z_{2d}, z_{3d}, z_{4d}, z_{5d}, z_{6d}$)也做出相应的变换，

具体形式如下：

$$\begin{cases} z_{1d}=x_d\cos\psi_d+y_d\sin\psi_d \\ z_{2d}=v_d \\ z_{3d}=-x_d\sin\psi_d+y_d\cos\psi_d+\dfrac{m_{22}}{d_{22}}v_d \\ z_{4d}=\psi_d \\ z_{5d}=-\dfrac{m_{11}}{d_{22}}u_d-z_{1d} \\ z_{6d}=r_d \end{cases} \tag{8-9}$$

对式(8-9)求导，得

$$\begin{cases} \dot{z}_{1d}=-\dfrac{d_{22}}{m_{11}}z_{1d}-\dfrac{d_{22}}{m_{11}}z_{5d}+z_{3d}z_{6d}-\dfrac{m_{22}}{d_{22}}z_{2d}z_{6d} \\ \dot{z}_{2d}=-\dfrac{d_{22}}{m_{22}}z_{2d}+\dfrac{d_{22}}{m_{22}}z_{6d}(z_{1d}+z_{5d}) \end{cases} \tag{8-10a}$$

$$\begin{cases} \dot{z}_{3d}=z_{5d}z_{6d} \\ \dot{z}_{4d}=z_{6d} \\ \dot{z}_{5d}=\omega_{1d} \\ \dot{z}_{6d}=\omega_{2d} \end{cases} \tag{8-10b}$$

其中期望的控制输入为

$$\omega_{1d}=\left(\frac{d_{11}}{d_{22}}-1\right)u_d-z_{3d}z_{6d}-\frac{\tau_{ud}}{d_{22}}$$

$$\omega_{2d}=\frac{m_{11}-m_{22}}{m_{33}}u_dv_d-\frac{d_{33}}{m_{33}}r_d+\frac{\tau_{rd}}{m_{33}}$$

定义误差变量 $e_i=z_i-z_{id}(i=1,\cdots,6)$。结合式(8-8)和式(8-10)，则误差动态系统可写为

$$\begin{cases} \dot{e}_1=-\dfrac{d_{22}}{m_{11}}e_1-\dfrac{d_{22}}{m_{11}}e_5-\dfrac{m_{22}}{d_{22}}z_{6d}e_2+z_{6d}e_3- \\ \qquad \dfrac{m_{22}}{d_{22}}z_{2d}e_6+z_{3d}e_6-\dfrac{m_{22}}{d_{22}}e_2e_6+e_3e_6 \\ \dot{e}_2=-\dfrac{d_{22}}{m_{22}}e_2+\dfrac{d_{22}}{m_{22}}z_{6d}(e_1+e_5)+ \\ \qquad \dfrac{d_{22}}{m_{22}}e_6(z_{1d}+z_{5d})+\dfrac{d_{22}}{m_{22}}e_6(e_1+e_5) \end{cases} \tag{8-11a}$$

$$\begin{cases}\dot{e}_3=z_{6d}e_5+z_{5d}e_6+e_5e_6\\ \dot{e}_4=e_6\\ \dot{e}_5=\omega_{1e}\\ \dot{e}_6=\omega_{2e}\end{cases} \tag{8-11b}$$

其中，$\omega_{1e}=\hat{\omega}_1-\omega_{1d}$，$\omega_{2e}=\hat{\omega}_2-\omega_{2d}$是新的控制输入，将在后面进行设计。

8.2.3 约束变换

为了处理 AMV 的欠驱动结构，上一小节对 AMV 模型式(8-1)进行了变换，这导致了原状态的约束条件式(8-2)不再适用于现有的控制器设计。因此，约束式(8-2)也需要进行相应的转换。通过考虑式(8-6)、式(8-9)，$e_i=z_i-z_{id}(i=1,\cdots,6)$和假设 8.1 及假设 8.2，可得转换后的约束条件如下

$$\begin{cases}|e_1|<\bar{e}_1=\max\{\sqrt{2(\bar{x}^2+\bar{y}^2)},\sqrt{2(\underline{x}^2+\bar{y}^2)},\\ \qquad\sqrt{2(\bar{x}^2+\underline{y}^2)},\sqrt{2(\underline{x}^2+\underline{y}^2)}\}\\ |e_2|<\bar{e}_2=|\bar{v}-\underline{v}|\end{cases} \tag{8-12a}$$

$$\begin{cases}|e_3|<\bar{e}_3=\max\{\sqrt{2(\bar{x}^2+\bar{y}^2)},\sqrt{2(\underline{x}^2+\bar{y}^2)},\sqrt{2(\bar{x}^2+\underline{y}^2)},\\ \qquad\sqrt{2(\underline{x}^2+\underline{y}^2)}\}+\dfrac{m_{22}}{d_{22}}|\bar{v}-\underline{v}|\\ |e_4|<\bar{e}_4=|\bar{\psi}-\underline{\psi}|\\ |e_5|<\bar{e}_5=\max\{\sqrt{2(\bar{x}^2+\bar{y}^2)},\sqrt{2(\underline{x}^2+\bar{y}^2)},\sqrt{2(\bar{x}^2+\underline{y}^2)},\\ \qquad\sqrt{2(\underline{x}^2+\underline{y}^2)}\}+\dfrac{m_{22}}{d_{22}}|\bar{u}-\underline{u}|\\ |e_6|<\bar{e}_6=|\bar{r}-\underline{r}|\end{cases} \tag{8-12b}$$

8.2.4 设计新控制器 ω_{1e}和 ω_{2e}

考虑子系统式(8-11a)，构造如下函数

$$V_1=\frac{d_{22}}{2m_{22}}e_1^2+\frac{m_{22}}{2d_{22}}e_2^2 \tag{8-13}$$

因此有

$$\begin{aligned}\dot{V}_1=&\frac{d_{22}}{m_{22}}e_1\dot{e}_1+\frac{m_{22}}{d_{22}}e_2\dot{e}_2=\left(-\frac{d_{22}^2}{m_{11}m_{22}}e_1^2-\frac{d_{22}^2}{m_{11}m_{22}}e_1e_5+\frac{d_{22}}{m_{22}}e_1e_3z_{6d}+\right.\\ &\left.\frac{d_{22}}{m_{22}}e_1e_6z_{3d}+\frac{d_{22}}{m_{22}}e_1e_3e_6-e_1e_6z_{2d}\right)+(-e_2^2+e_2e_5z_{6d}+e_2e_6z_{1d}+e_2e_6z_{5d}+e_2e_5e_6)\end{aligned} \tag{8-14}$$

然后定义

$$\alpha_5=\frac{e_5}{\cos^2\left(\frac{\pi V_1^2}{2\overline{V}_1^2}\right)}\qquad \alpha_6=\frac{e_6}{\cos^2\left(\frac{\pi V_1^2}{2\overline{V}_1^2}\right)} \tag{8-15a}$$

$$\Lambda_1=\frac{\omega_{1e}}{\cos^2\left(\frac{\pi V_1^2}{2\overline{V}_1^2}\right)}+\frac{2V_1\dot{V}_1\alpha_5}{\cos^2\left(\frac{\pi V_1^2}{2\overline{V}_1^2}\right)}\qquad \Lambda_2=\frac{\omega_{2e}}{\cos^2\left(\frac{\pi V_1^2}{2\overline{V}_1^2}\right)}+\frac{2V_1\dot{V}_1\alpha_6}{\cos^2\left(\frac{\pi V_1^2}{2\overline{V}_1^2}\right)} \tag{8-15b}$$

将式(8-15)带入式(8-11b)可得

$$\begin{cases}\dot{e}_3=\left(z_{6d}\alpha_5+z_{5d}\alpha_6+\alpha_5\alpha_6\cos^2\left(\frac{\pi V_1^2}{2\overline{V}_1^2}\right)\right)\cos^2\left(\frac{\pi V_1^2}{2\overline{V}_1^2}\right)\\ \dot{e}_4=\alpha_6\cos^2\left(\frac{\pi V_1^2}{2\overline{V}_1^2}\right)\\ \dot{\alpha}_5=\Lambda_1\\ \dot{\alpha}_6=\Lambda_2\end{cases} \tag{8-16}$$

为了镇定带有限制条件式(8-12b)的子系统式(8-11b)，给出如下定理。

定理 8.1：对于系统式(8-16)，若控制输入满足：

$$\Lambda_1=-k_1\alpha_5-\frac{z_{6d}e_3\cos^2\left(\frac{\pi V_1^2}{2\overline{V}_1^2}\right)}{\cos^2\left(\frac{\pi e_3^2}{2\,\overline{e}_3^2}\right)}\qquad \Lambda_2=-k_2\alpha_6-\frac{e_4\cos^2\left(\frac{\pi V_1^2}{2\overline{V}_1^2}\right)}{\cos^2\left(\frac{\pi e_4^2}{2\,\overline{e}_4^2}\right)} \tag{8-17}$$

其中，k_1 和 k_2 是正常数，则 e_3，e_4，α_5，α_6 能收敛到零，即存在控制器式(8-17)使得具有限制条件式(8-12b)的子系统式(8-11b)是稳定的。

证明：对于系统式(8-16)，构造一个 tan 型障碍李雅普诺夫函数如下：

$$V_2=\frac{\overline{e}_4^2}{\pi}\tan\left(\frac{\pi e_4^2}{2\,\overline{e}_4^2}\right)+\frac{1}{2}\alpha_6^2+\frac{1}{2}\,|\,d_{22}\,|\,e_{\omega1}^2 \tag{8-18}$$

根据引理 8.1 可知，观测器误差能收敛到零，即$\lim\limits_{t\to\infty}e_{\omega1}=0$。将李雅普诺夫函数式(8-18)沿着系统式(8-16)求导可得

$$\dot{V}_2=\frac{e_4\,\dot{e}_4}{\cos^2\left(\frac{\pi e_4^2}{2\,\overline{e}_4^2}\right)}+\alpha_6\dot{\alpha}_6+e_{\omega1}\dot{e}_{\omega1}=-k_2\alpha_6^2\leqslant0 \tag{8-19}$$

根据式(8-18)和式(8-19)，很明显可知，V_2 是有界的，并且$\lim\limits_{t\to\infty}\dot{V}_2=0$。这就意味着

$$\lim_{t\to\infty}\alpha_6=0 \tag{8-20}$$

将式(8-20)带入子系统式(8-16)，得

$$\begin{cases}\dot{e}_3=z_{6d}\alpha_5\cos^2\left(\dfrac{\pi V_1^2}{2\bar{V}_1^2}\right)\\ \dot{\alpha}_5=\Lambda_1\end{cases} \tag{8-21}$$

基于系统式(8-21)，构造如下形式的 tan 型 BLF：

$$V_3=\frac{\bar{e}_3^2}{\pi}\tan\left(\frac{\pi e_3^2}{2\bar{e}_3^2}\right)+\frac{1}{2}\alpha_5^2+\frac{1}{2}|m_{33}|e_{\omega 2}^2 \tag{8-22}$$

通过引理 8.1，可以得到$\lim\limits_{t\to\infty}e_{\omega 2}=0$。然后将李雅普诺夫函数式(8-22)沿着系统式(8-21)求导有

$$\dot{V}_3=\frac{e_3\dot{e}_3}{\cos^2\left(\dfrac{\pi e_3^2}{2\bar{e}_3^2}\right)}+\alpha_5\dot{\alpha}_5+e_{\omega 2}\dot{e}_{\omega 2}=-k_1\alpha_5^2\leqslant 0 \tag{8-23}$$

通过式(8-22)和式(8-23)，很明显可得 V_3 是有界的，且$\lim\limits_{t\to\infty}\dot{V}_3=0$。则有

$$\lim_{t\to\infty}\alpha_5=0 \tag{8-24}$$

综上，$e_3, e_4, \alpha_5, \alpha_6$ 是有界的且能收敛到零。从而，具有约束条件式(8-12b)的系统式(8-16)能被镇定，也就是说有约束条件式(8-12b)的系统式(8-11)能被镇定。

注 8.2：若对状态 e_4 没有约束条件的限制，即 $\bar{e}_4\to\infty$，则 $\lim\limits_{\bar{e}_4\to\infty}V_2=\dfrac{1}{2}e_4^2+\dfrac{1}{2}\alpha_6^2$。因此，相比于传统的 BLF 形式$\dfrac{1}{2}\ln(\cdot)$，使用 tan 型 BLF 设计的控制器不仅适用于状态受约束的情况，而且适用于状态不受约束的情况。

为了镇定具有约束条件式(8-12a)的子系统式(8-11a)，引入如下定理：

定理 8.2：如果在满足约束条件(8-12b)的前提下，e_3，e_4，α_5，α_6 能收敛到零，且 K 是一个正常数，那么系统式(8-11a)就能在满足约束式(8-12a)的条件下稳定。

证明：由式(8-12a)和式(8-13)可得，函数 V_1 满足约束条件：

$$V_1<\bar{V}_1=\max\left\{\frac{d_{22}}{2m_{22}}\bar{e}_1^2,\ \frac{m_{22}}{2d_{22}}\bar{e}_2^2\right\} \tag{8-25}$$

构造 BLF：

$$V_4=\frac{\bar{V}_1^2}{\pi}\tan\left(\frac{\pi V_1^2}{2\bar{V}_1^2}\right) \tag{8-26}$$

对李雅普诺夫函数式(8-26)沿着式(8-13)求导得

$$
\begin{aligned}
\dot{V}_4 &= \frac{V_1\dot{V}_1}{\cos^2\left(\dfrac{\pi V_1^2}{2\overline{V}_1^2}\right)} = \frac{1}{\cos^2\left(\dfrac{\pi V_1^2}{2\overline{V}_1^2}\right)}V_1\left(-\frac{d_{22}^2}{m_{11}m_{22}}e_1^2-\frac{d_{22}^2}{m_{11}m_{22}}e_1e_5+\right.\\
&\frac{d_{22}}{m_{22}}e_1e_3z_{6d}+\frac{d_{22}}{m_{22}}e_1e_6z_{3d}+\frac{d_{22}}{m_{22}}e_1e_3e_6-e_1e_6z_{2d}-\\
&\left.e_2^2+e_2e_5z_{6d}+e_2e_6z_{1d}+e_2e_6z_{5d}+e_2e_5e_6\right)
\end{aligned} \tag{8-27}
$$

由假设 8. 3 可知，存在一个正常数$\mu_1<\dfrac{d_{22}}{m_{11}}$，满足条件$\mu_1\bar{e}_1>\bar{e}_3\bar{r}_d$，因此有

$$
-\frac{d_{22}^2}{m_{11}m_{22}}e_1^2+\frac{d_{22}}{m_{22}}e_1e_3z_{6d}=-\frac{d_{22}^2}{m_{11}m_{22}}\mu_1e_1^2 \tag{8-28}
$$

将式(8-28)代入到式(8-27)，得

$$
\begin{aligned}
\dot{V}_4 &< -K\frac{V_1^2}{\cos^2\left(\dfrac{\pi V_1^2}{2\overline{V}_1^2}\right)}+\frac{V_1}{\cos^2\left(\dfrac{\pi V_1^2}{2\overline{V}_1^2}\right)}\left(\frac{d_{22}^2}{m_{11}m_{22}}|e_1|e_5+\right.\\
&\frac{d_{22}}{m_{22}}|e_1|e_6z_{3d}+\frac{d_{22}}{m_{22}}|e_1|e_3e_6+|e_1|e_6z_{2d}+\\
&\left.|e_2|e_5z_{6d}+|e_2|e_6z_{1d}+|e_2|e_6z_{5d}+|e_2|e_5e_6\right)
\end{aligned} \tag{8-29}
$$

其中，$K=\min\left\{\dfrac{d_{22}}{m_{11}}\mu_1,\dfrac{d_{22}}{m_{22}}\right\}$。

由定理 8. 1 可知，$e_3,e_4,\alpha_5,\alpha_6$ 能收敛到零。将式(8-16a)代入到式(8-29)中可得

$$
\begin{aligned}
\dot{V}_4 &< -K\frac{V_1^2}{\cos^2\left(\dfrac{\pi V_1^2}{2\overline{V}_1^2}\right)}+V_1\left(\frac{d_{22}^2}{m_{11}m_{22}}|e_1|\alpha_5+\frac{d_{22}}{m_{22}}|e_1|\alpha_6z_{3d}+\right.\\
&\frac{d_{22}}{m_{22}}|e_1|e_3\alpha_6(\overline{V}_1^2-V_1^2)-|e_1|\alpha_6z_{2d}+|e_2|\alpha_5z_{6d}+\\
&\left.|e_2|\alpha_6z_{1d}+|e_2|\alpha_6z_{5d}+|e_2|\alpha_5\alpha_6(\overline{V}_1^2-V_1^2)\right)\\
&= -K\frac{V_1^2}{\cos^2\left(\dfrac{\pi V_1^2}{2\overline{V}_1^2}\right)}<0
\end{aligned} \tag{8-30}
$$

通过式(8-30)可知，V_4 可以收敛到零，即 V_1 可以在保证不违反约束条件式(8-25)的前提下收敛到零。因此，系统式(8-11a)能在不违反约束式(8-12a)的条件下被镇定。

在上述两个定理的基础上，为了解决 AMV 的轨迹跟踪控制问题，提出如下的定理：

定理 8.3：如果具有约束条件式(8-12a)的系统式(8-11a)和具有约束条件式(8-12b)的系统式(8-11b)可以被镇定，那么跟踪误差可以收敛到零，也就是说，系统式(8-1)中的状态(x,y,ψ,u,v,r)可以跟踪上期望值$(x_d,y_d,\psi_d,u_d,v_d,r_d)$，并且不违反其约束条件式(8-2)。

证明：由定理 8.1、定理 8.2 可知，$e_i(i=1,\cdots,6)$能在不违反约束式(8-12)的前提下收敛到零，且因为 $e_i=z_i-z_{id}$，所以具有约束条件式(8-12)的系统式(8-8)可以跟踪上系统式(8-10)。又因为系统式(8-8)和式(8-10)是由系统式(8-1)和式(8-3)变换而来，约束条件式(8-12)是由式(8-2)变换而来，所以，系统式(8-1)能在全状态受限的情况下跟踪上其期望轨迹式(8-3)。

8.3 仿真分析

为了验证所提出的轨迹跟踪控制方法的有效性，本节在 MATLAB/SIMULINK 环境下进行了一组仿真验证。使用参考文献[105]中的 AMV 模型参数：$m_{11}=200\text{kg}$，$m_{22}=250\text{kg}$，$m_{33}=80\text{kg}$，$d_{11}=70\text{kg/s}$，$d_{22}=100\text{kg/s}$，$d_{33}=50\text{kg/s}$。AMV 的不确定性为$f_u=0.02$，$f_r=0.03$，$\omega_u=0.1\sin(0.1t)$，$\omega_r=0.12\sin(0.1t)$。观测器参数选取：$\delta_u=\delta_r=1.5$，$\lambda_{u0}=\lambda_{u1}=1$，$\lambda_{r0}=\lambda_{r1}=1.2$，$L_u=L_r=2$。生成期望轨迹的 AMV 控制输入选取为 $\tau_{ud}=25\text{e}^{-0.4t}+50.5$，$\tau_{rd}=30\text{e}^{-0.4t}+10.5$。选择全状态约束如下：$\overline{x}(t)=9$，$\underline{x}(t)=-3$，$\overline{y}(t)=9$，$\underline{y}(t)=-1.5$，$\overline{\psi}(t)=t+2$，$\underline{\psi}(t)=-0.1$，$\overline{u}(t)=0.5$，$\underline{u}(t)=-0.2$，$\underline{v}(t)=0.2$，$\underline{v}(t)=-0.4$，$\overline{r}(t)=0.5$，$\underline{r}(t)=-0.1$。控制器中的参数设计为 $k_1=10$，$k_2=1$。AMV 的初值设置为 $x(0)=1$，$y(0)=0$，$\psi(0)=0$，$u(0)=0$，$v(0)=0$，$r(0)=0$；生成参考轨迹的模型初值设置为 $x_d(0)=0$，$y_d(0)=0$，$\psi_d(0)=0$，$u_d(0)=0$，$v_d(0)=0$，$r_d(0)=0$。仿真结果如图 8-1~图 8-5 所示。

如图 8-1 所示，细曲线表示 AMV 在期望的控制器输入下得到的参考运动轨迹，初始状态为原点；粗曲线表示 AMV 在本节设计提出的控制器输入指导下，AMV 的实际运动轨迹。轨迹四周的直线为 AMV 的位置所受限制，其中 x 上界和 x 下界分别表示为 $\overline{x}$ 和 $\underline{x}$，y 上界和 y 下界分别表示为 $\overline{y}$ 和 $\underline{y}$。所以，从图 8-1 中可以清晰地看出，AMV 可以跟踪上参考轨迹，且 AMV 的位置不违反其约束。

图 8-2 表示 AMV 经过一系列变换之后得到的误差跟踪系统式(8-11)的各个状态图，由于式(8-11)为两个子系统，所以仿真分为两个子图，上面的子图为子系

统式(8-11a)的状态 e_1、e_2，下面的子图表示子系统式(8-11b)的状态 e_3、e_4、e_5、e_6，为了更清晰的表示仿真结果，将前 10s 的仿真结果画成小图加入其中。如图 8-3所示，可以很明显地看出，变换后的系统式(8-11)的各个状态能收敛到零。

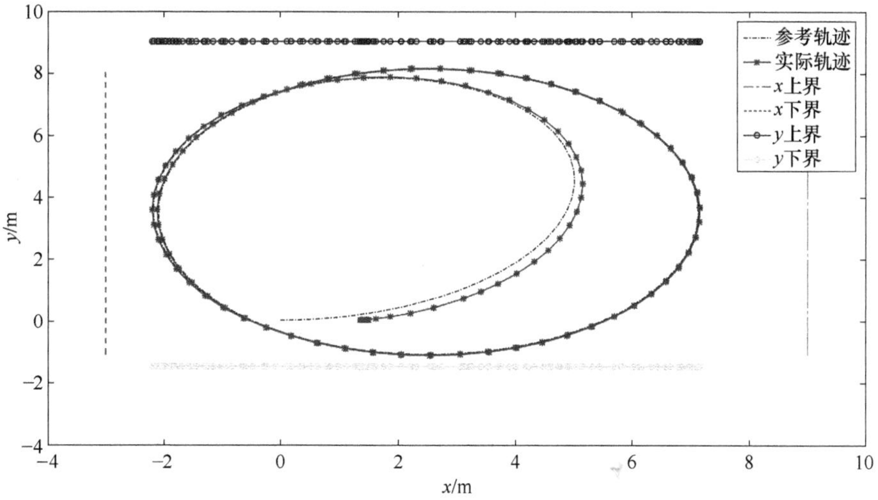

图 8-1　AMV 实际轨迹和参考轨迹

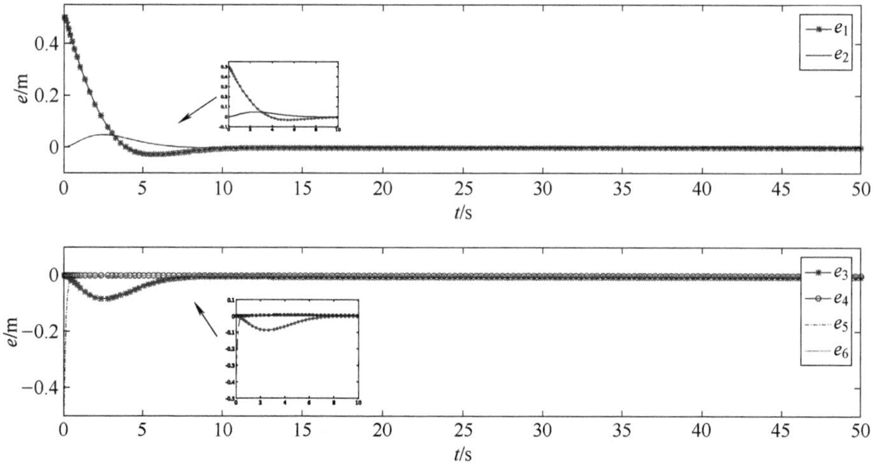

图 8-2　系统式(8-11)的状态

图 8-3 表示 AMV 的各个状态的跟踪误差，分为两个子图，上面的是 AMV 的位置和艏向角误差 x_e、y_e、ψ_e，下面的是 AMV 的速度误差 x_e、y_e、r_e，其中有的状态变化并不明显，并在其中附加了两个小图来加以说明本章的实验结果。图 8-3 的仿真图中可以看出，AMV 的位置和速度误差可以收敛到零，这意味着 AMV 可以跟踪上期望的位置和速度。

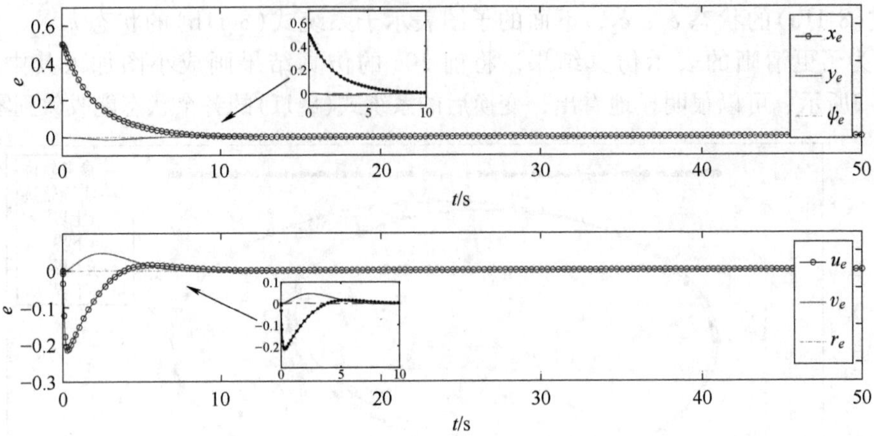

图 8-3　AMV 各状态的跟踪误差

图 8-4 表示 AMV 显示了实际控制律和期望之间的误差，其中为了让仿真结果更清晰，给出了 15s 内的 τ_{re} 小图。很明显地可以从图中得到结果：控制器误差最终可以收敛到零。

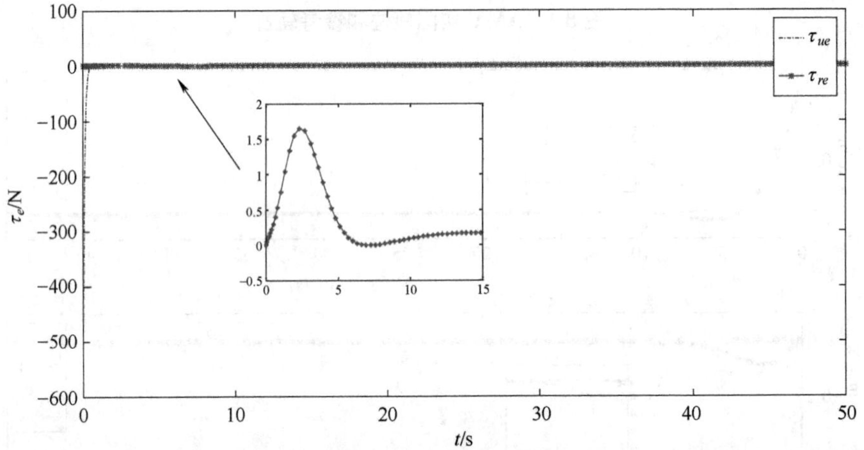

图 8-4　AMV 控制律误差

图 8-5~图 8-7 为本章方法与参考文献[68]中方法的对比仿真。图 8-5 为纵向速度对比图，从中容易看出参考文献[68]中方法所设计的控制器会使纵向速度超出预先设定的约束限制，而本章所提出的方法则不会；图 8-6 为横漂速度对比图，参考文献[68]中的横漂会超过限制；图 8-7 为艏摇速度对比图，发现参考文献[68]和本章中的方法均没有超出限制条件。所以，由图 8-5~图 8-7 可以看出，本章提出的方法能保证的 AMV 速度不超过所设置的约束条件，而参考文献[68]中的方法可能使状态超过约束。因此，在 AMV 状态受限的情况下，本章提出的方法更为有效。

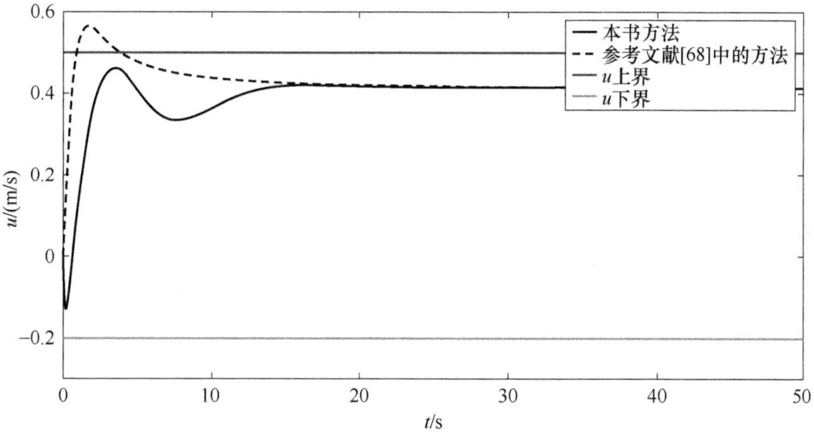

图 8-5　AMV 纵向速度

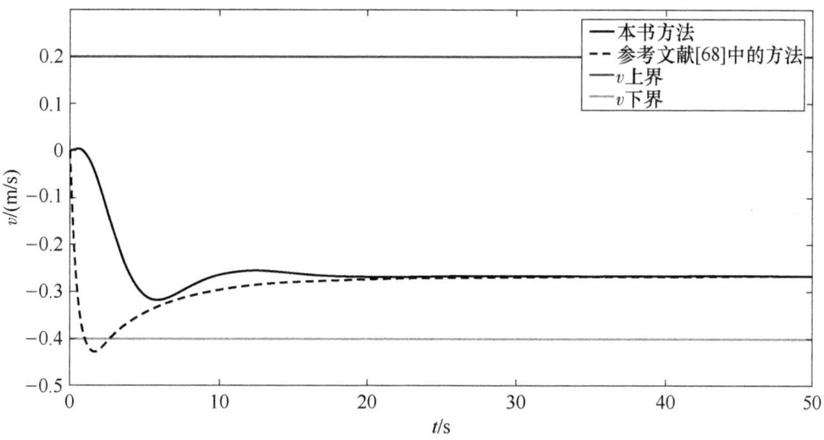

图 8-6　AMV 横漂速度

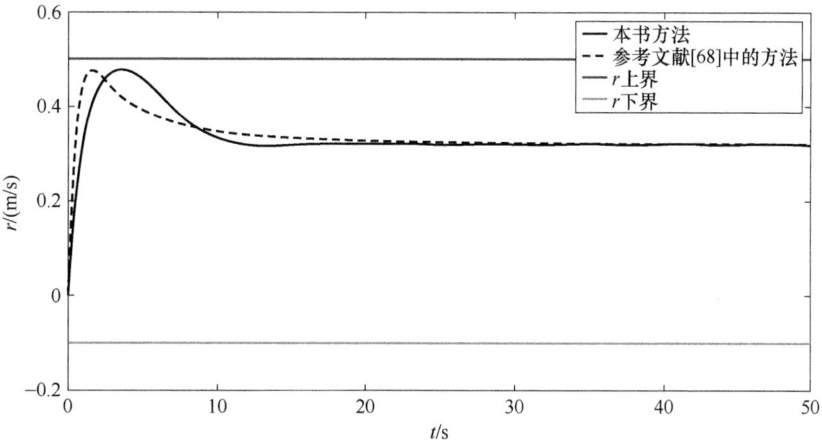

图 8-7　AMV 艏摇角速度

8.4 本章小结

本章研究了具有全状态约束的 AMV 的跟踪问题。首先，将模型转换成合适的形式，便于控制器的设计。然后构造 tan 型障碍李雅普诺夫函数，在此基础上设计的控制律，既适用于 AMV 状态受到约束的情况，又适用于无约束的情况。最后，利用该方法证明了全状态约束下的 AMV 系统跟踪误差可以收敛到零。因此，本章所提出的控制方法对具有全状态约束的 AMV 轨迹跟踪是有效的。

第 9 章　状态受限的 AMV 有限时间编队控制

由于海洋作业需求的日益多样化和复杂化，多 AMV 协同控制的研究近年来越来越广泛地用于解决工业生产、军事和商业领域中的协同作业任务，显著地提高了航行器的作业能力、降低了人员操作的成本和危险性，其中协同路径跟踪是航行器协同控制的一个基本问题。此外，AMV 实际上是一类欠驱动系统，一般由推进器和舵这两个相互独立的推进装置提供纵向动力和旋转力矩，但缺少横向的直接推动力，难以对其直接地实施控制。因此，为提高控制的可靠性和准确性、保障队伍航行安全，多 AMV 的协同路径跟踪控制成为了 AMV 控制领域中的一个重要但具有挑战性的研究热点，引起了学者们的广泛关注。

本章主要研究了多个 AMV 在纵向速度和艏向角受限情况下的协同有限时间直线路径跟踪问题。首先，针对航行器在位置和速度方向上受到的干扰，考虑欠驱动航行器同时受到匹配和不匹配两种扰动的情况，通过在控制方案中引入积分视线引导律和有限时间观测器来估计和补偿两类扰动；然后，设计非对称障碍李雅普诺夫函数来保证在欠驱动航行器在航行过程中不违反约束条件；之后，通过加入一个功率积分器，构造有限时间控制器确保系统误差能在有限时间内收敛到零。

9.1　系统模型和问题描述

9.1.1　AMV 模型及相应变换

考虑 3 自由度的多 AMV 模型：

$$\dot{\boldsymbol{\eta}}_j=\boldsymbol{R}_j(\psi_j)\boldsymbol{v}_j+\boldsymbol{\omega}_{\eta_j} \tag{9-1}$$

$$\boldsymbol{M}_j\dot{\boldsymbol{v}}_j=-\boldsymbol{C}_j(\boldsymbol{v}_j)\boldsymbol{v}_j-\boldsymbol{D}_j\boldsymbol{v}_j+\boldsymbol{\Gamma}_j+\boldsymbol{W}_j \tag{9-2}$$

其中，$\boldsymbol{\eta}_j=[x_j,\ y_j,\ \psi_j]^{\mathrm{T}}(j=1,\cdots,n)$ 表示第 j 艘 AMV 的质心位置和艏向角；$\boldsymbol{\omega}_{\eta_j}=[\omega_{x_j},\omega_{y_j},0]^{\mathrm{T}}$ 表示 AMV 受到的不匹配扰动；$\boldsymbol{v}_j=[u_j,v_j,r_j]^{\mathrm{T}}$ 是速度向量，包括纵向速度，横摇速度，艏摇角速度；$\boldsymbol{\Gamma}_j=[\Gamma_{uj},0,\Gamma_{rj}]^{\mathrm{T}}$ 为控制输入向量，Γ_{uj}是前进方向

输入，Γ_{rj}是转角方向输入；$\boldsymbol{W}_j=[W_{u_j},W_{v_j},W_{r_j}]^{\mathrm{T}}$ 表示匹配扰动；$\boldsymbol{R}_j(\psi_j)$为艏摇旋转矩阵；$\boldsymbol{M}_j$ 向为质量和惯性矩阵；$\boldsymbol{C}_j(\boldsymbol{v}_j)$是科里奥利力和向心力矩阵；$\boldsymbol{D}_j$ 是水动力阻尼矩阵，式中

$$\boldsymbol{R}_j(\psi_j)=\begin{bmatrix}\cos\psi_j & -\sin\psi_j & 0\\ \sin\psi_j & \cos\psi_j & 0\\ 0 & 0 & 1\end{bmatrix}\quad \boldsymbol{M}_j=\begin{bmatrix}m_{11j} & 0 & 0\\ 0 & m_{22j} & m_{23j}\\ 0 & m_{32j} & m_{33j}\end{bmatrix}$$

$$\boldsymbol{D}_j=\begin{bmatrix}d_{11j} & 0 & 0\\ 0 & d_{22j} & d_{23j}\\ 0 & d_{32j} & d_{33j}\end{bmatrix}\quad \boldsymbol{C}_j=\begin{bmatrix}0 & 0 & c_{13j}\\ 0 & 0 & c_{23j}\\ c_{31j} & c_{32j} & 0\end{bmatrix}$$

$$c_{13j}=-c_{31j}=-m_{22j}v_j-\frac{1}{2}(m_{23j}+m_{32j})r_j \qquad c_{23j}=-c_{32j}=m_{11j}u_j$$

由于系统中矩阵 M_j 和 D_j 的非对角元素不为零，如图 9-1 所示，引入了如下的坐标变换：

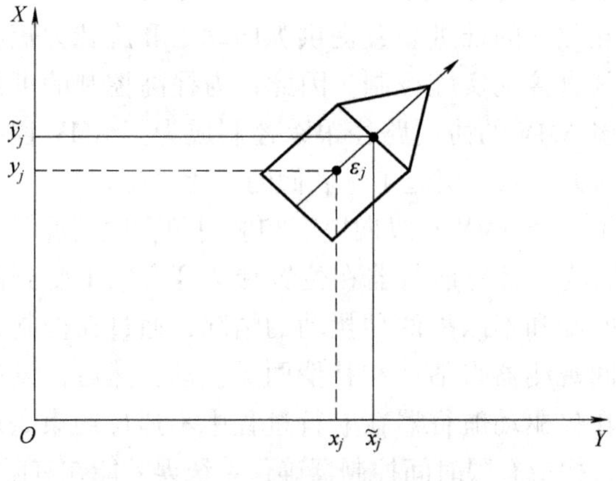

图 9-1　AMV 坐标变换图

$$\begin{aligned}\tilde{x}_j&=x_j+\varepsilon_j\cos\psi_j\\ \tilde{y}_j&=y_j+\varepsilon_j\sin\psi_j\\ \tilde{v}_j&=v_j+\varepsilon_j r_j\end{aligned}\tag{9-3}$$

其中 $\varepsilon_j=m_{23j}\cdot m_{22j}^{-1}$，将变换式(9-3)代入式(9-1)、式(9-2)后可得

$$\dot{\tilde{x}}_j=u_j\cos\psi_j-\tilde{v}_j\sin\psi_j+\omega_{x_j}\tag{9-4a}$$

$$\dot{\tilde{y}}_j=u_j\sin\psi_j+\tilde{v}_j\cos\psi_j+\omega_{y_j}\tag{9-4b}$$

$$\dot{\psi}_j=r_j\tag{9-4c}$$

$$\dot{u}_j=F_{uj}(u_j,\tilde{v}_j,r_j)+\tau_{uj}+\omega_{u_j}\tag{9-4d}$$

$$\dot{\tilde{v}}_j = X_j r_j + Y_j \tilde{v}_j + \omega_{\tilde{v}_j} \tag{9-4e}$$

$$\dot{r}_j = F_{rj}(u_j, \tilde{v}_j, r_j) + \tau_{rj} + \omega_{r_j} \tag{9-4f}$$

其中，

$$F_{uj} = \frac{1}{m_{11j}}\left[-d_{11j}u_j + m_{22j}(\tilde{v}_j - \varepsilon_j r_j) + \frac{1}{2}(m_{23j} + m_{32j})r_j^2\right]$$

$$X_j = -\frac{m_{11j}}{m_{22j}}u_j + \frac{d_{22j}m_{23j}}{m_{22j}^2} - \frac{d_{23j}}{m_{22j}} \qquad Y_j = -\frac{d_{22j}}{m_{22j}}$$

$$F_{rj} = \frac{1}{m_{22j}m_{33j} - m_{32j}m_{23j}}\left\{(m_{11j}m_{22j} - m_{22j}^2)u_j(\tilde{v}_j - \varepsilon_j r_j) + \left[m_{11j}m_{32j} - \frac{1}{2}m_{22j}(m_{23j} + m_{32j})\right]u_j r_j + (m_{23j}d_{22j} - m_{22j}d_{32j})(\tilde{v}_j - \varepsilon_j r_j) - (m_{22j}d_{33j} - m_{32j}d_{23j})r_j\right\}$$

$$\tau_{uj} = \frac{1}{m_{11j}}\Gamma_{uj} \qquad \tau_{rj} = \frac{m_{22j}}{m_{22j}m_{33j} - m_{23j}m_{32j}}\Gamma_{rj}$$

$$\omega_{u_j} = \frac{1}{m_{11j}}W_{u_j} \qquad \omega_{\tilde{v}_j} = \frac{1}{m_{22j}}W_{\tilde{v}_j} \qquad \omega_{r_j} = \frac{-m_{23j}W_{\tilde{v}_j} + m_{22j}W_{r_j}}{m_{22j}m_{33j} - m_{23j}m_{32j}}$$

τ_{uj}和τ_{rj}是待设计的新的控制器输入。

9.1.2　控制目标

本章的目标是设计分布式控制律，使各个 AMV 在有限时间内跟踪上期望的纵向速度和艏向角，形成理想的队形，沿着理想的直线路径移动，如图 9-2 所示。设计分布式控制控制律，令每艘 AMV 根据自身和其他 AMV 传递过来的位置信息，控制自身行驶。根据期望路径 P 选择相应的 x 轴位置，AMV 在编队中的位置可由从第 j 艘 AMV 到 P 的期望距离χ_j 和第 j 艘 AMV 与第 i 艘 AMV 之间的纵向期望距离μ_{ji}确定。所以，控制目标可以表示为

$$\lim_{t\to\infty} y_j - \chi_j = 0 \tag{9-5}$$

$$\lim_{t\to t_{f\psi}} (\psi_j - \psi_d) = 0 \tag{9-6}$$

$$\lim_{t\to\infty} (x_j - x_i - \mu_{ji}) = 0 \tag{9-7}$$

$$\lim_{t\to t_{fu}} (u_j(t) - u_{dj}) = 0 \tag{9-8}$$

其中，$t_{f\psi} < \infty$，$t_{fu} < \infty$。

为了实现控制目标式(9-7)和式(9-8)，编队中的 AMV 互相之间必须要进行通信。在为单个 AMV 设计控制器时，只依赖于特定 AMV 的信息。通信拓扑可以用有向图 $G=G(V,E)$ 表示，其中顶点集合 V 由 n 个节点组成，代表编队中的 AMV，即顶点 j 对应编队里的第 j 艘 AMV，边集合 E 由不同节点的有序对组成，表示可用的通信链路，即如果第 j 艘 AMV 和第 i 艘 AMV 之间能够互相传输信息，则有向图

G 中存在从节点 j 到节点 i 的边，$(j,i)\in E$。此外，通信拓扑图是有向的，即两艘 AMV 之间的通信是单向的。集合 Ω_j 由所有向第 j 艘 AMV 传递信息的节点组成。因此，第 j 艘 AMV 的控制器取决于它本身和集合 Ω_j 中包含的所有 AMV 的状态。

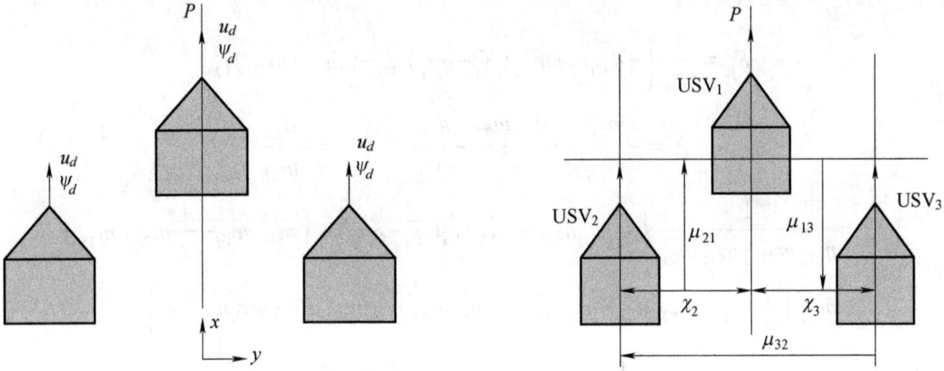

图 9-2　控制目标示意图

由于本章所考虑的模型式(9-4)中存在不匹配扰动，所以艏向角由以下 ILOS 引导律决定：

$$\psi_{\mathrm{ILOS}j}=-\arctan\left(\frac{\tilde{y}_j-\chi_j+\sigma_j y_{\mathrm{int}j}}{\Delta_j}\right)\qquad \Delta_j,\sigma_j>0 \tag{9-9a}$$

$$\dot{y}_{\mathrm{int}j}=\frac{\Delta_j(\tilde{y}_j-\chi_j)}{((\tilde{y}_j-\chi_j)+\sigma_j y_{\mathrm{int}j})^2+\Delta_j^2} \tag{9-9b}$$

其中，参数 Δ_j 和 σ_j 分别是前向视线距离和积分增益。当扰动将 AMV 推离它的期望路径时，积分效应就会起到非常重要的作用，这就产生了一个非零角度式(9-9a)。当 AMV 在期望路径上移动时，其部分纵向速度可以抵消风浪流等干扰的影响，如图 9-3 所示。

为了便于讨论 AMV 的有限时间协同跟踪问题，设计出合理的协同控制器，对系统式(9-4)做出如下假设：

假设 9.1：扰动 ω_{ℓ_j} 有界，且 $\dot{\omega}_{\ell_j}$ 也有界。即，存在正常数 δ_{ℓ_j} 和 $\delta_{1\ell_j}$，使得

$$\omega_{\ell_j}\leqslant\delta_{\ell_j},\ \dot{\omega}_{\ell_j}\leqslant\delta_{1\ell_j},\ \ell_j\in\{\tilde{x}_j,\tilde{y}_j,u_j,\tilde{v}_j,r_j\}。$$

假设 9.2：期望的纵向速度 u_{dj} 满足如下情况：

$$u_{dj}>\max\left\{\delta_{\tilde{x}\tilde{y}_j}+\frac{5}{2}\left|\frac{\delta_{\tilde{v}_j}}{Y_j}\right|,2\delta_{\tilde{x}\tilde{y}_j}+2\left|\frac{\delta_{\tilde{v}_j}+\delta_{1\tilde{v}_j}}{Y_j}\right|\right\} \tag{9-10}$$

其中，$\delta_{\tilde{x}\tilde{y}_j}=\sqrt{\delta_{\tilde{x}_j}^2+\delta_{\tilde{y}_j}^2}$。

注 9.1：假设 9.1 表示 AMV 在航行过程中受到的环境干扰是有界的，且干扰的导数也有界，实际中的风浪等扰动大多符合该假设。

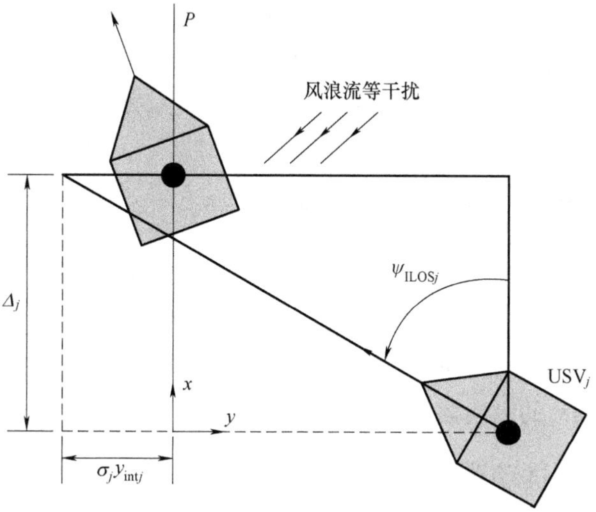

图 9-3　ILOS 引导律

注 9.2：满足假设 9.2 的 u_{dj} 并不困难，且这样的假设也出现在参考文献[34]中。

由于在实际中，AMV 的纵向速度和艏向角不能是无限增大和减小的，为了让研究更符合实际，所以假设船的艏向角和纵向速度受到约束：

假设 9.3：存在常数 $\overline{u}_j$、$\underline{u}_j$、$\overline{\psi}_j$、$\underline{\psi}_j$，使得

$$\underline{u}_j \leqslant u_j \leqslant \overline{u}_j \tag{9-11}$$

$$\underline{\psi}_j \leqslant \psi_j \leqslant \overline{\psi}_j \tag{9-12}$$

为了达到控制目标式(9-5)和式(9-6)，引入如下定义：

定义 9.1[34]：对于满足假设 9.1 的子系统式(9-4a)、式(9-4b)和式(9-4c)，若前向视线距离和积分增益满足条件：

$$\Delta_j > \frac{|X_j|}{|Y_j|} A(\sigma_j) \left[\frac{5}{4} \frac{u_{dj} + \delta_{\tilde{x}\tilde{y}_j} + \sigma_j}{u_{dj} - \delta_{\tilde{x}\tilde{y}_j} - \sigma_j} + 1 \right] \qquad 0 < \sigma_j < u_{dj} - \delta_{\tilde{x}\tilde{y}_j} - \frac{5}{2} \left| \frac{\delta_{\tilde{v}_j}}{Y_j} \right|$$

则控制目标式(9-5)和式(9-6)可以达成。其中，

$$A_j(\sigma_j) = \frac{u_{dj} - \delta_{\tilde{x}\tilde{y}_j} - \sigma_j}{u_{dj} - \delta_{\tilde{x}\tilde{y}_j} - \sigma_j - \frac{5}{2} \left| \frac{\delta_{\tilde{v}_j}}{Y_j} \right|} \qquad \psi_{dj} = \psi_{\mathrm{ILOS}j}$$

为了达到控制目标式(9-7)和式(9-8)，引入如下定义：

定义 9.2：如果第 j 艘 AMV 的纵向速度 u_j 能够跟踪上其期望的纵向速度

$$u_{dj} = u_{cj}(t) - g\left[\sum_{i \in \Omega_j} (x_j - x_i - \mu_{ji}) \right] - \hat{\omega}_{xj} \tag{9-13}$$

则控制目标式(9-7)和式(9-8)可以完成。其中，u_{ej}为AMV达到稳态时的纵向速度，$\hat{\omega}_{x_j}$为ω_{x_j}的估计值，在后面的观测器设计中给出，$g(s)$是一个连续可微饱和类函数，满足$-m \leqslant g(s) \leqslant m, g(0)=0, 0<g'(s) \leqslant \varsigma, \forall s \in R, m>0, \varsigma>0$。

9.2 控制器设计与稳定性证明

本节中设计控制器的过程分为四步：首先，引入有限时间观测器来估计AMV所受的扰动；之后，引入相应的引理来为后面协同控制器的设计打下基础；然后，设计协同控制器τ_{rj}来保证艏向角ψ能在有限时间内跟踪上期望值；最后设计协同控制器τ_{uj}保证AMV的纵向速度u能在有限时间内跟踪上期望值。

9.2.1 有限时间扰动观测器设计

设计如下有限时间观测器来对扰动ω_{ℓ_j}进行估计：

$$
\begin{aligned}
&\dot{\hat{x}}_j = z_{\tilde{x}_j} + u_j\cos\psi_j - \tilde{v}_j\sin\psi_j \\
&\dot{\hat{y}}_j = z_{\tilde{y}_j} + u_j\sin\psi_j + \tilde{v}_j\cos\psi_j \\
&\dot{\hat{\tilde{v}}}_j = z_{\tilde{v}_j} + X_j r_j + Y_j \tilde{v}_j \\
&\dot{\hat{u}}_j = z_{u_j} + F_{uj} + \tau_{uj} \\
&\dot{\hat{r}}_j = z_{r_j} + F_{rj} + \tau_{rj} \\
&z_{\ell_j} = -\lambda_{\ell 0}\sqrt{L_{\ell_j}\,|\hat{\ell}_j - \ell_j|}\,\mathrm{sign}(\hat{\ell}_j - \ell_j) + \hat{\omega}_{\ell_j} \\
&\dot{\hat{\omega}}_{\ell_j} = -\lambda_{\ell 1} L_{\ell_j}\mathrm{sign}(\hat{\omega}_{\ell_j} - z_{\ell_j})
\end{aligned}
\tag{9-14}
$$

其中，$z_{\ell_j} \in \{z_{\tilde{x}_j}, z_{\tilde{y}_j}, z_{u_j}, z_{\tilde{v}_j}, z_{r_j}\}$，$\lambda_{\ell 0}$和$\lambda_{\ell 1}$是需要设计的观测器系数，$\hat{\ell}_j$和$\hat{\omega}_{\ell_j}$分别是$\ell_j$和$\omega_{\ell_j}$的估计值。定义估计误差为$e_{\ell_j} = \hat{\ell}_j - \ell_j$，$e_{\omega\ell_j} = \hat{\omega}_{\ell_j} - \omega_{\ell_j}$，则由式(9-14)可得，观测器的误差动态方程为

$$
\begin{aligned}
&\dot{e}_{\ell_j} = -\lambda_{\ell 0}\sqrt{L_{\ell_j}|e_{\ell_j}|}\,\mathrm{sign}(e_{\ell_j}) + e_{\omega\ell_j} \\
&\dot{e}_{\omega\ell_j} = -\lambda_{\ell 1} L_{\ell_j}\mathrm{sign}(e_{\omega\ell_j} - \dot{e}_{\ell_j}) - \dot{\omega}_{\ell_j}
\end{aligned}
\tag{9-15}
$$

9.2.2 相关引理

引理9.1[73]：对于误差动态方程式(9-15)，在假设9.1的条件下，如果观测器增益L_{ℓ_j}满足$L_{\ell_j} > \delta_{\ell_j}$，观测器误差就可以在有限时间内收敛到零，即存在一个时间常数$t_{f\omega}$对于任意的$t > t_{f\omega}$，都能满足$e_{\ell_j} = 0$，$e_{\omega\ell_j} = 0$。

9.2.3 设计控制器

考虑子系统式(9-4c)和式(9-4f)及有限时间观测器式(9-14)，可得

$$\dot{\psi}_j = r_j \tag{9-16a}$$

$$\dot{r}_j = F_{rj}(u_j, \tilde{v}_j, r_j) + \tau_{rj} + \hat{\omega}_{r_j} \tag{9-16b}$$

接下来设计分布式控制器 τ_{rj}，使艇队中的各个 AMV 的艏向角能在有限时间内达到期望值。

定理 9.1：对于系统式(9-16)，如果控制器 τ_{rj} 满足下面条件

$$\tau_{rj} = -F_{rj} - \hat{\omega}_{r_j} - \xi_{2j}^{\frac{6}{5}}(\zeta_{1j} + \zeta_{2j} + 1) \tag{9-17}$$

那么系统式(9-16)能够在有限时间内达到稳定，并且不违反约束式(9-12)，即艏向角能在有限时间内跟踪上期望值，并且不违反约束条件，其中 ξ_{2j}、ζ_{1j} 和 ζ_{2j} 会在定理证明中给出。

证明：第 1 步：

定义 $\psi_{ej} = \psi_j - \psi_{dj}$，$r_{ej} = r_j - \alpha_{rj}$。

为式(9-16a)设计 ABLF：

$$V_1 = \frac{q_{\psi j}(\psi_{ej})}{2}\ln\frac{k_{bj}^2}{k_{bj}^2 - \psi_{ej}^2} + \frac{1 - q_{\psi j}(\psi_{ej})}{2}\ln\frac{k_{aj}^2}{k_{aj}^2 - \psi_{ej}^2} \tag{9-18}$$

其中，$k_{bj} = \overline{\psi} - \psi_{dj}$，$k_{aj} = \psi_{dj} - \underline{\psi}$，$q_{\psi j}(\cdot) = \begin{cases} 1, & if \cdot > 0 \\ 0, & if \cdot \leqslant 0 \end{cases}$

将 $q_{\psi j}(\psi_{ej})$ 简记为 $q_{\psi j}$。对李雅普诺夫函数式(9-18)沿着系统式(9-16)求导得

$$\begin{aligned} \dot{V}_1 = & \frac{q_{\psi j}\psi_{ej}}{k_{bj}^2 - \psi_{ej}^2}\left(r_{ej} + \alpha_{rj} - \dot{\psi}_{dj} - \psi_{ej}\frac{\dot{k}_{bj}}{k_{bj}}\right) + \\ & \frac{(1 - q_{\psi j})\psi_{ej}}{k_{bj}^2 - \psi_{ej}^2}\left(r_{ej} + \alpha_{rj} - \dot{\psi}_{dj} - \psi_{ej}\frac{\dot{k}_{aj}}{k_{aj}}\right) \end{aligned} \tag{9-19}$$

设计虚拟控制输入

$$\begin{aligned} \alpha_{rj} &= -\psi_{ej}^{\frac{3}{5}}\left[(2 + l_{\psi j}(\psi_{ej}))\kappa_{1j} - \psi_{ej}^{\frac{7}{5}}\kappa_{2j}\right] + \dot{\psi}_{dj} \\ &= -\psi_{ej}^{\frac{3}{5}}\varphi_j + \dot{\psi}_{dj} \end{aligned} \tag{9-20}$$

其中

$$\kappa_{1j} = q_{\psi j}(k_{bj}^2 - \psi_{ej}^2) + (1 - q_{\psi j})(k_{aj}^2 - \psi_{ej}^2)$$

$$\kappa_{2j} = q_{ej}\frac{\dot{k}_{bj}}{k_{bj}} + (1 - q_{ej})\frac{\dot{k}_{aj}}{k_{aj}}$$

$$l_{\psi j}(\psi_{ej}) = \left(\frac{1}{2\kappa_{1j}}\right)^{\frac{4}{5}}$$

因此

$$\dot{V}_1 \leqslant -[l_{\psi j}(\psi_{ej})+2]\psi_{ej}^{\frac{8}{5}}+\frac{1}{\kappa_{1j}}|\psi_{ej}||r_{ej}| \tag{9-21}$$

第 2 步：

令 $\xi_{1j}=\psi_{ej}$，$\xi_{2j}=r_j^{\frac{5}{3}}-\alpha_{rj}^{\frac{5}{3}}$，选择

$$V_2=V_1+W_1 \tag{9-22}$$

其中

$$W_1=\int_{\alpha_{rj}}^{r_j}(s^{\frac{5}{3}}-\alpha_{rj}^{\frac{5}{3}})^{\frac{7}{5}}\mathrm{d}s \tag{9-23}$$

对式(9-22)求导得

$$\begin{aligned}\dot{V}_2&=\dot{V}_1+\dot{W}_1\\&\leqslant -[l_{\psi j}(\xi_{1j})+2]\xi_{1j}^{\frac{8}{5}}+\frac{1}{\kappa_{1j}}|\xi_{1j}||r_{ej}|+\\&\quad\ \xi_{2j}^{\frac{2}{5}}(F_{rj}+\tau_{rj}+\hat{\omega}_{rj})+\left|\frac{\partial W_1}{\partial\xi_{1j}}\dot{\xi}_{1j}\right|\end{aligned} \tag{9-24}$$

其中，

$$\frac{\partial W_1}{\partial\xi_1}=-\frac{7}{5}\cdot\frac{\partial(\alpha_r^{\frac{5}{3}})}{\partial\xi_1}\int_{\alpha_{rj}}^{r_j}(s^{\frac{5}{3}}-\alpha_{rj}^{\frac{5}{3}})^{\frac{2}{5}}\mathrm{d}s \tag{9-25}$$

下面要对式(9-24)的右边进行放大。

由引理 2. 6，有

$$|r_{ej}|\leqslant 2^{\frac{2}{5}}|r_j^{\frac{5}{3}}-\alpha_{rj}^{\frac{5}{3}}|^{\frac{3}{5}}\leqslant 2|\xi_{2j}|^{\frac{3}{5}} \tag{9-26}$$

$$\begin{aligned}&\left|\int_{\alpha_{rj}}^{r_j}(s^{\frac{5}{3}}-\alpha_{rj}^{\frac{5}{3}})^{\frac{2}{5}}\mathrm{d}s\right|\\&\leqslant |r_j-\alpha_{rj}||r_j^{\frac{2}{5}}-\alpha_{rj}^{\frac{2}{5}}|^{\frac{2}{5}}\\&\leqslant 2^{\frac{2}{5}}|r_j^{\frac{5}{3}}-\alpha_{rj}^{\frac{5}{3}}|^{\frac{3}{5}}|r_j^{\frac{5}{3}}-\alpha_{rj}^{\frac{5}{3}}|^{\frac{2}{5}}\\&\leqslant 2|\xi_{2j}|\end{aligned} \tag{9-27}$$

再由引理 2. 2 和式(9-26)，得

$$|\xi_{1j}||r_{ej}|\leqslant 2|\xi_{1j}||\xi_{2j}|^{\frac{3}{5}}\leqslant\frac{5}{4}\gamma_{1j}|\xi_{1j}|^{\frac{8}{5}}+\frac{3}{4}\gamma_{1j}^{-\frac{5}{3}}|\xi_{2j}|^{\frac{8}{5}} \tag{9-28}$$

其中，$\gamma_{1j}=\dfrac{2}{5}\kappa_{1j}$，$\zeta_{1j}=\dfrac{3}{4\kappa_{1j}}\left(\dfrac{5}{2\kappa_{1j}}\right)^{\frac{5}{3}}$。由式(9-28)可得

$$\frac{1}{\kappa_{1j}}|\xi_{1j}||r_{ej}|\leqslant\frac{1}{2}|\xi_{1j}|^{\frac{8}{5}}+\zeta_{1j}|\xi_{2j}|^{\frac{8}{5}} \tag{9-29}$$

由引理 2. 9 可知，存在函数 $C_{\psi j}(\psi_{ej})$ 能够满足

$$\left|\frac{\partial(\alpha_{rj}^{5/3})}{\partial\psi_{ej}}\right|\leqslant C_{\psi j}(\psi_{ej}) \tag{9-30}$$

注意到

$$\dot{\xi}_{1j}\leqslant|\dot{\psi}_{ej}|=|r_{ej}+\alpha_{rj}-\dot{\psi}_{dj}|=|r_{ej}-\psi_{ej}\varphi|\leqslant|r_{ej}|+|\xi_{1j}||\varphi_j| \tag{9-31}$$

将式(9-25)、式(9-27)、式(9-30)和式(9-31)代入式(9-24)并结合引理 2.6，可得

$$\begin{aligned}\left|\frac{\partial W_1}{\partial \psi_{ej}}\dot{\xi}_{1j}\right| &= \frac{7}{5}\left|\frac{\partial(\alpha_r^{\frac{5}{3}})}{\partial \xi_{1j}}\int_{\alpha_{rj}}^{r_j}(s^{\frac{5}{3}}-\alpha_{rj}^{\frac{5}{3}})^{\frac{2}{5}}\mathrm{d}s\right||\dot{\xi}_{1j}| \\ &\leqslant\frac{14}{5}(|\xi_{1j}|^{\frac{3}{5}}|\varphi_j|+2|\xi_{2j}|^{\frac{3}{5}})|\xi_{2j}|C_{\psi j}\end{aligned} \tag{9-32}$$

对于式(9-32)，使用引理 2.2，得

$$|\xi_{1j}|^{\frac{3}{5}}|\xi_{2j}|\leqslant\frac{3}{8}\gamma_{2j}|\xi_{1j}|^{\frac{8}{5}}+\frac{5}{8}\gamma_{2j}^{-\frac{3}{5}}|\xi_{2j}|^{\frac{8}{5}} \tag{9-33}$$

其中，$\gamma_{2j}=\frac{10}{21}C_{\psi j}^{-1}\varphi_j^{-1}$，$\zeta_{2j}=\frac{5}{8}\left(\frac{21}{10}C_{\psi j}|\varphi_j|\right)^{\frac{3}{5}}+\frac{28}{5}C_{\psi j}$。将式(9-33)代入式(9-32)得

$$\left|\frac{\partial W_1}{\partial \psi_{ej}}\dot{\xi}_{1j}\right|\leqslant\frac{1}{2}|\xi_{1j}|^{\frac{8}{5}}+\zeta_{2j}|\xi_{2j}|^{\frac{8}{5}} \tag{9-34}$$

将式(9-29)、式(9-34)代入式(9-24)得

$$\dot{V}_2\leqslant-l_{\psi j}(\xi_{1j})\xi_{1j}^{\frac{8}{5}}+\xi_{2j}^{\frac{2}{5}}(F_{rj}+\tau_{rj}+\hat{\omega}_{r_j})-\xi_{1j}^{\frac{8}{5}}+\xi_{2j}^{\frac{8}{5}}(\zeta_{1j}+\zeta_{2j}) \tag{9-35}$$

将式(9-17)代入式(9-35)，得

$$\dot{V}_2\leqslant-l_{\psi j}(\xi_{1j})\xi_{1j}^{\frac{8}{5}}-(\xi_{1j}^{\frac{8}{5}}+\xi_{2j}^{\frac{8}{5}})\leqslant 0 \tag{9-36}$$

由此可知，系统式(9-16)能够在不违反约束式(9-12)的条件下稳定，即 AMV 的艏向角能够跟踪上期望值。

下面证明 AMV 艏向角能在有限时间内跟踪上期望值。

定义$\beta_1=\frac{4}{5}\in(0,1)$，可得

$$\begin{aligned}V_2^{\beta_1} &= \left[\left(\frac{q_{\psi j}}{2}\ln\frac{k_{bj}^2}{k_{bj}^2-\psi_{ej}^2}+\frac{1-q_{\psi j}}{2}\ln\frac{k_{aj}^2}{k_{aj}^2-\psi_{ej}^2}\right)+\int_{\alpha_{rj}}^{r_j}(s^{\frac{5}{3}}-\alpha_{rj}^{\frac{5}{3}})^{\frac{7}{5}}\mathrm{d}s\right]^{\beta_1} \\ &\leqslant\left(\frac{q_{\psi j}}{2}\ln\frac{k_{bj}^2}{k_{bj}^2-\psi_{ej}^2}+\frac{1-q_{\psi j}}{2}\ln\frac{k_{aj}^2}{k_{aj}^2-\psi_{ej}^2}\right)^{\beta_1}+\left|\int_{\alpha_{rj}}^{r_j}(s^{\frac{5}{3}}-\alpha_{rj}^{\frac{5}{3}})^{\frac{7}{5}}\mathrm{d}s\right|^{\beta_1}\end{aligned} \tag{9-37}$$

由引理 2.3，易得

$$\begin{aligned}&\left(\frac{q_{\psi j}}{2}\ln\frac{k_{bj}^2}{k_{bj}^2-\psi_{ej}^2}+\frac{1-q_{\psi j}}{2}\ln\frac{k_{aj}^2}{k_{aj}^2-\psi_{ej}^2}\right)^{\beta_1} \\ &\leqslant\left(\frac{q_{\psi j}}{2}\cdot\frac{\psi_{ej}^2}{k_{bj}^2-\psi_{ej}^2}+\frac{1-q_{\psi j}}{2}\cdot\frac{\psi_{ej}^2}{k_{aj}^2-\psi_{ej}^2}\right)^{\beta_1} \\ &=\psi_{ej}^{2\beta_1}\left[\frac{q_{\psi j}}{2(k_{bj}^2-\psi_{ej}^2)}+\frac{1-q_{\psi j}}{2(k_{aj}^2-\psi_{ej}^2)}\right]^{\beta_1} \\ &\leqslant 2l_{\psi j}(\xi_{1j})\xi_{1j}^{\frac{8}{5}}\end{aligned} \tag{9-38}$$

由引理2.6，有

$$\left|\int_{\alpha_{rj}}^{r_j}(s^{\frac{5}{3}}-\alpha_{rj}^{\frac{5}{3}})^{\frac{7}{5}}\mathrm{d}s\right|^{\beta_1}\leqslant 2\xi_{2j}^{\frac{8}{5}} \tag{9-39}$$

将式(9-38)、式(9-39)代入式(9-37)中，得

$$V_2^{\beta_1}\leqslant 2l_{\psi j}(\xi_{1j})\xi_{1j}^{\frac{8}{5}}+2\xi_{2j}^{\frac{8}{5}} \tag{9-40}$$

结合式(9-36)和式(9-40)得

$$\dot{V}_2+\frac{1}{2}V_2^{\beta_1}\leqslant -\xi_{1j}^{\frac{8}{5}}\leqslant 0 \tag{9-41}$$

因此，当 $t>t_{f\psi}$ 时，系统式(9-16)能达到稳态，$t_{f\psi}=10V_2^{\frac{1}{5}}(0)$。即，各AMV能够在有限时间 $t_{f\psi}$ 内跟踪上期望的艏向角，且不违反艏向角所受的约束式(9-12)。

考虑有限时间观测器式(9-14)，子系统式(9-4d)可变为

$$\dot{u}_j=F_{uj}(u_j,\tilde{v}_j,r_j)+\tau_{uj}+\hat{\omega}_{u_j} \tag{9-42}$$

接下来要设计控制器 τ_{uj}，使队伍中的各个AMV的纵向速度能在有限时间内达到期望值，且不能违反约束条件。

定理9.2：对于系统式(9-42)来说，若控制器 τ_{uj} 满足

$$\tau_{uj}=-F_{uj}-\hat{\omega}_{u_j}+\dot{u}_{dj}-u_{ej}^{\frac{3}{5}}\{[l_{uj}(u_{ej})+1]\kappa_{3j}-u_{ej}^{\frac{2}{5}}\kappa_{4j}\} \tag{9-43}$$

则系统式(9-42)能够不违反约束式(9-11)的前提下在有限时间内达到稳定，即编队中各AMV能在有限时间内达到期望的纵向速度，且纵向速度始终不违反约束。其中

$$l_{uj}(u_{ej})=\left(\frac{1}{2\kappa_{3j}}\right)^{\frac{4}{5}}$$

$$\kappa_{3j}=q_{uj}(k_{dj}^2-u_{ej}^2)+(1-q_{uj})(k_{cj}^2-u_{ej}^2)$$

$$\kappa_{4j}=q_{uj}\frac{\dot{k}_{dj}}{k_{dj}}+(1-q_{uj})\frac{\dot{k}_{cj}}{k_{cj}}$$

证明：定义 $u_{ej}=u_j-u_{dj}$，构造ABLF：

$$V_3=\frac{q_{uj}(u_{ej})}{2}\ln\frac{k_{dj}^2}{k_{dj}^2-u_{ej}^2}+\frac{1-q_{uj}(u_{ej})}{2}\ln\frac{k_{cj}^2}{k_{cj}^2-u_{ej}^2} \tag{9-44}$$

其中，$k_{cj}=\bar{u}-u_{dj}$；$k_{dj}=u_{dj}-\underline{u}$。

对ABLF式(9-44)沿着系统式(9-42)求导得

$$\dot{V}_3=\frac{q_{uj}u_{ej}}{k_{dj}^2-u_{ej}^2}\left(F_u+\tau_{uj}+\hat{\omega}_{uj}-\dot{u}_{cj}-u_{ej}\frac{\dot{k}_{dj}}{k_{dj}}\right)+\frac{(1-q_{uj})u_{ej}}{k_{dj}^2-u_{ej}^2}\left(F_u+\tau_{uj}+\hat{\omega}_{uj}-\dot{u}_{cj}-u_{ej}\frac{\dot{k}_{dj}}{k_{dj}}\right) \tag{9-45}$$

将式(9-43)代入式(9-45)，得

$$\dot{V}_3=-[l_{uj}(u_{ej})+1]u_{ej}^{\frac{8}{5}}\leqslant 0 \tag{9-46}$$

通过构造的ABLF和上述李雅普诺夫稳定性分析，得到式(9-46)，可知第 j 艘AMV的纵向速度 u_j 不违反约束式(9-11)的前提下跟踪上期望值，即第 j 艘AMV的

纵向速度跟踪误差u_{ej}能收敛到零。

上面已经证明了 u_{ej}是收敛的，下面需要证明的是 u_{ej}能在有限时间内收敛。

定义$\beta_2=\dfrac{4}{5}\in(0,1)$，由引理 2.3

$$
\begin{aligned}
V_3^{\beta_2} &= \left(\frac{q_{uj}}{2}\ln\frac{k_{dj}^2}{k_{dj}^2-u_{ej}^2}+\frac{1-q_{uj}}{2}\ln\frac{k_{cj}^2}{k_{cj}^2-u_{ej}^2}\right)^{\beta_2} \\
&\leqslant \left(\frac{q_{uj}}{2}\cdot\frac{u_{ej}^2}{k_{dj}^2-u_{ej}^2}+\frac{1-q_{uj}}{2}\cdot\frac{u_{ej}^2}{k_{cj}^2-u_{ej}^2}\right)^{\beta_2} \\
&= l_{uj}(u_{ej})u_{ej}^{\frac{8}{5}}
\end{aligned}
\tag{9-47}
$$

式(9-46)与式(9-47)相加，得

$$
\dot{V}_3+V_3^{\beta_2}\leqslant -u_{ej}^{\frac{8}{5}}\leqslant 0 \tag{9-48}
$$

因此，当 $t>t_{fu}$时，系统式(9-42)稳定，$t_{f\psi}=5V_3^{\frac{1}{5}}(0)$。即船队中的各个 AMV 的纵向速度能在有限时间 t_{fu}内达到期望值，且不违反纵向速度所受约束式(9-11)。

定理 9.3：由定义 9.1 和定义 9.2 可知，只要船队中的各 AMV 的纵向速度和艏向角能够达到期望值，船队就可以达成控制目标式(9-5)~式(9-8)。根据定理 9.1 和定理 9.2 可知，这两个条件都能在有限时间内达成，所以各 AMV 可以按照队形沿期望的直线路径航行。

9.3　仿真分析

为了验证本章提出方法的有效性，在 MATLAB/SIMULINK 中对 3 艘 AMV 进行协同有限时间直线路径跟踪仿真，AMV 模型的各参数选择参照参考文献[164]，见表 9-1。

表 9-1　AMV 模型参数表

参数	数值	参数	数值
m_{11j}	25.8kg	d_{11j}	7.0kg/s
m_{22j}	38.8kg	d_{22j}	7.0kg/s
m_{23j}	-11.748kg	d_{23j}	-7.545kg/s
m_{32j}	-11.748kg	d_{32j}	-7.545kg/s
m_{33j}	6.813kg	d_{33j}	1.422kg/s

分别选取 3 艘 AMV 的初始状态为

$$
[x_1(0),y_1(0),\psi_1(0),u_1(0),v_1(0),r_1(0)]=[0,0,0,0,0,0]
$$
$$
[x_2(0),y_2(0),\psi_2(0),u_2(0),v_2(0),r_2(0)]=[0,1,0,0,0,0.5]
$$
$$
[x_3(0),y_3(0),\psi_3(0),u_3(0),v_3(0),r_3(0)]=[0,-1,0,0,0,1]
$$

为模拟 AMV 在航行中所受干扰，将环境扰动取为

$\omega_{x_j}=0.1\sin(0.2t)+0.1\cos(0.1t)$，$\omega_{y_j}=0.1\cos(0.1t)+0.2\sin(0.2t)$，

$\omega_{v_j}=0.4\sin(0.1t)+0.1\cos(0.1t)$，$\omega_{r_j}=0.5\sin(0.1t)$，

$\omega_{u_j}=0.3\sin(0.1t)+0.2\cos(0.1t)$。

编队中的参数 $\chi_1=0$，$\chi_2=0.5$，$\chi_3=-0.5$，$\mu_{13}=1$，$\mu_{21}=-1$，$\mu_{32}=0$。

定义 9.1 中的参数：$\Delta_j=5$，$\sigma_j=0.1$。定义 9.2 中，$g(s)=\dfrac{0.4}{\pi}\arctan(s)$，$u_{cj}=0.6$。观测器参数 $\lambda_{\ell 0}=\lambda_{\ell 1}=1$，$L_{\ell j}=10$。AMV 受到的限制：$\overline{u}_j=0.85$，$\underline{u}_j=-0.2$，$\overline{\psi}_j=\dfrac{\pi}{2}$，$\underline{\psi}_j=-\dfrac{\pi}{2}$。AMV 之间的通信拓扑如图 9-4 所示。

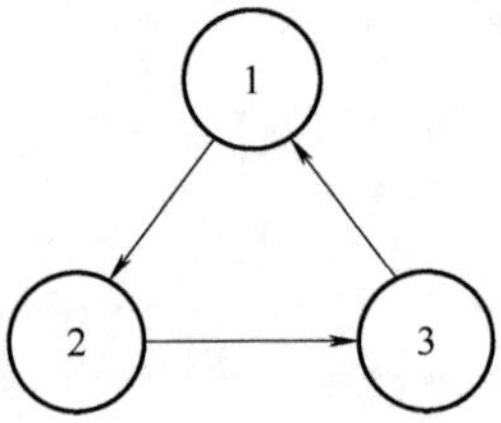

图 9-4　通信拓扑

图 9-5 为 3 艘 AMV 的状态艏向角 ψ 变化图，其中虚线为 ψ_1，点画线为 ψ_2，实线为 ψ_3，上下两条直线分别表示 ψ 的上下界。所以从图 9-5 中可以很清晰地看出，ψ_1、ψ_2 和 ψ_3 均能快速地到达稳态值，且不违反约束条件。

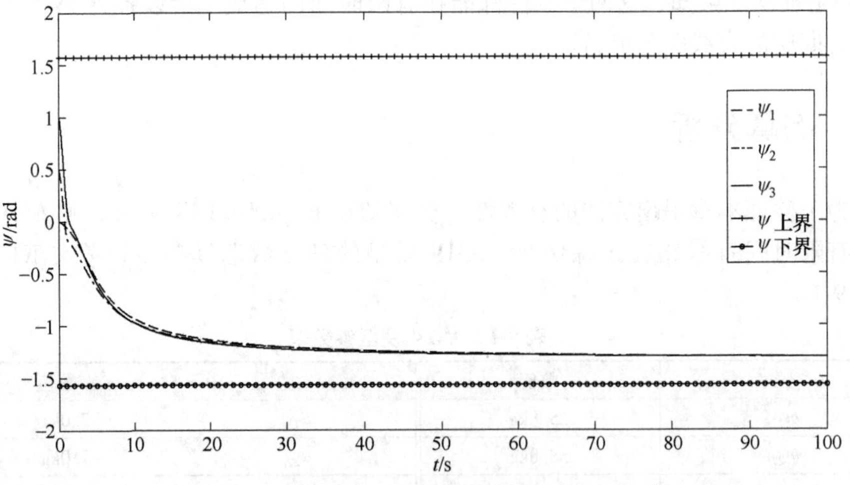

图 9-5　AMV 艏向角

图 9-6 为 3 艘 AMV 的状态纵向速度 u 的变化图，其中虚线、点画线和实线的分别为 u_1、u_2 和 u_3，上下两条直线分别表示 u 的限制。因此从图 9-6 中可以很清晰地看出，u_1、u_2 和 u_3 均能在不违反约束条件到达稳态值。

图 9-7 为 3 艘 AMV 的状态横漂速度 v 的变化图，其中虚线、点画线和实线的分别为 v_1、v_2 和 v_3。从图 9-7 中可以很清晰地看出，v_1、v_2 和 v_3 均能到达稳态值。

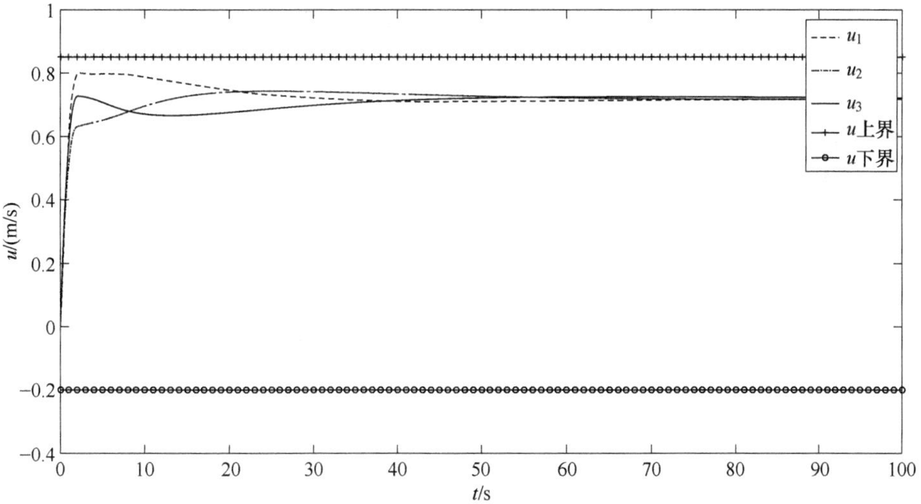

图 9-6　AMV 纵向速度

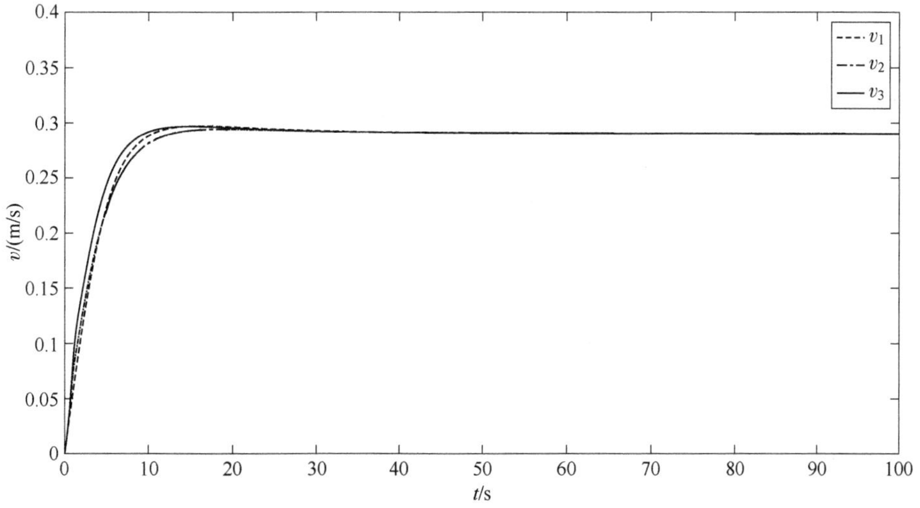

图 9-7　AMV 横漂速度

图 9-8 为 3 艘 AMV 的状态艏摇角速度 r 的变化图，其中虚线、点画线和实线分别为 r_1、r_2 和 r_3。所以从图 9-8 中可以很清晰地看出，r_1、r_2 和 r_3 均能到达稳态值。

图 9-9 为 3 艘 AMV 的艏向角 ψ 的跟踪误差图，其中虚线、点画线和实线分别为 ψ_{e1}、ψ_{e2} 和 ψ_{e3}。为了能更清晰地观察各个状态的变化，将 5s 之内的仿真做成小图与原图放在一起便于观察。因此从图 9-9 中可以很清晰地看出，ψ_{e1}、ψ_{e2} 和 ψ_{e3} 在 5s 左右就能收敛到零。

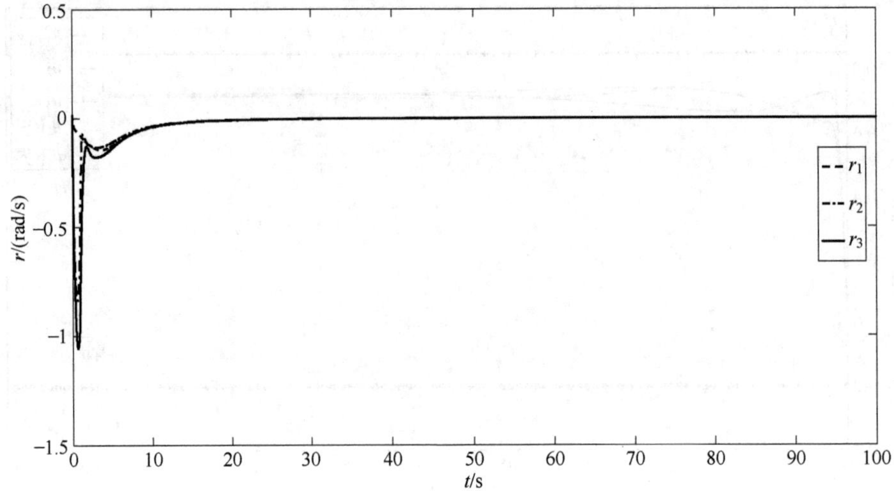

图 9-8　AMV 艏摇角速度

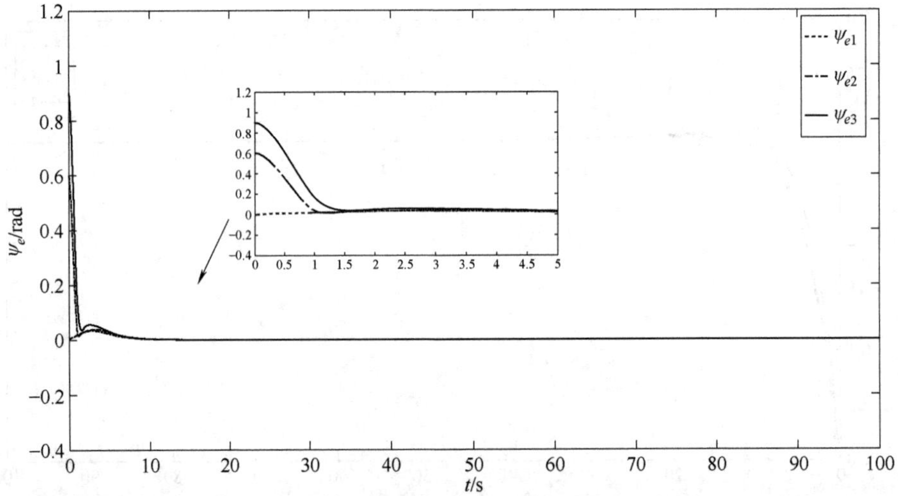

图 9-9　AMV 艏向角跟踪误差

图 9-10 为 3 艘 AMV 的纵向速度 u 的跟踪误差图，其中虚线、点画线和实线分别为 u_{e1}、u_{e2}和 u_{e3}。为了能更清晰地观察各个状态的变化，将 3s 之内的仿真做成小图与原图放在一起便于观察。所以从图 9-10 中可以很清晰地看出，u_{e1}、u_{e2}和 u_{e3} 在 2s 左右就能收敛到零，速度很快。

所以，由图 9-5~图 9-10 可知，3 艘 AMV 的各个状态均能迅速达到稳态值，即各个状态的跟踪误差可以迅速收敛到零，从图 9-9 和图 9-10 中的小图可以观察到，艏向角跟踪误差 ψ_e 和纵向速度跟踪误差 u_e 可以实现有限时间收敛的控制目标。进一步证明了本章所设计控制器的有效性。

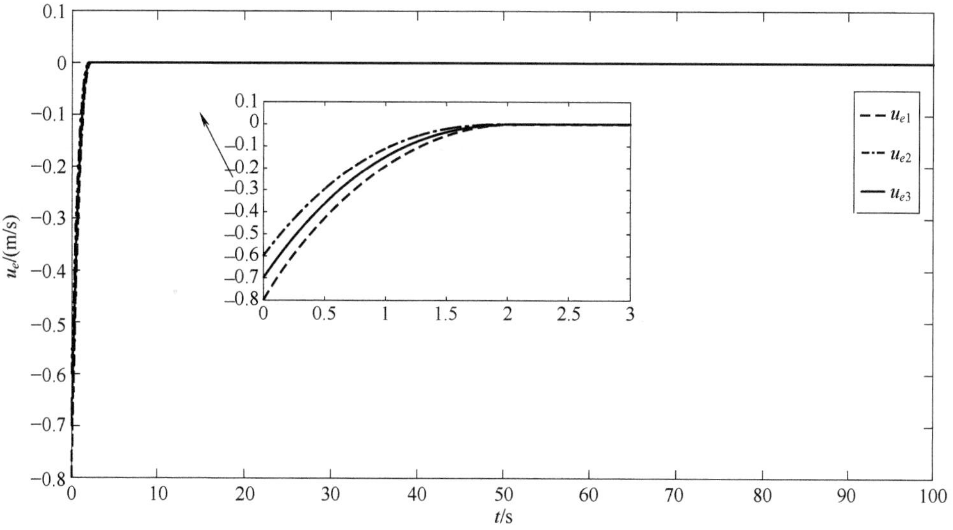

图 9-10 AMV 纵向速度误差

由图 9-11 和图 9-12 可知，虚线为本章方法所控制的 AMV，实线为参考文献[34]中的方法控制的 AMV。因此，可以很清晰地看到，本章提出的方法能让 AMV 的艏向角和纵向速度的跟踪误差的收敛速度更快，即能够让 AMV 的纵向速度和艏向角尽快达到期望值，以达到尽快形成期望队形进行路径跟踪的目的。通过对比，进一步说明了本章方法所设计控制器对多个 AMV 协同路径跟踪控制的有效性。

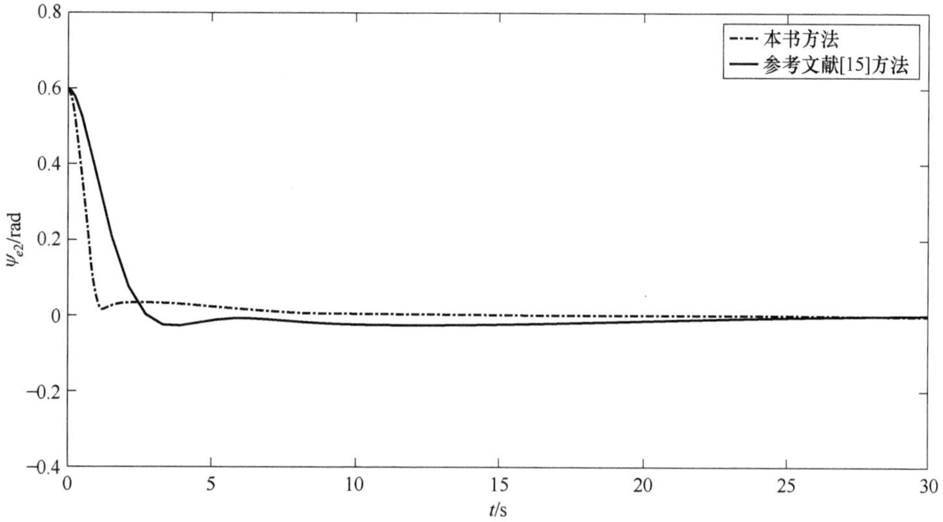

图 9-11 艏向角误差对比

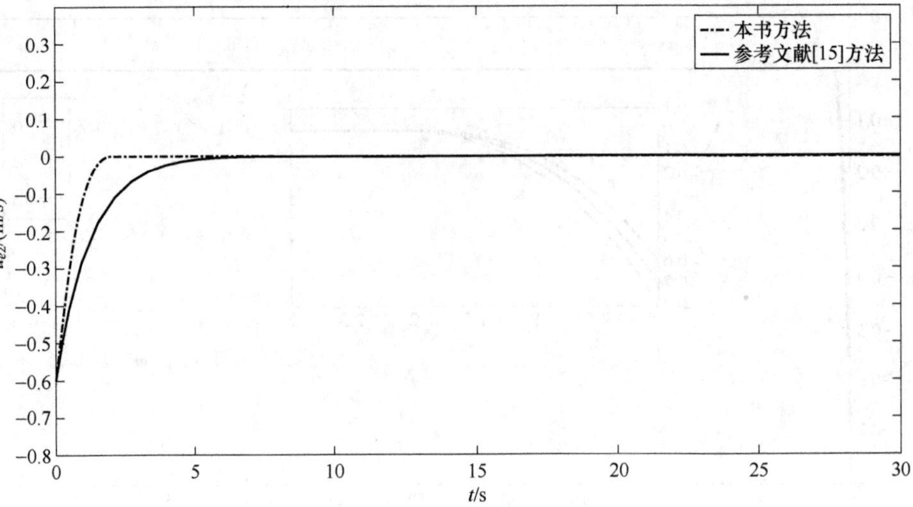

图 9-12　纵向速度误差对比

9.4　本章小结

本章主要研究了多 AMV 的有限时间协同直线路径跟踪控制问题，同时考虑了 AMV 受到不匹配扰动和纵向速度和艏向角受限的情况。通过使用 ILOS 引导律和有限时间观测器同时补偿了匹配和不匹配扰动的影响，使用 ABLF 方法解决了 AMV 的受限问题。之后通过设计控制器 τ_{uj} 和 τ_{rj} 使系统能够在有限时间内让艏向角和纵向速度跟踪上期望值，尽快完成编队和直线路径跟踪。最后通过仿真结果表明，在匹配和不匹配扰动的同时作用下，各 AMV 控制误差都能在有限时间内收敛到零，且不违反所受约束。

第 10 章　速度未知下的 AMV 抗干扰编队控制

当前针对具有模型参数不确定的海洋航行器编队控制，主要集中在一些非线性控制理论的扩展及控制算法的鲁棒性，缺少实际角度，如海洋航行器模型高度耦合，编队中速度不可测及编队构想物理约束等。如何实现具有实际因素影响下的海洋航行器编队控制是一个具有挑战性的问题。鉴于此，本章从实际角度出发，研究了具有模型不确定的海洋航行器编队控制。首先考虑了惯性矩阵中非对角元素对控制器设计的影响，引入坐标变换，消除非对角元素对横漂运动的影响。然后，给定一种新型事件角，便于曲线轨迹的跟踪，设计具有渐近稳定的自适应编队控制律，进一步研究了领航海洋航行器速度不可测及 Line-Of-Sight 距离及角度约束的情况，基于速度观测器、指令滤波技术、误差补偿系统及障碍李雅普诺夫函数理论，设计编队控制律，实现海洋航行器编队控制。以上两种研究中，都使用了神经网络技术对模型不确定进行近似，得到一致最终有界的编队效果。

10.1　时变扰动问题

10.1.1　问题描述

考虑式(2-2)中海洋航行器水平面运动学及动力学模型

$$\begin{cases}\dot{\eta}=R(\psi)v\\ M\dot{v}+C(v)v+D(v)v=\tau\end{cases}\tag{10-1}$$

为了消除由非对角线元素导致的艏摇转矩对横漂的影响，引入坐标变换(见图 10-1)如下

$$\begin{cases}\bar{x}=x+\varepsilon\cos\psi\\ \bar{y}=y+\varepsilon\sin\psi\\ \bar{v}=v+\varepsilon r\end{cases}\tag{10-2}$$

式中，$\varepsilon=m_{23}/m_{22}$。

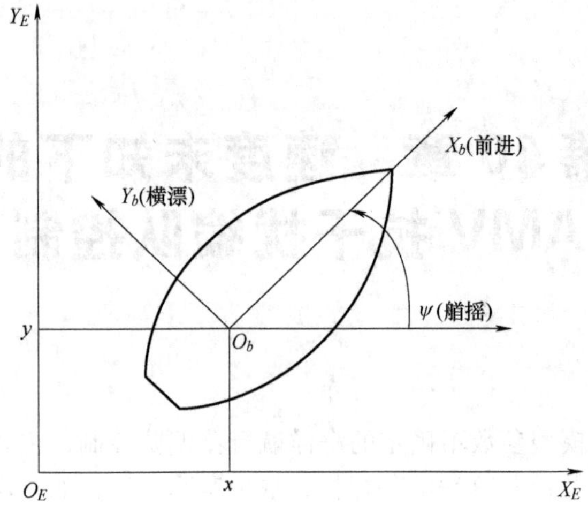

图 10-1　海洋航行器坐标

根据坐标变换式(10-2)，模型式(10-1)可改写为

$$\begin{cases}\dot{x}=u\cos\psi-\bar{v}\sin\psi\\ \dot{y}=u\sin\psi+\bar{v}\cos\psi\\ \dot{\psi}=r\\ \dot{u}=\varphi_1+\dfrac{1}{m_{11}}\tau_u\\ \dot{\bar{v}}=\varphi_2+\dfrac{m_{23}}{m_{22}}\varphi_3\\ \dot{r}=\varphi_3+\dfrac{m_{22}}{m_{11}m_{33}-m_{23}^2}\tau_r\end{cases}\tag{10-3}$$

其中

$$\begin{cases}\varphi_1=\dfrac{m_{22}}{m_{11}}vr+\dfrac{m_{23}}{m_{11}}r^2-\dfrac{d_{11}}{m_{11}}u\\ \varphi_2=\dfrac{1}{m_{22}m_{33}-m_{23}^2}\{(m_{22}m_{33}-m_{11}m_{23})uv+(-m_{11}m_{33}+m_{23}^2)ur-(d_{22}v+d_{23}r)m_{33}+\\ \qquad(d_{32}v+d_{33}r)m_{23}\}\\ \varphi_3=\dfrac{1}{m_{22}m_{33}-m_{23}^2}\{(m_{11}m_{22}-m_{23}^2)uv+(m_{11}m_{33}-m_{23}m_{22})ur-(d_{33}r+d_{32}v)m_{22}+\\ \qquad(d_{23}r+d_{22}v)m_{23}\}\end{cases}$$

根据式(10-3)可以清楚地看出艏摇转矩 τ_r 不再作用在横漂动态 $\bar{v}$ 上，因此解

决了非对角项的影响。由于系统式(10-1)与系统式(10-3)是等价的，因此在接下来控制器的设计及分析中都是基于系统式(10-3)进行。

附注 10.1：此处，我们假设系统矩阵参数是不确定的，不能通过计算或测量精确得到，因此 φ_1 和 φ_3 的精确值不能精确得到。采用 RBF 神经网络对参数 φ_1 和 φ_3 进行逼近。

在本节研究的编队系统中，由一个全局领航海洋航行器及多个跟随海洋航行器组成。每个跟随海洋航行器相对领航海洋航行器需要保持期望的距离 l_{lf}^d 及期望的角度 φ_{lf}^d。为了更好地实现编队任务，我们引入“虚拟船”，如图 10-2 所示，当所有的海洋航行器以期望的航向到达期望的位置时便可认为期望的编队已经形成。当领航海洋航行器的位置及航向给定时，每个领航海洋航行器的虚拟轨迹便设定了，使其与领航海洋航行器保持一定的距离 l_{lf} 及角度 φ_{lf}。每个跟随海洋航行器的虚拟轨迹根据领航海洋航行器的行驶航线生成。因此，每个跟随海洋航行器需要跟踪所生成的虚拟轨迹，保持所要求的编队。换言之，此编队问题可以看作为一系列位置(包括航向)的跟踪问题，其中，每个跟随海洋航行器跟踪一个虚拟船。此处，最重要的是根据需要的编队生成虚拟轨迹。

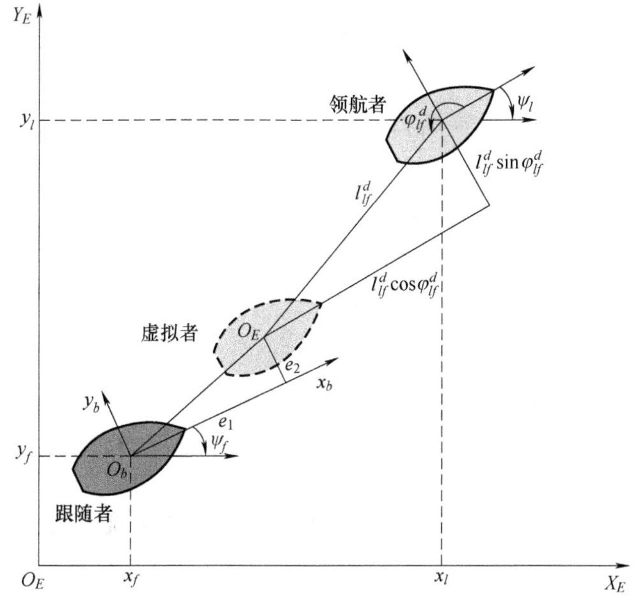

图 10-2　多海洋航行器领航-跟随编队构型

虚拟船的设计基于相对于领航者的期望的距离 l_{lf}^d 及期望的角度 φ_{lf}^d。根据图 10-2，分别定义纵向距离及横向距离：$d_x=l_{lf}^d\cos\varphi_{lf}^d$，$d_y=l_{lf}^d\sin\varphi_{lf}^d$。在惯性坐标系$\{E\}$下，虚拟船的位置及航向可以描述为

$$\begin{cases}\bar{x}_v=\bar{x}_l+d_x\cos\psi_l-d_y\sin\psi_l\\ \bar{y}_v=\bar{y}_l+d_x\sin\psi_l+d_y\cos\psi_l\\ \psi_v=\psi_l\end{cases}\tag{10-4}$$

也可写成

$$\boldsymbol{\eta}_v=\boldsymbol{\eta}_l+R(\psi_l)l\tag{10-5}$$

其中，$\boldsymbol{\eta}_l=[\bar{x}_l,\bar{y}_l,\psi_l]^{\mathrm{T}}$ 为领航者的位置及航向；$\boldsymbol{\eta}_v=[\bar{x}_v,\bar{y}_v,\psi_v]^{\mathrm{T}}$ 为虚拟船的位置及航向信息；$l=[d_x,d_y,0]^{\mathrm{T}}$。

根据式(10-3)，虚拟轨迹 $\boldsymbol{\eta}_v$ 的动态可以描述为

$$\begin{cases}\dot{\bar{x}}_v=(u_l-d_yr_l)\cos\psi_l-(\bar{v}_l+d_xr_l)\sin\psi_l\\ \dot{\bar{y}}_v=(u_l-d_yr_l)\sin\psi_l+(\bar{v}_l+d_xr_l)\cos\psi_l\\ \dot{\psi}_v=\dot{\psi}_l\end{cases}\tag{10-6}$$

其中，$\boldsymbol{v}_l=[u_l,\bar{v}_l,r_l]^{\mathrm{T}}$ 为领航海洋航行器的速度。

进一步，式(10-6)可以写成

$$\dot{\boldsymbol{\eta}}_v=R(\psi_l)\boldsymbol{v}_v\tag{10-7}$$

其中，$\boldsymbol{v}_v=[u_l-d_yr_l,\bar{v}_l+d_xr_l,r_l]^{\mathrm{T}}$，且 $R(\psi_l)$ 与式(10-1)中的 $R(\psi)$ 具有相同的定义。根据式(10-7)，可以明显地看出以包括领航海洋航行器速度 u_l、$\bar{v}_l$ 和 r_l 的速度 $\boldsymbol{v}_v$ 沿着虚拟轨迹航行，跟随海洋航行器将会与领航海洋航行器保持期望的距离及角度。

假设 10.1：领航海洋航行器的位置矢量 $\boldsymbol{\eta}_l$ 及速度矢量 $\boldsymbol{v}_l$ 是可得的。

本节的控制目标：在假设 10.1 的条件下，针对具有模型参数不确定的编队控制问题。对于海洋航行器数学模型式(10-3)，设定非线性控制律 $\boldsymbol{\tau}_f=[\tau_{uf},\tau_{rf}]^{\mathrm{T}}=f(\boldsymbol{v}_f,\boldsymbol{v}_l,\boldsymbol{\eta}_f,\boldsymbol{\eta}_l)+\boldsymbol{\Phi}$，使其跟踪上虚拟船的位置$(x_v,y_v)$及航向 ψ_v，从而与领航海洋航行器间保持期望的距离 l_{lf}^d及角度 φ_{lf}^d。其中，$f:R^2\to R^2$，$\boldsymbol{\Phi}=[\hat{\varphi}_1,\hat{\varphi}_3]^{\mathrm{T}}$ 为通过神经网络技术近似的不确定项。此处，整个控制目标可以分为两部分，即运动学目标及动力学目标。

从运动学角度，每个跟随海洋航行器与虚拟船位置及航向误差 e_1，e_2，e_3 应该收敛，即

$$\lim_{t\to\infty}\|e_1\|=\varepsilon_1\qquad \lim_{t\to\infty}\|e_2\|=\varepsilon_2\qquad \lim_{t\to\infty}\|e_3\|=\varepsilon_3\tag{10-8}$$

其中，$\varepsilon_i(i=1,2,3)$为较小的常数。

从动力学角度，跟随海洋航行器应该跟踪上在运动学目标中设计的期望速度(u_f^α,r_f^α)，即

$$\lim_{t\to\infty}\|u_f-u_f^\alpha\|=\varepsilon_u,\quad \lim_{t\to\infty}\|r_f-r_f^\alpha\|=\varepsilon_r\tag{10-9}$$

其中，ε_u 及 ε_r 为较小实数。

附注 10.2：由于研究的海洋航行器是欠驱动的，在横漂自由度上不存在控制输入，因此不考虑横漂自由度上的不确定项 φ_2。

10.1.2　编队控制律设计及稳定性分析

在本节我们将运用李雅普诺夫直接法及 Backstepping 理论为跟随海洋航行器设计控制输入 τ_{uf}及 τ_{rf}来实现编队控制目标。

为了控制器的设计，定义跟随海洋航行器与虚拟船的位置及航向误差$[e_1,e_2,e_3]$如下

$$\begin{bmatrix} e_1 \\ e_2 \\ e_3 \end{bmatrix} = \begin{bmatrix} \cos\psi_f & \sin\psi_f & 0 \\ -\sin\psi_f & \cos\psi_f & 0 \\ 0 & 0 & 1 \end{bmatrix} \begin{bmatrix} x_e \\ y_e \\ \psi_\alpha - \psi_f \end{bmatrix} \tag{10-10}$$

其中，$\bar{x}_e=\bar{x}_v-\bar{x}_f$，$\bar{y}_e=\bar{y}_v-\bar{y}_f$ 且 $e_3\in[0,\pi)$。

为了便于参考轨迹跟踪，设计如下事件角 ψ_α

$$\psi_\alpha=\beta\tanh(e^2/\gamma)+\psi_l[1-\tanh(e^2/\gamma)] \tag{10-11}$$

其中，$\beta=\psi_f+\arctan(e_2/e_1)$；$e=\sqrt{e_1^2+e_2^2}$；$\gamma$ 为正数。

附注 10.3：在常规方法中，当海洋航行器航行在直线路径上时，事件角为零，但该事件角不能运用到曲线路径上。此外，这类方法给定的事件角依赖领航海洋航行器的速度信息，而本节提出的事件角只需要位置信息。更有意义的是，事件角 ψ_α 随着距离误差 e 的变化而变化，且当距离误差为零时，事件角 ψ_α 与领航海洋航行器的航向角 ψ_l 相等。这意味着给定的事件角在减少距离误差时具有更多的优势。在本章给定的事件角下，海洋航行器可以跟踪曲线路径。

本小节将实现运动学目标，即镇定运动学子系统[即转化后系统式(10-3)中的前三个式子]。根据式(10-10)，对位置及航向误差求导得

$$\begin{aligned} \dot{e}_1 &= \dot{\bar{x}}_e\cos\psi_f-\bar{x}_e r_f\sin\psi_f+\dot{\bar{y}}_e\sin\psi_f+\bar{y}_e r_f\cos\psi_f \\ &= -u_f+e_2 r_f+u_v\cos\psi_e-\bar{v}_v\sin\psi_e \\ \dot{e}_2 &= \dot{\bar{x}}_e\sin\psi_f-\bar{x}_e r_f\cos\psi_f+\dot{\bar{y}}_e\cos\psi_f-\bar{y}_e r_f\sin\psi_f \\ &= -\bar{v}_f-e_1 r_f+u_v\sin\psi_e+\bar{v}_v\cos\psi_e \\ \dot{e}_3 &= \dot{\psi}_\alpha-\dot{\psi}_f=\dot{\psi}_\alpha-r_f \end{aligned} \tag{10-12}$$

其中，$\psi_e=\psi_l-\psi_f$，且

$$\dot{\psi}_\alpha=\left(\frac{e_1\dot{e}_2-e_2\dot{e}_1}{e^2}+r_f-r_l\right)\tanh(e^2/\gamma)+r_l+\frac{2}{\gamma}(\beta-\psi_l)(e_1\dot{e}_1+e_2\dot{e}_2)\sec^2(e^2/\gamma) \tag{10-13}$$

此处，运动学目标通过两步完成。第一步：通过设计期望的速度$(u_f^\alpha,\bar{v}_f^\alpha)$来稳定位

置误差系统(e_1,e_2)；第二步：通过设计r_f^α来稳定航向误差系统e_3。

第一步：镇定位置误差(e_1,e_2)

根据式(10-12)可以看出，$(u_f,\bar{v}_f)$为误差系统(e_1,e_2)的输入。此处，选择$(u_f^\alpha,\bar{v}_f^\alpha)$为虚拟控制输入，来确保虚拟船与跟随海洋航行器间的位置误差(e_1,e_2)可以收敛。

选择运动学控制输入为

$$\begin{cases} u_f^\alpha = k_1 e_1 + u_v \cos e_3 - \bar{v}_v \sin e_3 \\ \bar{v}_f^\alpha = k_2 e_2 + u_v \sin e_3 + \bar{v}_v \cos e_3 \end{cases} \tag{10-14}$$

其中，k_1及k_2为正常数。

验证位置误差的稳定性，选择李雅普诺夫函数

$$V_1 = \frac{1}{2}e_1^2 + \frac{1}{2}e_2^2 \tag{10-15}$$

为了确保闭环跟踪系统的稳定性，要求V_1的导数为负定的。

根据式(10-12)、式(10-13)和式(10-14)，对V_1求导得

$$\begin{aligned} \dot{V}_1 &= e_1(-u_f + u_v \cos e_3 - \bar{v}_v \sin e_3 + e_2 r_f) + \\ &\quad e_2(-\bar{v}_f + u_v \sin e_3 + \bar{v}_v \cos e_3 - e_1 r_f) \\ &= -k_1 e_1^2 - k_2 e_2^2 \\ &\leqslant -2\lambda_{\min}(k_1,k_2)\left(\frac{1}{2}e_1^2 + \frac{1}{2}e_2^2\right) \\ &= -2\lambda_{\min}(k_1,k_2) V_1 \end{aligned} \tag{10-16}$$

因此误差系统(e_1,e_2)是全局一致渐近稳定的。

第二步：镇定e_3

位置误差(e_1,e_2)收敛，航向误差e_3同样需要收敛。定义横漂速度误差v_e

$$v_e = \bar{v}_f - \bar{v}_f^\alpha \tag{10-17}$$

根据式(10-3)、式(10-14)，对式(10-17)求导得

$$\begin{aligned} \dot{v}_e &= -\frac{m_{22}}{m_{11}} u_f^\alpha r_f - \frac{d_{22}}{m_{22}} \bar{v}_f - \dot{\bar{v}}_f^\alpha \\ &= -\frac{m_{22}}{m_{11}} (k_1 e_1 + u_v \cos\psi_e - \bar{v}_v \sin\psi_e) r_f - \frac{d_{22}}{m_{22}} \bar{v}_f - \\ &\quad k_2(-\bar{v}_f + u_v \sin\psi_e + \bar{v}_v \cos\psi_e - e_1 r_f) - \\ &\quad \dot{u}_v \sin\psi_e - \dot{\psi}_e u_v \cos\psi_e - \dot{\bar{v}}_v \cos\psi_e + \dot{\psi}_e \bar{v}_v \sin\psi_e \end{aligned} \tag{10-18}$$

此处，选择$k_1 = m_{11} d_{22}/m_{22}^2$，$k_2 = d_{22}/m_{22}$，将其代入式(10-18)，得

$$\begin{aligned} \dot{v}_e &= -\left(1 + \frac{m_{22}}{m_{11}}\right)(u_v \cos\psi_e - \bar{v}_v \sin\psi_e) r_f - \frac{d_{22}}{m_{22}}(u_v \sin\psi_e + \bar{v}_v \cos\psi_e) - \\ &\quad \dot{u}_v \sin\psi_e - \dot{\bar{v}}_v \cos\psi_e - (u_v \cos\psi_e - \bar{v}_v \sin\psi_e) r_l \end{aligned} \tag{10-19}$$

为了证明系统(v_e, e_3)是一致稳定的，构造如下李雅普诺夫函数

$$V_2 = \frac{1}{2}v_e^2 + k_3(1-\cos e_3) \tag{10-20}$$

对其求导得

$$\dot{V}_2 = v_e\begin{pmatrix} -\left(1+\dfrac{m_{22}}{m_{11}}\right)(u_v\cos\psi_e - \bar{v}_v\sin\psi_e)r_f - \dfrac{d_{22}}{m_{22}}(u_v\sin\psi_e + \bar{v}_v\cos\psi_e) - \\ \dot{u}_v\sin\psi_e - \dot{\bar{v}}_v\cos\psi_e - (u_v\cos\psi_e - \bar{v}_v\sin\psi_e)r_l \end{pmatrix} + \tag{10-21}$$

$$k_3\sin e_3(\dot{\psi}_\alpha - r_f)$$

定义 r_f^α 为 r_f 的虚拟控制输入

$$r_f^\alpha = \dot{\psi}_\alpha + k_3\sin e_3 - k_5\left(1+\frac{m_{22}}{m_{11}}\right)(u_v\cos\psi_e - \bar{v}_v\sin\psi_e) + \Delta \tag{10-22}$$

其中，k_3、k_4、k_5 为待设计正实数，且

$$\Delta = \frac{\|v_e\|\left[\left((k_4+k_3k_5)\left\|1-\dfrac{m_{22}}{m_{11}}\right\|\right)(\|u_v\|+\|\bar{v}_v\|)\right]}{\left\|1-\dfrac{m_{22}}{m_{11}}\right\|\|v_e\|(\|u_v\|+\|\bar{v}_v\|)+k_3}$$

将式(10-22)代入式(10-21)，有

$$\begin{aligned}\dot{V}_2 = &-k_5\left(1+\frac{m_{22}}{m_{11}}\right)^2(u_v\cos\psi_e - \bar{v}_v\sin\psi_e)^2 v_e^2 - k_3k_4\sin^2 e_3 - \\ &v_e\left\{(u_v\cos\psi_e - \bar{v}_v\sin\psi_e)\times\left[\frac{m_{22}}{m_{11}}\dot{\psi}_\alpha + \left(1+\frac{m_{22}}{m_{11}}\right)(k_4+k_3k_5)\sin\psi_e\right] + \right. \\ &\left.\dot{u}_v\sin\psi_e - \dot{\bar{v}}_v\cos\psi_e\right\} + \left[\left(1+\frac{m_{22}}{m_{11}}\right)v_e\times(u_v\sin\psi_e - \bar{v}_v\cos\psi_e) - k_3\sin\psi_e\right]\Delta\end{aligned} \tag{10-23}$$

根据$\|\sin(\cdot)\|\leqslant 1$ 及$\|\cos(\cdot)\|\leqslant 1$，可得

$$\begin{aligned}\dot{V}_2 \leqslant &-k_5\left(1+\frac{m_{22}}{m_{11}}\right)^2(u_v\cos\psi_e - \bar{v}_v\sin\psi_e)^2 v_e^2 - k_3k_4\sin^2 e_3 + \\ &\|v_e\|\left[\left(\left\|\frac{m_{22}}{m_{11}}\dot{\psi}_\alpha\right\| + (k_4+k_3k_5)\left\|1+\frac{m_{22}}{m_{11}}\right\|\right)(\|u_v\|+\|\bar{v}_v\|) + \|\dot{u}_v\| + \|\dot{\bar{v}}_v\|\right] + \\ &\left\|1+\frac{m_{22}}{m_{11}}\right\|\|v_e\|(\|u_v\|+\|\bar{v}_v\|+k_3)\|\Delta\| \\ \leqslant &-k_5\left(1+\frac{m_{22}}{m_{11}}\right)^2(u_v\sin\psi_e - \bar{v}_v\cos\psi_e)^2 v_e^2 - k_3k_4\sin^2 e_3 + \varepsilon_1 \\ = &-\lambda_1\sin^2 e_3 - \lambda_2 v_e^2 + \varepsilon_1\end{aligned} \tag{10-24}$$

其中，$\lambda_1=k_3k_4$，$\lambda_2=k_5(1+m_{22}/m_{11})^2(u_v\sin\psi_e-\bar{v}_v\cos\psi_e)^2$，且 ε_1 为有界较小常数。

根据式(10-24)及不等式

$$
\begin{aligned}
&-\lambda_1\sin^2 e_3-\lambda_2 v_e^2+\varepsilon_1\\
&=-\lambda_1(1-\cos^2 e_3)-\lambda_2 v_e^2+\varepsilon_1\\
&=-\lambda_1(1+\cos e_3)(1-\cos e_3)-\lambda_2 v_e^2+\varepsilon_1\\
&=-\frac{\lambda_1(1+\cos e_3)}{k_3}k_3(1-\cos e_3)-2\lambda_2\frac{1}{2}v_e^2+\varepsilon_1\\
&=-\frac{\lambda_1(1+\cos e_3)}{2\lambda_2 k_3}2\lambda_2 k_3(1-\cos e_3)-2\lambda_2\frac{1}{2}v_e^2+\varepsilon_1\\
&\leqslant-\mu_1\left[\frac{1}{2}v_e^2+k_3(1-\cos e_3)\right]+\varepsilon_1\\
&=-\mu_1 V_2+\varepsilon_1
\end{aligned}
\tag{10-25}
$$

可知

$$\dot{V}_2\leqslant-\mu_1 V_2+\varepsilon_1 \tag{10-26}$$

式中，$\mu_1=\min\left\{\frac{\lambda_1(1+\cos e_3)}{2\lambda_2 k_3},1\right\}$。

根据式(10-26)，可得系统(v_e,e_3)是一致最终有界的。在上述内容中，通过设计中间虚拟控制输入实现了运动学目标式(10-8)。接下来，我们将会设计真实控制律，实现编队控制目标。也就是说，我们将处理动态子系统[即系统式(10-3)中最后三个方程组成的子系统]的稳定问题。此处，我们需要做的内容就是设计 $\tau_{uf}=f_{uf}(\boldsymbol{v}_f,\boldsymbol{v}_l,\boldsymbol{\eta}_f,\boldsymbol{\eta}_l)+\hat{\varphi}_1$ 和 $\tau_{rf}=f_{rf}(\boldsymbol{v}_f,\boldsymbol{v}_l,\boldsymbol{\eta}_f,\boldsymbol{\eta}_l)+\hat{\varphi}_3$。其中 $\hat{\varphi}_1$ 和 $\hat{\varphi}_3$ 分别为 φ_1 及 φ_3 的近似值。$f_{uf}(\cdot)$和$f_{rf}(\cdot)$为待设计的非线性控制律。在该控制律作用下，每个跟随海洋航行器可以跟踪中间虚拟控制输入(u_f^α,r_f^α)。

根据 Backstepping 控制理论，定义式(10-14)与式(10-22)中的 u_f^α 和 r_f^α 为期望速度，u_f 和 r_f 为跟随海洋航行器的真实速度。定义速度误差变量

$$
\begin{aligned}
u_e&=u_f-u_f^\alpha\\
r_e&=r_f-r_f^\alpha
\end{aligned}
\tag{10-27}
$$

为了验证速度跟踪系统的稳定性，构造如下李雅普诺夫函数

$$V_3=\frac{1}{2}e_1^2+\frac{1}{2}e_2^2+\frac{1}{2}v_e^2+k_3(1-\cos e_3)+\frac{1}{2}m_{11}u_e^2+\frac{1}{2}m_{33}r_e^2 \tag{10-28}$$

根据式(10-3)、式(10-14)和式(10-22)，对式(10-28)求导得

$$
\begin{aligned}
\dot{V}_3=&e_1(-u_f+u_v\cos e_3-v_v\sin e_3+e_2 r_f)+e_2(-\bar{v}_f+u_v\sin e_3+v_v\cos e_3-e_1 r_f)+\\
&v_e\left(-\left(1+\frac{m_{22}}{m_{11}}\right)(u_v\cos\psi_e-\bar{v}_v\sin\psi_e)\right)r_f-\frac{d_{22}}{m_{22}}(u_v\sin\psi_e+\bar{v}_v\cos\psi_e)-
\end{aligned}
$$

$$\dot{u}_v\sin\psi_e-\dot{\bar{v}}_v\cos\psi_e-(u_v\cos\psi_e-\bar{v}_v\sin\psi_e)r_l+k_3\sin e_3(\dot{\psi}_\alpha-r_f)+$$
$$u_e\left(\varphi_{1f}+\frac{1}{m_{11}}\tau_{uf}-\dot{u}_f^\alpha\right)+r_e\left(\varphi_{3f}+\frac{1}{m_{33}}\tau_{rf}-\dot{r}_f^\alpha\right) \tag{10-29}$$

在不考虑参数不确定情况下，理想控制律设计如下

$$\begin{cases}\bar{\tau}_{uf}=m_{11}(-k_6u_e+e_1+\dot{u}_f^\alpha)-m_{11}\varphi_1\\ \bar{\tau}_{rf}=m_{33}(-k_7r_e+\sin e_3+\dot{r}_f^\alpha)-m_{33}\varphi_3\end{cases} \tag{10-30}$$

其中，k_6 与 k_7 为待设计参数。

式(10-30)中的参数项 φ_1 和 φ_3 不可精确得到，使用 RBF 神经网络逼近不确定项 φ_1 及 φ_3

$$\varphi(\cdot)=W^{\mathrm{T}}\phi(Z)\qquad\forall Z\in\Omega \tag{10-31}$$

其中，$Z\in R^{3\times1}$ 与 $W\in R^{3\times3}$ 为神经网络的输入及权值。

因此真实控制律设计如下：

$$\begin{cases}\tau_{uf}=m_{11}(-k_6u_e+e_1+\dot{u}_f^\alpha)-m_{11}\hat{W}_1\boldsymbol{\phi}(\boldsymbol{v}_f)\\ \tau_{rf}=m_{33}(-k_7r_e+\sin e_3+\dot{r}_f^\alpha)-m_{33}\hat{W}_3\boldsymbol{\phi}(\boldsymbol{v}_f)\end{cases} \tag{10-32}$$

其中，$\hat{W}_1$ 及 $\hat{W}_3$ 为神经网络权值 W 的估计值。

设计自适应更新律为

$$\begin{aligned}\dot{\hat{W}}_1&=\Gamma_1\Phi_1^{\mathrm{T}}u_e-\sigma_1\Gamma_1\hat{W}_1\\ \dot{\hat{W}}_3&=\Gamma_3\Phi_3^{\mathrm{T}}r_e-\sigma_3\Gamma_3\hat{W}_3\end{aligned} \tag{10-33}$$

其中，Γ_1，Γ_3 为定常增益矩阵，σ_1 与 σ_3 为正常数。

为了验证整个闭环系统的稳定性，我们考虑如下增强型李雅普诺夫函数

$$V=\frac{1}{2}e_1^2+\frac{1}{2}e_2^2+\frac{1}{2}v_e^2+k_3(1-\cos e_3)+\frac{1}{2}m_{11}u_e^2+\frac{1}{2}m_{33}r_e^2+$$
$$\frac{1}{2}\tilde{W}_1^{\mathrm{T}}\Gamma_1^{-1}\tilde{W}_1+\frac{1}{2}\tilde{W}_3^{\mathrm{T}}\Gamma_3^{-1}\tilde{W}_3 \tag{10-34}$$

其中，$\tilde{W}_i=\hat{W}_i-W_i(i=1,3)$。

根据 Young's 不等式，对 V 求导得

$$\dot{V}\leqslant-\left(k_1-\frac{1}{2}\right)e_1^2-k_2e_2^2-\left(\lambda_1-\frac{1}{2}\right)\sin^2e_3-\lambda_2v_e^2-\left(k_6-\frac{1}{2}\right)u_e^2-\left(k_7-\frac{1}{2}\right)r_e^2-$$
$$\sigma_1\tilde{W}_1\hat{W}_1-\sigma_3\tilde{W}_3\hat{W}_3+\delta$$
$$\leqslant-\left(k_1-\frac{1}{2}\right)e_1^2-k_2e_2^2-\left(\lambda_1-\frac{1}{2}\right)\sin^2e_3-\lambda_2v_e^2-(k_6-1)u_e^2-(k_7-1)r_e^2+\varepsilon-\frac{1}{2}$$
$$(\sigma_1\|\tilde{W}_1\|^2+\sigma_3\|\tilde{W}_3\|^2-\sigma_1\|W\|^2-\sigma_3\|W\|^2)$$
$$\leqslant-2\mu V+C \tag{10-35}$$

其中，$0<\mu=\min\left\{k_1-\frac{1}{2},k_2,\lambda_1-\frac{1}{2},\lambda_2,k_6-1,k_7-1,\sigma_1\lambda_{\min}(\Gamma_1),\sigma_3\lambda_{\min}(\Gamma_3)\right\}$，$C=\frac{1}{2}(\sigma_1\|W\|^2+\sigma_3\|W\|^2)+\varepsilon$。

根据上述内容，总结为以下定理。

定理 10.1：在假设 10.1 的条件下，针对含有非对角线元素及模型参数不确定的海洋航行器编队控制问题，对于海洋航行器运动数学模型式(10-1)，设计基于坐标变换式(10-2)、式(10-3)，中间虚拟输入函数式(10-14)和式(10-22)及自适应律式(10-33)的真实非线性控制律式(10-32)，对于设定的集合 Ω_0，其中$[\eta_f(0),\upsilon_f(0),\hat{W}_1(0),\hat{W}_3(0)]\in\Omega_0$，位置及航向闭环跟踪系统是一致最终有界的。跟踪误差 $e=[e_1,e_2,e_3]^{\mathrm{T}}$ 收敛到集合 $\Omega_s:=\{\|[e_1,e_2,e_3]\|\leqslant\sqrt{C/2\mu}\}$。

证明：根据不等式(10-35)，可以得出 $V(t)\leqslant C/2\mu+[V(t_0)-C/2\mu]e^{-2\mu(t-t_0)}$，因此闭环系统中的所有跟踪误差是一致最终有界的。

10.2 速度未知下的 AMV 编队

10.2.1 问题描述

考虑海洋航行器运动数学模型

$$\begin{cases}\dot{\eta}=R(\psi)\upsilon\\ M\dot{\upsilon}=-C(\upsilon)\upsilon-D(\upsilon)\upsilon+\tau+\tau_w\end{cases}\tag{10-36}$$

为了简单起见，海洋航行器的动力学部分可以写成如下形式

$$\dot{\upsilon}=\frac{1}{M}\underbrace{[-C(\upsilon)\upsilon-D(\upsilon)\upsilon]}_{f(\upsilon)}+\frac{1}{M}\tau+\frac{1}{M}\tau_w\tag{10-37}$$

其中，$f(\upsilon)=[f_u(\upsilon),f_v(\upsilon),f_r(\upsilon)]^{\mathrm{T}}$，表示由模型参数引起的不确定。

假设 10.2：海洋航行器是关于质心对称的，即惯性矩阵 M 和水动力阻尼矩阵 $D(\upsilon)$ 是正定对角矩阵，且非对角元素为零。

假设 10.3：海洋航行器的横漂速度 v 是无源有界的。

附注 10.4：横漂速度 v 的无源有界只是一个轻度假设，且该假设已经被广泛采用。

假设 10.4：对跟随海洋航行器而言，领航者的位置及航向 $\eta_l=[x_l,y_l,\psi_l]^{\mathrm{T}}$ 是可获得的，领航海洋航行器的速度信息 $\upsilon_l=[u_l,v_l,r_l]^{\mathrm{T}}$ 及动力学信息 $\tau_l=[\tau_{ul},0,\tau_{rl}]^{\mathrm{T}}$ 是不可获得的。

假设 10.5：假设时变扰动满足$|\tau_{wu}|\leqslant\tau_{wu\max}$，$|\tau_{wv}|\leqslant\tau_{wv\max}$，$|\tau_{wr}|\leqslant\tau_{wr\max}$，其中 $\tau_{wu\max}$、$\tau_{wv\max}$、$\tau_{wr\max}$ 是未知有界常数。

附注 10.5：一般情况下，海洋航行器的位置信息可以通过先进的定位技术，如短基线定位技术或全球定位系统（GPS）测量获得。但是由于技术限制及外界干扰的影响，速度信息精确测量比较困难。此外，环境干扰是周期性变化的且能量有限，因此作用在海洋航行器上的干扰可以看作为未知时变，有界的信号，因此假设 10.4 和假设 10.5 是合理的。

假设 10.6：领航者的行驶路径是可行的，光滑的。此外领航者的速度是可微有界的，因此存在已知正常数 $\gamma\in R$ 使得 $\|\dot{\eta}_l\|\leqslant\gamma$。

10.2.1.1　基于 LOS 的领航-跟随编队控制

在本节中，编队场景设置为存在（$N-1$）个跟随海洋航行器，且每个跟随海洋航行器相互独立，只与领航海洋航行器保持联系。也就是说整个编队可以分解为（$N-1$）个编队子系统，每个子编队由一个跟随海洋航行器和领航海洋航行器组成，如图 10-3 所示。在每个子编队中，跟随海洋航行器需要与领航海洋航行器保持期望的距离 ρ_{Ld} 及期望的角度 λ_{Ld}。当所有的航行器到达期望位置，便可认为期望编队已经建立，具体数学表为

$$\lim_{t\to\infty}\|\rho_L-\rho_{Ld}\|=\varepsilon_1,\ \lim_{t\to\infty}\|\lambda_L-\lambda_{Ld}\|=\varepsilon_2 \tag{10-38}$$

式中，ε_1 及 ε_2 为较小实数。

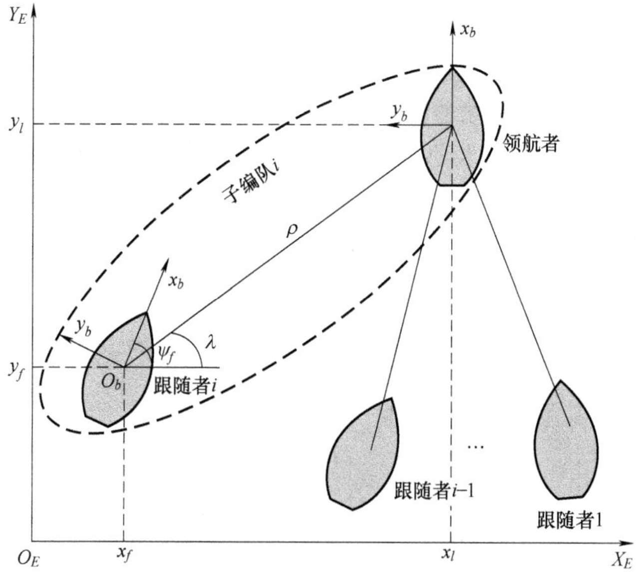

图 10-3　基于领航-跟随策略的多海洋航行器编队构型

领航海洋航行器与跟随海洋航行器间的 LOS 构型下的距离 ρ_L 及角度 λ_L 定义如下

$$\rho_L=\sqrt{(x_l-x_f)^2+(y_l-y_f)^2}$$
$$\lambda_L=\arctan\left(\frac{y_l-y_f}{x_l-x_f}\right) \tag{10-39}$$

期望的 LOS 距离和角度定义为 $\rho_{Ld}(t)$ 和 $\lambda_{Ld}(t)$。

定义编队距离及角度跟踪误差

$$\rho_{Le}(t)=\rho_L(t)-\rho_{Ld}(t)$$
$$\lambda_{Le}(t)=\lambda_L(t)-\lambda_{Ld}(t) \tag{10-40}$$

此外，设定 LOS 距离 $\rho_L(t)$ 及角度 $\lambda_L(t)$ 满足下述时变约束

$$\underline{k}_\rho(t)\leqslant\rho_L(t)\leqslant\overline{k}_\rho(t)$$
$$\underline{k}_\lambda(t)\leqslant\lambda_L(t)\leqslant\overline{k}_\lambda(t) \tag{10-41}$$

根据式(10-40)、式(10-41)，编队距离误差 ρ_{Le} 及角度 λ_{Le} 的时变界限满足

$$\rho_{Lea}=\rho_{Ld}-\underline{k}_\rho(t)\qquad \rho_{Leb}=\overline{k}_\rho(t)-\rho_{Ld} \tag{10-42}$$

$$\lambda_{Lea}=\lambda_{Ld}-\underline{k}_\lambda(t)\qquad \lambda_{Leb}=\overline{k}_\lambda(t)-\lambda_{Ld} \tag{10-43}$$

假设 10.7：ρ_{Ld}，λ_{Ld}，$\overline{k}_\rho(t)$，$\underline{k}_\rho(t)$，$\overline{k}_\lambda(t)$ 及 $\underline{k}_\lambda(t)$ 是二阶可微的，且导数有界。

附注 10.6：在实际运用中，该假设意味着期望的 LOS 距离与角度应该设计为连续、平滑的，此外约束函数也应该设计为连续且光滑的。

10.2.1.2 ln 型障碍李雅普诺夫函数

为了便于 LOS 距离误差及角度误差约束讨论，引入时变 ln 型障碍李雅普诺夫函数

$$V_\rho=\frac{h(\cdot)}{2}\ln\frac{\rho_{Leb}^2}{\rho_{Leb}^2-\rho_{Le}^2}+\frac{1-h(\cdot)}{2}\ln\frac{\rho_{Lea}^2}{\rho_{Lea}^2-\rho_{Le}^2} \tag{10-44}$$

$$V_\lambda=\frac{h(\cdot)}{2}\ln\frac{\lambda_{Leb}^2}{\lambda_{Leb}^2-\lambda_{Le}^2}+\frac{1-h(\cdot)}{2}\ln\frac{\lambda_{Lea}^2}{\lambda_{Lea}^2-\lambda_{Le}^2} \tag{10-45}$$

其中，$h(\cdot)$ 表示逻辑变量，描述如下

$$h(\cdot):=\begin{cases}1 & (\cdot)>0\\ 0 & (\cdot)\leqslant 0\end{cases} \tag{10-46}$$

贯穿全章，为了描述简单，定义 $h_\rho=h(\rho_{Le})$，$h_\lambda=h(\lambda_{Le})$。

为了解决时间依赖性，进行如下变量变换

$$\xi_a=\frac{\rho_{Le}}{\rho_{Lea}}\qquad \xi_b=\frac{\rho_{Le}}{\rho_{Leb}}\qquad \xi=h(\cdot)\xi_b+[1-h(\cdot)]\xi_a \tag{10-47}$$

$$\zeta_a=\frac{\lambda_{Le}}{\lambda_{Lea}}\qquad \zeta_b=\frac{\lambda_{Le}}{\lambda_{Leb}}\qquad \zeta=h(\cdot)\zeta_b+[1-h(\cdot)]\zeta_a \tag{10-48}$$

根据坐标变换式(10-47)、式(10-48)，式(10-44)和式(10-45)可以改写为

$$V_\rho = \frac{1}{2}\ln\frac{1}{1-\xi^2} \tag{10-49}$$

$$V_\lambda = \frac{1}{2}\ln\frac{1}{1-\zeta^2} \tag{10-50}$$

分别对 V_ρ 和 V_λ 求导得

$$\dot{V}_\rho = \frac{h(\cdot)\xi_b}{(1-\xi_b^2)\rho_{Leb}}\left(\dot{\rho}_{Le}-\rho_{Le}\frac{\dot{\rho}_{Leb}}{\rho_{Leb}}\right)+\frac{[1-h(\cdot)]\xi_a}{[1-\xi_a^2]\rho_{Lea}}\left(\dot{\rho}_{Le}-\rho_{Le}\frac{\dot{\rho}_{Lea}}{\rho_{Lea}}\right) \tag{10-51}$$

$$\dot{V}_\lambda = \frac{h(\cdot)\zeta_b}{(1-\zeta_b^2)\lambda_{Leb}}\left(\dot{\lambda}_{Le}-\lambda_{Le}\frac{\dot{\lambda}_{Leb}}{\lambda_{Leb}}\right)+\frac{[1-h(\cdot)]\zeta_a}{(1-\zeta_a^2)\lambda_{Lea}}\left(\dot{\lambda}_{Le}-\lambda_{Le}\frac{\dot{\lambda}_{Lea}}{\lambda_{Lea}}\right) \tag{10-52}$$

本节的控制目标为：在假设 10.2～假设 10.7 下，为跟随海洋航行器设计非线性控制律 $\tau_f=[\tau_{uf},0,\tau_{rf}]^{\mathrm{T}}$ 使其以期望的距离 $\rho_{Ld}(t)$ 及角度 $\lambda_{Ld}(t)$ 跟踪上领航海洋航行器[即式(10-39)]，同时确保闭环系统中的所有信号都是一致最终有界的，且在整个操作过程中不违背距离与角度约束[即式(10-41)]。

由于假设 10.4 的存在，我们需要通过一些新的技术手段获取领航海洋航行器的速度信息，为控制器设计提供状态信息。在本章中，首先设计了速度观测器，用来估计领航海洋航行器的速度信息，然后，基于估计的速度，设计控制器。在该控制器设计过程中，ln 型障碍李雅普诺夫函数用来避免约束的违反。

10.2.2　速度观测器设计

在惯性坐标系$\{E\}$下，领航海洋航行器的位置信息与速度信息满足下式

$$\dot{\boldsymbol{\eta}}_l = R(\psi_l)\boldsymbol{v}_l \tag{10-53}$$

其中，$\boldsymbol{v}_l=[u_l,v_l,r_l]^{\mathrm{T}}\in R^3$ 为领航海洋航行器的速度矢量，$R(\psi_l)$为旋转矩阵，给定如下

$$R(\psi_l)=\begin{bmatrix}\cos\psi_l & -\sin\psi_l & 0\\ \sin\psi_l & \cos\psi_l & 0\\ 0 & 0 & 0\end{bmatrix} \tag{10-54}$$

基于假设 10.3，速度信息 $\boldsymbol{v}_l$ 是不可测量的，因此我们需要估计其精确值。

为了获得领航海洋航行器的估计速度，首先让领航海洋航行器速度 $\dot{\boldsymbol{\eta}}_l$ 通过下面一阶滤波器

$$\dot{\boldsymbol{\phi}} = -k\boldsymbol{\phi}-k\dot{\boldsymbol{\eta}}_l \tag{10-55}$$

其中，$k\in R$ 为待设计参数。

由于 $\dot{\boldsymbol{\eta}}_l$ 是关于χ 的可微函数，式(10-55)可以写成下面线性系统形式

$$\begin{aligned}\dot{x}_1 &= -kx_1+kx_2\\ \dot{x}_2 &= \chi\\ y &= x_1\end{aligned} \tag{10-56}$$

其中，状态 x_1 和 x_2 分别等价于 ϕ 和 $\dot{\eta}_l$，χ 为未知输入，y 为线性系统的可测量输出。

为了对线性系统状态实现有限时间内精确观测，设计如下观测器

$$\begin{aligned}\dot{\hat{x}}_1&=-k\hat{x}_1+k\hat{x}_2-\mathrm{sig}^{\beta_1}(\hat{x}_1-x_1)-\lambda_1(\hat{x}_1-x_1)\\ \dot{\hat{x}}_2&=-\mathrm{sig}^{\beta_2}(\hat{x}_1-x_1)-\lambda_2(\hat{x}_1-x_1)+\chi\end{aligned}\tag{10-57}$$

其中，k、β_1、β_2、λ_1 及 λ_2 为待设计常数。

关于速度观测的主要结果可以总结为下面的定理。

定理 10.2：观测器的状态$(\hat{x}_1,\hat{x}_2)$将会在有限时间内跟踪上系统真实状态(x_1,x_2)，当且仅当 $1/2<\beta_1<1$，$2\beta_2=\beta_1+1$，$\lambda_1>0$ 且 $\lambda_2>k+1$。

证明：定义观测误差如下

$$\begin{aligned}z_1&=\hat{x}_1-x_1\\ z_2&=\hat{x}_2-x_2\end{aligned}\tag{10-58}$$

根据式(12-21)和式(12-22)，对系统式(12-23)求导得

$$\begin{aligned}\dot{z}_1&=kz_2-\mathrm{sig}^{\beta_1}(z_1)-(k+\lambda_1)z_1\\ \dot{z}_2&=-\mathrm{sig}^{\beta_2}(z_1)-\lambda_2 z_1\end{aligned}\tag{10-59}$$

根据引理 2.1，为了证明观测误差系统式(10-59)的稳定性，首先证明误差系统式(10-59)是全局渐近稳定的，然后证明该系统是局部有限时间稳定的。因此，该证明分为两步：第一步为全局渐近稳定；第二步为局部有限时间稳定。

第一步：全局渐近稳定

针对误差系统式(10-58)，选择李雅普诺夫函数

$$V_1=\frac{1}{2}(z_1^2+z_2^2)\tag{10-60}$$

根据式(10-59)，对系统式(10-60)求导得

$$\begin{aligned}\dot{V}_1&=z_1\dot{z}_1+z_2\dot{z}_2\\ &=z_1[-kz_1+kz_2-\mathrm{sig}^{\beta_1}(z_1)-\lambda_1 z_1]+z_2[-\mathrm{sig}^{\beta_2}(z_1)-\lambda_2 z_1]\\ &=-kz_1^2+kz_1z_2-\|z_1\|^{1+\beta_1}-\lambda_1 z_1^2-\mathrm{sig}^{\beta_2}(z_1)z_2-\lambda_2 z_1 z_2\\ &=-(k+\lambda_1)z_1^2+(k-\lambda_2)z_1z_2-\|z_1\|^{1+\beta_1}-\mathrm{sig}^{\beta_2}(z_1)z_2\\ &\leqslant-\frac{k+2\lambda_1+\lambda_2}{2}z_1^2-\frac{\lambda_2-k}{2}z_2^2-\|z_1\|^{1+\beta_1}-\mathrm{sig}^{\beta_2}(z_1)z_2\\ &\leqslant-\frac{k+2\lambda_1+\lambda_2}{2}z_1^2-\frac{\lambda_2-k}{2}z_2^2-\|z_1\|^{1+\beta_1}+\frac{1}{2}(\|z_1\|^{2\beta_2}+z_2^2)\\ &=-\frac{k+2\lambda_1+\lambda_2}{2}z_1^2-\frac{\lambda_2-k-1}{2}z_2^2-\frac{1}{2}\|z_1\|^{1+\beta_1}\end{aligned}\tag{10-61}$$

$$
\begin{aligned}
&\leqslant -\frac{k+2\lambda_1+\lambda_2}{2}z_1^2-\frac{\lambda_2-k-1}{2}z_2^2 \\
&\leqslant -2\min\left(\frac{k+2\lambda_1+\lambda_2}{2},\frac{\lambda_2-k-1}{2}\right)\left(\frac{1}{2}z_1^2+\frac{1}{2}z_2^2\right) \\
&=-2\min\left(\frac{k+2\lambda_1+\lambda_2}{2},\frac{\lambda_2-k-1}{2}\right)V_1
\end{aligned}
$$

由于 $k+2\lambda_1+\lambda_2>0$，$\lambda_2-k-1>0$，因此系统式(10-60)是全局渐近稳定的。

第二步：局部有限时间稳定

将系统式(10-59)写为下式

$$
\begin{aligned}
\dot{z}_1 &= kz_2-\mathrm{sig}^{\beta_1}(z_1)+\hat{f}_1 \\
\dot{z}_2 &= -\mathrm{sig}^{\beta_2}(z_1)+\hat{f}_2
\end{aligned}
\tag{10-62}
$$

其中，$\hat{f}_1=-(\lambda_1+k)z_1$ 及 $\hat{f}_2=-\lambda_2 z_1$ 为高阶项。

为了验证系统的局部有限时间稳定，首先验证系统式(10-62)的名义系统是局部渐近稳定的，其次，验证系统的高阶项收敛至零。

系统式(10-62)的标称系统为

$$
\begin{aligned}
\dot{z}_1 &= kz_2-\mathrm{sig}^{\beta_1}(z_1) \\
\dot{z}_2 &= -\mathrm{sig}^{\beta_2}(z_1)
\end{aligned}
\tag{10-63}
$$

证明：为验证系统式(10-63)的稳定性，选择如下李雅普诺夫函数

$$
\begin{aligned}
V_2=&\frac{2}{\beta_2+1}\left[\mathrm{sig}^{\frac{\beta_2+1}{2}}(z_1)\right]^{\mathrm{T}}\mathrm{sig}^{\frac{\beta_2+1}{2}}(z_1)+ \\
&\frac{1}{2}\left[\mathrm{sig}^{\frac{\beta_2+1}{2}}(z_1)-z_2\right]^{\mathrm{T}}\left[\mathrm{sig}^{\frac{\beta_2+1}{2}}(z_1)-z_2\right]+\frac{1}{2}z_2^{\mathrm{T}}z_2
\end{aligned}
\tag{10-64}
$$

为了描述简单，将式(10-64)写成以下形式

$$
V_2=\begin{bmatrix}\mathrm{sig}^{\frac{\beta_2+1}{2}}(z_1) & z_2\end{bmatrix}\frac{1}{2}\begin{bmatrix}\frac{\beta_2+5}{\beta_2+1} & -1 \\ -1 & 2\end{bmatrix}\begin{bmatrix}\mathrm{sig}^{\frac{\beta_2+1}{2}}(z_1) \\ z_2\end{bmatrix}
\tag{10-65}
$$

令

$$
\chi=\begin{bmatrix}\mathrm{sig}^{\frac{\beta_2+1}{2}}(z_1) \\ z_2\end{bmatrix}
\tag{10-66}
$$

且

$$
P=\frac{1}{2}\begin{bmatrix}\frac{\beta_2+5}{\beta_2+1} & -1 \\ -1 & 2\end{bmatrix}
\tag{10-67}
$$

我们可得

$$V_2=\chi^{\mathrm{T}}P\chi \tag{10-68}$$

由于矩阵 P 是对称且正定的，可得

$$\lambda_{\min}(P)\|\chi\|_2^2\leqslant V_2\leqslant\lambda_{\max}(P)\|\chi\|_2^2 \tag{10-69}$$

且

$$\|\chi\|_2^2\geqslant\|z_1\|_2^{\beta_2+1}+\|z_2\|_2^2 \tag{10-70}$$

由于 $0<\beta_2<1$，有

$$\|Z_1\|_2^{\frac{\beta_2-1}{2}}\geqslant\|\chi\|_{\frac{\beta_2+1}{2}}^{\frac{\beta_2-1}{2}} \tag{10-71}$$

对系统式(10-68)求导得

$$\dot{V}_2=\dot{\chi}^{\mathrm{T}}P\chi+\chi^{\mathrm{T}}P\chi \tag{10-72}$$

根据

$$\begin{aligned}\dot{\chi}&=\begin{bmatrix}\left(\mathrm{sig}^{\frac{\beta_2+1}{2}}(z_1)\right)'\\ \dot{z}_2\end{bmatrix}\begin{bmatrix}\dfrac{\beta_2+1}{2}\|z_1\|^{\frac{\beta_2-1}{2}}\left(kz_2-\mathrm{sig}^{\frac{\beta_2+1}{2}}(z_1)\right)\\ -\mathrm{sig}^{\beta_2}(z_1)\end{bmatrix}\\&=\begin{bmatrix}-\dfrac{\beta_2+1}{2}\|z_1\|^{\frac{\beta_2-1}{2}} & \dfrac{k(\beta_2+1)}{2}\|z_1\|^{\frac{\beta_2-1}{2}}\\ -\|z_1\|^{\frac{\beta_2-1}{2}} & 0\end{bmatrix}\begin{bmatrix}\mathrm{sig}^{\frac{\beta_2+1}{2}}(z_1)\\ z_2\end{bmatrix}\\&=A\chi\end{aligned} \tag{10-73}$$

其中

$$\begin{aligned}A&=\begin{bmatrix}-\dfrac{\beta_2+1}{2}\|z_1\|^{\frac{\beta_2-1}{2}} & \dfrac{k(\beta_2+1)}{2}\|z_1\|^{\frac{\beta_2-1}{2}}\\ -\|z_1\|^{\frac{\beta_2-1}{2}} & 0\end{bmatrix}\\&=\begin{bmatrix}\|z_1\|^{\frac{\beta_2-1}{2}} & 0\\ 0 & \|z_1\|^{\frac{\beta_2-1}{2}}\end{bmatrix}\begin{bmatrix}-\dfrac{\beta_2+1}{2} & \dfrac{k(\beta_2+1)}{2}\\ -1 & 0\end{bmatrix}\end{aligned} \tag{10-74}$$

我们可得

$$\begin{aligned}\dot{V}_2&=\dot{\chi}^{\mathrm{T}}P\chi+\chi^{\mathrm{T}}P\dot{\chi}\\&=(A\chi)^{\mathrm{T}}P\chi+\chi^{\mathrm{T}}P(A\chi)\\&=\chi^{\mathrm{T}}A^{\mathrm{T}}P\chi+\chi^{\mathrm{T}}PA\chi\\&=\chi^{\mathrm{T}}(A^{\mathrm{T}}P+PA)\chi\end{aligned} \tag{10-75}$$

根据式(10-67)及式(10-74)，可以得到下面等式

$$
\begin{aligned}
Q &= A^{\mathrm{T}}P+PA \\
&= \begin{bmatrix} \|z_1\|^{\frac{\beta_2-1}{2}} & 0 \\ 0 & \|z_1\|^{\frac{\beta_2-1}{2}} \end{bmatrix} \begin{bmatrix} \dfrac{(k+2)(\beta_2+1)+6}{-4} & \dfrac{(k+1)(\beta_2+5)-8}{4} \\ \dfrac{(k+1)(\beta_2+5)-8}{4} & \dfrac{k(\beta_2+1)}{-2} \end{bmatrix}
\end{aligned} \tag{10-76}
$$

因此

$$
\begin{aligned}
\dot{V}_2 &= \dot{\chi}^{\mathrm{T}}P\chi+\chi^{\mathrm{T}}P\chi \\
&= \chi^{\mathrm{T}} \begin{bmatrix} |z_1|^{\frac{\beta_2-1}{2}} & 0 \\ 0 & |z_1|^{\frac{\beta_2-1}{2}} \end{bmatrix} [\ \cdot\ ]\chi \\
&\leqslant -\|z_1\|_2^{\frac{\beta_2-1}{2}} \lambda_{\min}(M)\|\chi\|_2^2 \\
&\leqslant -\|\chi\|_2^{\frac{\beta_2-1}{\beta_2+1}} \lambda_{\min}(M)\|\chi\|_2^2 \\
&= -\left(\lambda_{\min}(M)\|\chi\|_2^{\frac{2\beta_2}{\beta_2+1}}\right)\|\chi\|_2
\end{aligned} \tag{10-77}
$$

其中

$$
[\ \cdot\ ] = M = \begin{bmatrix} \dfrac{(k+2)(\beta_2+1)+6}{-4} & \dfrac{(k+1)(\beta_2+5)-8}{4} \\ \dfrac{(k+1)(\beta_2+5)-8}{4} & \dfrac{k(\beta_2+1)}{-2} \end{bmatrix} \tag{10-78}
$$

根据式(10-34)，我们可得

$$
\frac{V_2}{\lambda_{\max}(P)} \leqslant \|\chi\|_2^2 \leqslant \frac{V_2}{\lambda_{\min}(P)} \tag{10-79}
$$

根据定义 2.3，我们可得系统式(10-63)是局部有限时间稳定的，且稳定时间有确定的上界，满足

$$
T(x) \leqslant \frac{2}{\delta} V_2\ (z_0)^{0.5} \tag{10-80}
$$

其中

$$
\delta = \frac{\lambda_{\min}(M)\|\chi\|^{\frac{2\beta_2}{\beta_2+1}}}{\sqrt{\lambda_{\max}(P)}} \tag{10-81}
$$

此处，对于扩张$(\tau_1,\tau_2)=(1,\beta_1)$的度满足 $\tau=\beta_1-1<0$。

由于$\frac{1}{2}<\beta_1<1$，所以 $\tau<0$，$\tau_1>\tau_2+\tau$。根据此条件，对于任意$\|(z_1,z_2)\|=1$，可以得到

$$\lim \frac{\hat{f}_1(t,\varepsilon^{\tau_1}z_1,\varepsilon^{\tau_2}z_2)}{\varepsilon^{\tau_1+\tau}} \leqslant \lim_{\varepsilon\to 0^+} \frac{|\lambda_1\varepsilon_1^{\tau}z_1|}{|\varepsilon|^{\tau_1+\tau}}=0$$

$$\lim \frac{\hat{f}_2(t,\varepsilon^{\tau_1}z_1,\varepsilon^{\tau_2}z_2)}{\varepsilon^{\tau_2+\tau}} \leqslant \lim_{\varepsilon\to 0^+} \frac{|\lambda_2\varepsilon_1^{\tau}z_1|}{|\varepsilon|^{\tau_2+\tau}}=0$$

因此，根据第一步和第二步的结果，系统式(10-59)是全局有限时间稳定的。也就是说观测器状态$(\hat{x}_1,\hat{x}_2)$可以在稳定时间内收敛到系统式(10-56)的状态(x_1,x_2)上。证毕。

附注 10.7：给定的速度观测器可以减少领航者与跟随者间的数据传输量。在实际应用中，除此之外还有很多网络传输约束，例如：网络诱导延时、数据包丢失、量化误差等。

10.2.3 编队控制律设计及稳定性分析

在此小节，我们的目标就是设计控制律使得ρ_L和λ_L跟踪上ρ_{Ld}和λ_{Ld}，同时确保约束式(10-41)不被违背。此处，整个控制器包含两部分，运动学控制器及动力学控制器。

运动学控制器设计

运动学控制器将会通过以下步骤完成设计。

步骤一：设计中间虚拟控制量使得ρ_L和λ_L跟踪上期望的编队构型ρ_{Ld}和λ_{Ld}。

定义编队误差

$$\begin{aligned}\rho_{Le}&=\rho_L-\rho_{Ld}\\ \lambda_{Le}&=\lambda_L-\lambda_{Ld}\end{aligned} \tag{10-82}$$

对 LOS 距离误差ρ_{Le}求导得

$$\begin{aligned}\dot{\rho}_{Le}&=\dot{\rho}_L-\dot{\rho}_{Ld}\\ &=-u_f\cos(\psi_f-\lambda_L)+u_l\cos(\psi_l-\lambda_L)+v_f\sin(\psi_f-\lambda_L)-\\ &\quad v_l\sin(\psi_l-\lambda_L)-\dot{\rho}_{Ld}\end{aligned} \tag{10-83}$$

定义速度跟踪误差

$$\begin{aligned}u_e&=u_f-\alpha_u\\ \psi_e&=\psi_f-\alpha_\psi\end{aligned} \tag{10-84}$$

其中，α_u与α_ψ为待设计虚拟控制函数。

将式(10-84)代入式(10-83)，有

$$\begin{aligned}\dot{\rho}_{Le}&=\dot{\rho}_L-\dot{\rho}_{Ld}\\ &=-u_f\cos(\psi_f-\lambda_L)+u_l\cos(\psi_l-\lambda_L)+v_f\sin(\psi_f-\lambda_L)-v_l\sin(\psi_l-\lambda_L)-\dot{\rho}_{Ld}\\ &=-(u_e+\alpha_u)\cos(\psi_e+\alpha_\psi-\lambda_L)+u_l\cos(\psi_l-\lambda_L)+v_f\sin(\psi_f-\lambda_L)-v_l\sin(\psi_l-\lambda_L)-\dot{\rho}_{Ld}\end{aligned}$$

$$
\begin{aligned}
&=-\alpha_u\cos(\alpha_\psi-\lambda_L)-u_e\cos\psi_e\cos(\alpha_\psi-\lambda_L)+u_e\sin\psi_e\sin(\alpha_\psi-\lambda_L)-\\
&\quad\alpha_u\cos(\alpha_\psi-\lambda_L)(\cos\psi_e-1)+\alpha_u\sin\psi_e\sin(\alpha_\psi-\lambda_L)+u_l\cos(\psi_l-\lambda_L)-\\
&\quad v_l\sin(\psi_l-\lambda_L)+v_f\sin(\psi_f-\lambda_L)-\dot{\rho}_{Ld}\\
&=-\alpha_u\cos(\alpha_\psi-\lambda_L)+\alpha_u\sin\psi_e\sin(\alpha_\psi-\lambda_L)-u_e\cos(\psi_f-\lambda_L)-\\
&\quad\alpha_u\cos(\alpha_\psi-\lambda_L)(\cos\psi_e-1)+u_l\cos(\psi_l-\lambda_L)-v_l\sin(\psi_l-\lambda_L)+\\
&\quad v_f\sin(\psi_f-\lambda_L)-\dot{\rho}_{Ld}
\end{aligned}
\tag{10-85}
$$

令

$$
\begin{gathered}
\omega_1=-\alpha_u\cos(\alpha_\psi-\lambda_L)\\
\Delta_{11}=\alpha_u\sin\psi_e\sin(\alpha_\psi-\lambda_L)-\alpha_u\cos(\alpha_\psi-\lambda_L)(\cos\psi_e-1)\\
\Delta_{21}=-u_e\cos(\psi_f-\lambda_L)\\
\Delta_{31}=u_l\cos(\psi_l-\lambda_L)-v_l\sin(\psi_l-\lambda_L)\\
\Delta_{41}=v_f\sin(\psi_f-\lambda_L)
\end{gathered}
$$

$\Sigma_1=\Delta_{11}+\Delta_{21}$。因此，$\rho_{Le}$相对时间的导数可以描述为

$$\dot{\rho}_{Le}=\omega_1+\Delta_{11}+\Delta_{21}+\Delta_{31}+\Delta_{41}-\dot{\rho}_{Ld} \tag{10-86}$$

名义稳定函数 ω_{10}设计如下

$$\omega_{10}=-(k_1+\bar{k}_1)\rho_{Le}+\dot{\rho}_{Ld}-\Delta_{31}-\Delta_{41}+k_\rho e_1 \tag{10-87}$$

其中，k_1 与 k_ρ 为待设计正实数，$\bar{k}_1=\sqrt{\varepsilon+\left(\dfrac{\dot{\rho}_{Leb}(t)}{\rho_{Leb}(t)}\right)^2+\left(\dfrac{\dot{\rho}_{Lea}(t)}{\rho_{Lea}(t)}\right)^2}$，$\varepsilon$ 为小的实数。e_1 为待设计的补偿信号，用以补偿滤波器误差。

为了得到 ω_1 及 $\dot{\omega}_1$，令名义稳定函数 ω_{10}通过如下指令滤波器

$$
\begin{aligned}
\dot{z}_{1.1}&=w_1z_{1.2}\\
\dot{z}_{1.2}&=-2\zeta_1w_1z_{1.2}-w_1(z_{1.1}-\omega_{10})
\end{aligned}
\tag{10-88}
$$

式中，w_1 和 ζ_1 为设计常数，满足 $w_1>0$ 和 $\zeta_1\in(0,1]$，初始条件满足 $z_{1.1}(0)=\omega_{10}(0)$和 $z_{1.2}(0)=0$。

定义滤波误差为

$$\Delta\omega_1=\omega_1-\omega_{10} \tag{10-89}$$

补偿信号 e_1 由下述动态系统生成：

$$\dot{e}_1=-k_\rho e_1+\Delta\omega_1\qquad e_1(0)=0 \tag{10-90}$$

验证 LOS 距离误差 ρ_{Le}的稳定性，选择如下李雅普诺夫函数

$$V_3=V_\rho+\frac{1}{2}e_1^2 \tag{10-91}$$

根据式(10-51)、式(10-86)、式(10-87)和式(10-90)，对系统 V_3 求导得

$$
\begin{aligned}
\dot{V}_3=\dot{V}_\rho+e_1\dot{e}_1=&\frac{h(\cdot)\xi_b}{(1-\xi_b^2)\rho_{Leb}}\left(-k_1\rho_{Le}+k_\rho e_1+\Sigma_1-\left(\bar{k}_1+\frac{\dot{\rho}_{Leb}}{\rho_{Leb}}\right)\rho_{Le}\right)+\\
&\frac{(1-h(\cdot))\xi_a}{(1-\xi_a^2)\rho_{Lea}}\left(-k_1\rho_{Le}+k_\rho e_1+\Sigma_1-\left(\bar{k}_1+\frac{\dot{\rho}_{Lea}}{\rho_{Lea}}\right)\rho_{Le}\right)+e_1(-k_\rho e_1+\Delta\omega_1)
\end{aligned}
$$

$$
\begin{aligned}
&= -k_1\left(\frac{h(\cdot)\xi_b^2}{1-\xi_b^2}+\frac{(1-h(\cdot))\xi_a^2}{1-\xi_a^2}\right)+\frac{k_\rho e_1+\Sigma_1}{\rho_{Le}}\left(\frac{h(\cdot)\xi_b^2}{1-\xi_b^2}+\frac{(1-h(\cdot))\xi_a^2}{1-\xi_a^2}\right)- \\
&\quad\left(\bar{k}_1+\frac{\dot{\rho}_{Leb}}{\rho_{Leb}}\right)\left(\frac{h(\cdot)\xi_b^2}{1-\xi_b^2}\right)-\left(\bar{k}_1+\frac{\dot{\rho}_{Lea}}{\rho_{Lea}}\right)\left(\frac{(1-h(\cdot))\xi_a^2}{1-\xi_a^2}\right)-k_\rho e_1^2+e_1\Delta\omega_1- \\
&\quad\left(\bar{k}_1+\frac{\dot{\rho}_{Leb}}{\rho_{Leb}}\right)\left(\frac{h(\cdot)\xi_b^2}{1-\xi_b^2}\right)-\left(\bar{k}_1+\frac{\dot{\rho}_{Lea}}{\rho_{Lea}}\right)\left(\frac{(1-h(\cdot))\xi_a^2}{1-\xi_a^2}\right)+e_1\Delta\omega_1 \qquad (10\text{-}92)\\
&\leqslant -k_1\left(\frac{\xi^2}{1-\xi^2}\right)+(k_\rho e_1+\Sigma_1)\rho_{Le}\left(\frac{h(\cdot)}{\rho_{Leb}^2-\rho_{Le}^2}\right)\left(\frac{\xi^2}{1-\xi^2}+\frac{1-h(\cdot)}{\rho_{Lea}^2-\rho_{Le}^2}\right)-k_\rho e_1^2+e_1\Delta\omega_1 \\
&\leqslant (k_\rho e_1+\Sigma_1)\rho_{Le}\left(\frac{h(\cdot)}{\rho_{Leb}^2-\rho_{Le}^2}+\frac{1-h(\cdot)}{\rho_{Lea}^2-\rho_{Le}^2}+\right)-k_1\ln\frac{1}{1-\xi^2}-\left(k_\rho-\frac{1}{2}\right)e_1^2+\frac{1}{2}(\Delta\omega_1)^2 \\
&\leqslant -k_1\ln\left(\frac{1}{1-\xi^2}\right)-\left(k_\rho-\frac{1}{2}\right)e_1^2+\frac{1}{2}(\Delta\omega_1)^2 \\
&\leqslant -2\min\left\{k_1,k_\rho-\frac{1}{2}\right\}\left[\frac{1}{2}\ln\frac{1}{1-\xi^2}+\frac{1}{2}e_1^2\right]+\frac{1}{2}(\Delta\omega_1)^2 \\
&= -2\min\left\{k_1,k_\rho-\frac{1}{2}\right\}V_3+\frac{1}{2}(\Delta\omega_1)^2
\end{aligned}
$$

根据式(10-92)，可得系统 V_3 是一致最终有界的。

同样的，LOS 角度误差 λ_{Le} 相对时间求导为

$$
\dot{\lambda}_{Le}=\frac{1}{\rho_L}(\omega_2+\Delta_{12}+\Delta_{22}+\Delta_{32}+\Delta_{42})-\dot{\lambda}_{Ld} \qquad (10\text{-}93)
$$

其中

$$
\begin{gathered}
\omega_2=-\alpha_u\sin(\alpha_\psi-\lambda_L) \\
\Delta_{12}=-\alpha_u\sin(\alpha_\psi-\lambda_L)(\cos\psi_e-1)-\alpha_u\cos(\alpha_\psi-\lambda_L)\sin\psi_e \\
\Delta_{22}=-u_e\sin(\psi_f-\lambda_L) \\
\Delta_{42}=-v_f\cos(\psi_f-\lambda_L) \\
\Delta_{32}=u_l\sin(\psi_l-\lambda_L)+v_l\cos(\psi_l-\lambda_L) \\
\Sigma_2=\Delta_{12}+\Delta_{22}
\end{gathered}
$$

为了使得系统式(10-93)收敛，设计名义稳定函数 ω_{20} 如下

$$
\omega_{20}=\rho_L(-(k_2+\bar{k}_2)\lambda_{Le}+\dot{\lambda}_{Ld})-\Delta_{32}-\Delta_{42}+k_\lambda e_2 \qquad (10\text{-}94)
$$

其中，k_2 与 k_λ 为待设定正实数，$\bar{k}_2=\sqrt{\varepsilon+\left(\frac{\dot{\lambda}_{Leb}(t)}{\lambda_{Leb}(t)}\right)^2+\left(\frac{\dot{\lambda}_{Lea}(t)}{\lambda_{Lea}(t)}\right)^2}$，$\varepsilon$ 为小的实数。类似的；e_2 为待设计的补偿系统的状态，用以补偿滤波器误差。

为了得到稳定函数 ω_2 及其导数 $\dot{\omega}_2$，将名义稳定函数 ω_{20} 通过如下指令滤波器

$$
\begin{aligned}
\dot{z}_{2.1}&=w_2z_{2.2} \\
\dot{z}_{2.2}&=-2\zeta_2w_2z_{2.2}-w_2(z_{2.1}-\omega_{20})
\end{aligned} \qquad (10\text{-}95)
$$

式中，w_2 和 ζ_2 为设计常数，满足 $w_2>0$ 和 $\zeta_2\in(0,1]$，初始条件满足 $z_{2.1}(0)=\omega_{20}(0)$ 和 $z_{2.2}(0)=0$。

定义滤波误差

$$\Delta\omega_2=\omega_2-\omega_{20} \tag{10-96}$$

补偿信号 e_2 由下面动态系统产生：

$$\dot{e}_2=-k_\lambda e_2+\Delta\omega_2 \qquad e_2(0)=0 \tag{10-97}$$

针对 LOS 角度误差 λ_{Le}，为了验证该误差的稳定性，选择如下李雅普诺夫函数

$$V_4=V_\lambda+\frac{1}{2}e_2^2 \tag{10-98}$$

根据式(10-52)、式(10-94)和式(10-97)，对系统式(10-98)求导得

$$\begin{aligned}
\dot{V}_4=&\dot{V}_\lambda+e_2\dot{e}_2=\frac{h(\cdot)\zeta_b}{(1-\zeta_b^2)\lambda_{Leb}}\left(-k_2\lambda_{Le}+k_\lambda e_2+\Sigma_2-\left(\bar{k}_2+\frac{\dot{\lambda}_{Leb}}{\lambda_{Leb}}\right)\lambda_{Le}\right)+\\
&\frac{(1-h(\cdot))\zeta_a}{(1-\zeta_a^2)\lambda_{Lea}}\left(-k_2\lambda_{Le}+k_\lambda e_2+\Sigma_2-\left(\bar{k}_2+\frac{\dot{\lambda}_{Lea}}{\lambda_{Lea}}\right)\lambda_{Le}\right)+e_2(-k_\lambda e_2+\Delta\omega_2)\\
=&-k_2\left(\frac{h(\cdot)\zeta_b^2}{1-\zeta_b^2}+\frac{(1-h(\cdot))\zeta_a^2}{1-\zeta_a^2}\right)+(k_\lambda e_2+\Sigma_2)\lambda_{Le}\left(\frac{h(\cdot)}{\lambda_{Leb}^2-\lambda_{Le}^2}+\frac{(1-h(\cdot))}{\lambda_{Lea}^2-\lambda_{Le}^2}\right)-\\
&\left(\bar{k}_2+\frac{\dot{\lambda}_{Leb}}{\lambda_{Leb}}\right)\left(\frac{h(\cdot)\zeta_b^2}{1-\zeta_b^2}\right)-k_\lambda e_2^2+e_2\Delta\omega_2-\left(\bar{k}_2+\frac{\dot{\lambda}_{Lea}}{\lambda_{Lea}}\right)\left(\frac{(1-h(\cdot))\zeta_a^2}{1-\zeta_a^2}\right)
\end{aligned} \tag{10-99}$$

进一步得

$$\begin{aligned}
\dot{V}_4\leqslant&-k_2\left(\frac{\zeta^2}{1-\zeta^2}\right)-\left(k_\lambda-\frac{1}{2}\right)e_2^2+\frac{1}{2}(\Delta\omega_2)^2+\\
&(k_\lambda e_2+\Sigma_2)\lambda_{Le}\left(\frac{h(\cdot)}{\lambda_{Leb}^2-\lambda_{Le}^2}+\frac{(1-h(\cdot))}{\lambda_{Lea}^2-\lambda_{Le}^2}\right)\\
\leqslant&-k_2\ln\left(\frac{1}{1-\zeta^2}\right)-\left(k_\lambda-\frac{1}{2}\right)e_2^2+\frac{1}{2}(\Delta\omega_2)^2\\
\leqslant&-2\min\left\{k_2,k_\lambda-\frac{1}{2}\right\}\left[\frac{1}{2}\ln\left(\frac{1}{1-\zeta^2}\right)+\frac{1}{2}e_2^2\right]+\frac{1}{2}(\Delta\omega_2)^2\\
=&-2\min\left\{k_2,k_\lambda-\frac{1}{2}\right\}V_4+\frac{1}{2}(\Delta\omega_2)^2
\end{aligned}$$

由上式可知，系统 V_4 是一致最终有界的。

根据 $\omega_1=-\alpha_u\cos(\alpha_\psi-\lambda_L)$ 及 $\omega_2=-\alpha_u\sin(\alpha_\psi-\lambda_L)$，我们可以得出

$$\begin{aligned}
\alpha_\psi&=\arctan\left(\frac{\omega_2}{\omega_1}\right)+\lambda_L\\
\alpha_u&=-\omega_1\cos(\alpha_\psi-\lambda_L)-\omega_2\sin(\alpha_\psi-\lambda_L)
\end{aligned} \tag{10-100}$$

步骤二：设计稳定函数 α_r 使得航向误差 ψ_e 稳定。

定义艏摇角速度误差为

$$r_e = r - \alpha_r \tag{10-101}$$

对其求导得

$$\begin{aligned}\dot{\psi}_e &= r - \dot{\alpha}_\psi \\ &= r_e + \alpha_r - \dot{\alpha}_\psi\end{aligned} \tag{10-102}$$

为稳定航向误差系统式(10-92)，选择名义期望艏摇角速度 α_{r_0} 如下

$$\alpha_{r_0} = -k_3\psi_e + k_\psi e_3 + \dot{\alpha}_\psi \tag{10-103}$$

其中，k_3 与 k_ψ 为待设计正实数，e_3 为待设计补偿信号，用以补偿滤波器误差。

同上，为了得到稳定函数 α_r 及其导数 $\dot{\alpha}_r$，将名义稳定函数 α_{r_0} 如下指令滤波器

$$\begin{aligned}\dot{z}_{3.1} &= w_3 z_{3.2} \\ \dot{z}_{3.2} &= -2\zeta_3 w_3 z_{3.2} - w_3(z_{3.1} - \alpha_{r_0})\end{aligned} \tag{10-104}$$

式中，w_3 和 ζ_3 为设计常数，满足 $w_3>0$ 和 $\zeta_3 \in (0,1]$，初始条件满足 $z_{3.1}(0)=\alpha_{r_0}(0)$ 和 $z_{3.2}(0)=0$。

定义滤波误差

$$\Delta\omega_3 = \alpha_r - \alpha_{r_0} \tag{10-105}$$

补偿信号 e_3 由下面动态系统产生

$$\dot{e}_3 = -k_\psi e_3 + \Delta\omega_3 \qquad e_3(0)=0 \tag{10-106}$$

为了分析艏摇角速度跟踪系统的稳定性，设计如下李雅普诺夫函数

$$V_5 = \frac{1}{2}(\psi_e^2 + e_3^2) \tag{10-107}$$

根据式(10-102)、式(10-103)和式(10-106)，对系统式(10-107)求导得

$$\begin{aligned}\dot{V}_5 &= \psi_e\dot{\psi}_e + e_3\dot{e}_3 \\ &= \psi_e(r_e - k_3\psi_e + k_\psi e_3) + e_3(-k_\psi e_3 + \Delta\omega_3) \\ &= -k_3\psi_e^2 + k_\psi\psi_e e_3 + \psi_e r_e - k_\psi e_3^2 + e_3\Delta\omega_3 \\ &\leqslant -k_3\psi_e^2 + \frac{k_\psi}{2}(\psi_e^2 + e_3^2) + \psi_e r_e - k_\psi e_3^2 + \frac{1}{2}(e_3^2 + (\Delta\omega_3)^2) \\ &\leqslant -\left(k_3 - \frac{k_\psi}{2}\right)\psi_e^2 - \left(\frac{k_\psi}{2} - \frac{1}{2}\right)e_3^2 + \frac{1}{2}(\Delta\omega_3)^2 \\ &\leqslant -2\min\left\{k_3 - \frac{k_\psi}{2}, \frac{k_\psi}{2} - \frac{1}{2}\right\}\left(\frac{1}{2}\psi_e^2 + \frac{1}{2}e_3^2\right) + \frac{1}{2}(\Delta\omega_3)^2 \\ &= -2\min\left\{k_3 - \frac{k_\psi}{2}, \frac{k_\psi}{2} - \frac{1}{2}\right\}V_5 + \frac{1}{2}(\Delta\omega_3)^2\end{aligned} \tag{10-108}$$

可得系统 V_5 是一致最终有界的。

进行动力学控制器设计，实现跟随海洋航行器对前两步内设计的虚拟控制量的跟踪。

步骤三：根据式(10-84)及式(10-101)中定义的速度跟踪误差 u_e 及 r_e，对其求导得

$$\begin{aligned}\dot{u}_e&=\dot{u}_f-\dot{\alpha}_u\\&=f_u(\boldsymbol{v})+\frac{\tau_u}{m_1}+\frac{\tau_{wu}}{m_1}-\dot{\alpha}_u\\\dot{r}_e&=\dot{r}_f-\dot{\alpha}_r\\&=f_r(\boldsymbol{v})+\frac{\tau_r}{m_3}+\frac{\tau_{wr}}{m_3}-\dot{\alpha}_r\end{aligned}\tag{10-109}$$

为了实现速度误差 u_e 及 r_e 的收敛，选择理想的控制输入为

$$\begin{aligned}\tau_u&=m_1(-k_4u_e+\dot{\alpha}_u-f_u(\boldsymbol{v})-\tau_{wu})\\\tau_r&=m_3(-k_5r_e+\dot{\alpha}_r-f_r(\boldsymbol{v})-\tau_{wr})\end{aligned}\tag{10-110}$$

在实际运用中，$f_u(\boldsymbol{v})$ 及 $f_r(\boldsymbol{v})$ 不可精确得到。因此控制器式(10-110)不可运用。为了解决该问题，使用 RBF 神经网络技术对不确定项 $f_u(\boldsymbol{v})$ 及 $f_r(\boldsymbol{v})$ 进行逼近。神经网络技术描述如下

$$f(\cdot)=W^{\mathrm{T}}\sigma(\xi)\qquad\forall\xi\in\Omega\tag{10-111}$$

其中，ξ 为神经网络的输入；W 为神经网络的权值。

因此真正的控制输入为

$$\begin{aligned}\tau_u&=m_1(-k_4u_e+\dot{\alpha}_u-\hat{W}_1^{\mathrm{T}}\sigma_u(\boldsymbol{v})-\tanh(u_e)\hat{\tau}_{wu\max})\\\tau_r&=m_3(-k_5r_e+\dot{\alpha}_r-\hat{W}_2^{\mathrm{T}}\sigma_r(\boldsymbol{v})-\tanh(r_e)\hat{\tau}_{wr\max})\end{aligned}\tag{10-112}$$

其中，$\hat{W}_i(i=1,2)$ 为权值 W_i 的估计值。

神经网络权值及外部扰动界值的更新律如下

$$\begin{aligned}\dot{\hat{W}}_1&=\Gamma_1[\sigma_u(\boldsymbol{v})u_e-k_6\hat{W}_1]\\\dot{\hat{\tau}}_{wu\max}&=\Lambda_1[\tanh(u_e)u_e-k_7\hat{\tau}_{wu\max}]\\\dot{\hat{W}}_2&=\Gamma_2[\sigma_r(\boldsymbol{v})r_e-k_8\hat{W}_2]\\\dot{\hat{\tau}}_{wr\max}&=\Lambda_2[\tanh(r_e)r_e-k_9\hat{\tau}_{wr\max}]\end{aligned}\tag{10-113}$$

其中，$\Gamma_i,\Lambda_i(i=1,2)$ 为定常增益矩阵，$k_i(i=6,7,8,9)$ 为待设计的正实数参数。

为了验证整个系统的稳定性，选择如下李雅普诺夫函数

$$\begin{aligned}V=&V_3+V_4+V_5+\frac{1}{2}u_e^2+\frac{1}{2}r_e^2+\frac{1}{2}\tilde{W}_1^{\mathrm{T}}\Gamma_1^{-1}\tilde{W}_1+\frac{1}{2}\tilde{W}_2^{\mathrm{T}}\Gamma_2^{-1}\tilde{W}_2+\\&\frac{1}{2}\Lambda_1^{-1}\tilde{\tau}_{wu\max}^2+\frac{1}{2}\Lambda_2^{-1}\tilde{\tau}_{wr\max}^2\end{aligned}$$

$$=V_\rho+\frac{1}{2}e_1^2+V_\lambda+\frac{1}{2}e_2^2+\frac{1}{2}\psi_e^2+\frac{1}{2}e_3^2+\frac{1}{2}u_3^2+\frac{1}{2}r_e^2+\frac{1}{2}\widetilde{W}_1^{\mathrm{T}}\Gamma_1^{-1}\widetilde{W}_1+$$

$$\frac{1}{2}\widetilde{W}_2^{\mathrm{T}}\Gamma_2^{-1}\widetilde{W}_2+\frac{1}{2}\Lambda_1^{-1}\widetilde{\tau}_{wu\max}^2+\frac{1}{2}\Lambda_2^{-1}\widetilde{\tau}_{wr\max}^2$$

$$=\frac{1}{2}\ln\frac{1}{1-\xi^2}+\frac{1}{2}\ln\frac{1}{1-\zeta^2}+\frac{1}{2}\psi_e^2+\frac{1}{2}u_e^2+\frac{1}{2}r_e^2+\frac{1}{2}e_1^2+\frac{1}{2}e_2^2+\frac{1}{2}e_3^2+$$

$$\frac{1}{2}\widetilde{W}_1^{\mathrm{T}}\Gamma_1^{-1}\widetilde{W}_1+\frac{1}{2}\widetilde{W}_2^{\mathrm{T}}\Gamma_2^{-1}\widetilde{W}_2+\frac{1}{2}\Lambda_1^{-1}\widetilde{\tau}_{wu\max}^2+\frac{1}{2}\Lambda_2^{-1}\widetilde{\tau}_{wr\max}^2 \tag{10-114}$$

其中，$\widetilde{W}_i=\hat{W}_i-W_i(i=1,2)$；$\widetilde{\tau}_{w*\max}=\hat{\tau}_{w*\max}-\tau_{w*\max}(*=u,r)$。

根据式(10-113)及不等式

$$\begin{aligned}-\widetilde{W}_i^{\mathrm{T}}\hat{W}_i&\leqslant-\frac{\|\widetilde{W}_i\|^2}{2}+\frac{\|W_i\|^2}{2}\\-\widetilde{\tau}_{w*\max}^{\mathrm{T}}\hat{\tau}_{w*\max}&\leqslant-\frac{\|\widetilde{\tau}_{w*\max}\|^2}{2}+\frac{\|\tau_{w*\max}\|^2}{2}\end{aligned} \tag{10-115}$$

可得

$$\widetilde{W}_1^{\mathrm{T}}\Gamma_1^{-1}\dot{\hat{W}}_1+\widetilde{W}_2^{\mathrm{T}}\Gamma_2^{-1}\dot{\hat{W}}_2+\widetilde{\tau}_{wu\max}\Lambda_1^{-1}\dot{\hat{\tau}}_{wu\max}+\widetilde{\tau}_{wr\max}\Lambda_1^{-1}\dot{\hat{\tau}}_{wr\max}$$

$$\leqslant-\frac{k_6\|\widetilde{W}_1\|^2}{2}+\frac{k_6\|W_1\|^2}{2}-\frac{k_8\|\widetilde{W}_2\|^2}{2}+\frac{k_8\|W_2\|^2}{2}-\frac{k_7\|\widetilde{\tau}_{wu\max}\|^2}{2}+ \tag{10-116}$$

$$\frac{k_7\|\tau_{wu\max}\|^2}{2}-\frac{k_9\|\widetilde{\tau}_{wr\max}\|^2}{2}+\frac{k_9\|\tau_{wr\max}\|^2}{2}$$

根据式(10-92)、式(10-99)和式(10-108)，对 V 求导得

$$\dot{V}\leqslant-k_1\ln\left(\frac{1}{1-\xi^2}\right)-k_2\ln\left(\frac{1}{1-\zeta^2}\right)-\left(k_3-\frac{k_\psi+1}{2}\right)\psi_e^2-k_4u_e^2-\left(k_5-\frac{1}{2}\right)r_e^2-$$

$$\left(k_\rho-\frac{1}{2}\right)e_1^2-\left(k_\lambda-\frac{1}{2}\right)e_2^2-\left(\frac{k_\psi}{2}-\frac{1}{2}\right)e_3^2-\frac{k_6\|\widetilde{W}_1\|^2}{2}-\frac{k_8\|\widetilde{W}_2\|^2}{2}-$$

$$\frac{k_7\|\widetilde{\tau}_{wu\max}\|^2}{2}-\frac{k_9\|\widetilde{\tau}_{wr\max}\|^2}{2}+\frac{1}{2}(\Delta\omega_1)^2+\frac{1}{2}(\Delta\omega_2)^2+\frac{1}{2}(\Delta\omega_3)^2+$$

$$(k_\rho e_1+\Sigma_1)\rho_{Le}\left(\frac{h(\cdot)}{\rho_{Leb}^2-\rho_{Le}^2}+\frac{1-h(\cdot)}{\rho_{Lea}^2-\rho_{Le}^2}\right)+\frac{k_6\|W_1\|^2}{2}+\frac{k_8\|W_2\|^2}{2}+$$

$$(k_\lambda e_2+\Sigma_2)\lambda_{Le}\left(\frac{h(\cdot)}{\lambda_{Leb}^2-\lambda_{Le}^2}+\frac{1-h(\cdot)}{\lambda_{Lea}^2-\lambda_{Le}^2}\right)+\frac{k_7\|\tau_{wu\max}\|^2}{2}+\frac{k_9\|\tau_{wr\max}\|^2}{2} \tag{10-117}$$

$$\leqslant -k_1\ln\left(\frac{1}{1-\xi^2}\right)-k_2\ln\left(\frac{1}{1-\zeta^2}\right)-\left(k_3-\frac{k_\psi+1}{2}\right)\psi_e^2-k_4u_e^2-\left(k_5-\frac{1}{2}\right)r_e^2-$$

$$\left(k_\rho-\frac{1}{2}\right)e_1^2-\left(k_\lambda-\frac{1}{2}\right)e_2^2-\left(\frac{k_\psi}{2}-\frac{1}{2}\right)e_3^2-\frac{k_6\|\widetilde{W}_1\|^2}{2}-\frac{k_8\|\widetilde{W}_2\|^2}{2}-$$

$$\frac{k_7\|\widetilde{\tau}_{wu\max}\|^2}{2}-\frac{k_9\|\widetilde{\tau}_{wr\max}\|^2}{2}+\frac{1}{2}(\Delta\omega_1)^2+\frac{1}{2}(\Delta\omega_2)^2+\frac{1}{2}(\Delta\omega_3)^2+$$

$$\frac{k_6\|W_1\|^2}{2}+\frac{k_8\|W_2\|^2}{2}+\frac{k_7\|\widetilde{\tau}_{wu\max}\|^2}{2}+\frac{k_9\|\widetilde{\tau}_{wr\max}\|^2}{2}$$

$$\leqslant -2\mu V+C$$

其中，$\mu:=\min\left\{\begin{matrix}k_1,k_2,k_3-\frac{k_\psi+1}{2},k_\rho-\frac{1}{2},k_\lambda-\frac{1}{2},\frac{k_\psi+1}{2},k_4,k_5-\frac{1}{2},\\ \frac{k_6}{\lambda_{\max}(\Gamma_1^{-1})},\frac{k_7}{\lambda_{\max}(\Lambda_1^{-1})},\frac{k_8}{\lambda_{\max}(\Gamma_2^{-1})},\frac{k_9}{\lambda_{\max}(\Lambda_2^{-1})}\end{matrix}\right\}$

$$C=\frac{1}{2}\left[(\Delta\omega_1)^2+(\Delta\omega_2)^2+(\Delta\omega_3)^2+\frac{k_6\|W_1\|^2}{2}+\frac{k_8\|W_2\|^2}{2}+\frac{k_7\|\tau_{wu\max}\|^2}{2}+\frac{k_9\|\tau_{wr\max}\|^2}{2}\right]$$

为了确保系统的稳定性，参数选择满足下述条件：

$$k_i>0(i=1,2,4,6,7,8,9)$$

$$k_5>\frac{1}{2}\qquad k_\rho>\frac{1}{2}\qquad k_\lambda>\frac{1}{2}$$

$$k_\psi>-1\qquad k_3-\frac{k_\psi+1}{2}>0 \tag{10-118}$$

根据式(10-117)可得

$$0\leqslant V(t)\leqslant\left(V(0)-\frac{C}{2\mu}\right)e^{-2\mu t}+\frac{C}{2\mu} \tag{10-119}$$

根据式(10-119)可以得到，所有信号 $\Theta=[\rho_{Le},\rho_{\lambda e},e_1,e_2,e_3,u_e,r_e,\widetilde{W}_1,\widetilde{W}_2,\widetilde{\tau}_{wu\max},\widetilde{\tau}_{wr\max}]$ 是有界的。

根据以上内容可以总结为下面定理。

定理 10.3：在假设 10.2~假设 10.7 的情况下，对于基于领航-跟随策略的多 AMV 编队问题，同时考虑模型参数不确定及扰动不确定，结合速度观测器式(10-57)，如果编队误差 $\rho_{Le}(0)$ 和 $\lambda_{Le}(0)$ 满足式(10-42)和式(10-43)，则设计的基于中间虚拟控制式(10-87)、式(10-94)和式(10-103)，指令滤波器式(10-88)、式(10-95)和式(10-104)及滤波误差补偿信号式(10-90)、式(10-97)和式(10-106)，自适应控制律式(10-113)的真实控制律式(10-112)可以实现期望的控制目标，即

1）编队过程中，LOS 距离及角度约束不会违背；

2）所有信号都是有界的；

3）闭环误差信号 $\Theta=[\rho_{Le},\rho_{\lambda e},e_1,e_2,e_3,u_e,r_e,\tilde{W}_1,\tilde{W}_2,\tilde{\tau}_{wu\max},\tilde{\tau}_{wr\max}]$ 收敛到集合 $\Omega_\Delta=\{\Theta:\|\Theta\|\leqslant\Delta\}$，其中 $\Delta=\sqrt{V(0)+\dfrac{C}{\mu}}$；

4）控制输入 (τ_u,τ_r) 是有界的。

根据式(10-117)及式(10-119)，定理 10.3 可以得到证明。

10.3 仿真分析

10.3.1 时变扰动问题

在 10.1 节中，为了验证所提算法的正确性及有效性，我们选择三艘同构海洋航行器进行仿真实验，海洋航行器参数见表 10-1。

表 10-1 动力学模型中海洋航行器各参数

符号	参数	数值	单位
m	质量	211.8	kg
$X_{\dot{u}}$	附加质量	-2	kg
$N_{\dot{r}}$	附加质量	0	kg
$Y_{\dot{v}}$	附加质量	-10	kg
N_v	线性阻尼	0.1052	kg · m²/s
Y_v	线性阻尼	-0.8612	kg · m²/s
Y_r	线性阻尼	0.1079	kg · m²/s
N_r	线性阻尼	0	kg · m²/s
$Y_{\|v\|r}$	线性阻尼	0	kg · m²/s
$N_{\|v\|r}$	线性阻尼	0	kg · m²/s
$N_{\|v\|v}$	线性阻尼	13.0437	kg · m²/s
$X_{\|u\|u}$	前进二次阻尼	-1.3274	kg · m²/s
$Y_{\|v\|v}$	横漂二次阻尼	-36.2823	kg · m²/s
$N_{\|r\|r}$	艏摇二次阻尼	0	kg · m²/s
I_z	旋转惯性	1.76	kg · m²/s
x_g	重心偏离位置	0	m

领航海洋航行器轨迹由下述动态系统产生

$$\begin{cases} u_l = 20\text{m/s} & r_l = 0\text{rad/s} & 0 \leqslant t < 60 \\ u_l = 20\text{m/s} & r_l = 0.1^*(t-60)\text{rad/s} & t \geqslant 60 \end{cases} \tag{10-120}$$

且初始位置为 $\eta_l(0)=[0,0,0]^{\mathrm{T}}$。

跟随海洋航行器初始位置为 $\eta_{f1}(0)=[-10,53,0.3]^{\mathrm{T}}$，$\eta_{f2}(0)=[-5,50,0.5]^{\mathrm{T}}$。

期望的编队参数如下 $(l_{lf1}^d, \psi_{lf1}^d)=\left(40\sqrt{2}, \dfrac{5\pi}{4}\right)$，$(l_{lf2}^d, \psi_{lf2}^d)=\left(40\sqrt{2}, \dfrac{3\pi}{4}\right)$。

控制器参数设计为

$k_1=0.58$，$k_2=1$，$k_3=2$，$k_4=3$，$k_5=5$，$k_6=3$，$k_7=3$，$\gamma=0.01$，$\kappa_i=1(i=1,2,3,4)$，$N_i=3$，$N_W=11$，$\Gamma_1=\Gamma_3=\mathbf{diag}\{0.1\}$，$\sigma_1=\sigma_3=1$。

仿真结果如图 10-4~图 10-9 所示。

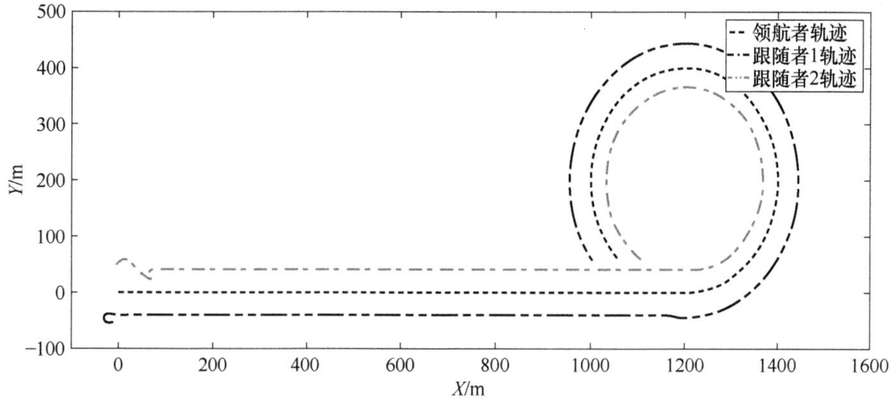

图 10-4　海洋航行器轨迹

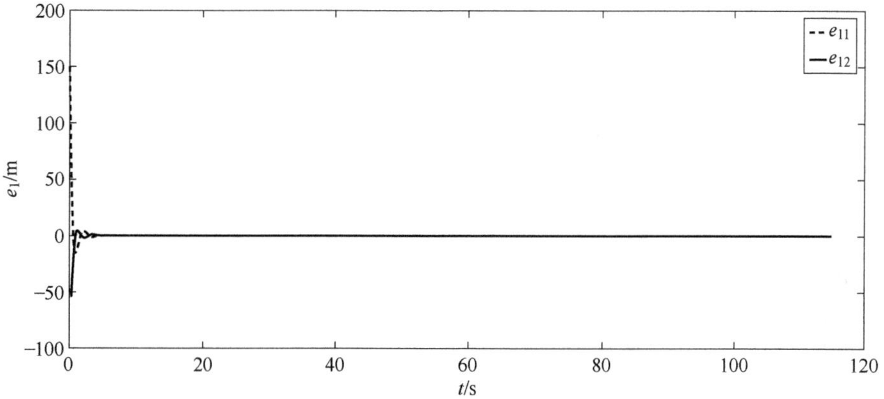

图 10-5　跟随 AMV_1 的位置跟踪误差

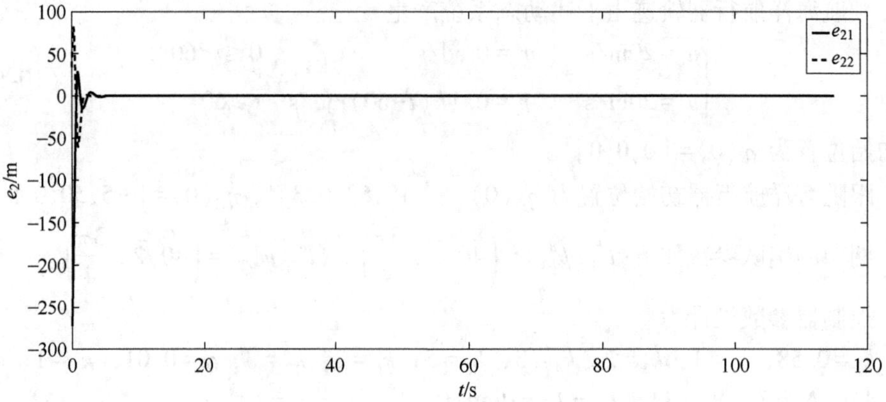

图 10-6　跟随 AMV_2 的位置跟踪误差

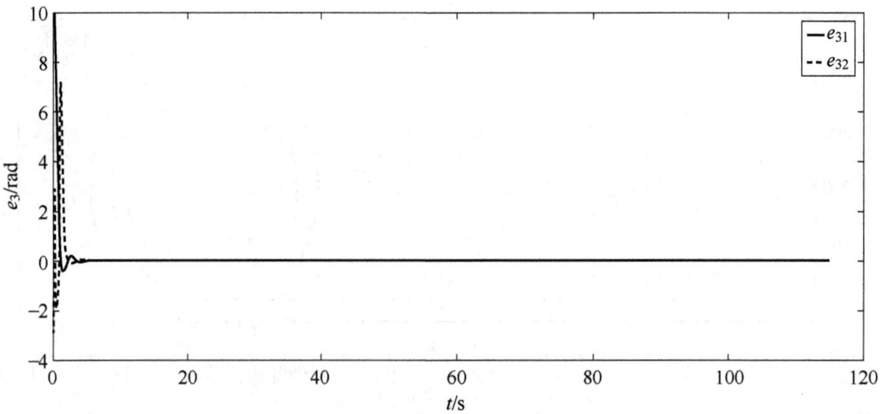

图 10-7　跟随海洋航行器的航向角跟踪误差

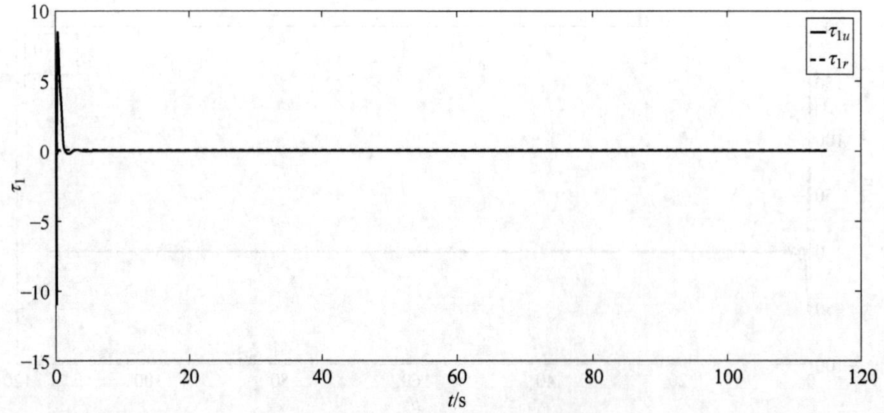

图 10-8　跟随 AMV_1 的控制输入

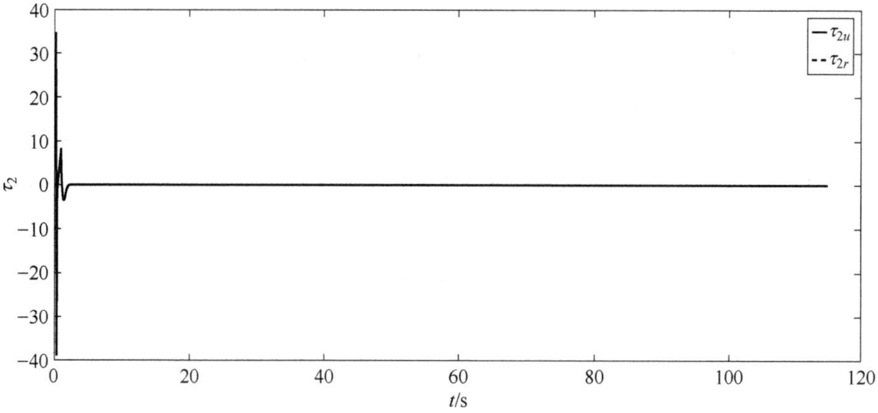

图 10-9　跟随 AMV_2 的控制输入

图 10-4 展示了在给定控制律作用下，海洋航行器运行轨迹，从图可以看出，无论是直线轨迹还是曲线轨迹，海洋航行器都可以实现期望的轨迹。从图 10-5～图 10-7 展示了跟踪误差，且跟踪误差收敛到零附近，都验证了定理 10.1 的有效性，即所有的跟踪误差最终都是一致最终有界的。在图 10-8 和图 10-9 中，给出了实际控制输入。根据以上仿真图，我们可以得到在提出的控制算法下，可以实现期望的编队。

10.3.2　速度未知问题

为了验证本节所提算法的有效性，对两艘海洋航行器进行仿真。此处，我们假设每艘海洋航行器是同构的，相同的模型参数。具体参数 $M_l=M_f$，$C_l(\boldsymbol{v}_l)$，$C_f(\boldsymbol{v}_f)$，$D_l(\boldsymbol{v}_l)$ 与 $D_f(\boldsymbol{v}_f)$ 给定如下

$$M_l=M_f=\begin{bmatrix}15 & 0 & 0\\ 0 & 22 & 0\\ 0 & 0 & 2.5\end{bmatrix}\qquad D_l(\boldsymbol{v}_l)=D_f(\boldsymbol{v}_f)=\begin{bmatrix}25 & 0 & 0\\ 0 & 25 & 0\\ 0 & 0 & 15\end{bmatrix}$$

$$C_l(\boldsymbol{v}_l)=\begin{bmatrix}0 & 0 & -22v_l\\ 0 & 0 & 15u_l\\ 22v_l & -15u_l & 0\end{bmatrix}\qquad C_f(\boldsymbol{v}_f)=\begin{bmatrix}0 & 0 & -22v_f\\ 0 & 0 & 15u_f\\ 22v_f & -15u_f & 0\end{bmatrix}$$

领航海洋航行器轨迹由下式生成

$$u_l=2\text{m/s} \tag{10-121}$$

$$r_l=\begin{cases}0 & 0\leqslant t<100\\ 0.001 & 100\leqslant t<250\\ -0.001 & 250\leqslant t<400\\ 0 & \text{其他}\end{cases} \tag{10-122}$$

初始位置为 $\boldsymbol{\eta}_l(0)=[0\text{m},0\text{m},0\text{rad}]^{\mathrm{T}}$。跟随海洋航行器初始状态为 $\boldsymbol{\eta}_f(0)=[-5\text{m},-5\text{m},\pi/6\text{rad}]^{\mathrm{T}}$，$\boldsymbol{\upsilon}_f(0)=[0,0,0]^{\mathrm{T}}$。期望的编队通过领航者与跟随者间的距离 $\boldsymbol{\rho}_{Ld}$ 及角度 $\boldsymbol{\lambda}_{Ld}$ 定义。此处，我们选择固定距离及角度：$\rho_{Ld}=4$，$\lambda_{Ld}=\pi/3$。控制器参数选择：$k=8$，$\lambda_1=14$，$\lambda_2=10$，$\beta_1=0.6$，$\beta_2=0.5$，$k_1=0.1$，$k_2=0.15$，$k_3=0.7$，$k_4=0.5$，$k_5=0.8$，$k_6=k_7=k_8=k_9=0.01$，$k_\rho=k_\lambda=0.8$，$k_\psi=0.02$，$w_1=w_2=w_3=20$，$\Gamma_1=\Gamma_2=\Lambda_1=\Lambda_2=\text{diag}[0.01]$，$\zeta_1=\zeta_2=\zeta_3=50$，$\underline{k}_\rho=4\text{m}$，$\overline{k}_\rho=8\text{m}$，$\underline{k}_\lambda=0.5\text{rad}$，$\overline{k}_\lambda=1.2\text{rad}$。仿真结果如图 10-10～图 10-17 所示。

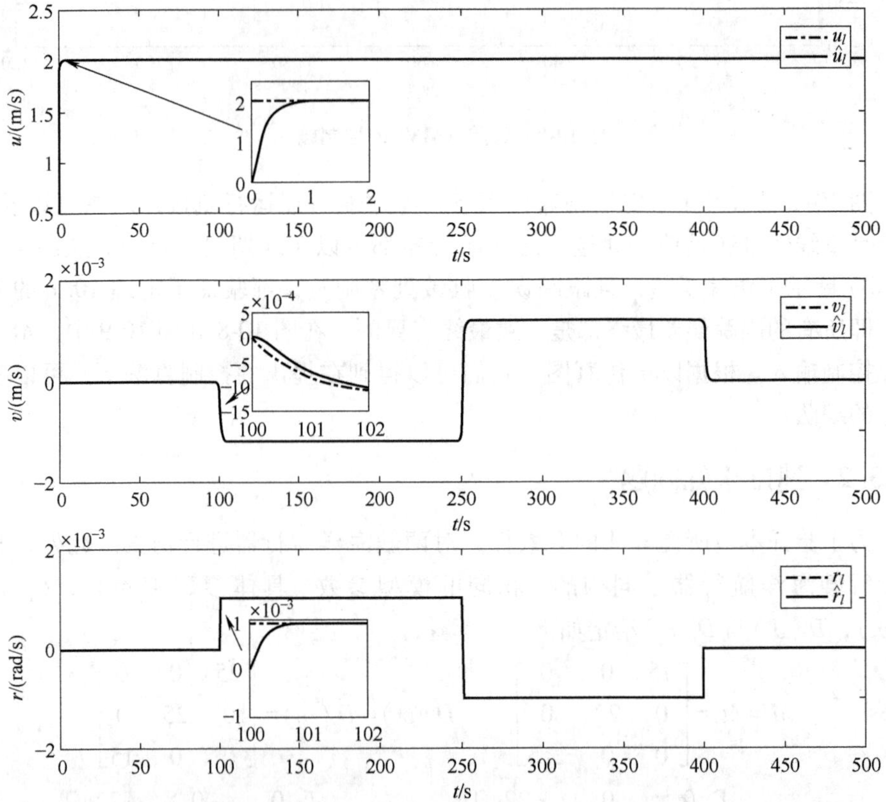

图 10-10　领航海洋航行器的真实速度及估计速度

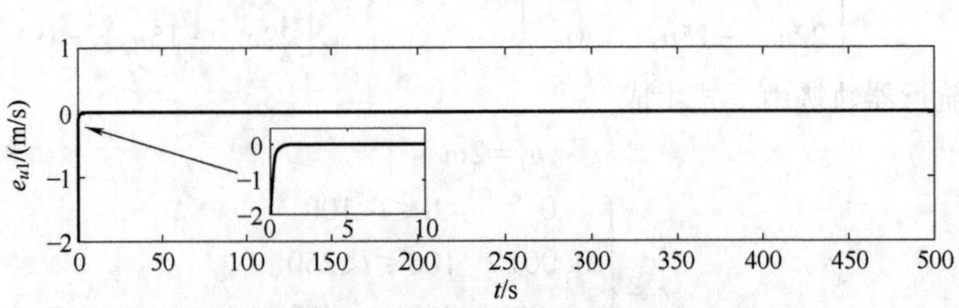

图 10-11　领航海洋航行器的速度观测误差

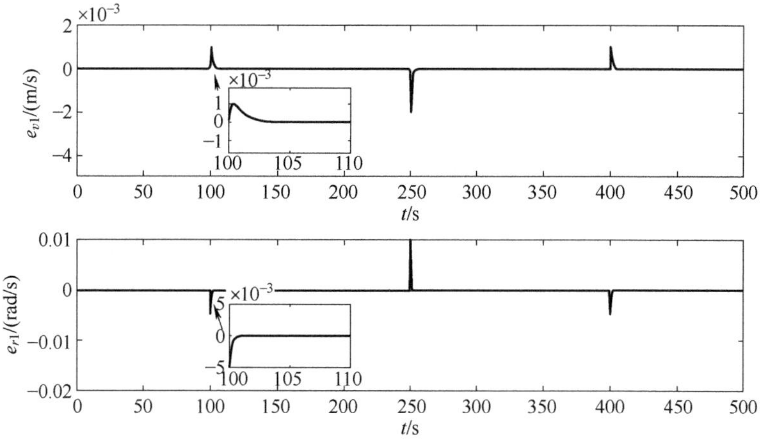

图 10-11　领航海洋航行器的速度观测误差(续)

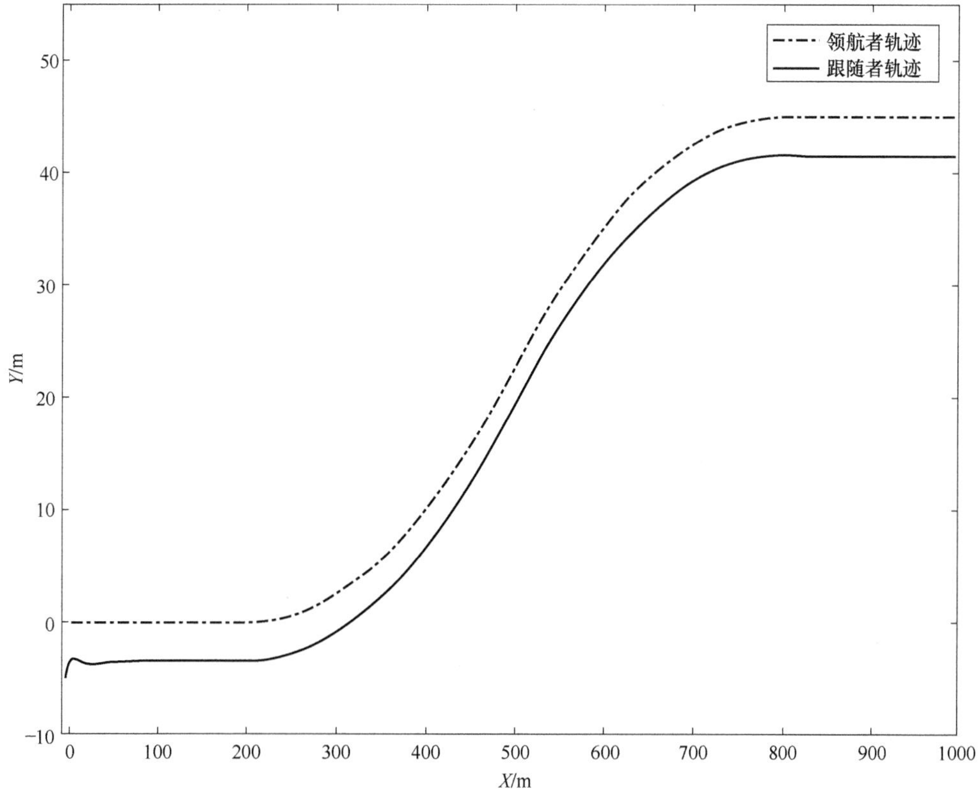

图 10-12　领航海洋航行器与跟随海洋航行器的运动轨迹

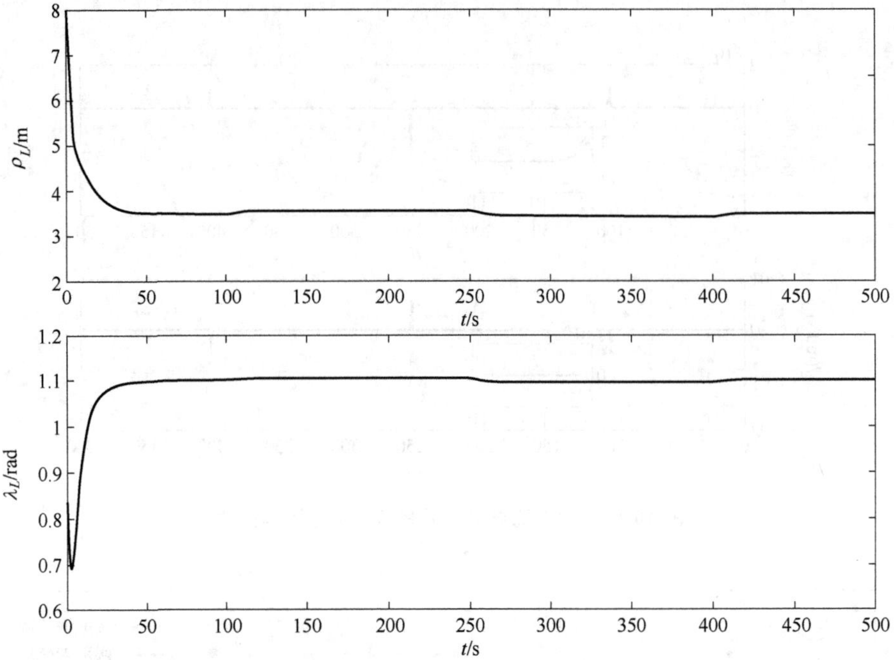

图 10-13　领航海洋航行器与跟随海洋航行器间的编队构型(ρ_L, λ_L)

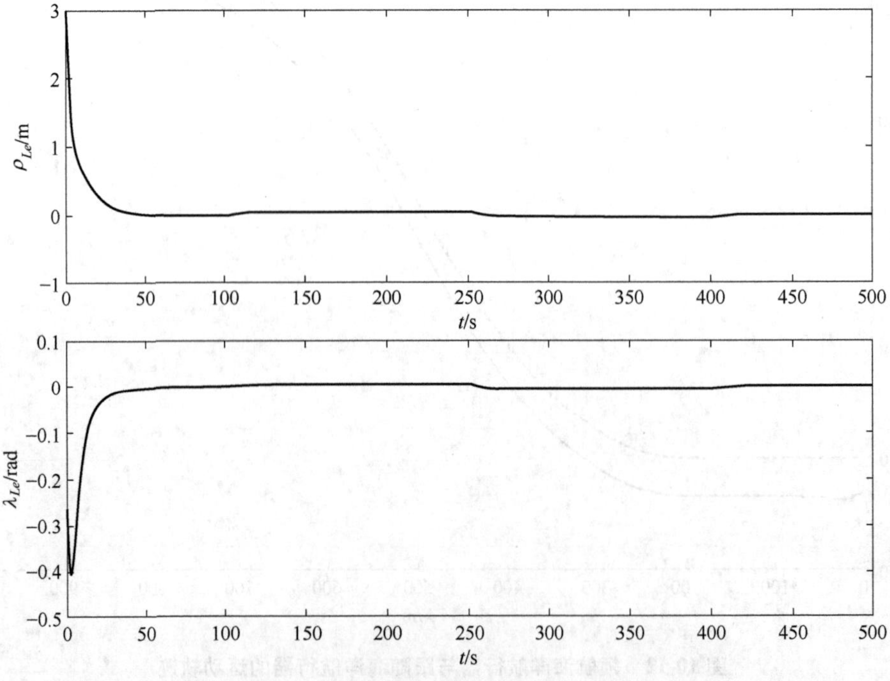

图 10-14　领航海洋航行器与跟随海洋航行器间的 LOS 跟踪误差(ρ_{Le}, λ_{Le})

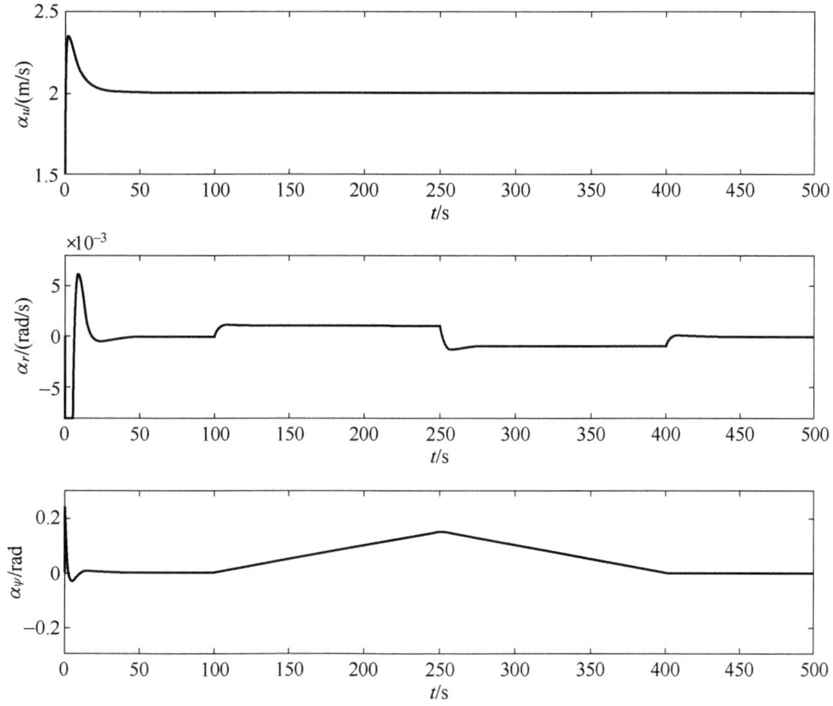

图 10-15　跟随海洋航行器设计的速度(α_u,α_r)及航向角 $\boldsymbol{\alpha}_\psi$

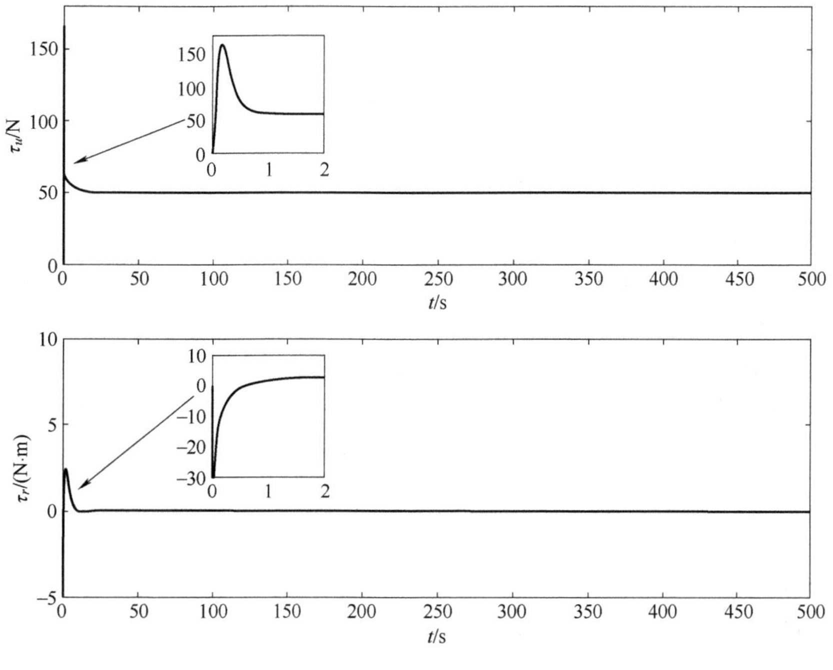

图 10-16　跟随海洋航行器的控制输入(τ_u,τ_r)

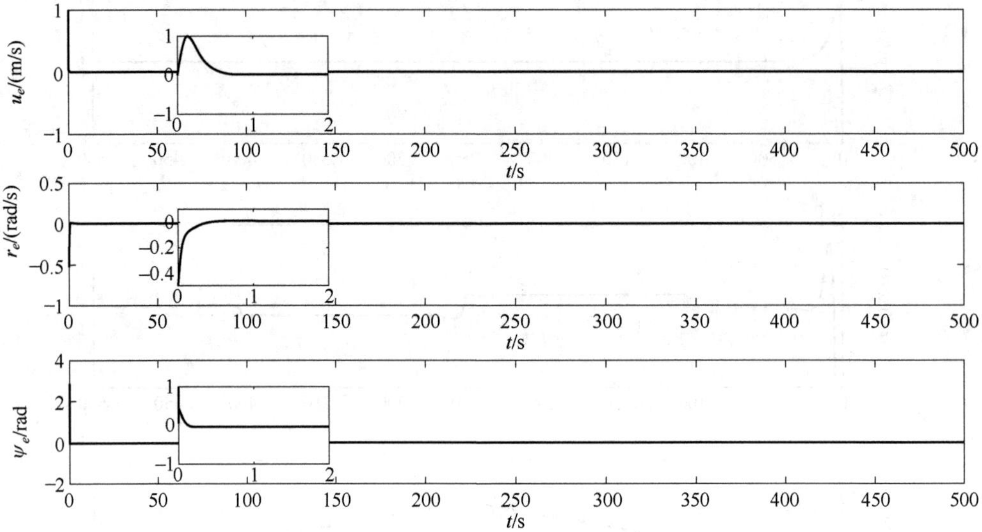

图 10-17 跟随海洋航行器的跟踪误差(u_e,r_e,ψ_e)

设计的速度观测器结果如图 10-10、图 10-11 所示。由图可以看出，该速度观测器可以在有限时间内对领航海洋航行器的前进速度，横漂速度及艏摇角速度进行精确估计，且估计误差为零。在给定控制律作用下，海洋航行器的编队运动轨迹如图 10-12 所示。实际 LOS 距离 ρ_L 和 LOS 角度 λ_L 如图 10-13 所示，跟踪误差(ρ_{Le},λ_{Le})如图 10-14 所示。从图 10-12~图 10-14 中可以看出，跟随海洋航行器能够以期望的 LOS 距离和角度跟踪上领航海洋航行器，从而实现编队控制。跟随海洋航行器的设计速度(α_u,α_r)和航向角 α_ψ 如图 10-15 所示，跟踪器的实际输入(τ_u,τ_r)如图 10-16 所示。图 10-17 给出了速度跟踪误差(u_e,r_e)和航向角跟踪误差 ψ_e，从图中可以看出编队误差收敛到零附近。从这些图中可以看出跟随海洋航行器可以以期望的距离及角度跟踪上领航海洋航行器且不违背 LOS 距离及角度约束，实现了海洋航行器的编队性能。

为了验证所给出的算法适用于多艘海洋航行器($i\geqslant3$)编队控制，此处给出了含有一个领航海洋航行器及两个跟随海洋航行器的编队仿真实例。在本仿真中，领航海洋航行器和跟随 AMV_1 具有与上述仿真相同的初始状态，跟随 AMV_2 的初始状态向量为 $\eta_{f2}(0)=[5,5,0]$，所需的编队构型为 $(\rho_{Ld},\lambda_{Ld})=\left(4,-\frac{\pi}{3}\right)$。仿真结果如图 10-18 所示。

从仿真结果可以看出，提出的控制算法针对多 AMV 编队控制也是有效的。

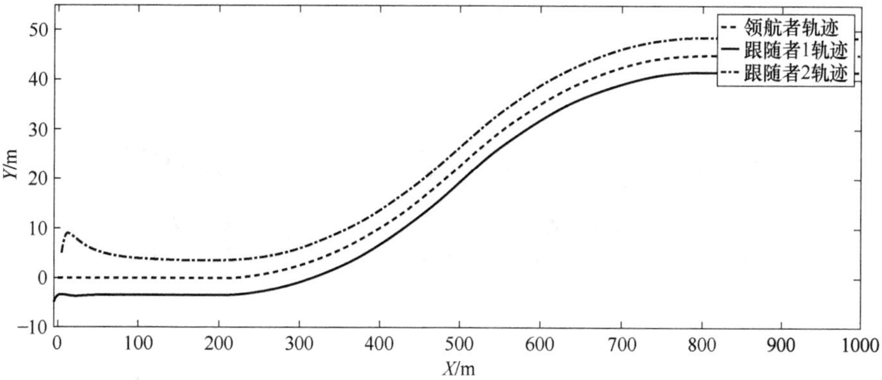

图 10-18　领航海洋航行器与跟随海洋航行器的轨迹

10.4　本章小结

在本章，研究了领航-跟随策略下欠驱动海洋航行器编队控制问题。首先，针对惯性矩阵含有非对角项的海洋航行器动力数学模型，采用坐标变换的方法，利用神经网络对海洋航行器的参数不确定性进行近似，处理了由船首和船尾形状差异引起的非对角项。通过引入虚拟船，将编队问题转化为轨迹跟踪问题。基于李雅普诺夫直接法和反演技术，设计了控制器，并根据李雅普诺夫稳定性理论，证明了闭环系统中所有信号最终均一致有界。进一步，针对 LOS 距离与角度受限以及领航海洋航行器速度不可测的情况，提出了一种新型编队控制算法。首先，针对领航海洋航行器速度不可测问题，提出一种基于有限时间的状态观测器，实现对领航海洋航行器速度的精准估计，且估计误差为零。然后，基于估计的领航海洋航行器的速度，为跟随海洋航行器设计非线性控制律，实现整个系统的编队控制。

在控制器的设计过程中，采用了非对称 BLF 来避免控制器的设计过程中违背 LOS 距离与角度的约束。为了避免传统反步法中可能存在的计算膨胀问题，基于补偿系统的指令技术与传统 Backstepping 控制理论相结合，补偿系统用于补偿滤波误差，得到更好的系统性能。为了应对模型参数不确定及时变扰动，自适应神经网络技术被采纳。通过理论分析，得到闭环系统中的所有信号都是一致最终有界的，进一步通过实验仿真，验证了所提算法的有效性。

第 11 章　速度未知下 AMV 抗干扰固定时间编队控制

一般意义下，渐近稳定或者一致最终有界足以满足一般实际工程需求，但其暂态性能较差，对特定任务无法完成。因此，在实际编队系统中，除了保证系统的稳定之外，收敛律也是一个值得研究的重点指标。目前，越来越多的研究致力于对固定时间理论的研究，该理论不但可以保证稳定时间内系统收敛到平衡点或者平衡点附近的小邻域内，而且该控制理论具有鲁棒性强，暂态性能好等特点。因此，如果固定时间理论可以运用到 AMV 的编队控制中，将会是一个巨大的进步。

本章针对具有模型不确定及时变扰动的 AMV 固定时间编队控制展开研究。首先考虑了模型参数不确定及时变扰动影响下的 AMV 固定时间编队控制，为了克服由模型参数不确定及时变扰动组成的复合扰动，设计扰动观测器，对扰动精确估计，基于扰动观测器，设计了控制律，得到全局固定时间稳定的编队控制效果。然后对有/无速度测量下具有模型不确定及扰动的 AMV 固定时间编队控制进行了研究，分别设计了编队控制律，实现固定时间编队控制，其中，在无速度测量下，给定一种新型状态观测器，实现对速度的精确测量。

11.1　时变扰动问题

11.1.1　问题描述

考虑式(2-2)中 AMV 运动数学模型为

$$\begin{cases} \dot{\eta}=R(\psi)\upsilon \\ M\dot{\upsilon}+C(\upsilon)\upsilon+D(\upsilon)\upsilon=\tau+\tau_w \end{cases} \tag{11-1}$$

为了更真实地反应 AMV 动态，将上述矩阵描述为含有不确定项形式：$M=M_0+\Delta M$，$C=C_0+\Delta C$，$D=D_0+\Delta D$，其中，M_0、C_0 和 D_0 均为标称矩阵；M_0 为正定对称矩阵；ΔM、ΔC 和 ΔD 均为不确定矩阵。

为简单起见，式(11-1)写成如下形式

$$\dot{v}=\frac{1}{M_0}[-C_0(v)v-D_0(v)v+\tau]+\Delta \tag{11-2}$$

其中，$\Delta=\frac{1}{M_0}[\Delta M\dot{v}+\Delta C(v)v+\Delta D(v)v+\tau_w]$，表示作用到 AMV 上由模型参数不确定和海洋扰动构成的复合扰动项。

假设 11.1：式(11-2)中的 Δ 是有界的，即 $\|\Delta\|\leqslant\rho<\infty$。其中，$\rho$ 为已知常数。

附注 11.1：由于海洋具有有限的能量，可将扰动视为时变，有界的信号，因此假设 11.1 是合理的。

为方便控制器的设计，本节引入虚拟轨迹的概念，将编队控制转化为轨迹跟踪控制问题，如图 11-1 所示。虚拟轨迹的构建基于期望的编队构型(d_{lf}^d,φ_{if}^d)，分别定义纵向距离 $d_x=l_{lf}^d\cos(\varphi_{lf}^d)$ 及横向距离 $d_y=l_{lf}^d\sin(\varphi_{lf}^d)$。

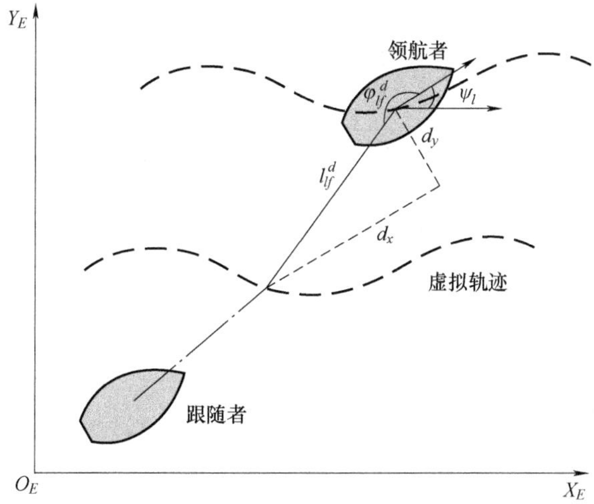

图 11-1　领航-跟随下的多 AMV 编队示意图

在惯性坐标系下，虚拟轨迹表达式为

$$\begin{aligned}x_v&=x_l+d_x\cos(\psi_l)-d_y\sin(\psi_l)\\y_v&=y_l+d_x\sin(\psi_l)+d_y\cos(\psi_l)\\\psi_v&=\psi_l\end{aligned} \tag{11-3}$$

也可写为

$$\boldsymbol{\eta}_v=\boldsymbol{\eta}_l+\boldsymbol{R}(\psi_l)\boldsymbol{L} \tag{11-4}$$

其中，$\boldsymbol{\eta}_l=[x_l,y_l,\psi_l]^{\mathrm{T}}$ 为领航 AMV 的广义位置及航向；$\boldsymbol{\eta}_v=[x_v,y_v,\psi_v]^{\mathrm{T}}$ 为虚拟轨迹；$\boldsymbol{L}=[d_x,d_y,0]^{\mathrm{T}}$。

假设 11.2：领航 AMV 的位置信息、航向信息、速度信息都可用。

假设 11.3：领航 AMV 的航行轨迹 $\boldsymbol{\eta}_l$ 是光滑可导的，且其一阶导数 $\dot{\boldsymbol{\eta}}_l$ 和二阶

导数 $\ddot{\eta}_l$ 有界。

本节的控制目标：在假设 11.1～假设 11.3 下，设计基于扰动观测器的编队控制律 τ，使跟随 AMV 跟踪上虚拟轨迹，进而实现 AMV 间的编队控制，同时保证闭环系统中的所有信号是全局固定时间稳定的，数学形式描述如下

$$\lim_{t\to T}\|\eta_f-\eta_v\|=0 \tag{11-5}$$

及

$$\|\eta_f-\eta_v\|=0 \quad \forall t\geqslant T \tag{11-6}$$

其中，$\eta_f=[x_f,y_f,\psi_f]^{\mathrm{T}}$ 为跟随 AMV 的位置信息及航向信息，T 是正常数，为期望的收敛时间，且 $T\in[0,\infty)$。

在本节中，首先给出基于固定时间的扰动观测器，确保对扰动的精确估计，然后基于观测器及固定时间理论设计跟踪控制律，实现编队控制，整个控制过程如图 11-2 所示。

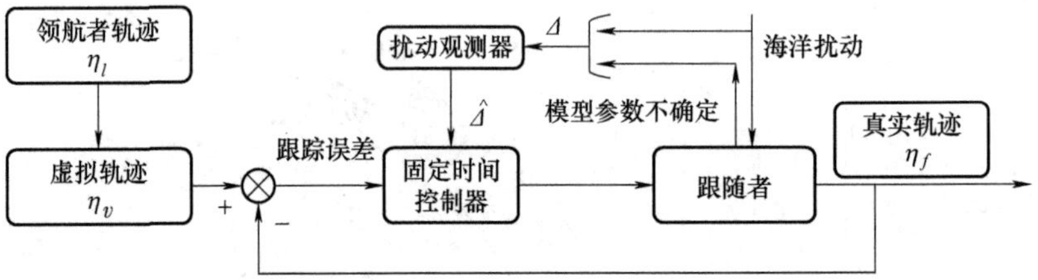

图 11-2　编队控制示意图

11.1.2　扰动观测器

为观测器设计，首先定义变量 $\Pi=\upsilon_f-\chi$，且

$$\dot{\chi}=\lambda_1\Pi+\lambda_2\Pi^{\alpha}+\lambda_3\Pi^{\beta}+\lambda_4\mathrm{sign}(\Pi)-\frac{1}{M_0}[C_0(\upsilon_f)\upsilon_f+D_0(\upsilon_f)\upsilon_f-\tau_f] \tag{11-7}$$

其中，$\lambda_i\in R^{3\times3}(i=1,2,3,4)$ 为正定对称待设计参数矩阵，α 及 β 为正实数。矩阵 λ_4 中的每个元素，α 及 β 满足下述条件

$$\lambda_4\geqslant\rho \tag{11-8}$$

$$0<\alpha<1 \tag{11-9}$$

$$\beta>1 \tag{11-10}$$

根据式(11-2)、式(11-3)，对 Π 求导得

$$\begin{aligned}\dot{\Pi}&=\dot{\upsilon}_f-\dot{\chi}\\&=-\lambda_1\Pi-\lambda_2\Pi^{\alpha}-\lambda_3\Pi^{\beta}-\lambda_4\mathrm{sign}(\Pi)+\frac{1}{M_0}[C_0(\upsilon_f)\upsilon_f+D_0(\upsilon_f)\upsilon_f-\tau_f]-\\&\quad\frac{1}{M_0}[C_0(\upsilon_f)\upsilon_f+D_0(\upsilon_f)\upsilon_f-\tau_f]+\Delta\\&=-\lambda_1\Pi-\lambda_2\Pi^{\alpha}-\lambda_3\Pi^{\beta}-\lambda_4\mathrm{sign}(\Pi)+\Delta\end{aligned} \tag{11-11}$$

这里，$\hat{\Delta}$ 选择如下

$$\hat{\Delta}=\lambda_1\Pi+\lambda_2\Pi^{\alpha}+\lambda_3\Pi^{\beta}+\lambda_4\mathrm{sign}(\Pi) \tag{11-12}$$

定义观测器的扰动误差向量 $\tilde{\Delta}=[\tilde{\Delta}_u,\tilde{\Delta}_v,\tilde{\Delta}_r]^{\mathrm{T}}$ 为

$$\tilde{\Delta}=\hat{\Delta}-\Delta \tag{11-13}$$

由式(11-12)，有

$$\begin{aligned}\tilde{\Delta}&=\hat{\Delta}-\Delta\\&=\lambda_1\Pi+\lambda_2\Pi^{\alpha}+\lambda_3\Pi^{\beta}+\lambda_4\mathrm{sign}(\Pi)-\dot{\upsilon}_f+\frac{1}{M_0}[C_0(\upsilon_f)\upsilon_f+D_0(\upsilon_f)\upsilon_f-\tau_f]\\&=\dot{\chi}-\dot{\upsilon}_f\\&=-\dot{\Pi}\end{aligned} \tag{11-14}$$

由式(11-14)可知，如果 $\dot{\Pi}$ 收敛，可确保观测误差 $\tilde{\Delta}$ 收敛。

选取如下李雅普诺夫函数

$$V_d=\frac{1}{2}\Pi^{\mathrm{T}}\Pi \tag{11-15}$$

根据式(11-11)，对式(11-15)求导得

$$\begin{aligned}\dot{V}_d&=\Pi^{\mathrm{T}}\dot{\Pi}\\&=\Pi^{\mathrm{T}}[-\lambda_1\Pi-\lambda_2\Pi^{\alpha}-\lambda_3\Pi^{\beta}-\lambda_4\mathrm{sign}(\Pi)+\Delta]\\&\leqslant-\lambda_1(\Pi^{\mathrm{T}}\Pi)-\lambda_2(\Pi^{\mathrm{T}}\Pi)^{\frac{\alpha+1}{2}}-\lambda_3(\Pi^{\mathrm{T}}\Pi)^{\frac{\beta+1}{2}}\\&\leqslant-\lambda_{\min}(\lambda_2)(\Pi^{\mathrm{T}}\Pi)^{\frac{\alpha+1}{2}}-\lambda_{\min}(\lambda_3)(\Pi^{\mathrm{T}}\Pi)^{\frac{\beta+1}{2}}\\&=-2^{\frac{\alpha+1}{2}}\lambda_{\min}(\lambda_2)\left(\frac{1}{2}\Pi^{\mathrm{T}}\Pi\right)^{\frac{\alpha+1}{2}}-2^{\frac{\beta+1}{2}}\lambda_{\min}(\lambda_3)\left(\frac{1}{2}\Pi^{\mathrm{T}}\Pi\right)^{\frac{\beta+1}{2}}\\&=-2^{\frac{\alpha+1}{2}}\lambda_{\min}(\lambda_2)(V_d)^{\frac{\alpha+1}{2}}-2^{\frac{\beta+1}{2}}\lambda_{\min}(\lambda_3)(V_d)^{\frac{\beta+1}{2}}\end{aligned} \tag{11-16}$$

由于 $0<\alpha<1$，$\beta>1$ 可得 $0<\dfrac{\alpha+1}{2}<1$，$\dfrac{\beta+1}{2}>1$，进一步根据引理 2.5 可知，系统 Π 是全局固定时间稳定的。

因此，经过上述分析我们可以得到如下定理：

定理 11.1：在假设 11.1 及同时满足参数选择条件式(11-8)~式(11-10)下，构造的扰动观测器式(11-12)可以在稳定时间 T_o 内对复合扰动 Δ 精确估计，且估计误差为零。

证明：式(11-12)可以改写为如下形式

$$\dot{V}_d\leqslant-a_1V_d^{\frac{\alpha+1}{2}}-b_1V_d^{\frac{\beta+1}{2}} \tag{11-17}$$

其中，$a_1=2^{\frac{\alpha+1}{2}}\lambda_{\min}(\lambda_2)$，$b_1=2^{\frac{\beta+1}{2}}\lambda_{\min}(\lambda_3)$。

由于$0<\alpha<1$，$\beta>1$，可得$0<\frac{\alpha+1}{2}<1$，$\frac{\beta+1}{2}>1$，根据引理 2.5，可知该系统是全局固定时间稳定的，且收敛时间 T_0 有确定的上界满足

$$T_0\leqslant T_{\max}:=\frac{2^{\frac{1-\alpha}{2}}}{\lambda_{\min}(\lambda_2)(1-\alpha)}+\frac{2^{\frac{1-\beta}{2}}}{\lambda_{\min}(\lambda_3)(\beta-1)} \tag{11-18}$$

根据 V_d 的定义可知，当 $t\geqslant T_0$ 时，$V_d\equiv0$，$\dot{V}_d\equiv0$，$\dot{\Pi}=0$，进一步得到如下结论

$$\tilde{\Delta}=0\qquad t\geqslant T_0 \tag{11-19}$$

证毕。

11.1.3 编队控制律及稳定性分析

在假设 11.1~假设 11.3 下，基于扰动观测器，指令滤波技术及固定时间理论，设计非线性控制律，实现跟随 AMV 对虚拟轨迹的跟踪，进而实现 AMV 间的编队控制。整个控制器设计过程包括以下两步：第一步：设计运动学控制器实现对虚拟轨迹的跟踪；第二步：设计动力学控制器对第一步中运动学控制器实现跟踪。

第一步：运动学控制器设计。

定义位置及航向跟踪误差 $z_1=[x_e,y_e,\psi_e]^{\mathrm{T}}$ 为

$$z_1=\eta_f-\eta_v \tag{11-20}$$

根据式(11-1)、式(11-4)，对式(11-20)求导得

$$\begin{aligned}\dot{z}_1&=\dot{\eta}_f-\dot{\eta}_v\\&=R(\psi_f)\upsilon_f-R(\psi_l)\upsilon_l-R(\psi_l)S(r_l)L\end{aligned} \tag{11-21}$$

其中，$S(r_l)=\begin{bmatrix}0&-r_l&0\\r_l&0&0\\0&0&0\end{bmatrix}$，$r_l$ 为领航 AMV 的艏摇角速度。

选择运动学控制器 α_{υ_f}如下

$$\alpha_{\upsilon_f}=-R^{\mathrm{T}}(\psi_f)[\Phi(z_1)+R(\psi_l)\upsilon_l+R(\psi_l)S(r_l)L] \tag{11-22}$$

其中，$\Phi(z_1)=k_1z_1^{\alpha}+k_2z_1^{\beta}$，$k_i(i=1,2)\in R^{3\times3}$ 正定对称设计参数矩阵。

为了验证跟踪误差 z_1 的收敛性，构造如下李雅普诺夫函数

$$V_1=\frac{1}{2}z_1^{\mathrm{T}}z_1 \tag{11-23}$$

根据式(11-21)、式(11-22)，对式(11-23)求导得

$$
\begin{aligned}
\dot{V}_1 &= z_1^{\mathrm{T}}\dot{z}_1 \\
&= z_1^{\mathrm{T}}\left\{R(\psi_f)\begin{pmatrix}-R^{\mathrm{T}}(\psi_f)[\boldsymbol{\Phi}(z_1)+R(\psi_l)\boldsymbol{v}_l+R(\psi_l)S(r_l)L] \\ -R(\psi_l)\boldsymbol{v}_l-R(\psi_l)S(r_l)L\end{pmatrix}\right\} \\
&= z_1^{\mathrm{T}}R(\psi_f)[-R^{\mathrm{T}}(\psi_f)\boldsymbol{\Phi}(z_1)] \\
&= -z_1^{\mathrm{T}}\boldsymbol{\Phi}(z_1) \\
&= -k_1(z_1^{\mathrm{T}}z_1)^{\frac{\alpha+1}{2}}-k_2(z_1^{\mathrm{T}}z_1)^{\frac{\beta+1}{2}} \\
&\leqslant -\lambda_{\min}(k_1)2^{\frac{\alpha+1}{2}}V_1^{\frac{\alpha+1}{2}}-\lambda_{\min}(k_2)2^{\frac{\beta+1}{2}}V_1^{\frac{\beta+1}{2}}
\end{aligned}
\tag{11-24}
$$

为了描述简单，式(11-24)可改写为

$$
\dot{V}_1 \leqslant -a_2V_1^{\frac{\alpha+1}{2}}-b_2V_1^{\frac{\beta+1}{2}} \tag{11-25}
$$

其中，$a_2=\lambda_{\min}(k_1)2^{\frac{\alpha+1}{2}}$，$b_2=\lambda_{\min}(k_2)2^{\frac{\beta+1}{2}}$。

由于 $0<\alpha<1$，$\beta>1$，可得 $0<\dfrac{\alpha+1}{2}<1$，$\dfrac{\beta+1}{2}>1$，根据引理 2.5，可知该系统是全局固定时间稳定的。

为了得到 $\alpha_{v_f}^d$ 及 $\dot{\alpha}_{v_f}^d$，方便动力学控制器的设计，令 α_{v_f} 指通过下述指令滤波器

$$
\begin{aligned}
\dot{z}_1 &= w_1z_1 \\
\dot{z}_2 &= -2\zeta_1w_1z_2-w_1(z_1-\alpha_{v_f})
\end{aligned}
\tag{11-26}
$$

式中，w_1 和 ζ_1 为设计常数，满足 $w_1>0$ 和 $\zeta_1\in(0,1]$，初始条件满足 $z_1(0)=\alpha_{v_f}(0)$ 和 $z_2(0)=0$。

第二步：动力学控制器设计。

定义速度跟踪误差 $z_2=[u_e,v_e,r_e]^{\mathrm{T}}$ 为

$$
z_2=\boldsymbol{v}_f-\alpha_{v_f}^d \tag{11-27}
$$

根据式(11-1)，对式(11-27)求导得

$$
\dot{z}_2=\frac{1}{M_0}[-C_0(\boldsymbol{v}_f)\boldsymbol{v}_f-D_0(\boldsymbol{v}_f)\boldsymbol{v}_f+\boldsymbol{\tau}_f]+\boldsymbol{\Delta}-\dot{\alpha}_{v_f}^d \tag{11-28}
$$

选择动力学控制器为

$$
\boldsymbol{\tau}_f=M_0[-\boldsymbol{\Phi}(z_2)+\hat{\boldsymbol{\Delta}}]+C_0(\boldsymbol{v}_f)\boldsymbol{v}_f+D_0(\boldsymbol{v}_f)\boldsymbol{v}_f+\dot{\alpha}_{v_f}^d \tag{11-29}
$$

其中，$\boldsymbol{\Phi}(z_2)=k_3z_2^{\alpha}+k_4z_2^{\beta}+k_5z_2$，$k_i\in R^{3\times3}(i=3,4,5)$ 为正定对称设计参数矩阵且满足 $\lambda_{\min}(k_5)>\dfrac{1}{2}$。

为了验证速度跟踪误差 z_2 的收敛性，构造如下李雅普诺夫函数

$$
V_2=\frac{1}{2}z_2^{\mathrm{T}}z_2 \tag{11-30}
$$

根据式(11-28)、式(11-29)及 Young's 不等式，对式(11-30)求导得

$$\begin{aligned}\dot{V}_2&=z_2^{\mathrm{T}}\left\{\frac{1}{M_0}(-C_0(\boldsymbol{v}_f)\boldsymbol{v}_f-D_0(\boldsymbol{v}_f)\boldsymbol{v}_f)+\Delta-\dot{\alpha}_{v_f}^d+\right.\\&\left.\frac{1}{M_0}[-M_0[\boldsymbol{\Phi}(z_2)+\hat{\Delta}]+C_0(\boldsymbol{v}_f)\boldsymbol{v}_f+D_0(\boldsymbol{v}_f)\boldsymbol{v}_f+\dot{\alpha}_{v_f}^d]\right\}\\&=z_2^{\mathrm{T}}[-\boldsymbol{\Phi}(z_2)+\hat{\Delta}-\Delta]=z_2^{\mathrm{T}}[-\boldsymbol{\Phi}(z_2)+\tilde{\Delta}]\\&=z_2^{\mathrm{T}}(-k_3z_2^{\alpha}-k_4z_2^{\beta}-k_5z_2)+z_2^{\mathrm{T}}\tilde{\Delta}\\&\leqslant-k_3(z_2^{\mathrm{T}}z_2)^{\frac{\alpha+1}{2}}-k_4(z_2^{\mathrm{T}}z_2)^{\frac{\beta+1}{2}}-\frac{2k_5-1}{2}(z_2^{\mathrm{T}}z_2)+\frac{1}{2}\|\tilde{\Delta}\|\\&\leqslant-\lambda_{\min}(k_3)2^{\frac{\alpha+1}{2}}V_2^{\frac{\alpha+1}{2}}-\lambda_{\min}(k_4)2^{\frac{\beta+1}{2}}V_2^{\frac{\beta+1}{2}}+\frac{1}{2}\|\tilde{\Delta}\|\end{aligned}\tag{11-31}$$

为了描述简单，式(11-31)可以改写为

$$\dot{V}_2\leqslant-a_3V_2^{\frac{\alpha+1}{2}}-b_3V_2^{\frac{\beta+1}{2}}+\frac{1}{2}\|\tilde{\Delta}\|\tag{11-32}$$

其中，$a_3=\lambda_{\min}(k_3)2^{\frac{\alpha+1}{2}}$，$b_3=\lambda_{\min}(k_4)2^{\frac{\beta+1}{2}}$。

同样的，根据$0<\alpha<1$，$\beta>1$，可得$0<\frac{\alpha+1}{2}<1$，$\frac{\beta+1}{2}>1$，根据引理 2.5，可知该系统是固定时间稳定的。

根据定理 11.1，我们可知存在一个正常数ϖ使得$\tilde{\Delta}\leqslant\varpi$，$t\in[0,T_o]$，且$\tilde{\Delta}=0$，$\forall t\geqslant T_o$。根据引理 2.5 和引理 2.7，可得系统式(11-30)是全局固定时间稳定的。

根据上述分析，可得下面定理。

定理 11.2：考虑模型为式(11-1)和式(11-2)的 AMV，在假设 11.1~假设 11.3 下，设计基于扰动观测器式(11-12)，指令滤波器式(11-26)及运动学控制器式(11-22)的动力学控制器式(11-29)，通过适当地选择参数k_i，$\lambda_i(i=1,2,3,4)$，α，β以及满足条件式(11-8)~式(11-10)可实现多 AMV 间的编队控制[即式(11-5)、式(11-6)]，且保证闭环系统中的所有信号都是固定时间稳定的，跟踪误差(z_1,z_2)在固定时间T内收敛到零且稳定时间T有确定的上界

$$T\leqslant T_o+T_1\tag{11-33}$$

证明：为了验证整个编队控制系统的稳定性，构造如下李雅普诺夫函数

$$V=V_1+V_2\tag{11-34}$$

根据式(11-24)、式(11-31)及引理 2.6，对系统式(11-34)求导得

$$\begin{aligned}\dot{V}&=\dot{V}_1+\dot{V}_2\\&\leqslant-\lambda_{\min}(k_1)2^{\frac{\alpha+1}{2}}V_1^{\frac{\alpha+1}{2}}-\lambda_{\min}(k_2)2^{\frac{\beta+1}{2}}V_1^{\frac{\beta+1}{2}}-\lambda_{\min}(k_3)2^{\frac{\alpha+1}{2}}V_2^{\frac{\alpha+1}{2}}-\lambda_{\min}(k_4)2^{\frac{\beta+1}{2}}V_2^{\frac{\beta+1}{2}}\\&\leqslant-aV^{\frac{\alpha+1}{2}}-bV^{\frac{\beta+1}{2}}\end{aligned}\tag{11-35}$$

其中，$a=2^{\frac{\alpha+1}{2}}\lambda_{\min}\{k_1,k_3\}$，$b=2\lambda_{\min}\{k_2,k_4\}$。
收敛时间为 T_1，满足下面不等式

$$T_1 \leqslant T_{\max}:=\frac{2}{a(1-\alpha)}+\frac{2}{b(1-\beta)} \tag{11-36}$$

证毕。

11.2 速度未知下 AMV 固定时间编队控制

11.2.1 问题描述

考虑由 N 艘 AMV 组成的编队控制系统，其中一艘为全局领航者，标注为 l，其余$(N-1)$艘为跟随者，标注为$f_1\sim f_{N-1}$。每艘 AMV 配备传感器用以测量自身运动状态及接收来自全局领航者的状态信息。这里，假设每艘 AMV 具有固定姿态，采用 AMV 三维运动数学模型

$$\begin{cases} \dot{p}_i=J_i(\Theta_i)\boldsymbol{v}_i \\ M_i\dot{\boldsymbol{v}}_i=-D_i(\boldsymbol{v}_i)\boldsymbol{v}_i+g_i(\Theta_i)+\tau_i+\tau_{wi} \end{cases} \tag{11-37}$$

为了描述简便，动力学部分[也就是式(11-37)的第二个等式]写成下式

$$\begin{aligned} \dot{u}_i&=\frac{-1}{m_{u_i}}\underbrace{[(d_{L1i}u_i+d_{Q1i}|u_i|u_i-(W_i-B_i)c_{\theta_i}s_{\theta_i}u_i]}_{\varphi_{u_i}}+\frac{1}{m_{u_i}}\tau_{u_i}+\frac{1}{m_{u_i}}\tau_{wu_i} \\ \dot{v}_i&=\frac{-1}{m_{v_i}}\underbrace{[(d_{L2i}v_i+d_{Q2i}|v_i|v_i+(W_i-B_i)c_{\theta_i}s_{\phi_i}v_i]}_{\varphi_{v_i}}+\frac{1}{m_{v_i}}\tau_{v_i}+\frac{1}{m_{v_i}}\tau_{wv_i} \\ \dot{\omega}_i&=\frac{-1}{m_{\omega_i}}\underbrace{[(d_{L3i}\omega_i+d_{Q3i}|\omega_i|\omega_i+(W_i-B_i)c_{\theta_i}c_{\phi_i}\omega_i]}_{\varphi_{\omega_i}}+\frac{1}{m_{\omega_i}}\tau_{\omega_i}+\frac{1}{m_{\omega_i}}\tau_{w\omega_i} \end{aligned} \tag{11-38}$$

此处，定义向量 $\varphi_i=[\varphi_{u_i},\varphi_{v_i},\varphi_{\omega_i}]^{\mathrm{T}}$。

假设 11.4：针对向量 $\varphi_i=[\varphi_{u_i},\varphi_{v_i},\varphi_{\omega_i}]^{\mathrm{T}}$ 中每个元素存在一个已知正常数 $\tilde{n}_*$ 使得下述不等式成立

$$|\varphi_*(*_1(t),t)|-|\varphi_*(*_2(t),t)|\leqslant\rho|*_1(t)-*_2(t)| \tag{11-39}$$

其中，$*=u_i,v_i,\omega_i$，且定义 $\boldsymbol{\rho}_i=\mathbf{diag}(\rho_{u_i},\rho_{v_i},\rho_{\omega_i})$。

假设 11.5：假设环境干扰满足 $|\tau_{wu_i}|\leqslant\tau_{wu_i\max}$，$|\tau_{wv_i}|\leqslant\tau_{wv_i\max}$，$|\tau_{w\omega_i}|\leqslant\tau_{w\omega_i\max}$。其中 $\tau_{wu_i\max}$，$\tau_{wv_i\max}$，$\tau_{w\omega_i\max}$ 为未知有界正数。

本节编队系统如图 11-3 所示，即每艘跟随 AMV 只需跟踪领航 AMV，与其他跟随者不产生联系。因此，我们将含有一艘全局领航 AMV 及$(N-1)$艘跟随 AMV 的编队分为$(N-1)$个编队子系统，即每个子系统中包含一个跟随 AMV 及全局领航

AMV。这里，我们只需为每个编队子系统进行编队控制律的设计。

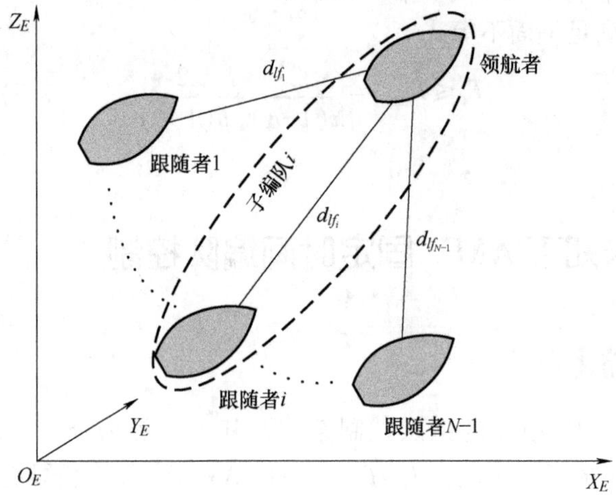

图 11-3　基于领航-跟随策略的多 AMV 编队系统

本节控制目标：在假设 11.4 和假设 11.5 下，针对含有模型参数不确定及时变扰动的编队控制问题，针对 AMV 三维运动数学模型式(11-37)，设计基于位置信息及速度信息的全状态反馈控制器 τ_f，使得跟随 AMV 可以以期望的编队构型跟踪上领航 AMV。不失一般性，控制目标可以描述为跟随 AMV 设计控制律 τ_{fi} 使得该跟随 AMV 与领航 AMV 在惯性坐标系$\{E\}$下实现编队构型，即跟随 AMV 与领航 AMV 在有限时间内实现期望距离，描述如下

$$\lim_{t\to T}\|p_l-p_{fi}-d_{lf_i}\|\leqslant\delta_{0i} \tag{11-40}$$

及

$$\|p_l-p_{fi}-d_{lfi}\|\leqslant\delta_{0i},\quad \forall\, t\geqslant T \tag{11-41}$$

其中，δ_{0i}为较小的正常数，$0\leqslant T<\infty$ 为设定的收敛时间。

11.2.2　基于可测速度及位置的编队控制律

根据固定时间理论，指令滤波技术及自适应技术，为跟随 AMV 设计控制器，实现稳定时间内编队控制。这里，整个控制器的设计分为两步：第一步为运动学控制器设计；第二步为动力学控制器设计。

第一步：运动学控制器设计。

定义位置跟踪误差 $e_1=[e_{1x},e_{1y},e_{1z}]^{\mathrm{T}}\in R^3$ 为

$$e_1=p_l-p_f-d_{lf} \tag{11-42}$$

其中，$d_{lf}=[d_{lfx},d_{lfy},d_{lfz}]^{\mathrm{T}}\in R^3$ 表示 AMV 间期望的相对距离矢量。

根据式(11-37)，对式(11-42)求导得

$$\dot{e}_1=J\upsilon_l-J\upsilon_f \tag{11-43}$$

为稳定位置跟踪误差，设计名义运动学控制器 α_{v_f}为

$$\alpha_{v_f}=J^{-1}(k_1e_1+\alpha e_1^p+\beta e_1^q-\lambda_1\xi+J\upsilon_l) \tag{11-44}$$

其中，$k_1\in R^{3\times3}$，$\lambda_1\in R^{3\times3}$，$\alpha\in R^{3\times3}$，$\beta\in R^{3\times3}$为正定对角参数矩阵，且对角元素满足 $k_1>2\lambda_1$，$\lambda_1>1$，此外，$p>1$ 与 $0<q<1$ 为互质奇数。$\xi=[\xi_u,\xi_v,\xi_\omega]^{\mathrm{T}}$ 为待设计的滤波器补偿信号，用以补偿滤波器误差。

为了得到 $\alpha_{v_f}^d$及 $\dot{\alpha}_{v_f}^d$，令 α_{v_f}通过如下指令滤波器

$$\begin{aligned}\dot{z}_1&=w_1z_2\\ \dot{z}_2&=-2\zeta_1w_1z_2-w_1(z_1-\alpha_{v_f})\end{aligned} \tag{11-45}$$

式中，w_1 和 ζ_1 为设计常数，满足 $w_1>0$ 和 $\zeta_1\in(0,1]$，初始条件满足 $z_1(0)=\alpha_{v_f}(0)$ 和 $z_2(0)=0$。

如果没有经过适当的设计和校准，指令滤波器可能会出现错误，从而影响性能，为此，引入补偿信号来解决该问题。

定义滤波误差

$$\omega_1=\alpha_{v_f}-\alpha_{v_f}^d \tag{11-46}$$

误差补偿信号 ξ 由下面动态系统产生：

$$\dot{\xi}=\begin{cases}-\lambda_1\xi-\alpha\xi^p-\beta\xi^q-f_1\xi+\omega_1 & \|\xi\|>\vartheta_1\\ 0, & \|\xi\|\leqslant\vartheta_1\end{cases} \tag{11-47}$$

其中，$\vartheta_1>0$ 为小的设计正数，$f_1=\dfrac{\|\omega_1e_1\|+\frac{1}{2}\lambda_2\omega_1^2}{\|\xi\|^2}$，$\lambda_2\in R^{3\times3}$为正定矩阵，且满足 $\lambda_2>\lambda_1+1$，补偿信号初始状态为 $\xi(0)=0$。

验证位置跟踪系统的稳定性，选取如下李雅普诺夫函数

$$V_1=\frac{1}{2}e_1^{\mathrm{T}}e_1+\frac{1}{2}\xi^{\mathrm{T}}\xi \tag{11-48}$$

根据式(11-43)、式(11-44)和式(11-47)，Young's 不等式及引理 2.6，对系统式(11-48)求导得

$$\begin{aligned}\dot{V}_1&=e_1^{\mathrm{T}}\dot{e}_1+\xi^{\mathrm{T}}\dot{\xi}\\
&=e_1^{\mathrm{T}}(-k_1e_1-\alpha e_1^p-\beta e_1^q+\lambda_1\xi)+\xi^{\mathrm{T}}(-\lambda_1\xi-\alpha\xi^p-\beta\xi^q-f_1\xi+\omega_1)\\
&\leqslant-k_1e_1^{\mathrm{T}}e_1-\alpha e_1^{\mathrm{T}}e_1^p-\beta e_1^{\mathrm{T}}e_1^q+\frac{\lambda_1}{2}(e_1^{\mathrm{T}}e_1+\xi^{\mathrm{T}}\xi)-\lambda_1\xi^{\mathrm{T}}\xi_1-\alpha\xi^{\mathrm{T}}\xi^p-\beta\xi^{\mathrm{T}}\xi^q-\\
&\quad\|\omega_1e_1\|-\frac{1}{2}\lambda_2\omega_1^{\mathrm{T}}\omega_1+\frac{1}{2}(\xi^{\mathrm{T}}\xi+\omega_1^{\mathrm{T}}\omega_1)\\
&\leqslant-\left(k_1-\frac{\lambda_1}{2}\right)e_1^{\mathrm{T}}e_1-\alpha e_1^{\mathrm{T}}e_1^p-\beta e_1^{\mathrm{T}}e_1^q-\alpha\xi^{\mathrm{T}}\xi^p-\beta\xi^{\mathrm{T}}\xi^p-\left(\frac{\lambda_1-1}{2}\right)\xi^{\mathrm{T}}\xi-\frac{\lambda_2-\lambda_1-1}{2}\omega_1^{\mathrm{T}}\omega_1\end{aligned}$$

$$\leqslant -\alpha\left(e_1^{\mathrm{T}}e_1\right)^{\frac{p+1}{2}}-\beta\left(e_1^{\mathrm{T}}e_1\right)^{\frac{q+1}{2}}-\alpha\left(\xi^{\mathrm{T}}\xi\right)^{\frac{p+1}{2}}-\beta\left(\xi^{\mathrm{T}}\xi\right)^{\frac{q+1}{2}}$$

$$\leqslant -\alpha 2^{\frac{1+p}{2}}V_1^{\frac{p+1}{2}}-\beta V_1^{\frac{q+1}{2}} \tag{11-49}$$

根据 $p>1$，$0<q<1$ 可得$\dfrac{p+1}{2}>1$ 且 $0<\dfrac{q+1}{2}<1$。根据引理 2.5 可得，位置跟踪误差系统是全局固定时间稳定的。

第二步：动力学控制器设计

定义速度跟踪误差矢量 $e_2=[e_{2u},e_{2v},e_{2\omega}]^{\mathrm{T}}\in R^3$ 为

$$e_2=\boldsymbol{v}_f-\boldsymbol{v}_f^d \tag{11-50}$$

根据式(11-37)，对式(11-50)求导得

$$\dot{e}_2=M_f^{-1}\{-C(\boldsymbol{v}_f)\boldsymbol{v}_f-D(\boldsymbol{v}_f)\boldsymbol{v}_f+\boldsymbol{\tau}_f+\boldsymbol{\tau}_{wf}\}-\dot{\boldsymbol{v}}_f^d \tag{11-51}$$

理想的非线性控制器 $\boldsymbol{\tau}_f=[\tau_{fu},\tau_{fv},\tau_{f\omega}]^{\mathrm{T}}$ 设计如下

$$\boldsymbol{\tau}_f=M_f\{-k_2e_2-\alpha e_2^p-\beta e_2^q+\dot{\boldsymbol{v}}_f^d\}-\boldsymbol{\varphi}-\boldsymbol{\tau}_{wf} \tag{11-52}$$

其中，$k_2\in R^{3\times3}$为正定待设计参数矩阵且满足 $k_2\geqslant 1+M_f^{-1}$。

在实际运用中，φ 不可精确得到。因此，从实用性角度出发，使用 RBF 神经网络对 φ 进行逼近

$$\boldsymbol{\varphi}(\cdot)=W^{\mathrm{T}}\boldsymbol{\sigma}(Z) \qquad \forall Z\in\Omega \tag{11-53}$$

其中，$Z\in R^{3\times1}$与 $W\in R^{3\times3}$为神经网络的输入及权值。

真正的控制输入为

$$\boldsymbol{\tau}_f=M_f\{-k_2e_2-\alpha e_2^p-\beta e_2^q+\dot{\boldsymbol{v}}_f^d\}-\hat{W}^{\mathrm{T}}\boldsymbol{\sigma}(\boldsymbol{v}_f)-\hat{\boldsymbol{\tau}}_{wf\max} \tag{11-54}$$

其中，$\hat{W}=[\hat{W}_{u_f},\hat{W}_{v_f},\hat{W}_{\omega_f}]^{\mathrm{T}}$ 为神经网络权值 W 的估计值，$\hat{\boldsymbol{\tau}}_{wf\max}=[\hat{\boldsymbol{\tau}}_{wuf\max},\hat{\boldsymbol{\tau}}_{wvf\max},\hat{\boldsymbol{\tau}}_{w\omega f\max}]^{\mathrm{T}}$为外界干扰 $\boldsymbol{\tau}_{wf\max}$最大上界的估计值。

设计自适应更新律如下

$$\begin{aligned}\dot{\hat{W}}&=\Gamma[\boldsymbol{\sigma}(\boldsymbol{v}_f)e_2-k_3\hat{W}]\\ \dot{\hat{\boldsymbol{\tau}}}_{wf\max}&=\Lambda[e_2-k_4\hat{\boldsymbol{\tau}}_{wf\max}]\end{aligned} \tag{11-55}$$

其中，$\Gamma\in R^{3\times3}$，$\Lambda\in R^{3\times3}$，$k_3\in R^{3\times3}$，$k_4\in R^{3\times3}$为待设计的定常增益矩阵。

验证速度跟踪误差系统的稳定性，选取下述李雅普诺夫函数

$$V_2=\frac{1}{2}e_2^{\mathrm{T}}e_2+\frac{1}{2}\tilde{W}^{\mathrm{T}}\Gamma^{-1}\tilde{W}+\frac{1}{2}\Lambda^{-1}\tilde{\boldsymbol{\tau}}_{wf\max}^{\mathrm{T}}\tilde{\boldsymbol{\tau}}_{wf\max} \tag{11-56}$$

其中，$\tilde{W}=W-\hat{W}$，$\tilde{\boldsymbol{\tau}}_{wf\max}=\boldsymbol{\tau}_{wf\max}-\hat{\boldsymbol{\tau}}_{wf\max}$。

对系统式(11-56)求导得

$$\begin{aligned}\dot{V}_2&=e_2^{\mathrm{T}}\dot{e}_2+\tilde{W}^{\mathrm{T}}\Gamma^{-1}\dot{\tilde{W}}+\Lambda^{-1}\tilde{\boldsymbol{\tau}}_{wf\max}^{\mathrm{T}}\dot{\tilde{\boldsymbol{\tau}}}_{wf\max}\\ &=e_2^{\mathrm{T}}\dot{e}_2+\tilde{W}^{\mathrm{T}}\Gamma^{-1}\dot{\hat{W}}+\Lambda^{-1}\tilde{\boldsymbol{\tau}}_{wf\max}^{\mathrm{T}}\dot{\hat{\boldsymbol{\tau}}}_{wf\max}\end{aligned} \tag{11-57}$$

根据式(11-50)、式(11-51)及式(11-52)，有

$$
\begin{aligned}
e_2^{\mathrm{T}}\dot{e}_2 &= e_2^{\mathrm{T}}(M_f^{-1}\{\varphi_f+\tau_f+\tau_{wf}\}-\dot{\upsilon}_f^d)\\
&= e_2^{\mathrm{T}}M_f^{-1}\{\varphi_f+d_{\upsilon_f}-\hat{W}^{\mathrm{T}}\sigma(\upsilon_f)-\hat{\tau}_{wf\max}+M_f\{-k_2e_2-\alpha e_2^p-\beta e_2^q+\dot{\upsilon}_f^d\}-\dot{\upsilon}_f^d\}\\
&= e_2^{\mathrm{T}}M_f^{-1}(\tilde{W}\sigma(\upsilon_f)-\tilde{\tau}_{wf\max})-k_2e_2^{\mathrm{T}}e_2-\alpha e_2^{\mathrm{T}}e_2^p-\beta e_2^{\mathrm{T}}e_2^q\\
&\leqslant -k_2e_2^{\mathrm{T}}e_2-\alpha e_2^{\mathrm{T}}e_2^p-\beta e_2^{\mathrm{T}}e_2^q+M_f^{-1}\left(\frac{\sigma^{*2}}{2}\|\tilde{W}\|^2+e_2^{\mathrm{T}}e_2+\frac{1}{2}\|\tilde{\tau}_{wf\max}\|^2\right)
\end{aligned}
\tag{11-58}
$$

根据式(11-55)及不等式

$$
\begin{aligned}
-\tilde{W}^{\mathrm{T}}\hat{W} &\leqslant -\frac{\|\tilde{W}\|^2}{2}+\frac{\|W\|^2}{2}\\
-\tilde{\tau}_{wf\max}^{\mathrm{T}}\hat{\tau}_{wf\max} &\leqslant -\frac{\|\tilde{\tau}_{wf\max}\|^2}{2}+\frac{\|\tau_{wf\max}\|^2}{2}
\end{aligned}
\tag{11-59}
$$

可得

$$
\begin{aligned}
&\tilde{W}^{\mathrm{T}}\Gamma^{-1}\dot{\hat{W}}+\tilde{\tau}_{wf\max}^{\mathrm{T}}\Lambda^{-1}\dot{\hat{\tau}}_{wf\max}\\
&=\tilde{W}^{\mathrm{T}}(\sigma(\upsilon_f)e_2-k_3\hat{W})+\tilde{\tau}_{wf\max}^{\mathrm{T}}(e_2-k_4\hat{\tau}_{wf\max})\\
&\leqslant\frac{1}{2}(e_2^{\mathrm{T}}e_2+\tilde{W}^{\mathrm{T}}\sigma(\upsilon_f)\sigma^{\mathrm{T}}(\upsilon_f)\tilde{W}+e_2^{\mathrm{T}}e_2+\tilde{\tau}_{wf\max}^{\mathrm{T}}\tilde{\tau}_{wf\max})-\\
&\quad\frac{k_3\|\tilde{W}\|^2}{2}+\frac{k_3\|W\|^2}{2}-\frac{k_4\|\tilde{\tau}_{wf\max}\|^2}{2}+\frac{k_4\|\tau_{wf\max}\|^2}{2}\\
&\leqslant e_2^{\mathrm{T}}e_2+\frac{\sigma^{*2}\|\tilde{W}\|^2}{2}+\frac{\|\tilde{\tau}_{wf\max}\|^2}{2}-\frac{k_3\|\tilde{W}\|^2}{2}+\frac{k_3\|W\|^2}{2}-\frac{k_4\|\tilde{\tau}_{wf\max}\|^2}{2}+\frac{k_4\|\tau_{wf\max}\|^2}{2}
\end{aligned}
\tag{11-60}
$$

根据式(11-57)、式(11-58)、式(11-59)和式(11-60)及 Young's 不等式，对系统 V_2 求导得

$$
\begin{aligned}
\dot{V}_2 &= e_2^{\mathrm{T}}\dot{e}_2+\tilde{W}^{\mathrm{T}}\Gamma_1^{-1}\dot{\tilde{W}}+\Lambda^{-1}\tilde{\tau}_{wf\max}^{\mathrm{T}}\dot{\tilde{\tau}}_{wf\max}\\
&\leqslant -(k_2-1-M_f^{-1})e_2^{\mathrm{T}}e_2-\alpha e_2^{\mathrm{T}}e_2^p-\beta e_2^{\mathrm{T}}e_2^q+\frac{\sigma^{*2}}{2}\|\tilde{W}\|^2+\\
&\quad M_f^{-1}\left(\frac{\sigma^{*2}}{2}\|\tilde{W}\|^2+\frac{1}{2}\|\tilde{\tau}_{wf\max}\|^2\right)+\frac{\|\tilde{d}_{\upsilon_f\max}\|^2}{2}-\frac{k_3\|\tilde{W}\|^2}{2}+\frac{k_3\|W\|^2}{2}-\\
&\quad\frac{k_4\|\tilde{\tau}_{wf\max}\|^2}{2}+\frac{k_4\|\tau_{wf\max}\|^2}{2}\\
&\leqslant -\alpha\,(e_2^{\mathrm{T}}e_2)^{\frac{p+1}{2}}-\beta\,(e_2^{\mathrm{T}}e_2)^{\frac{q+1}{2}}+\frac{(1+M_f^{-1})\sigma^{*2}-k_3}{2}\|\tilde{W}\|^2+\frac{k_3}{2}\|W\|^2+
\end{aligned}
$$

$$\frac{1+M_f^{-1}-k_4}{2}\|\tilde{\tau}_{wf\max}\|^2+\frac{k_4}{2}\|\tau_{wf\max}\|^2 \tag{11-61}$$

根据 $p>1$，$0<q<1$ 可得$\frac{p+1}{2}>1$ 且 $0<\frac{q+1}{2}<1$。进一步根据引理 2.7，我们可得速度跟踪误差系统式(11-46)是实际固定时间稳定的。

最后，我们将会分析在运动学控制器式(11-44)及动力学控制器式(11-54)作用下由式(11-46)及式(11-50)构成的整个误差跟踪误差系统是稳定的。

为了验证整个系统的稳定性，选取如下李雅普诺夫函数

$$\begin{aligned}V&=V_1+V_2\\&=\frac{1}{2}\left\{e_1^{\mathrm{T}}e_1+e_2^{\mathrm{T}}e_2+\xi^{\mathrm{T}}\xi+\tilde{W}^{\mathrm{T}}\Gamma^{-1}\tilde{W}+\Lambda^{-1}\tilde{\tau}_{wf\max}^{\mathrm{T}}\tilde{\tau}_{wf\max}\right\}\end{aligned} \tag{11-62}$$

由式(11-49)、式(11-61)，Young's 不等式及引理 2.6，对系统式(11-62)求导得

$$\begin{aligned}\dot{V}\leqslant&-\alpha\left(e_1^{\mathrm{T}}e_1\right)^{\frac{p+1}{2}}-\alpha\left(\xi^{\mathrm{T}}\xi\right)^{\frac{p+1}{2}}-\alpha\left(e_2^{\mathrm{T}}e_2\right)^{\frac{p+1}{2}}-\beta\left(e_1^{\mathrm{T}}e_1\right)^{\frac{q+1}{2}}-\beta\left(\xi^{\mathrm{T}}\xi\right)^{\frac{q+1}{2}}-\\&\beta\left(e_2^{\mathrm{T}}e_2\right)^{\frac{q+1}{2}}-\alpha\Gamma^{\frac{p+1}{2}}\left(\Gamma^{-1}\tilde{W}^2\right)^{\frac{p+1}{2}}-\beta\Gamma^{\frac{q+1}{2}}\left(\Gamma^{-1}\tilde{W}^2\right)^{\frac{q+1}{2}}-\\&\alpha\Lambda^{\frac{p+1}{2}}\left(\Lambda^{-1}\tilde{\tau}_{wf\max}^2\right)^{\frac{p+1}{2}}-\beta\Lambda^{\frac{q+1}{2}}\left(\Lambda^{-1}\tilde{\tau}_{wf\max}^2\right)^{\frac{q+1}{2}}+\alpha\|\tilde{W}\|^p+\beta\|\tilde{W}\|^q+\\&\frac{k_3}{2}\|W\|^2+\alpha\|\tilde{\tau}_{wf\max}\|^p+\beta\|\tilde{\tau}_{wf\max}\|^q+\frac{k_4}{2}\|\tau_{wf\max}\|^2+\frac{(1+M_f^{-1})\sigma^{*2}-k_3}{2}\|\tilde{W}\|^2+\\&\frac{1+M_f^{-1}-k_4}{2}\|\tilde{\tau}_{wf\max}\|^2\end{aligned} \tag{11-63}$$

$$\begin{aligned}\leqslant&-\alpha^*2^{\frac{p+1}{2}}5^{1-\frac{p+1}{2}}(V)^{\frac{p+1}{2}}-\beta^*2^{\frac{q+1}{2}}(V)^{\frac{q+1}{2}}-\frac{k_3-(1+M_f^{-1})\sigma^{*2}}{2}\|\tilde{W}\|^2+\alpha\|\tilde{W}\|^{p+1}+\\&\beta\|\tilde{W}\|^{q+1}+\frac{k_3}{2}\|W\|^2-\frac{k_4-1-M_f^{-1}}{2}\|\tilde{\tau}_{wf\max}\|^2+\alpha\|\tilde{\tau}_{wf\max}\|^{p+1}+\beta\|\tilde{\tau}_{wf\max}\|^{q+1}+\\&\frac{k_4}{2}\|\tau_{wf\max}\|^2\end{aligned}$$

其中，$\alpha^*=\min\{\alpha,\alpha\Gamma^{\frac{p+1}{2}},\alpha\Lambda^{\frac{p+1}{2}}\}$，$\beta^*=\min\{\beta,\beta\Gamma^{\frac{q+1}{2}},\beta\Lambda^{\frac{q+1}{2}}\}$。

通过上述分析，将会得到下面定理。

定理 11.3：在假设 11.4、假设 11.5 的条件下，考虑具有模型参数不确定及时变扰动的 AMV 编队控制问题，针对 AMV 运动数学模型式(11-37)，设计基于运动学控制器式(11-44)、指令滤波器式(11-45)、滤波误差补偿系统式(11-47)及自适应律式(11-55)的动力学控制器式(11-54)，下面的结论成立：

1）编队控制系统可以在固定时间内实现，该稳定时间定义为 T_s；

2）闭环系统中的所有信号，即 e_1、ξ、e_2、$\tilde{W}$、$\tilde{\tau}_{wf\max}$是实际固定时间稳定的。

证明：式(11-59) 可以写为

$$\dot{V}\leqslant-\tilde{\alpha}V^{\gamma_1}-\tilde{\beta}V^{\gamma_2}-\left(\frac{k_3}{2}-\frac{(1+M_f^{-1})\sigma^{*2}}{2}\right)\|\tilde{W}\|^2-\left(\frac{k_4}{2}-\frac{1+M_f^{-1}}{2}\right)\|\tilde{\tau}_{wf\max}\|^2+\vartheta_1 \quad (11\text{-}64)$$

其中，$\tilde{\alpha}=\alpha^* 2^{\frac{p+1}{2}}5^{\frac{1-p}{2}}>0$，$\gamma_1=\dfrac{p+1}{2}>1$，$0<\gamma_2=\dfrac{q+1}{2}<1$，$\tilde{\beta}=\beta^* 2^{\frac{q+1}{2}}>0$，

$\vartheta_1=\dfrac{k_3\|W\|^2}{2}+\dfrac{k_4\|\tau_{wf\max}\|^2}{2}+\alpha\|\tilde{W}\|^{p+1}+\beta\|\tilde{W}\|^{q+1}+\alpha\|\tilde{\tau}_{wf\max}\|^{p+1}+\beta\|\tilde{\tau}_{wf\max}\|^{q+1}$。

一般情况下，存在有界常数 Δ 使下述条件满足

$$D=\{(\tilde{W},\tilde{\tau}_{wf\max})\mid \tilde{W}\leqslant\Delta,\tilde{\tau}_{wf\max}\leqslant\Delta\} \quad (11\text{-}65)$$

我们可得

$$\dot{V}\leqslant-\tilde{\alpha}V^{\gamma_1}-\tilde{\beta}V^{\gamma_2}+\vartheta \quad (11\text{-}66)$$

其中，

$$\vartheta=\vartheta_1^*-2\min\left\{\frac{k_3-1-M_f^{-1}\sigma^{*2}}{2},\ \frac{k_4-1-M_f^{-1}}{2}\right\}\Delta^2$$

$$\vartheta_1^*=\frac{k_3\|W\|^2}{2}+\frac{k_4\|\tau_{wf\max}\|^2}{2}+2\alpha\Delta^{p+1}+2\beta\Delta^{q+1}。$$

根据引理 2.7，我们可得系统是实际固定时间稳定的，系统最终收敛域为

$$\left\{\lim_{t\to T_s}x\ \middle|\ \|x\|\leqslant\min\left\{\tilde{\alpha}^{\frac{-1}{\gamma_1}}\left(\frac{\vartheta}{1-\theta}\right)^{\frac{1}{\gamma_1}},\tilde{\beta}^{\frac{-1}{\gamma_2}}\left(\frac{\vartheta}{1-\theta}\right)^{\frac{1}{\gamma_2}}\right\}\right\} \quad (11\text{-}67)$$

其中，$x=\{e_1,e_2,\xi,\tilde{W},\tilde{\tau}_{wf\max}\}$。

稳定时间 T_s 满足

$$T_s\leqslant T_{\max}:=\frac{1}{\tilde{\alpha}\theta(\gamma_1-1)}+\frac{1}{\tilde{\beta}\theta(1-\gamma_2)} \quad (11\text{-}68)$$

证毕。

附注 11.2：根据式(11-68)可得最大收敛时间仅仅依靠控制器设计参数，因此给定的控制理论可以满足编队对收敛时间的任意要求，从而使得该算法在实际运用中更加实用。此外，该固定时间算法可以确保收敛时间独立于系统的初始状态。

附注 11.3：通过选择控制器参数可以满足对收敛时间的要求。通常各参数与收敛律的关系见表 11-1。我们可以通过简单的搜索算法如搜寻者寻优算法或布谷鸟搜寻算法获取一系列最优参数满足我们对收敛时间的要求。

表 11-1　各参数与收敛律关系

$\tilde{\alpha}\uparrow$	$\tilde{\beta}$	γ_1	γ_2	θ	收敛律↑
$\tilde{\alpha}$	$\tilde{\beta}\uparrow$	γ_1	γ_2	θ	收敛律↑

（续）

$\tilde{\alpha}$	$\tilde{\beta}$	$\gamma_1\downarrow$	γ_2	θ	收敛律↑
$\tilde{\alpha}$	$\tilde{\beta}$	γ_1	$\gamma_2\downarrow$	θ	收敛律↑
$\tilde{\alpha}$	$\tilde{\beta}$	γ_1	γ_2	$\theta\uparrow$	收敛律↑

附注 11.4：根据稳定性分析及收敛时间的定义，我们可以看出控制器参数值只会对收敛时间产生影响，但不会影响闭环系统的稳定性。从编队控制的实际角度出发，期望的收敛时间不应过短，否则由于执行器饱和约束，系统变得不稳定。此外一个可行的收敛时间也应该根据最大的执行器操纵性能考虑控制器设计过程中的瞬态性能。

在许多实际场景中，由于技术限制或环境影响，获取 AMV 的速度信息比较困难或无法实现。当速度信息无法测量时，上述内容中的基于位置信息及速度信息的反馈编队控制算法不再适用。因此寻找一种基于速度估计及位置测量的控制算法变得尤为重要。这里，我们首先给定一种基于固定时间理论的观测器用来估计跟随 AMV 的速度信息，然后基于该观测速度及测量位置信息设计一种基于观测器的编队控制算法，整体框架如图 11-4 所示。

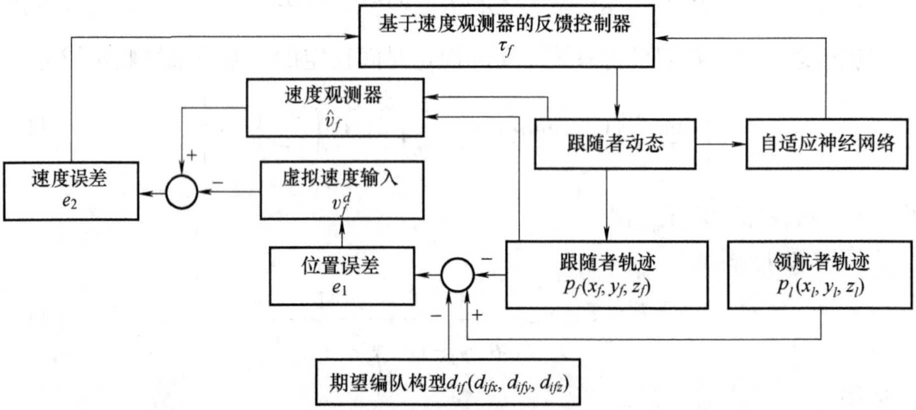

图 11-4　编队控制系统框架

11.2.3　速度观测器

首先引入坐标变换，定义惯性坐标系$\{E\}$下的真实速度如下

$$\chi = J v_f \tag{11-69}$$

其中，$\chi=[\chi_u,\chi_v,\chi_\omega]^{\mathrm{T}}\in R^3$。

根据坐标变换，模型式(11-37)可改写为

$$\begin{cases}\dot{p}=\chi\\ \dot{\chi}=f(p,\chi)+\bar{\tau}\end{cases} \tag{11-70}$$

其中，$f(p,\chi)=JM^{-1}[-D(J^{-1}\chi)J^{-1}\chi+g(\Theta)+d]$，且 $\bar{\tau}=JM^{-1}\tau$。

为了估计速度矢量$\chi=[\chi_u,\chi_v,\chi_\omega]^{\mathrm{T}}$，构造如下速度观测器

$$\begin{cases}\dot{\hat{p}}=\hat{\chi}+\bar{k}_1\bar{e}_1+\bar{k}_2\bar{e}_1^{\iota_1}+\bar{k}_3\bar{e}_1^{\iota_2}\\ \dot{\hat{\chi}}=\bar{\tau}+\bar{k}_4\bar{e}_1+\bar{k}_5\bar{e}_1^{\bar{\iota}_1}+\bar{k}_6\bar{e}_1^{\bar{\iota}_2}+f(p,\hat{\chi})\\ \hat{\upsilon}_f=J^{-1}\hat{\chi}\end{cases}\tag{11-71}$$

其中，$\bar{e}_1=p-\hat{p}$，$\bar{k}_i\in R^{3\times3}(i=1,2,3,4,5,6)$为待设计的正定参数矩阵，参数 ι_i 及 $\bar{\iota}_i(i=1,2)$满足如下条件

$$\begin{array}{ll}\dfrac{1}{2}<\iota_1<1 & \iota_2>1\\ \bar{\iota}_1=2\iota_1-1 & \bar{\iota}_2=2\iota_2-1\end{array}\tag{11-72}$$

针对速度观测器设计，我们可得如下定理：

定理 11.4：在假设 11.4、假设 11.5 及参数选择条件(11-72)下，考虑具有模型参数不确定及时变扰动的 AMV 运动数学模型(11-37)，设计的速度观测器(11-71)可以在有限时间 T_0 按提供 AMV 位置信息 p 和速度信息χ 的估计$(\hat{p},\hat{\chi})$，当且仅当$\bar{k}_i(i=1,2,3,4,5,6)$满足下面条件

$$\begin{array}{lll}2\bar{k}_5>\bar{k}_2 & 2\bar{k}_6>\bar{k}_3 & \dfrac{\bar{k}_4}{4\bar{k}_1}-\dfrac{3}{2}\rho>0\\ \multicolumn{3}{l}{\bar{k}_1-\dfrac{2\bar{k}_4}{\bar{k}_1}-\dfrac{\rho}{2}-\dfrac{\bar{k}_1(\bar{k}_2+\bar{k}_3)}{2}>0}\end{array}\tag{11-73}$$

换言之，下面定义的观测误差系统是固定时间稳定

$$\begin{cases}\dot{\bar{e}}_1=-\bar{k}_1\bar{e}_1-\bar{k}_2\bar{e}_1^{\iota_1}-\bar{k}_3\bar{e}_1^{\iota_2}+\bar{e}_2\\ \dot{\bar{e}}_2=-\bar{k}_4\bar{e}_1-\bar{k}_5\bar{e}^{\bar{\iota}_1}-\bar{k}_6\bar{e}_1^{\bar{\iota}_2}+\bar{e}_f\end{cases}\tag{11-74}$$

其中，$\bar{e}_2=\chi-\hat{\chi}$，$\bar{e}_f=f(p,\chi)-f(p,\hat{\chi})$。

该定理的整个证明过程包括三步。第一步：证明在参数式(11-73)下闭环系统式(11-74)是全局渐近稳定的；接下来分别证明该系统分别在零极限和无穷极限下是全局渐近稳定的。

证明：

第一步：全局渐近稳定。

验证观测误差稳定性，选取如下李雅普诺夫函数

$$\bar{V}=\frac{2\bar{k}_5}{1+\bar{\iota}_1}(\bar{e}_1^{\mathrm{T}}\bar{e}_1)^{\frac{1+\bar{\iota}_1}{2}}+\frac{2\bar{k}_6}{1+\bar{\iota}_2}(\bar{e}_1^{\mathrm{T}}\bar{e}_1)^{\frac{1+\bar{\iota}_2}{2}}+\frac{1}{2}(\bar{e}_2-\bar{k}_3\bar{e}_1)^{\mathrm{T}}(\bar{e}_2-\bar{k}_3\bar{e}_1)+\frac{1}{2}\bar{e}_2^{\mathrm{T}}\bar{e}_2 \tag{11-75}$$

显然该函数 $\bar{V}$ 是连续可微，正定及径向无界的。

根据式(11-74)，对 $\bar{V}$ 求导得

$$\begin{aligned}\dot{\bar{V}}=&2\bar{k}_5(\bar{e}_1^{\mathrm{T}})^{\bar{\iota}_1}\dot{\bar{e}}_1+2\bar{k}_6(\bar{e}_1^{\mathrm{T}})^{\bar{\iota}_2}\dot{\bar{e}}_1+\bar{e}_2^{\mathrm{T}}\dot{\bar{e}}_2+(\bar{e}_2-\bar{k}_3\bar{e}_1)^{\mathrm{T}}(\dot{\bar{e}}_2-\bar{k}_3\dot{\bar{e}}_1)\\=&-2\bar{k}_2\bar{k}_5(\bar{e}_1^{\mathrm{T}}\bar{e}_1)^{\frac{\iota_1+\bar{\iota}_1}{2}}-\bar{k}_1\bar{k}_5(\bar{e}_1^{\mathrm{T}}\bar{e}_1)^{\frac{\bar{\iota}_1+1}{2}}-2\bar{k}_3\bar{k}_5(\bar{e}_1^{\mathrm{T}}\bar{e}_1)^{\frac{\iota_2+\bar{\iota}_1}{2}}-2\bar{k}_3\bar{k}_6(\bar{e}_1^{\mathrm{T}}\bar{e}_1)^{\frac{\bar{\iota}_1+\bar{\iota}_2}{2}}-\\&\bar{k}_1\bar{k}_6(\bar{e}_1^{\mathrm{T}}\bar{e}_1)^{\frac{\bar{\iota}_2+1}{2}}-2\bar{k}_3\bar{k}_6(\bar{e}_1^{\mathrm{T}}\bar{e}_1)^{\frac{\iota_2+\bar{\iota}_2}{2}}-\bar{k}_4(2\bar{e}_2-\bar{k}_1\bar{e}_1)^{\mathrm{T}}\bar{e}_1+(2e_2-\bar{k}_1\bar{e}_1)^{\mathrm{T}}\bar{e}_f-\\&\bar{k}_1(\bar{e}_2-\bar{k}_1\bar{e}_1)^{\mathrm{T}}(\bar{e}_2-\bar{k}_1\bar{e}_1)+\bar{k}_1(\bar{e}_2-\bar{k}_1\bar{e}_1)^{\mathrm{T}}(\bar{k}_2\bar{e}_1^{\iota_1}+\bar{k}_3\bar{e}_1^{\iota_2})\end{aligned} \tag{11-76}$$

根据假设 11.4，有

$$\begin{aligned}&(2\bar{e}_2-\bar{k}_1\bar{e}_1)^{\mathrm{T}}\bar{e}_f\\\leqslant&(2\bar{e}_2-\bar{k}_1\bar{e}_1)^{\mathrm{T}}\rho\bar{e}_2\\\leqslant&\rho(\bar{e}_2^{\mathrm{T}}+(\bar{e}_2-\bar{k}_1\bar{e}_1)^{\mathrm{T}})\bar{e}_2\\\leqslant&\rho(\bar{e}_2^{\mathrm{T}}\bar{e}_2)+\rho(\bar{e}_2-\bar{k}_1\bar{e}_1)^{\mathrm{T}}\bar{e}_2\\\leqslant&\frac{3}{2}\rho(\bar{e}_2^{\mathrm{T}}\bar{e}_2)+\frac{\rho}{2}(\bar{e}_2-\bar{k}_1\bar{e}_1)^{\mathrm{T}}(\bar{e}_2-\bar{k}_1\bar{e}_1)\end{aligned} \tag{11-77}$$

由柯西不等式，有

$$\begin{aligned}&-\bar{k}_4(\bar{e}_2-\bar{k}_1\bar{e}_1)^{\mathrm{T}}\bar{e}_1\\=&\frac{\bar{k}_4}{\bar{k}_1}(\bar{e}_2-\bar{k}_1\bar{e}_1)^{\mathrm{T}}(\bar{e}_2-\bar{k}_1\bar{e}_1-\bar{e}_2)\\=&\frac{\bar{k}_4}{\bar{k}_1}(\bar{e}_2-\bar{k}_1\bar{e}_1)^{\mathrm{T}}(\bar{e}_2-\bar{k}_1\bar{e}_1)-\frac{\bar{k}_4}{\bar{k}_1}(\bar{e}_2-\bar{k}_1\bar{e}_1)^{\mathrm{T}}\bar{e}_2\\\leqslant&\frac{\bar{k}_4}{\bar{k}_1}(\bar{e}_2-\bar{k}_1\bar{e}_1)^{\mathrm{T}}(\bar{e}_2-\bar{k}_1\bar{e}_1)+\frac{\bar{k}_4}{2\bar{k}_1}\bar{e}_2^{\mathrm{T}}\bar{e}_2+\frac{\bar{k}_4}{2\bar{k}_1}(\bar{e}_2-\bar{k}_1\bar{e}_1)^{\mathrm{T}}(\bar{e}_2-\bar{k}_1\bar{e}_1)\end{aligned} \tag{11-78}$$

和

$$\begin{aligned}-\bar{k}_4\bar{e}_2^{\mathrm{T}}\bar{e}_1=&-\frac{\bar{k}_4}{\bar{k}_1}\bar{e}_2^{\mathrm{T}}\bar{e}_2+\frac{\bar{k}_4}{\bar{k}_1}\bar{e}_2^{\mathrm{T}}(\bar{e}_2-\bar{k}_1\bar{e}_1)\\\leqslant&-\frac{\bar{k}_4}{\bar{k}_1}\bar{e}_2^{\mathrm{T}}\bar{e}_2+\frac{\bar{k}_4}{\bar{k}_1}(\bar{e}_2-\bar{k}_1\bar{e}_1)^{\mathrm{T}}(\bar{e}_2-\bar{k}_1\bar{e}_1)+\frac{\bar{k}_4}{4\bar{k}_1}\bar{e}_2^{\mathrm{T}}\bar{e}_2\end{aligned} \tag{11-79}$$

根据式(11-79)及 Young's 不等式，可得

$$\begin{aligned}&\bar{k}_1(\bar{e}_2-\bar{k}_1\bar{e}_1)^{\mathrm{T}}(\bar{k}_2\bar{e}_1^{\iota_1}+\bar{k}_3\bar{e}_1^{\iota_2})\\ \leqslant&\bar{k}_1\bar{k}_2(\bar{e}_2-\bar{k}_1\bar{e}_1)^{\mathrm{T}}\bar{e}_1^{\iota_1}+\bar{k}_1\bar{k}_3(\bar{e}_2-\bar{k}_1\bar{e}_1)^{\mathrm{T}}\bar{e}_1^{\iota_2}\\ \leqslant&\frac{\bar{k}_1(\bar{k}_2+\bar{k}_3)}{2}(\bar{e}_2-\bar{k}_1\bar{e}_1)^{\mathrm{T}}(\bar{e}_2-\bar{k}_1\bar{e}_1)+\frac{\bar{k}_1\bar{k}_2}{2}(\bar{e}_1^{\mathrm{T}}\bar{e}_1)^{\frac{\bar{\iota}_1+1}{2}}+\frac{\bar{k}_1\bar{k}_3}{2}(\bar{e}_1^{\mathrm{T}}\bar{e}_1)^{\frac{\bar{\iota}_2+1}{2}}\end{aligned}\tag{11-80}$$

将式(11-77)、式(11-78)、式(11-79)和式(11-80)代入式(11-76)，可得

$$\begin{aligned}\dot{\bar{V}}\leqslant&-2\bar{k}_2\bar{k}_5(\bar{e}_1^{\mathrm{T}}\bar{e}_1)^{\frac{\iota_1+\bar{\iota}_1}{2}}-\left(\bar{k}_1\bar{k}_5-\frac{\bar{k}_1\bar{k}_2}{2}\right)(\bar{e}_1^{\mathrm{T}}\bar{e}_1)^{\frac{\bar{\iota}_1+1}{2}}-2\bar{k}_3\bar{k}_5(\bar{e}_1^{\mathrm{T}}\bar{e}_1)^{\frac{\iota_2+\bar{\iota}_1}{2}}-\\ &\left(\bar{k}_1\bar{k}_6-\frac{\bar{k}_1\bar{k}_3}{2}\right)(\bar{e}_1^{\mathrm{T}}\bar{e}_1)^{\frac{\bar{\iota}_2+1}{2}}-2\bar{k}_2\bar{k}_6(\bar{e}_1^{\mathrm{T}}\bar{e}_1)^{\frac{\iota_1+\bar{\iota}_2}{2}}-2\bar{k}_3\bar{k}_6(\bar{e}_1^{\mathrm{T}}\bar{e}_1)^{\frac{\iota_2+\bar{\iota}_2}{2}}-\\ &\varepsilon_1\bar{e}_2^{\mathrm{T}}\bar{e}_2-\varepsilon_2(\bar{e}_2-\bar{k}_1\bar{e}_1)^{\mathrm{T}}(\bar{e}_2-\bar{k}_1\bar{e}_1)\end{aligned}\tag{11-81}$$

其中，$\varepsilon_1=\frac{\bar{k}_4}{4\bar{k}_1}-\frac{3}{2}\rho$，$\varepsilon_2=\bar{k}_1-\frac{2\bar{k}_4}{\bar{k}_1}-\frac{\rho}{2}-\frac{\bar{k}_1(\bar{k}_2+\bar{k}_3)}{2}$。根据参数 $\bar{k}_i(i=1,2,3,4,5,6)$ 的选取范围式(11-69)，我们可得 $\varepsilon_1>0$，$\varepsilon_2>0$，因此误差系统式(11-75)是全局渐近稳定的。

第二步：证明系统式(11-74)的近似系统具有零极限齐次性的，度为 $l_0<0$，且是全局渐近稳定的。

系统式(11-74)可以写成下式

$$\begin{aligned}\dot{\bar{e}}_1&=\bar{e}_2-\bar{k}_2\bar{e}_1^{\iota_1}+\hat{g}_1(\bar{e}_1,\bar{e}_2)\\ \dot{\bar{e}}_2&=-\bar{k}_5\bar{e}_1^{\bar{\iota}_1}+\hat{g}_2(\bar{e}_1,\bar{e}_2)\end{aligned}\tag{11-82}$$

其中，$\hat{g}_1(\bar{e}_1,\bar{e}_2)=-\bar{k}_1\bar{e}_1-\bar{k}_3\bar{e}_1^{\iota_2}$，$\hat{g}_2(\bar{e}_1,\bar{e}_2)=-\bar{k}_4\bar{e}_1-\bar{k}_6\bar{e}_1^{\bar{\iota}_2}+\bar{e}_f$。

由于 $\frac{1}{2}<\iota_1<1$，$\bar{\iota}_1=2\iota_1-1$，因此可得下述系统式(11-83)相对于扩展 (r_1,r_2) 是齐次的，且度为 $l_0=-1$，其中，$r_1=\frac{1}{1-\iota_1}$，$r_2=\frac{\iota_1}{1-\iota_1}$。

$$\begin{aligned}\dot{\bar{e}}_1&=\bar{e}_2-\bar{k}_2\bar{e}_1^{\iota_1}\\ \dot{\bar{e}}_2&=-\bar{k}_5\bar{e}_1^{\bar{\iota}_1}\end{aligned}\tag{11-83}$$

根据 $0<\iota_1$，$\bar{\iota}_1<1$，$\iota_2>1$，$\bar{\iota}_2>1$ 可得 $l_0+r_1=r_2=\iota_1r_1<r_1<\iota_2r_1$，$l_0r_2=\bar{\iota}_1r_1<r_1<\bar{\iota}_2r_1$。因此，有

$$\lim_{\varepsilon\to 0}\frac{\hat{g}_1(\varepsilon^{r_1}\bar{e}_1,\varepsilon^{r_2}\bar{e}_2)}{\varepsilon^{r_1+l_0}}\leqslant\lim_{\varepsilon\to 0}\frac{-\bar{k}_1\varepsilon^{r_1}\bar{e}_1-\bar{k}_3\varepsilon^{\iota_2 r_1}\bar{e}_1^{\iota_2}}{\varepsilon^{r_1+l_0}}=0$$
$$\lim_{\varepsilon\to 0}\frac{\hat{g}_2(\varepsilon^{r_1}\bar{e}_1,\varepsilon^{r_2}\bar{e}_2)}{\varepsilon^{r_2+l_0}}\leqslant\lim_{\varepsilon\to 0}\frac{\|\bar{k}_4\varepsilon^{r_1}\bar{e}_1+\bar{k}_6\varepsilon^{\bar{\iota}_2 r_1}\bar{e}_1^{\bar{\iota}_2}\|+\rho\|\varepsilon^{r_2}\bar{e}_2\|}{\varepsilon^{r_2+l_0}}=0 \tag{11-84}$$

验证近似系统式(11-83)是全局渐近稳定的，选取如下李雅普诺夫函数

$$\bar{V}_0=\frac{\bar{k}_5}{1+\bar{\iota}_1}(\bar{e}_1^{\mathrm{T}}\bar{e}_1)^{\frac{1+\bar{\iota}_1}{2}}+\frac{1}{2}\bar{e}_2^{\mathrm{T}}\bar{e}_2 \tag{11-85}$$

对式(11-85)求导得

$$\dot{\bar{V}}_0\leqslant-\bar{k}_2\bar{k}_5\ (\bar{e}_1^{\mathrm{T}}\bar{e}_1)^{\frac{\iota_1+\bar{\iota}_1}{2}}\leqslant 0 \tag{11-86}$$

根据上式可得系统 $\bar{V}_0$ 是非增的。我们可得 $\lim\limits_{t\to\infty}\int_0^\infty\dot{\bar{V}}_0\mathrm{d}t$ 存在且有限的。由于 $\bar{V}_0(t)\leqslant\bar{V}_0(0)$，对于任意 $t>0$，$\bar{e}_1$ 与 $\bar{e}_2$ 都是有界的。根据式(11-83)可得 $\dot{\bar{e}}_2$ 也是有界的，这意味着 $\dot{\bar{V}}_0$ 是一致连续的。根据 Barbalat's 引理，可得 $\lim\limits_{t\to\infty}\dot{\bar{V}}_0=0$，即 $\lim\limits_{t\to\infty}\bar{k}_5\bar{e}_2^{\mathrm{T}}(\bar{e}_1^{\bar{\iota}_1}-\bar{e}_1^{\iota_1})-\bar{k}_2\bar{k}_5\ (\bar{e}_1^{\mathrm{T}}\bar{e}_1)^{\frac{\bar{\iota}_1+\iota_1}{2}}=0$。所以可得 $\lim\limits_{t\to\infty}\bar{k}_5\bar{e}_2^{\mathrm{T}}(\bar{e}_1^{\bar{\iota}_1}-\bar{e}_1^{\iota_1})=0$，$\lim\limits_{t\to\infty}\bar{k}_2\bar{k}_5\ (\bar{e}_1^{\mathrm{T}}\bar{e}_1)^{\frac{\bar{\iota}_1+\iota_1}{2}}=0$。根据 $\lim\limits_{t\to\infty}\bar{k}_2\bar{k}_5\ (\bar{e}_1^{\mathrm{T}}\bar{e}_1)^{\frac{\bar{\iota}_1+\iota_1}{2}}=0$ 可得 $\lim\limits_{t\to\infty}\bar{e}_1=0$。将 $\bar{e}_1$ 代入式(11-84)的第一个不等式，可得 $\lim\limits_{t\to\infty}\dot{\bar{e}}_1=e_2=0$，这意味着 $\bar{e}_2=0$。综上所得，以原点 $\bar{e}_1=\bar{e}_2=0$ 为平衡点的系统式(11-83)是全局渐近稳定的。

第三步：证明系统式(11-74)的近似系统具有无穷极限齐次性，度满足 $l_\infty>0$，且该近似系统是全局渐近稳定的。

将系统式(11-74)写为下述形式

$$\dot{\bar{e}}_1=\bar{e}_2-\bar{k}_3\ \bar{e}_1^{\iota_2}+\hat{f}_1(\bar{e}_1,\bar{e}_2)$$
$$\dot{\bar{e}}_2=-\bar{k}_6\bar{e}_1^{\bar{\iota}_2}+\hat{f}_2(\bar{e}_1,\bar{e}_2) \tag{11-87}$$

其中，$\hat{f}_1(\bar{e}_1,\bar{e}_2)=-\bar{k}_1\bar{e}_1-\bar{k}_2\bar{e}_1^{\iota_1}$，$\hat{f}_2(\bar{e}_1,\bar{e}_2)=-\bar{k}_4\bar{e}_1-\bar{k}_5\bar{e}_1^{\bar{\iota}_1}+\bar{e}_f$。

根据 $\iota_2>1$，$\bar{\iota}_2=2\iota_2-1$ 可得下面近似系统式(11-87)相对扩展(d_1,d_2)是齐次的，度为 $l_\infty=1$。其中，$d_1=\dfrac{1}{\iota_2-1}$，$d_2=\dfrac{\iota_2}{\iota_2-1}$。

$$\dot{\bar{e}}_1=\bar{e}_2-\bar{k}_3\ \bar{e}_1^{\iota_2}$$
$$\dot{\bar{e}}_2=-\bar{k}_6\bar{e}_1^{\bar{\iota}_2} \tag{11-88}$$

根据 $0<\iota_1$，$\bar{\iota}_1<1$，$\iota_2>1$，$\bar{\iota}_2>1$

可得 $l_\infty+d_1=d_2=\iota_2 d_1>d_1>\iota_1 d_1$，$l_\infty d_2=\bar{\iota}_2 d_1>d_1>\bar{\iota}_1 d_1$。

根据上述内容，我们可得

$$
\begin{aligned}
&\lim_{\varepsilon\to\infty}\frac{\hat{f}_1(\varepsilon^{d_1}\bar{e}_1,\varepsilon^{d_2}\bar{e}_2)}{\varepsilon^{d_1+l_\infty}}\leqslant\lim_{\varepsilon\to\infty}\frac{-\bar{k}_2\varepsilon^{\iota_1 d_1}\bar{e}_1^{\iota_1}-\bar{k}_1\varepsilon^{d_1}\bar{e}_1}{\varepsilon^{d_1+l_\infty}}=0\\
&\lim_{\varepsilon\to\infty}\frac{\hat{f}_2(\varepsilon^{d_1}\bar{e}_1,\varepsilon^{d_2}\bar{e}_2)}{\varepsilon^{d_2+l_\infty}}\leqslant\lim_{\varepsilon\to\infty}\frac{\|\bar{k}_5\varepsilon^{\bar{\iota}_1 d_1}\bar{e}_1^{\bar{\iota}_1}+\bar{k}_4\varepsilon^{d_1}\bar{e}_1\|+\rho\|\varepsilon^{d_2}\bar{e}_2\|}{\varepsilon^{d_2+l_\infty}}=0
\end{aligned}
\tag{11-89}
$$

根据上述分析，可得系统式(11-74)的近似系统式(11-88)是齐次的。

为了证明该近似系统是全局渐近稳定的，选择下述李雅普诺夫函数

$$
\bar{V}_\infty=\frac{\bar{k}_6}{1+\bar{\iota}_2}(\bar{e}_1^{\mathrm{T}}\bar{e}_1)^{\frac{1+\bar{\iota}_2}{2}}+\frac{1}{2}\bar{e}_2^{\mathrm{T}}\bar{e}_2 \tag{11-90}
$$

对其求导得

$$
\dot{\bar{V}}_\infty\leqslant-\bar{k}_3\bar{k}_6\,(\bar{e}_1^{\mathrm{T}}\bar{e}_1)^{\frac{\iota_2+\bar{\iota}_2}{2}} \tag{11-91}
$$

根据上式可得系统 $\bar{V}_\infty$ 是非增的。我们可得 $\lim\limits_{t\to\infty}\int_0^\infty\dot{\bar{V}}_\infty\mathrm{d}t$ 存在且有限的。由于 $\bar{V}_\infty(t)\leqslant\bar{V}_\infty(0)$，对于任意 $t>0$，$\bar{e}_1$ 与 $\bar{e}_2$ 都是有界的。根据式(11-84)可得 $\dot{\bar{e}}_2$ 也是有界的，这意味着 $\dot{\bar{V}}_\infty$ 是一致连续的。根据步骤二的分析，可得近似系统式(11-88)也是全局渐近稳定的。

最后，根据第一步~第三步的讨论分析，根据定义 1.5，我们可得给定的速度观测器是固定时间稳定的。

接下来，我们将会给出稳定时间的数学表达式。根据定义 1.5，我们可得一定存在一个连续正定的李雅普诺夫函数 V^*，满足

$$
\dot{V}^*\leqslant-k_v\Upsilon(V^{*\gamma_1},V^{*\gamma_2}) \tag{11-92}
$$

其中，$\gamma_1=\dfrac{\mathrm{d}\bar{V}_0+l_0}{\mathrm{d}\bar{V}_0}$，$\gamma_2=\dfrac{\mathrm{d}\bar{V}_\infty+l_\infty}{\mathrm{d}\bar{V}_\infty}$。

根据 $l_0=-1$，$l_\infty=1$，$\mathrm{d}\bar{V}_0=\max\left(\dfrac{1}{1-\iota_1},\dfrac{\iota_1}{1-\iota_1}\right)>2$，$\mathrm{d}\bar{V}_\infty=\max\left(\dfrac{1}{\iota_1-1},\dfrac{\iota_2}{\iota_1-1}\right)>1$ 可得 $0<\gamma_1<1$，$\gamma_2>1$。

下面我们分两种情况进行分析。

情况一： 当 $V^*\geqslant1$，可得当 $0<\gamma_1<1<\gamma_2$ 时，$\dfrac{1}{2}(1+V^{*\gamma_2})<\Upsilon(V^{*\gamma_1},V^{*\gamma_2})=\dfrac{V^{*\gamma_1}}{1+V^{*\gamma_1}}<1+V^{*\gamma_2}$。式(11-92)可以写成 $\dot{V}^*\leqslant\dfrac{k_v}{2}V^{*\gamma_2}$，这意味着对于任意初始条件满足 $V^*(0)\geqslant1$ 时，系统可以在有限时间 $T_1\leqslant\dfrac{2}{k_v(\gamma_2-1)}$ 内使得 $V^*\leqslant1$ 满足。

情况二： 当 $V^{*}\leqslant 1$ 时，可得 $\frac{V^{*\gamma_1}}{2}\leqslant\Upsilon(V^{*\gamma_1},V^{*\gamma_2})\leqslant V^{*\gamma_1}$，此时系统式(11-92)可以简化为 $\dot{V}^{*\gamma_1}\leqslant-\frac{k_v}{2}V^{*\gamma_1}$，这意味着系统可以在有限时间 $T_2=\frac{2}{k_v(1-\gamma_1)}$ 内，使得 $V^{*}=0$。

因此，基于上述分析我们可得在设计的观测器参数下速度估计可以在固定时间 $T_0\leqslant T_1+T_2$ 内实现且不依赖于初始估计状态。

证毕。

11.2.4 基于速度观测器的控制律设计及稳定性分析

在此节，我们将会给出一种基于速度观测器的编队控制算法。以估计速度 $\hat{\boldsymbol{v}}_f$ 代替式(11-54)中的 $\boldsymbol{v}_f$，得到如下控制律

$$\boldsymbol{\tau}_f=\boldsymbol{M}_f\{-k_2(\hat{\boldsymbol{v}}_f-\boldsymbol{v}_f^d)-\alpha(\hat{\boldsymbol{v}}_f-\boldsymbol{v}_f^d)^p-\boldsymbol{\beta}(\hat{\boldsymbol{v}}_f-\boldsymbol{v}_f^d)^q+\dot{\boldsymbol{v}}_f^d\}-\hat{\boldsymbol{W}}^{\mathrm{T}}\boldsymbol{\sigma}(\hat{\boldsymbol{v}}_f)-\hat{\boldsymbol{\tau}}_{wf\max} \tag{11-93}$$

这里，所有控制器参数与速度可测控制器中的相同。

针对基于速度观测器的控制律，我们拥有下面结论。

定理 11.5：在假设 11.4、假设 11.5 条件下，考虑含有模型参数不确定及时变扰动的 AMV 编队问题，针对数学模型为式(11-37)的 AMV，在基于观测器式(11-67)测量速度 $\hat{\boldsymbol{v}}_f$ 的控制律式(11-93)下，由式(11-42)、式(11-50)构成的闭环系统是实际固定时间稳定的，当且仅当控制器参数 $k_i(i=1,2,3,4)$，$\boldsymbol{\lambda}_1$，$\boldsymbol{\lambda}_2$，α，$\boldsymbol{\beta}$，p，q，Λ，Γ 及观测器参数 $\boldsymbol{\iota}_i$，$\bar{\iota}_i(i=1,2)$ 选择如定理 11.3 和定理 11.4。此外，收敛时间 T 有界且满足 $T\leqslant T_0+T_s$。

证明： 根据定义可得针对初始估计误差$(\bar{e}_1(0),\bar{e}_2(0))$存在一个有限时间 T_0 使得当 $t\geqslant T_0$ 时，$\boldsymbol{v}_f(t)=\hat{\boldsymbol{v}}_f(t)$。因此，当 $t\geqslant T_0$ 时，基于观测速度的控制律式(11-93)与基于全状态反馈的控制律式(11-54)一致。因此，当 $t\in[0,T_0]$时，如果系统轨迹在控制律式(11-93)作用下不逃离，那么根据定理一定可得存在有限时间 T_s 使得系统是实际固定时间稳定的。因此，在控制律式(11-93)作用下闭环系统在有限时间内不会逃离足以得到该定理。

为了完成证明，选取如下李雅普诺夫函数

$$V_3=\frac{1}{2}e_2^{\mathrm{T}}\hat{e}_2 \tag{11-94}$$

在控制律式(11-93)作用下，对式(11-94)求导得

$$\begin{aligned}\dot{V}_3&=e_2^{\mathrm{T}}(-k_2\hat{e}_2-\alpha\hat{e}_2^p-\beta\hat{e}_2^q)\\&=-k_2e_2^{\mathrm{T}}\hat{e}_2-\alpha e_2^{\mathrm{T}}\hat{e}_2^p-\beta e_2^{\mathrm{T}}\hat{e}_2^q\end{aligned} \tag{11-95}$$

由于 $\hat{e}_2=e_2-J^{-1}\bar{e}_2$，可得对于任意的$\varsigma>0$，等式 $e_2^{\mathrm{T}}\hat{e}_2^{\varsigma}=e_2^{\mathrm{T}}\|e_2-J^{-1}\bar{e}_2\|^{\varsigma}\ \mathrm{sign}(e_2-J^{-1}\bar{e}_2)$

成立。

为了讨论系统的收敛性，下面对两种情况进行讨论。

情况一：假设$\|e_2\|>\left\|J^{-1}\bar{e}_2\right\|$，意味着 $\mathrm{sign}(e_2-J^{-1}\bar{e}_2)=\mathrm{sign}(e_2)$。因此我们可得对于任意$\varsigma>0$，等式 $e_2^{\mathrm{T}}\hat{e}_2^{\varsigma}=\|e_2\|\left\|e_2-J^{-1}\bar{e}_2\right\|^{\varsigma}$成立。因此，式(11-95)可以写成

$$\begin{aligned}\dot{V}_3&=e_2^{\mathrm{T}}[-k_2(e_2-J^{-1}\bar{e}_2)-\alpha(e_2-J^{-1}\bar{e}_2)^p-\beta(e_2-J^{-1}\bar{e}_2)^q]\\&=-k_2\|e_2\|\left\|e_2-J^{-1}\bar{e}_2\right\|-\alpha\|e_2\|\left\|e_2-J^{-1}\bar{e}_2\right\|^p-\beta\|e_2\|\left\|e_2-J^{-1}\bar{e}_2\right\|^q\end{aligned}\tag{11-96}$$

情况二：由于对于任意$\varsigma>0$，不等式$-e_2^{\mathrm{T}}\hat{e}_2^{\varsigma}\leqslant\|e_2\|\left\|e_2-J^{-1}\bar{e}_2\right\|^{\varsigma}$成立且 e_2，$\bar{e}_2\in R^3$，如果$\|e_2\|\leqslant\left\|J^{-1}\bar{e}_2\right\|$，那么

$$\dot{V}_3\leqslant k_2\|e_2\|\left\|e_2-J^{-1}\bar{e}_2\right\|+\alpha\|e_2\|\left\|e_2-J^{-1}\bar{e}_2\right\|^{\frac{m}{n}}+\beta\|e_2\|\left\|e_2-J^{-1}\bar{e}_2\right\|^{\frac{p}{q}}\tag{11-97}$$

根据$\|e_2\|\leqslant\left\|J^{-1}\bar{e}_2\right\|$及$\|a-b\|^{\varsigma}\leqslant(\|a\|+\|b\|)^{\varsigma}$，不等式(11-97)满足

$$\begin{aligned}\dot{V}_3&\leqslant k_2\|e_2\|\left\|e_2-J^{-1}\bar{e}_2\right\|+\alpha\|e_2\|\left\|e_2-J^{-1}\bar{e}_2\right\|^p+\beta\|e_2\|\left\|e_2-J^{-1}\bar{e}_2\right\|^q\\&\leqslant 2k_2\left\|J^{-1}\bar{e}_2\right\|^2+\alpha 2^p\left\|J^{-1}\bar{e}_2\right\|^{p+1}+\beta 2^q\left\|J^{-1}\bar{e}_2\right\|^{q+1}\end{aligned}\tag{11-98}$$

接下来，我们将会证明存在一个正常数 M，对于任意时间不等式 $\dot{V}_3\leqslant M$ 成立。由于定理确保了 $\bar{e}_2$ 的收敛性，即 $\bar{e}_2$ 的有界性，那么意味着在式(11-94)的右侧一定存在最低上界。其中，最低上界定义为 $M=\sup\{2k_2\ \|J^{-1}\bar{e}_2\|^2+\alpha 2^p\ \|J^{-1}\bar{e}_2\|^{p+1}+\beta 2^q\ \|J^{-1}\bar{e}_2\|^{q+1}\}$，根据式(11-96)及式(11-98)，可得 $\dot{V}_3\leqslant M$。因此，$\dot{V}_3$ 及系统状态 e_1、e_2 在任意时间段内都不会逃离。根据以上分析，我们可得基于速度观测器的编队系统不会在任意有限时间段内逃离。根据最开始的证明，我们可得闭环系统在式(11-44)、式(11-47)、式(11-71)和式(11-93)作用下是实际固定时间稳定的。

证毕。

附注 11.5：与渐近稳定编队算法及有限时间轨迹跟踪控制算法相比，本章给定的控制理论可以实现固定时间收敛及较高的控制精度。

附注 11.6：给定的控制算法可以保证编队目标在任意时间内实现编队目标。从实际角度出发，由于执行器饱和的存在该方法仍然很有用，但需要进行一些修改，而且解决时间可能会更长。具体来说，可以使用辅助系统技术或自适应逼近方法对系统模型进行修改，以解决饱和问题。

11.3　仿真分析

11.3.1　时变扰动问题

为了验证 11.1 节设计扰动观测器及编队控制律的有效性，本节以两艘 AMV 组

成的编队进行仿真研究。跟随 AMV 运动学模型中的标称矩阵 M_0、$C_0(\boldsymbol{v}_f)$、$D_0(\boldsymbol{v}_f)$ 见表 11-2，领航 AMV 运行轨迹由动态方程式（11-33）产生，其速度 $\boldsymbol{v}_l=[u_l,v_l,r_l]^{\mathrm{T}}$ 为

$$u_l=1\mathrm{m/s} \quad v_l=0.5\mathrm{m/s} \quad r_l=\begin{cases}0 & 0\leqslant t<30\\ 0.1 & \text{其他}\end{cases} \tag{11-99}$$

且初始位置及航向为 $\boldsymbol{\eta}_l=[0\mathrm{m},0\mathrm{m},0\mathrm{rad}]^{\mathrm{T}}$。跟随 AMV 初始状态为 $\boldsymbol{\eta}_f=[-8\mathrm{m},-10\mathrm{m},0\mathrm{rad}]^{\mathrm{T}}$，$\boldsymbol{v}_f=[0.01\mathrm{m/s},0\mathrm{m/s},0\mathrm{rad/s}]^{\mathrm{T}}$。期望的编队构型为 $d_{lf}^{d}=5\sqrt{2}\,\mathrm{m}$，$\varphi_{lf}^{d}=5\pi/4\mathrm{rad}$。海洋扰动 $\boldsymbol{\tau}_w=[\tau_{wu},\tau_{wv},\tau_{wr}]^{\mathrm{T}}$ 为

$$\begin{bmatrix}\tau_{wu}\\ \tau_{wv}\\ \tau_{wr}\end{bmatrix}=\begin{cases}1.5+2\sin(0.02t)+1.5\sin(0.1t)\\ 1+2\sin\left(0.02t-\dfrac{\pi}{6}\right)+1.5\sin(0.3t)\\ -2+2\sin(0.05t)+2\sin(0.1t)\end{cases} \tag{11-100}$$

表 11-2 AMV 模型参数

符号	数值	单位
m	185	kg
X_u	−70	kg/s/s
Y_v	−100	kg/s/s
N_r	−50	$\mathrm{kg\cdot m^2/s}$
$X_{\dot{u}}$	−30	kg/s
$Y_{\dot{v}}$	−80	kg
$N_{\dot{r}}$	−30	$\mathrm{kg\cdot m^2}$
$X_{\|u\|u}$	−100	kg/m
$Y_{\|v\|v}$	−200	kg/m
$N_{\|r\|r}$	−100	$\mathrm{kg\cdot m^2/s}$
I_z	50	$\mathrm{kg\cdot m^2/s}$

本节针对下述两种情况进行仿真验证。

情况一： 设 $\Delta M_f=0$，$\Delta C_f(\boldsymbol{v}_f)=0$，$\Delta D_f(\boldsymbol{v}_f)=0$，即只存在海洋扰动。

扰动观测器设计参数为 $\lambda_1=\mathbf{diag}(5,5,5)$，$\lambda_2=\mathbf{diag}(5/7,5/7,5/7)$，$\lambda_3=\mathbf{diag}(3/5,3/5,3/5)$，$\lambda_6=\mathbf{diag}(6,5,6)$，$\alpha=5/7$，$\beta=5/3$。编队控制器设计参数为 $k_1=k_3=\mathbf{diag}(5/7,5/7,5/7)$，$k_2=k_4=\mathbf{diag}(3/5,3/5,3/5)$，$k_5=\mathbf{diag}(5,10,10)$，$f=25$，$\varsigma=0.8$。

仿真结果如图 11-5~图 11-10 所示。

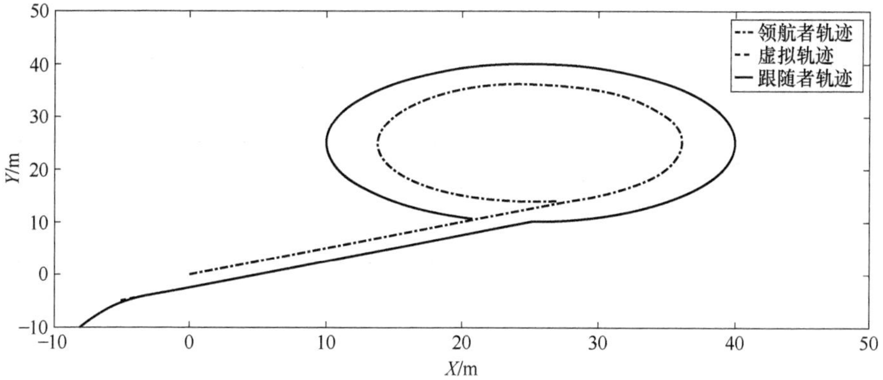

图 11-5 领航 AMV 轨迹，虚拟轨迹及跟随 AMV 轨迹

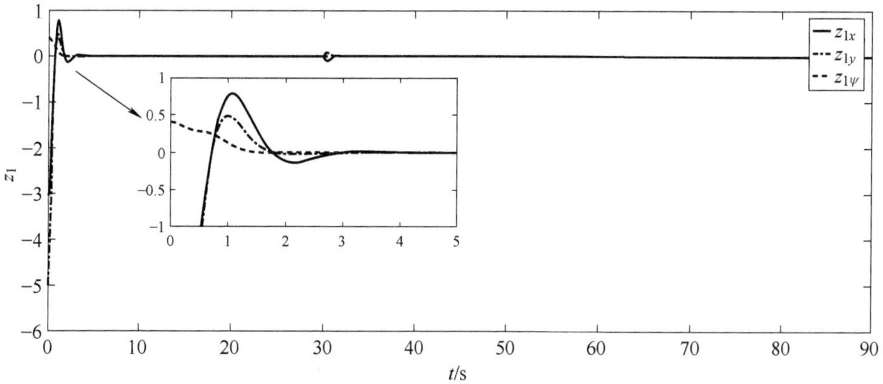

图 11-6 跟随 AMV 轨迹与虚拟轨迹跟踪误差 z_1

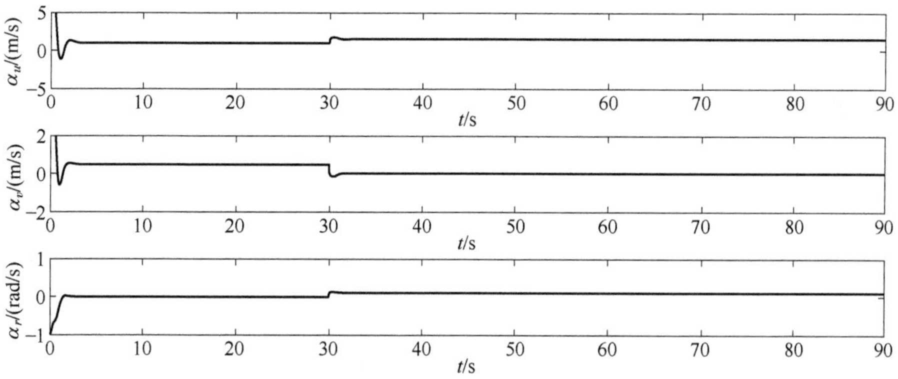

图 11-7 跟随 AMV 运动学控制器 $\boldsymbol{\alpha}_{v_f}$

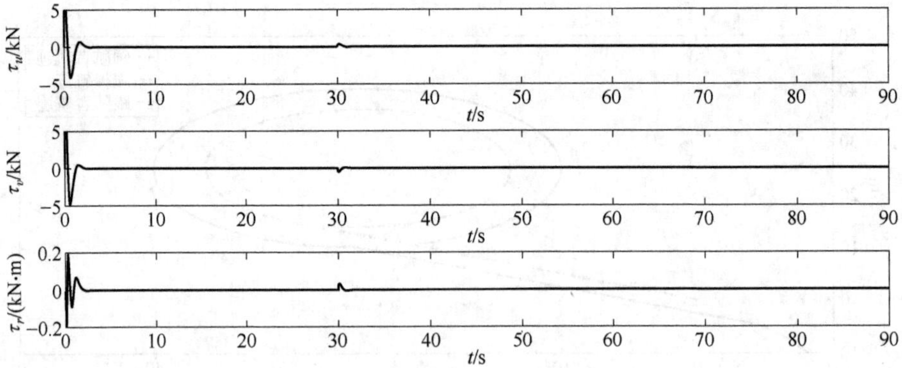

图 11-8　跟随 AMV 动力学控制器 $\boldsymbol{\tau}_f$

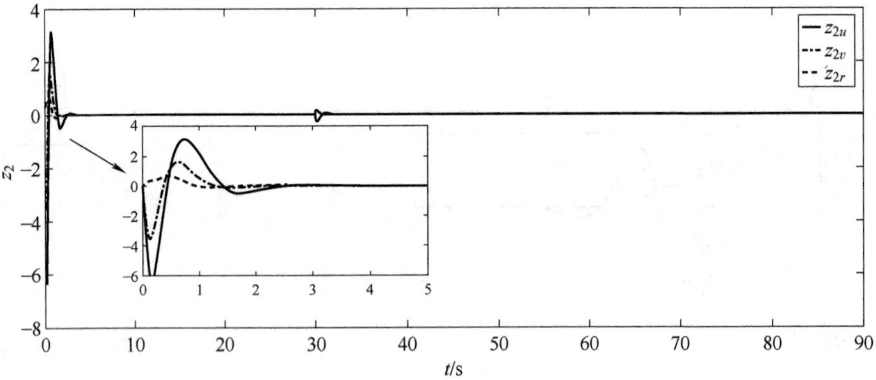

图 11-9　跟随 AMV 速度跟踪误差 z_2

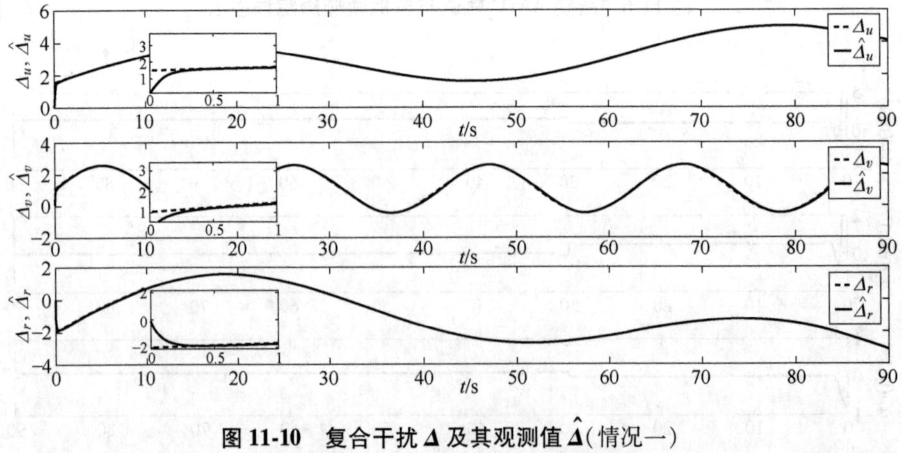

图 11-10　复合干扰 $\boldsymbol{\Delta}$ 及其观测值 $\hat{\boldsymbol{\Delta}}$(情况一)

图 11-5 给出了领航 AMV 轨迹，虚拟轨迹及跟随 AMV 实际行驶轨迹；图 11-6

给出了跟随 AMV 实际轨迹与虚拟轨迹的跟踪误差；根据图 11-5 和图 11-6，可以看出在本节设计的控制器作用下，跟随 AMV 可以实现对虚拟轨迹的跟踪，从而实现领航-跟随策略下的多 AMV 编队控制。图 11-7 和图 11-8 给出设计的运动学控制器及动力学控制器；图 11-9 给出了在动力学控制器作用下的速度跟踪误差 z_2。从图中可以看出，在所设计的动力学控制器作用下，可以实现对运动学控制器的跟踪；图 11-10 给出了扰动真实值及观测器作用下的观测值，由图可得所设计的观测器可以实现对复合扰动的精确估计。

情况二： 设 $\Delta M_f=0.2M_{f0}$，$\Delta C_f(\boldsymbol{v}_f)=0.2C_{f0}(\boldsymbol{v}_f)$，$\Delta D_f(\boldsymbol{v}_f)=0.2D_{f0}(\boldsymbol{v}_f)$，即存在模型参数不确定及海洋扰动。

扰动观测器设计参数为 $\lambda_1=\mathbf{diag}(5,5,5)$，$\lambda_2=\mathbf{diag}(5/7,5/7,5/7)$，$\lambda_3=\mathbf{diag}(3/5,3/5,3/5)$，$\lambda_6=(3,2,3)$，$\alpha=5/7$，$\beta=5/3$。

根据图 11-11 可以看出，当模型参数不确定及海洋扰动同时存在时，设计的扰动观测器仍是有效的。为简单起见，这里我们只验证了扰动观测器的有效性。

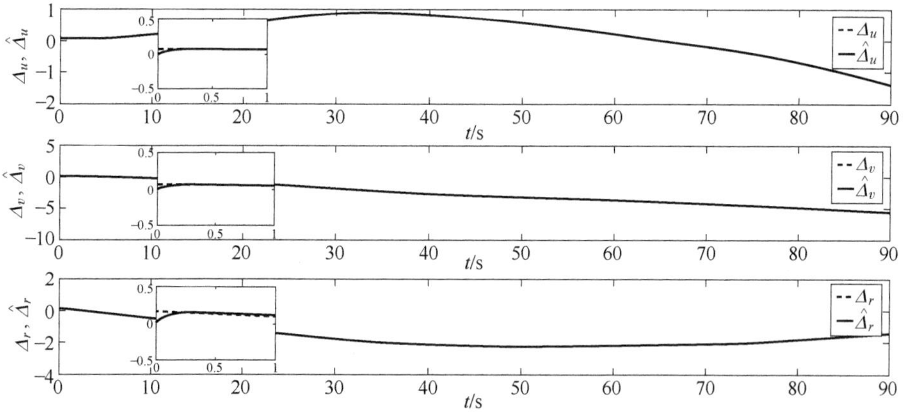

图 11-11　复合干扰 $\boldsymbol{\Delta}$ 及其观测值 $\hat{\boldsymbol{\Delta}}$(情况二)

为了验证系统在所设计控制律下，系统的收敛时间与初始状态无关，在不同初始状态下验证本章算法 $\eta_{f1}(0)=[-8,-10,0]$，$\eta_{f2}(0)=[-5,-10,0]$，仿真结果如图 11-12 和图 11-13。

图 11-12 和图 11-13 仿真结果验证了所设计控制算法的正确性及有效性。不同初始状态下，该控制器可以确保相同时间达到系统稳定，实现编队控制目标。综上可得，所设计的扰动观测器及协同编队控制律是有效的。

11.3.2　速度未知问题仿真

为了验证 11.2 节给定算法的有效性，在 MATLAB 中进行一些仿真。考虑含有两艘 AMV 的编队情形，假设 AMV 是同构的具模型参数为 $M=\mathbf{diag}\{175.4,140.8,$

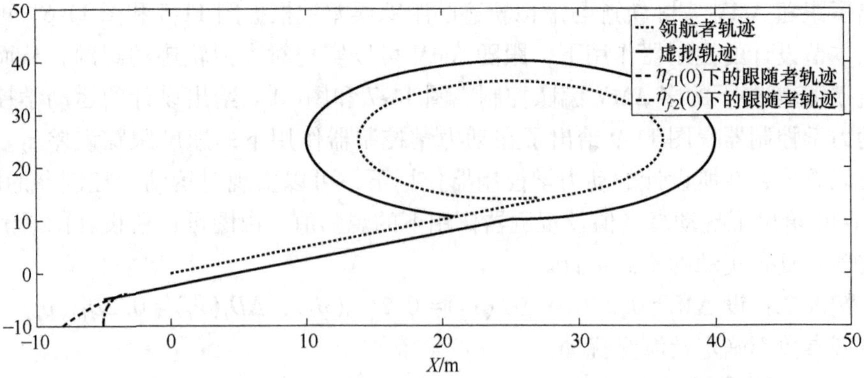

图 11-12　领航 AMV 轨迹，虚拟轨迹及不同初始状态下跟随 AMV 轨迹

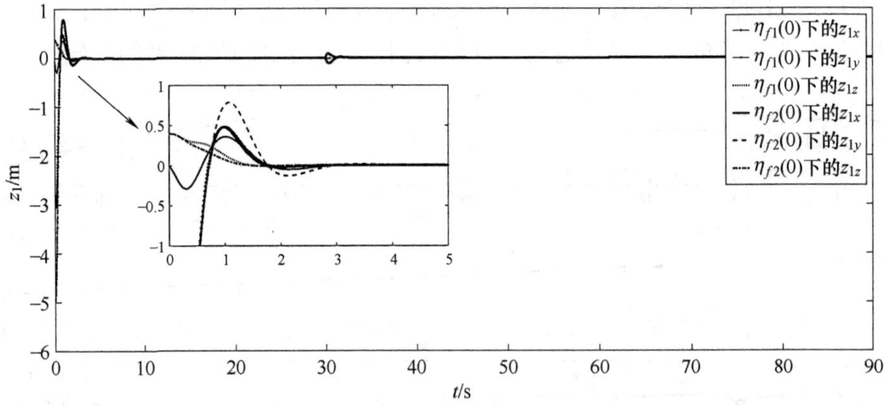

图 11-13　不同初始状态下跟随 AMV 轨迹与虚拟轨迹位置及航向跟踪误差 z_1

140.8}，$D(\upsilon)=\mathbf{diag}\{120+90|u|, 90+90|v|, 150+120|\omega|\}$，$W=1148$，$B=1108$。

姿态为 $\psi=\pi/4$，$\theta=\pi/12$，$\varphi=-\pi/8$。

不失一般性，考虑如下形式的时变干扰 τ_w

$$\tau_w=\begin{cases}2+1.8\sin(0.7t)+1.2\sin(0.05t)\\-0.8+2\sin(0.1t)+1.5\cos(0.6t)\\0.5+2\sin(0.5t)+1.5\cos(0.6t)\end{cases}\tag{11-101}$$

在惯性坐标系$\{E\}$下，AMV 间期望构型为 $d_{lf}=[2,6,6]^{\mathrm{T}}$。领航 AMV 的轨迹为

$$u_l=v_l=\omega_l=\begin{cases}2 & 0\leqslant t<10\\2+0.1^*(t-10) & 10\leqslant t<15\\2.5 & \text{其他}\end{cases}\tag{11-102}$$

且初始状态为 $p_l(0)=[0,0,0]^{\mathrm{T}}$。跟随 AMV 的初始状态为 $p_f(0)=[0,-2,-4]^{\mathrm{T}}$ 和

$\boldsymbol{v}_f(0)=[0,0,0]^{\mathrm{T}}$。

1. 状态反馈编队控制

控制器设计参数为

$k_1=\mathbf{diag}(2,4,2)$，$k_2=\mathbf{diag}(5,15,5)$，$\lambda_1=\mathbf{diag}(2,2,2)$，$\lambda_2=\mathbf{diag}(4,4,4)$，$\alpha=\mathbf{diag}(1,1,1)$，$\beta=\mathbf{diag}(2,2,2)$，$p=5/3$，$q=3/7$，$\zeta=4/8$，$f_n=2000$，$\Gamma=\mathbf{diag}(0.1,0.1,0.1)$，$k_3=\mathbf{diag}(0.01,0.01,0.01)$，$\Lambda=\mathbf{diag}(0.1,0.1,0.1)$，$k_4=\mathbf{diag}(0.01,0.010.01)$。

从图 11-14 可以看出，在控制律式(11-50)下，可以在最大的收敛时间内得到所需编队控制。两艘 AMV 的运行轨迹如图 11-14a 所示。位置跟踪误差 e_{1x}，e_{1y}，e_{1z}；速度跟踪误差 e_2 分别如图 11-14b，c 所示，均在 10.8s 后收敛为零。图 11-14d 为跟随 AMV 的实际控制输入 τ_f。

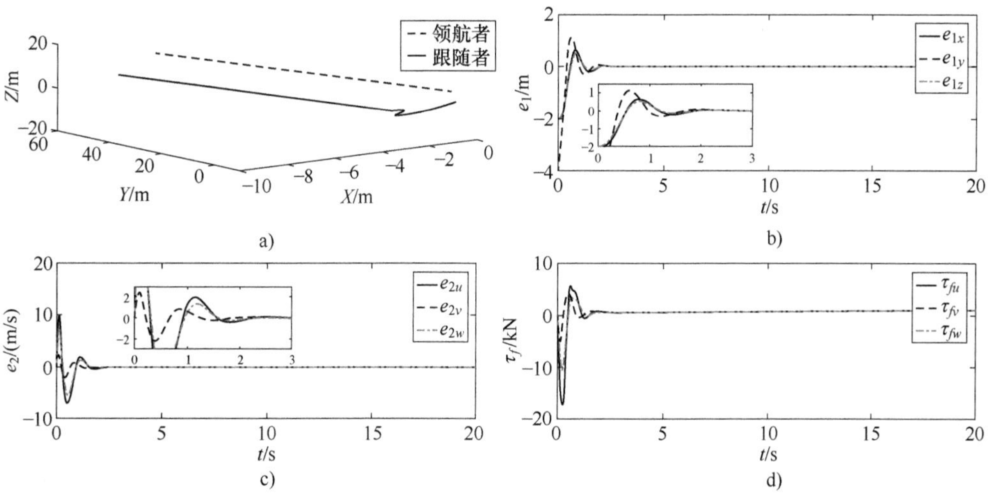

图 11-14　速度测量下的编队控制结果

为了证明该方法的稳定时间与系统初始状态无关，选取了不同的跟随 AMV 初始位置 $p_a=[0,2,4]$和 $p_b=[1,3,5]$。为了进行比较，将该方法与参考文献[141]中的控制器和有限时间控制器进行了比较。结果如图 11-15 所示，这里，定义误差 $e_1=e_{1x}+e_{1y}+e_{1z}$。图 11-15 分别显示了不同初始位置 $p_a=[0,2,4]$和 $p_b=[1,3,5]$下，不同控制器下两艘 AMV 的轨迹和位置跟踪误差 e_1。从图 11-15a 可以看出，所需要的队形都可以实现。从图 11-15b 中，我们可以看到，固定的时间控制器在不同初始位置下具有相同的收敛时间，而有限时间控制器有不同的收敛时间，初始位置偏差越大，收敛时间越大，该系统在控制器[141]有较大的超调，降低收敛速度。图 11-16 给出了不同初始条件下的固定时间编队控制结果。图 11-17 给出了不同参数下固定时间控制器下的编队结果。从图 11-16 和图 11-17 可以看出，无论初始条件及参数选择，都可以保证在相同时间内实现编队。

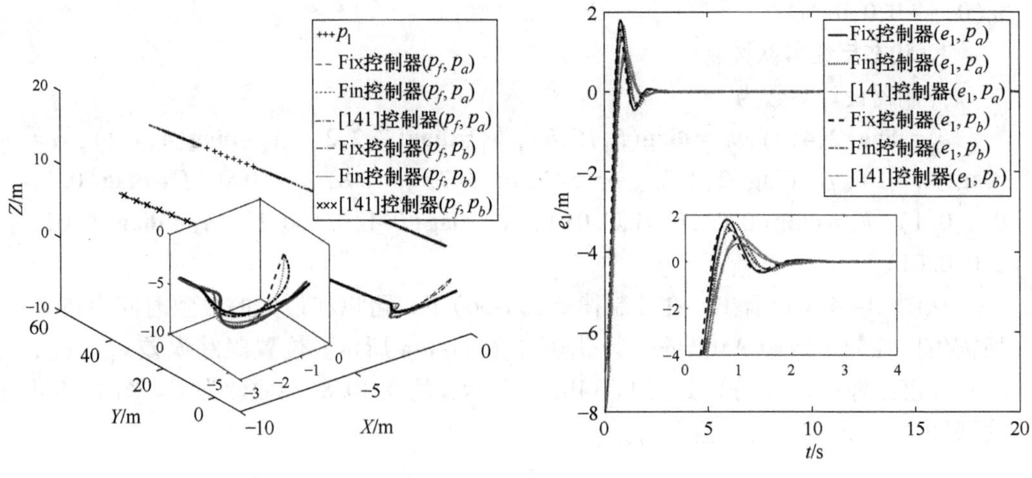

a) b)

图 11-15　不同初始位置 p_a 和 p_b 下不同控制器的编队控制效果

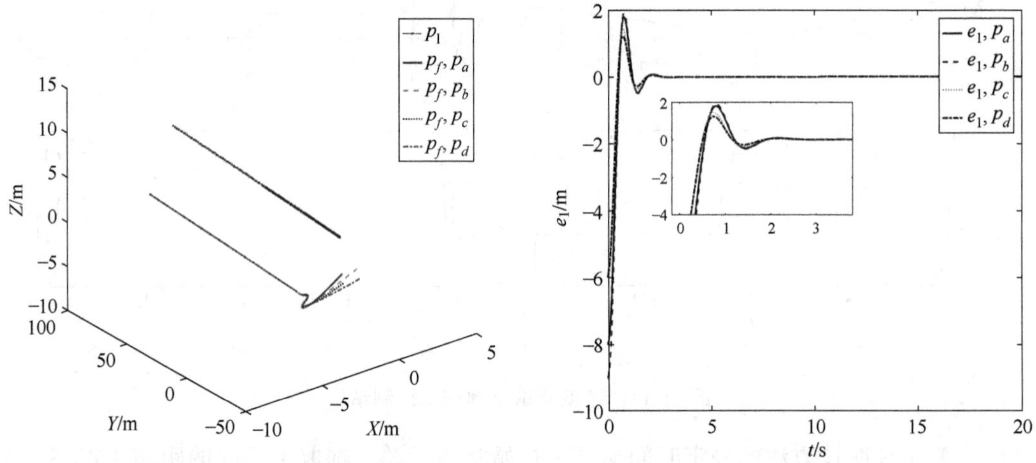

a) b)

图 11-16　不同初始条件下在固定时间控制器下的编队控制效果

2. 基于观测器的编队控制

首先展现设计的速度观测器可以在选择参数下实现对速度的精确估计。这里参数选择为

$\bar{k}_1=\mathbf{diag}(2,2,2)$，$\bar{k}_2=\bar{k}_3=\mathbf{diag}(5,5,5)$，$\iota_1=0.8$，$\iota_2=1.2$，$\bar{\iota}_1=0.6$，$\bar{\iota}_2=1.4$。

图 11-18 为跟随 AMV 的位置矢量(p_f,$\hat{p}_f$)和速度矢量(v_f,$\hat{v}_f$)。图 11-19、图 11-20 分别为后续 AMV 设计的观测器式(11-71)的位置估计结果和速度估计结果。可以看出，位置估计误差和速度估计误差在 4s 左右收敛为零，验证了所提出的观测器

是固定时间收敛的。

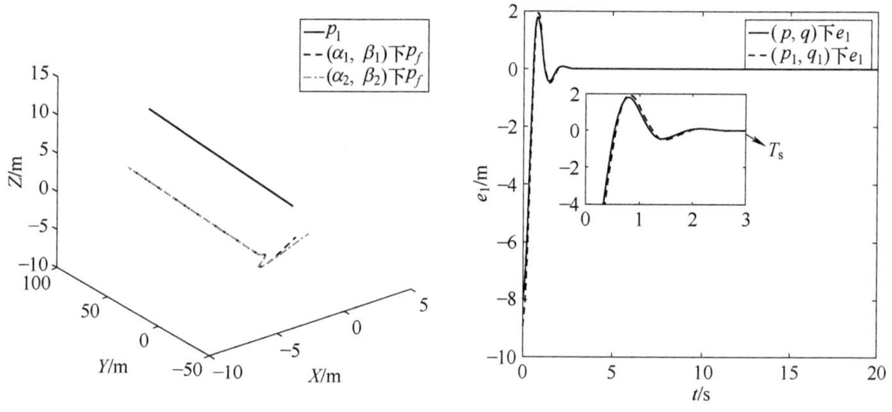

图 11-17　不同控制器参数下的固定时间控制器下的编队控制结果

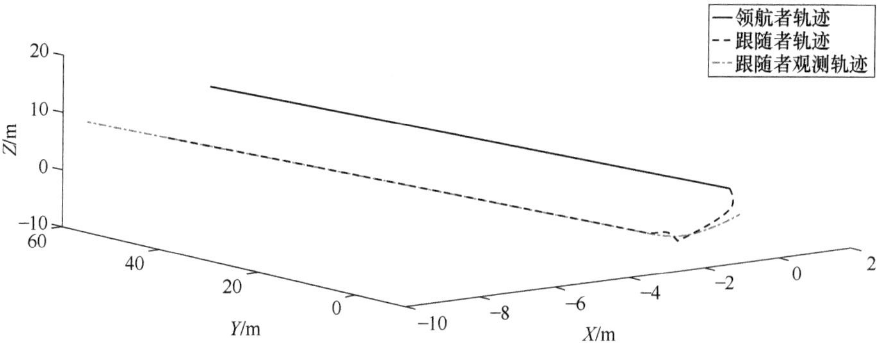

图 11-18　真实轨迹 p_f 及观测轨迹 $\hat{p}_f$

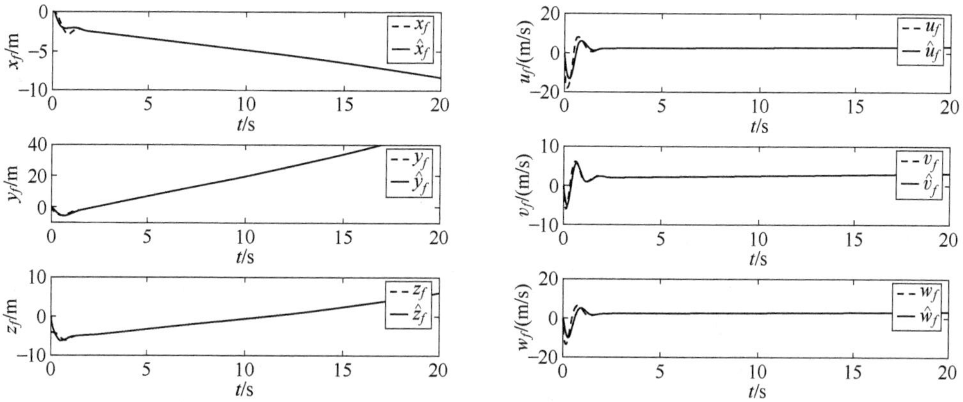

图 11-19　位置及速度的真实矢量及估计矢量

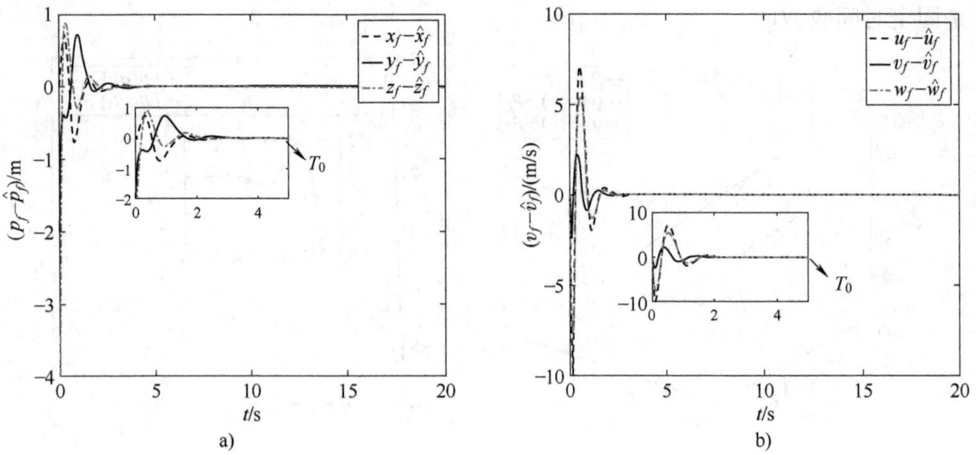

图 11-20　位置及速度的估计误差

接下来，我们证明了在基于速度观测的控制律式(11-89)下，可以在固定时间内实现编队控制。图 11-21 为控制律式(11-89)下两艘 AMV 的编队控制结果，其中图 11-21a 为 AMV 轨迹，图 11-21b 为位置跟踪误差 e_{1x}、e_{1y}、e_{1z}，从图可以看出，跟踪误差 7s 后均收敛为零。

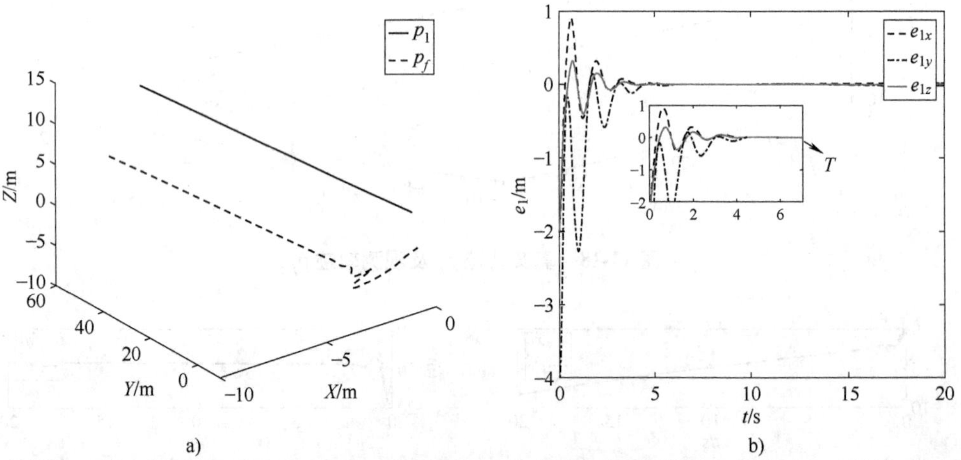

图 11-21　无速度测量下的编队控制结果

3. MSS 系统中性能验证

我们进一步使用挪威科技大学海洋技术研究所开发的著名高保真海洋系统模拟器(MSS)来演示该方法。MSS 集流体力学、结构力学、船舶机械、电力发电与配电、船舶导航与自动控制于一体。该模拟器能较好地捕捉水动力效应、广义科里奥利力和向心力、非线性阻尼力和电流力以及广义恢复力。它由强大的环境模块、船舶动力学模块、推进器和轴模块、船舶控制模块组成。

在 MSS 中，基于海军研究生院海洋航行器进行了仿真。为了使模拟结果更接近实际情况，在式(11-101)中引入了高斯随机过程的海洋扰动及下述输入饱和

$$\mathrm{sat}(\tau_f)=\begin{cases}\tau_f\mathrm{sign}(\tau_{\max}) & |\tau_f|\geqslant\tau_{\max}\\ \tau_f & \text{其他}\end{cases} \tag{11-103}$$

仿真结果如图 11-22～图 11-24 所示，分别显示了在输入饱和和海洋扰动下，无速度测量的编队控制性能。我们可以清楚地看到，该方法在三种情况下都是有效的 MSS 模拟器。对于饱和的情况与没有输入饱和的情况下相比，其收敛时间接近 6s，稍长于通过参数计算的收敛时间。

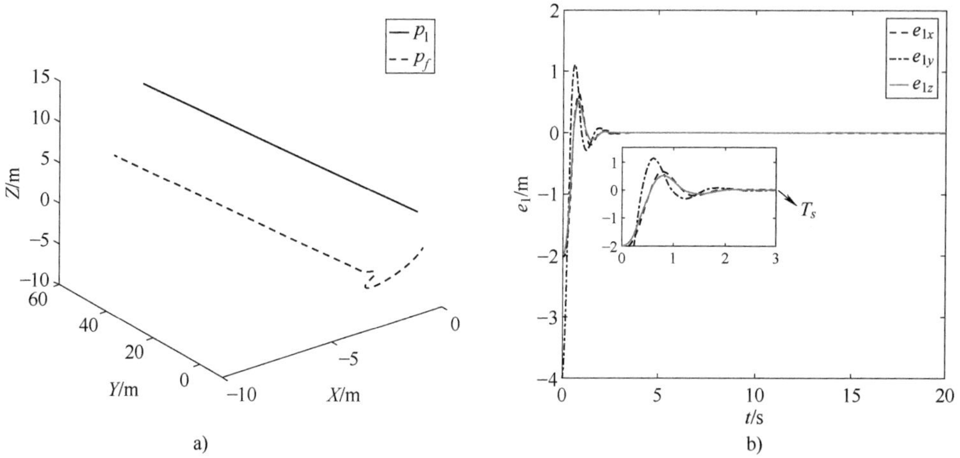

图 11-22　在 MSS 系统中在速度测量下的编队控制结果

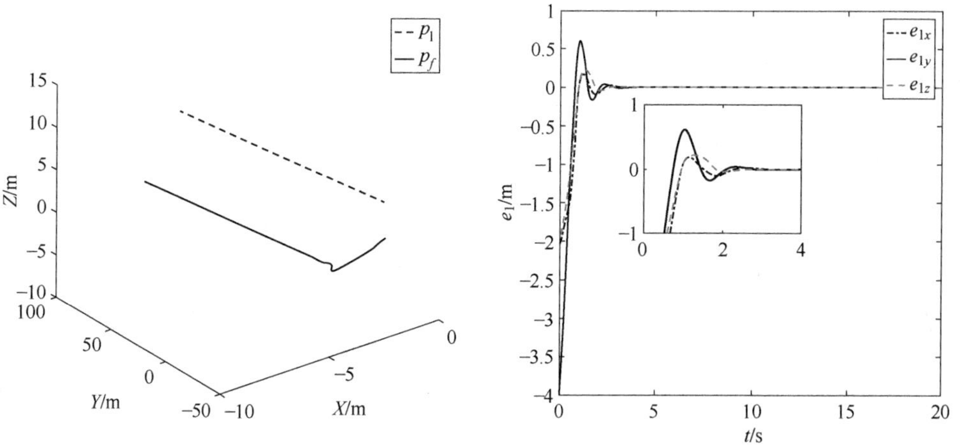

图 11-23　在 MSS 系统中存在输入饱和的编队控制结果

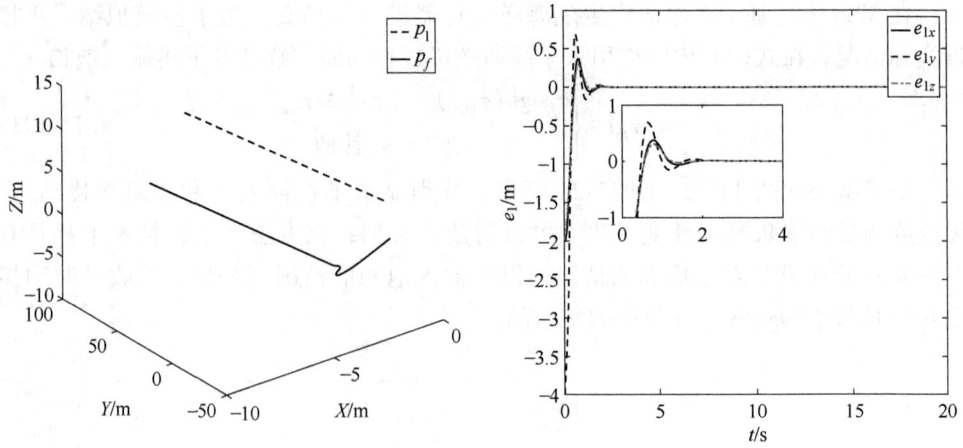

图 11-24 在 MSS 系统中，存在干扰的编队控制结果

11.4 本章小结

本章首先研究了带有模型参数不确定及海洋扰动的多 AMV 编队控制问题，提出了一种基于固定时间理论的控制器设计算法。首先，为了对由模型参数不确定及海洋扰动组成的复合干扰实现精确估计，设计了固定时间扰动观测器，确保对干扰精确估计。然后，基于扰动观测器，固定时间理论、指令滤波技术及虚拟轨迹，设计了编队控制律，实现编队控制目标。

然后研究了有速度测量和无速度测量两种情况下的固定时间编队控制问题。与现有的有限时间控制方法相比，固定时间算法独立于初始条件，收敛速度更快，精度更高。利用固定时间控制理论，提出了一种用于编队系统的固定时间状态反馈控制器。将指令滤波技术与误差补偿器相结合，消除滤波误差，引入自适应神经网络克服模型的不确定性和外部干扰。为了得到反馈的速度信息，提出了一种基于坐标变换和全局固定时间收敛状态观测器的控制策略。然后将相应的状态反馈控制器和固定时间收敛状态观测器相结合，得到了一种基于速度观测器的固定时间控制方案。严格地证明了无论初始状态如何，均能在固定时间内实现编队控制，同时保证闭环编队控制系统的所有跟踪误差实际上是固定时间稳定的。上述控制律都保证了编队任务的实现，得到编队控制闭环系统固定时间稳定的结果。

第 12 章 基于事件触发间歇通信的 AMV 固定时间编队控制

常规 AMV 编队控制都是在连续通信策略下实现的，即在整个编队形成及编队保持过程中，AMV 间信息连续性传输，这将导致通信负担的增加，且在极端的海洋环境里，通信量的增加，增加了通信技术难度，增加了能源消耗，延时、丢包等通信问题的产生。相比于时间触发的通信策略，事件触发机制依赖所设计的事件是否发生，决定是否通信及采用何种方式通信，可以很好地解决通信量大及网络资源、能源的浪费。本章针对具有事件触发间歇通信的 AMV 固定时间编队控制展开研究。首先为减少不必要的通信，设计了事件触发机制，实现连续性通信及周期性通信的切换。为了避免事件触发机制下的 Zeno 现象，保证编队控制系统可在采样周期内实现期望编队，采用固定时间理论，指令滤波技术及误差补偿系统设计了编队控制律，保证稳定时间内编队的形成。

12.1 问题描述

考虑 AMV 三维运动学及动力学数学模型

$$\begin{cases} \dot{p}_i = J(\Theta_i)\boldsymbol{v}_i \\ M_i\dot{\boldsymbol{v}}_i = -D(\boldsymbol{v}_i)\boldsymbol{v}_i - g_i(\Theta_i) + \tau_i \end{cases} \tag{12-1}$$

此处，每个跟随 AMV 配备传感器用以接收来自领航 AMV 的状态信息(即位置信息及速度信息)，此外跟随 AMV 还可以通过自带传感器测量惯性坐标系$\{E\}$下的自身位置信息及附体坐标系$\{B\}$速度信息。

本章的控制目标：为减少 AMV 编队系统中，领航者与跟随者间的数据传输量，设计事件触发机制，减少通信量，进一步，为跟随 AMV 设计非线性控制律τ_f，实现事件触发机制下，由两艘 AMV 组成的系统可以在惯性坐标系$\{E\}$下实现编队，即在有限时间内领航 AMV 和跟随 AMV 可以实现期望的距离，数学形式描述如下

$$\lim_{t\to T}\|p_l - p_f - d_{lf}\| = 0 \tag{12-2}$$

及

$$\|p_l - p_f - d_{lf}\| = 0, \quad \forall t \geqslant T \tag{12-3}$$

其中，T 为设定的稳定时间，且满足 $T \leqslant h$，h 为周期性通信模式下的信息传输周期。

12.2 触发事件设计

在传统的领航-跟随编队控制中，领航 AMV 需要连续的将状态信息(包括位置信息及速度信息)通过传感器传输给跟随 AMV。这为编队系统带来了弊端。一方面，连续性通信模式下，领航 AMV 会持续地将状态信息传输给跟随 AMV，在此过程中会出现过多对不必要信息进行传输的情况，导致能耗增加及加大通信负担。针对 AMV 携带能源有限的情况，该策略并不是最理想的。另一方面，长时间采用连续性通信模式，会增加传感器传输错误信息的可能及带来更多的信息传输问题。受参考文献[53]启发，事件触发机制可以有效缓解连续性通信模式弊端，减少 AMV 间信息传输，减少传感器的能耗，增加 AMV 工作周期。在本节设计的事件触发机制下，我们提供两种通信模式，连续性通信模式及周期性通信模式。根据事件触发条件，选择不同的信息传输模式。在该策略下，不再需要领航 AMV 与跟随 AMV 进行长时间的连续性通信，这将大大减少 AMV 间的信息传输量，进而减少能源消耗，也更加适合水下通信环境。

为了更好地描述本节所提出的事件触发机制，定义一个二值变量信号 σ，由该变量决定通信模式的选取。此处，该信号由跟随 AMV 发送，领航 AMV 接收。

$$\sigma = \begin{cases} 1 & f_i(t) \geqslant 0 \\ 0 & \text{其他} \end{cases} \tag{12-4}$$

其中，$f_i(t)$ 为待设计事件触发函数。当 $\sigma = 1$ 时，连续性通信模式被采纳，即在编队系统中，领航 AMV 将会通过传感器连续地将状态信息传输给跟随 AMV。当 $\sigma = 0$ 时，领航 AMV 将会周期性地将状态信息传输给跟随 AMV。

定义状态跟踪误差 $\tilde{e}(tk) = [\tilde{e}_x, \tilde{e}_y, \tilde{e}_z]^{\mathrm{T}}$ 为

$$\tilde{e}(tk) = p_l(t_{kh}) - p_f(t) - d_{lf} \tag{12-5}$$

其中，$t_{kh}(k=1,2,\cdots,N)$ 为周期采样时刻，在该时刻领航 AMV 将会以周期性通信模式将状态信息传输给跟随 AMV，h 为采样周期，$d_{lf} = [d_{lfx}, d_{lfy}, d_{lfz}]^{\mathrm{T}} \in R^3$ 为惯性坐标系 $\{E\}$ 下领航 AMV 与跟随 AMV 间期望的相对距离。

为了描述简单，定义 $\{t^0, t^1, \cdots, t^k\}$ 为一系列触发时刻，触发时刻 t^k 迭代更新如下

$$t^{k+1} = \inf\{t > t^k : f_i(t) \geqslant 0\} \tag{12-6}$$

事件触发函数设计如下

$$f_i(t)=\|\tilde{e}(tk)\|-\|d\| \tag{12-7}$$

其中，$d=[d_x,d_y,d_z]^{\mathrm{T}}\in R^3$ 为正定矩阵，表示事件触发阈值。

编队保持过程中，AMV 间采用周期性信息传输模式；当事件触发时，即编队失效，连续性通信模式将会被采纳，当连续性通信模式被采纳时，会出现连续触发，即 Zeno 现象。为了避免该现象的发生，本节要求连续性通信模式持续 h 时长。

注 12.1：连续性通信模式保持 h 时长，不仅可以避免 Zeno 现象，还可以减少选择信号 σ 的数量。

注 12.2：AMV 连续模型仅用于性能分析和控制器设计目的。在实现之前，需要对模型和算法进行离散化。在编队控制过程中，对反馈信息进行周期性采样，并根据事件触发条件进行传输。为了得到更适合实际应用的结果和算法，本节的控制算法将在以后的研究中扩展到离散时域或采样数据控制框架。

注 12.3：在参考文献[231]等现有文献中，整个编队控制过程中，领航 AMV 会将状态信息 p_l 及 $\boldsymbol{v}_l$ 连续地发送给跟随 AMV，而本节中的控制算法只有在事件触发时，连续性状态信息才会需要传输，因此，通信负担可以大大减少，同时保证较好的编队性能。

12.3　控制器设计及稳定性分析

根据设计的事件触发机制，一旦事件触发，领航 AMV 将会以连续性通信模式将状态信号传输给跟随 AMV，同时，跟随 AMV 持续性地更新控制器直到编队实现。因此，跟随 AMV 的控制律是在连续性通信模式下进行设计。在本节中，我们将会采用固定时间理论，指令滤波技术为跟随 AMV 设计非线性控制律 $\boldsymbol{\tau}_f=[\tau_{fu},\tau_{fv},\tau_{f\omega}]$，实现编队控制目标。

为了满足对收敛时间的要求，固定时间理论运用到了整个控制律设计过程中。此处，整个控制律设计由两步构成。

第一步：运动学控制器设计。

定义位置跟踪误差 $e_1=[e_{1x},e_{1y},e_{1z}]\in R^3$ 为

$$e_1=p_l-p_f-d_{lf} \tag{12-8}$$

根据式(12-8)，对误差 e_1 求导得

$$\dot{e}_1=J(\Theta_l)\boldsymbol{v}_l-J(\Theta_f)\boldsymbol{v}_f \tag{12-9}$$

为了稳定位置跟踪误差，选择虚拟稳定函数 $\boldsymbol{v}_f^c$ 为

$$\boldsymbol{v}_f^c=J^{-1}(\Theta_f)\left(k_1e_1+\alpha_1e_1^{\frac{m_1}{n_1}}+\beta_1e_1^{\frac{p_1}{q_1}}-\lambda_1\xi_1+J(\Theta_l)\boldsymbol{v}_l\right) \tag{12-10}$$

其中，$k_1\in R^{3\times3}$，$\lambda_1\in R^{3\times3}$ 为参数矩阵，且矩阵元素满足 $k_1>2\lambda_1$，m_1，n_1，p_1，q_1 为互质奇数且满足 $m_1>n_1$，$p_1<q_1$。ξ_1 为待设计的滤波补偿信号，用以补偿滤波器

误差。

为了得到 υ_f^d 及 $\dot{\upsilon}_f^d$，令虚拟稳定函数 υ_f^c 通过如下指令滤波器

$$\begin{aligned}\dot{z}_1&=w_1z_2\\ \dot{z}_2&=-2\zeta_1w_1z_2-w_1(z_1-\upsilon_f^c)\end{aligned}\tag{12-11}$$

式中，w_1 和 ζ_1 为滤波器设计参数，满足 $w_1>0$ 和 $\zeta_1\in(0,1]$，初始条件满足 $z_1(0)=\upsilon_f^c(0)$ 且 $z_2(0)=0$。

定义滤波误差为

$$\omega_1=\upsilon_f^c-\upsilon_f^d\tag{12-12}$$

滤波补偿信号 ξ_1 由下述动态系统产生：

$$\dot{\xi}_1=\begin{cases}-\lambda_1\xi_1-\alpha_1\xi_1^{\frac{m_1}{n_1}}-\beta_1\xi_1^{\frac{p_1}{q_1}}-f_1\xi_1+\omega_1 & \|e_1\|>\vartheta_1\\ 0 & \|e_1\|\leqslant\vartheta_1\end{cases}\tag{12-13}$$

其中，$\vartheta_1>0$ 为小的常数，$\lambda_2\in R^{3\times3}$ 为正定设计参数矩阵，且矩阵元素满足 $\lambda_2>\lambda_1+1$，$f_1=\dfrac{\|\omega_1e_1\|+\frac{1}{2}\lambda_2\omega_1^2}{\|\xi_1\|^2}$。

为了验证运动学子系统的稳定性，构建下述李雅普诺夫函数

$$V_1=\frac{1}{2}e_1^{\mathrm{T}}e_1+\frac{1}{2}\xi_1^{\mathrm{T}}\xi_1\tag{12-14}$$

根据式(12-9)、式(12-10)、式(12-13)及 Young's 不等式，对系统式(12-14)求导得

$$\begin{aligned}\dot{V}_1&=e_1^{\mathrm{T}}\dot{e}_1+\xi_1^{\mathrm{T}}\dot{\xi}_1\\
&=e_1\left(-k_1e_1-\alpha_1e_1^{\frac{m_1}{n_1}}-\beta_1e_1^{\frac{p_1}{q_1}}+\lambda_1\xi_1\right)+\xi_1\left(-\lambda_1\xi_1-\alpha_1\xi_1^{\frac{m_1}{n_1}}-\beta_1\xi_1^{\frac{p_1}{q_1}}-f_1\xi_1+\omega_1\right)\\
&=-k_1e_1^2-\alpha_1e_1^{\frac{m_1}{n_1}+1}-\beta_1e_1^{\frac{p_1}{q_1}+1}+\lambda_1e_1\xi_1-\lambda_1\xi_1^2-\alpha_1\xi_1^{\frac{m_1}{n_1}+1}-\beta_1\xi_1^{\frac{p_1}{q_1}+1}-f_1\xi_1^2+\xi_1\omega_1\\
&\leqslant-k_1e_1^2-\alpha_1e_1^{\frac{m_1}{n_1}+1}-\beta_1e_1^{\frac{p_1}{q_1}+1}+\frac{\lambda_1}{2}(e_1^2+\omega_1^2)-\lambda_1\xi_1^2-\alpha_1\xi_1^{\frac{m_1}{n_1}+1}-\beta_1\xi_1^{\frac{p_1}{q_1}+1}-\\
&\quad|\omega_1e_1|-\frac{1}{2}\lambda_2\omega_1^2+\frac{1}{2}(\xi_1^2+\omega_1^2)\\
&\leqslant-\left(k_1-\frac{\lambda_1}{2}\right)e_1^2-\alpha_1e_1^{\frac{m_1}{n_1}+1}-\beta_1e_1^{\frac{p_1}{q_1}+1}-\left(\lambda_1-\frac{1}{2}\right)\xi_1^2-\alpha_1\xi_1^{\frac{m_1}{n_1}+1}-\beta_1\xi_1^{\frac{p_1}{q_1}+1}-\frac{\lambda_2-\lambda_1-1}{2}\omega_1^2\end{aligned}\tag{12-15}$$

进一步得

$$\dot{V}_1\leqslant-\alpha_12^{\frac{m_1+n_1}{2n_1}}\left\{\left(\frac{1}{2}e_1^2\right)^{\frac{m_1+n_1}{2n_1}}+\left(\frac{1}{2}\xi_1^2\right)^{\frac{m_1+n_1}{2n_1}}\right\}-\beta_12^{\frac{p_1+q_1}{2q_1}}\left\{\left(\frac{1}{2}e_1^2\right)^{\frac{p_1+q_1}{2q_1}}+\left(\frac{1}{2}\xi_1^2\right)^{\frac{p_1+q_1}{2q_1}}\right\}$$

$$\leqslant -\alpha_1 2^{\frac{m+n_1}{2n_1}}\left(\frac{1}{2}e_1^2+\frac{1}{2}\xi_1^2\right)^{\frac{m_1+n_1}{2n_1}}-\beta_1 2^{\frac{p_1+q_1}{2q_1}}\left(\frac{1}{2}e_1^2+\frac{1}{2}\xi_1^2\right)^{\frac{p_1+q_1}{2q_1}}$$

为了描述简单，式(12-15)可以进一步写为

$$\dot{V}_1\leqslant -\hat{\alpha}V_1^{\frac{m_1+n_1}{2n_1}}-\hat{\beta}V_1^{\frac{p_1+q_1}{2q_1}} \tag{12-16}$$

其中，$\hat{\alpha}=\alpha_1 2^{\frac{m_1+n_1}{2n_1}}$，$\hat{\beta}=\beta_1 2^{\frac{p_1+q_1}{2q_1}}$。

由于 $m_1>n_1$，$p_1<q_1$，可得$\frac{m_1+n_1}{2n_1}>1$，$0<\frac{p_1+q_1}{2q_1}<1$。根据引理 2.5，该系统是全局固定时间稳定的。

第二步：动力学控制器设计

定义速度跟踪误差 $e_2=[e_{2u},e_{2v},e_{2\omega}]\in R^3$ 为

$$e_2=\boldsymbol{\upsilon}_f-\dot{\boldsymbol{\upsilon}}_f^d \tag{12-17}$$

根据式(12-1)，对速度跟踪误差 e_2 求导得

$$\dot{e}_2=M_f^{-1}\{-D(\boldsymbol{\upsilon}_f)\boldsymbol{\upsilon}_f-g(\Theta_f)+\boldsymbol{\tau}_f\}-\dot{\boldsymbol{\upsilon}}_f^d \tag{12-18}$$

为了稳定速度跟踪误差，控制输入设计如下

$$\boldsymbol{\tau}_f=M_f\left\{-k_2e_2-\alpha_1 e_2^{\frac{m_1}{n_1}}-\beta_1 e_2^{\frac{p_1}{q_1}}+\chi\right\}+\dot{\boldsymbol{\upsilon}}_f^d \tag{12-19}$$

其中，$k_2\in R^{3\times3}$为待设计正定参数矩阵，$\chi=D(\boldsymbol{\upsilon}_f)\boldsymbol{\upsilon}_f+g(\Theta_f)$。

验证动力学子系统的稳定性，构建如下李雅普诺夫函数

$$V_2=\frac{1}{2}e_2^{\mathrm{T}}e_2 \tag{12-20}$$

根据式(12-18)、式(12-19)及 Young's 不等式，对系统式(12-20)求导得

$$\begin{aligned}
\dot{V}_2&=e_2\left(-k_2e_2-\alpha_1 e_2^{\frac{m_1}{n_1}}-\beta_1 e_2^{\frac{p_1}{q_1}}\right)\\
&=-k_2e_2^2-\alpha_1 e_2^{\frac{m_1}{n_1}+1}-\beta_1 e_2^{\frac{p_1}{q_1}+1}\\
&\leqslant -\alpha_1 e_2^{\frac{m_1}{n_1}+1}-\beta_1 e_2^{\frac{p_1}{q_1}+1}\\
&=-\alpha_1\ (e_2^2)^{\frac{m_1+n_1}{2n_1}}-\beta_1\ (e_2^2)^{\frac{p_1+q_1}{2q_1}}\\
&=-\alpha_1 2^{\frac{m_1+n_1}{2n_1}}V_2^{\frac{m_1+n_1}{2n_1}}-\beta_1 2^{\frac{p_1+q_1}{2q_1}}V_2^{\frac{p_1+q_1}{2q_1}}
\end{aligned} \tag{12-21}$$

类似的，式(12-21)进一步可以写为

$$\dot{V}_2\leqslant -\tilde{\alpha}V_2^{\frac{m_1+n_1}{2n_1}}-\tilde{\beta}V_2^{\frac{p_1+q_1}{2q_1}} \tag{12-22}$$

其中，$\tilde{\alpha}=\alpha_1 2^{\frac{m_1+n_1}{2n_1}}$，$\tilde{\beta}=\beta_1 2^{\frac{p_1+q_1}{2q_1}}$。

同样的，根据 $m_1>n_1$，$p_1<q_1$，可得$\frac{m_1+n_1}{2n_1}>1$，$0<\frac{p_1+q_1}{2q_1}<1$。根据引理 2.5，该系统

是全局固定时间稳定的。

为了验证整个闭环系统的稳定性，选择包括系统式(12-14)及系统式(12-20)的李雅普诺夫函数

$$\begin{aligned}V&=V_1+V_2\\&=\frac{1}{2}e_1^{\mathrm{T}}e_1+\frac{1}{2}e_2^{\mathrm{T}}e_2+\frac{1}{2}\xi_1^{\mathrm{T}}\xi_1\end{aligned}\tag{12-23}$$

根据式(12-13)、式(12-15)、式(12-22)及 Young's 不等式，对系统式(12-23)求导可得

$$\begin{aligned}\dot{V}&=e_1\dot{e}_1+e_2\dot{e}_2+\xi_1\dot{\xi}_1\\&=e_1\left(-k_1e_1-\alpha_1e_1^{\frac{m_1}{n_1}}-\beta_1e_1^{\frac{p_1}{q_1}}+\lambda_1\xi_1\right)+e_2\left(-k_2e_2-\alpha_1e_2^{\frac{m_1}{n_1}}-\beta_1e_2^{\frac{p_1}{q_1}}\right)+\\&\quad\xi_1\left(-\lambda_1\xi_1-\alpha_1\xi_1^{\frac{m_1}{n_1}}-\beta_1\xi_1^{\frac{p_1}{q_1}}-f_1\xi_1+\omega_1\right)\\&\leqslant-\alpha_1(e_1^2)^{\frac{m_1+n_1}{2n_1}}-\alpha_1(\xi_1^2)^{\frac{m_1+n_1}{2n_1}}-\alpha_1(e_2^2)^{\frac{m_1+n_1}{2n_1}}-\beta_1(e_1^2)^{\frac{p_1+q_1}{2q_1}}-\\&\quad\beta_1(\xi_1^2)^{\frac{p_1+q_1}{2q_1}}-\beta_1(e_2^2)^{\frac{p_1+q_1}{2q_1}}\\&=-\alpha_1\left\{(e_1^2)^{\frac{m_1+n_1}{2n_1}}+(\xi_1^2)^{\frac{m_1+n_1}{2n_1}}+(e_2^2)^{\frac{m_1+n_1}{2n_1}}\right\}-\beta_1\left\{(e_1^2)^{\frac{p_1+q_1}{2q_1}}+(\xi_1^2)^{\frac{p_1+q_1}{2q_1}}+(e_2^2)^{\frac{p_1+q_1}{2q_1}}\right\}\end{aligned}\tag{12-24}$$

进一步得

$$\begin{aligned}\dot{V}&=-\alpha_12^{\frac{m_1+n_1}{2n_1}}\left\{\left(\frac{1}{2}e_1^2\right)^{\frac{m_1+n_1}{2n_1}}+\left(\frac{1}{2}\xi_1^2\right)^{\frac{m_1+n_1}{2n_1}}+\left(\frac{1}{2}e_2^2\right)^{\frac{m_1+n_1}{2n_1}}\right\}-\\&\quad\beta_12^{\frac{p_1+q_1}{2q_1}}\left\{\left(\frac{1}{2}e_1^2\right)^{\frac{p_1+q_1}{2q_1}}+\left(\frac{1}{2}\xi_1^2\right)^{\frac{p_1+q_1}{2q_1}}+\left(\frac{1}{2}e_2^2\right)^{\frac{p_1+q_1}{2q_1}}\right\}\\&\leqslant-\alpha_12^{\frac{m_1+n_1}{2n_1}}V^{\frac{m_1+n_1}{2n_1}}-\beta_12^{\frac{p_1+q_1}{2q_1}}3^{1-\frac{p_1+q_1}{2q_1}}V^{\frac{p_1+q_1}{2q_1}}\end{aligned}$$

根据上述内容，总结得到如下定理。

定理 12.1：针对领航-跟随策略下的 AMV 编队控制问题，考虑 AMV 非线性运动学及动力学模型式(12-1)，在事件触发机制式(12-5)与式(12-6)下，基于中间控制矢量式(12-10)，指令滤波器式(12-11)及滤波误差补偿信号式(12-13)的非线性控制律式(12-19)可得如下结果：

1) 一旦事件触发，编队位置跟踪误差 e_1 将会在有限时间内收敛至零；

2) 闭环系统信号 e_1，ξ_1，e_2 是全局固定时间稳定的；

3) 控制输入 $\tau_f=[\tau_{fu},\tau_{fv},\tau_{f\omega}]$ 是有界的。

证明：式(12-24)可以进一步写成

$$
\begin{aligned}
\dot{V} &\leqslant -\alpha_1 2^{\frac{m_1+n_1}{2n_1}}(V)^{\frac{m_1+n_1}{2n_1}} - \beta_1 2^{\frac{p_1+q_1}{2q_1}} 3^{\frac{q_1-p_1}{2q_1}}(V)^{\frac{p_1+q_1}{2q_1}} \\
&= -\tilde{\alpha} V^{\gamma_1} - \tilde{\beta} V^{\gamma_2}
\end{aligned} \tag{12-25}
$$

其中，$\tilde{\alpha}=\alpha_1 2^{\frac{m_1+n_1}{2n_1}}>0$，$\tilde{\beta}=\beta_1 2^{\frac{p_1+q_1}{2q_1}} 3^{\frac{q_1-p_1}{2q_1}}>0$，$\gamma_1=\frac{m_1+n_1}{2n_1}>1$，$0<\gamma_2=\frac{p_1+q_1}{2q_1}<1$。

根据引理 2.5 可得，系统是全局固定时间稳定的，即编队任务可以在稳定时间内实现，且收敛时间 T 有确定的上界满足

$$
T \leqslant T_{\max} := \frac{1}{\tilde{\alpha}(\gamma_1-1)} + \frac{1}{\tilde{\beta}(1-\gamma_2)} \tag{12-26}
$$

证毕。

注 12.4：根据理论证明，编队控制的收敛时间可以任意选择。在实际运用中，该特性可以很好地满足对收敛时间有严格要求的情况。

注 12.5：与渐近收敛律相比，基于有限时间的编队结果拥有更好的动态特性，如：高精度，快收敛律等。然而，基于有限时间的编队控制算法中，稳定时间依赖于所有 AMV 的初始状态。因此，如果初始状态如果非常大，稳定时间也会非常大。本章给定的控制算法可以保证收敛时间独立于 AMV 的状态。

12.4 仿真分析

为了验证设计控制律的有效性及性能，本节针对两艘 AMV 组成的编队系统进行了仿真验证及比较性分析。假设所有 AMV 都是同构的，具有相同的结构及模型参数为

$M_i=\mathbf{diag}\{150,120,120\}$，$D_i(\boldsymbol{v}_i)=\mathbf{diag}\{100+80|u_i|,80+60|v_i|,80+60|\omega_i|\}$，$W=1148$，$B=1108$。

姿态为 $\phi_i=-\pi/8$，$\theta_i=\pi/12$，$\psi_i=\pi/4$，$i=l,f$。

整个编队构型在惯性坐标系 $\{E\}$ 描述，且期望的相对距离为 $d_{lf}=[2,6,6]^{\mathrm{T}}$。

领航 AMV 的运动轨迹由下述动态方程产生

$$
u_l=v_l=\omega_l=2\mathrm{m/s} \tag{12-27}
$$

且初始位置为 $p_l(0)=[0,0,0]$。

跟随 AMV 的初始位置为 $p_f(0)=[0,-2,-4]$，初始速度为 $\boldsymbol{v}_f(0)=[0,0,0]$。控制器参数设定为 $h=4$，$k_1=\mathbf{diag}(5,5,5)$，$k_2=\mathbf{diag}(3,3,3)$，$\lambda_1=\mathbf{diag}(2,2,2)$，$\lambda_2=\mathbf{diag}(3.5,3.5,3.5)$，$\alpha_1=1$，$\beta_1=2$，$m_1=5$，$n_1=3$，$p_1=3$，$q_1=7$。

根据上述参数，可得稳定时间 T 满足：

$$
T \leqslant T_{\max} := 3 < h \tag{12-28}
$$

仿真结果如图 12-1～图 12-5 所示。

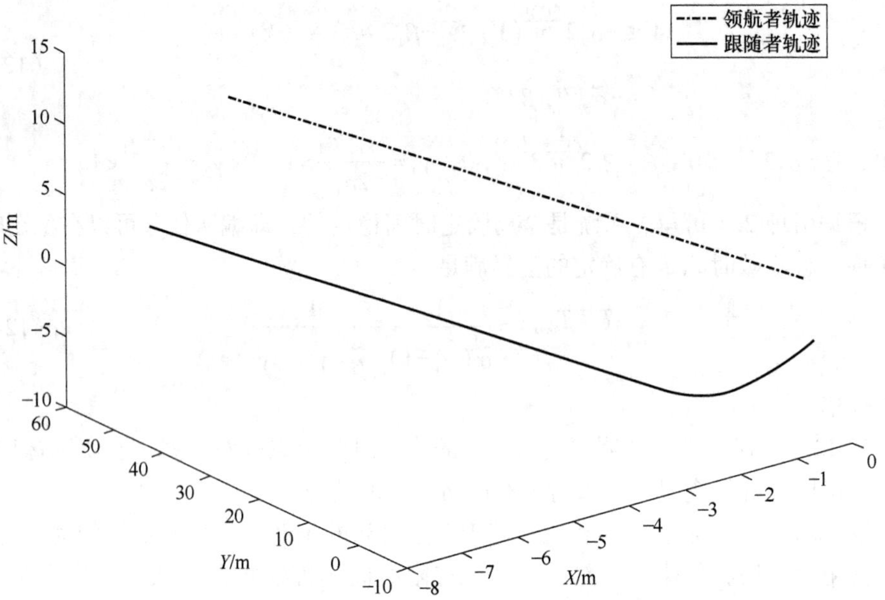

图 12-1　领航 AMV 轨迹及跟随 AMV 轨迹

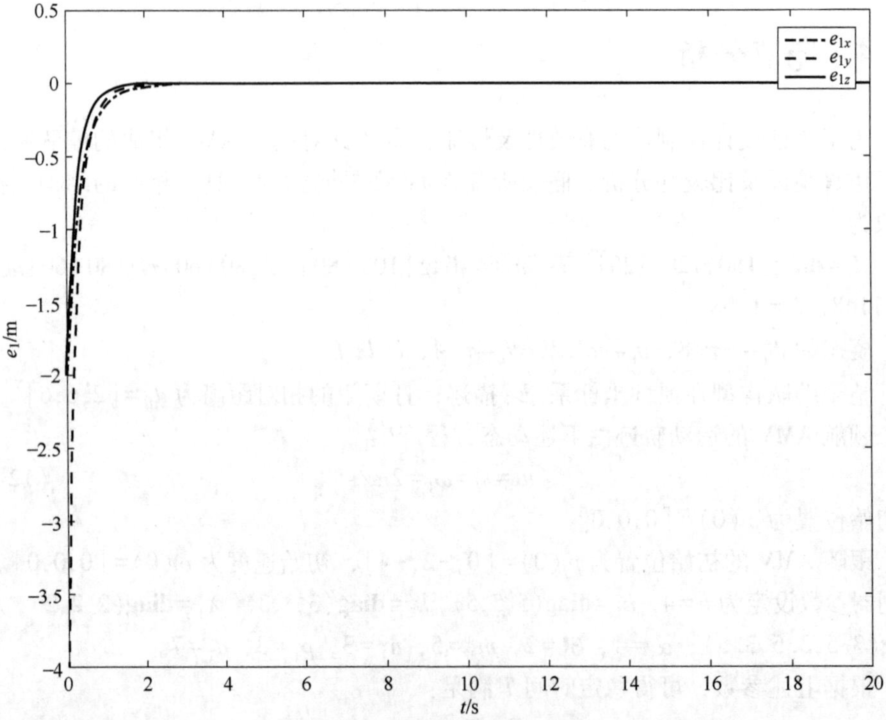

图 12-2　位置跟踪误差 e_1

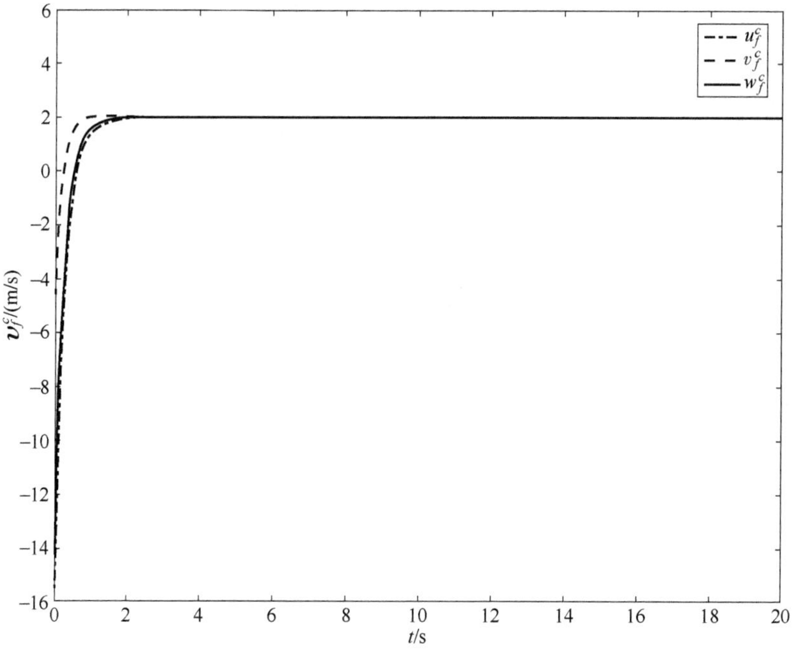

图 12-3　跟随 AMV 的速度矢量 $\boldsymbol{v}_f^c$

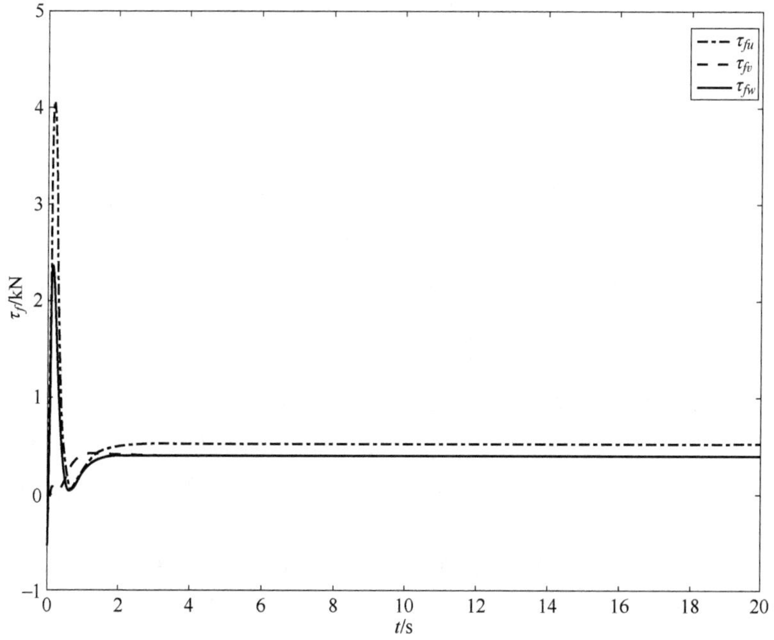

图 12-4　跟随 AMV 的控制输入 $\boldsymbol{\tau}_f$

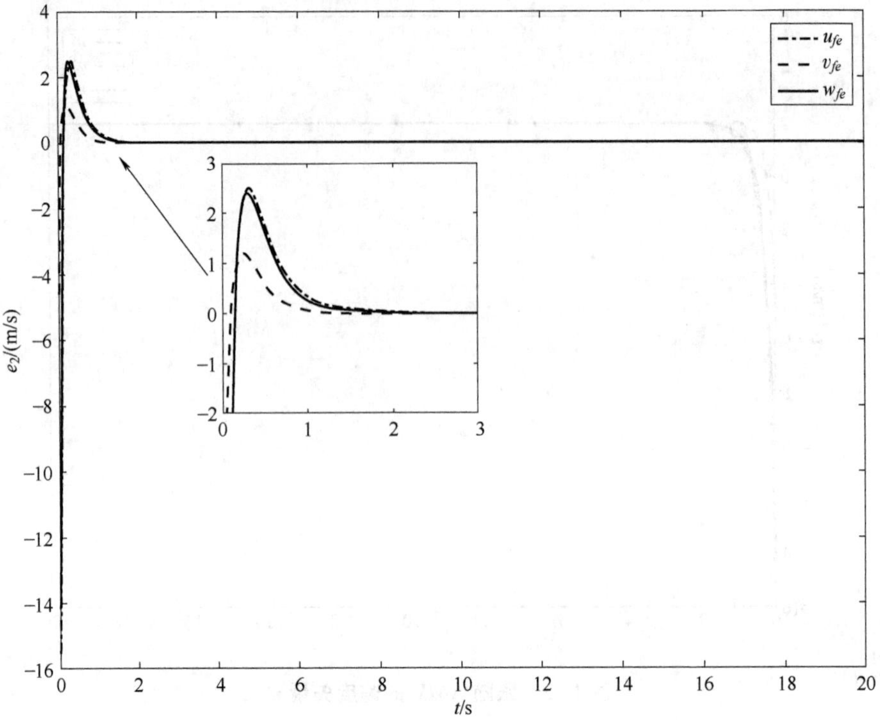

图 12-5 速度跟踪误差 e_2

图 12-1 展示了在本节设计控制律作用下两个 AMV 在领航-跟随策略下的运动轨迹，可以看出跟随 AMV 能够以期望的构型跟踪上领航 AMV。编队位置跟踪误差 $e_1=[e_{1x},e_{1y},e_{1z}]^{\mathrm{T}}$ 在图 12-2 中显示，可以看出编队位置跟踪误差在 3s 后收敛于原点。图 12-3 和图 12-4 分别给出了中间虚拟速度矢量 $\boldsymbol{v}_f^c=[\boldsymbol{v}_{fu}^c,\boldsymbol{v}_{fv}^c,\boldsymbol{v}_{f\omega}^c]^{\mathrm{T}}$ 及实际控制输入 $\boldsymbol{\tau}_f=[\boldsymbol{\tau}_{fu},\boldsymbol{\tau}_{fv},\boldsymbol{\tau}_{f\omega}]^{\mathrm{T}}$。图 12-5 展现了速度跟踪误差 $e_2=[e_{2u},e_{2v},e_{2\omega}]^{\mathrm{T}}$ 示意图，该速度误差 $e_2=[e_{2u},e_{2v},e_{2\omega}]^{\mathrm{T}}$ 也在 3s 后收敛到原点。根据图 12-5 中可以看出，在设计的实际控制输入 $\boldsymbol{\tau}_f=[\boldsymbol{\tau}_{fu},\boldsymbol{\tau}_{fv},\boldsymbol{\tau}_{f\omega}]^{\mathrm{T}}$ 作用下，跟随 AMV 可以跟踪上设计的中间虚拟控制矢量 $\boldsymbol{v}_f^c=[\boldsymbol{v}_{fu}^c,\ \boldsymbol{v}_{fv}^c,\ \boldsymbol{v}_{f\omega}^c]^{\mathrm{T}}$。仿真结果表明，所提出的基于固定时间理论的状态反馈控制器式(12-19)可确保期望的编队构型在规定的时间内实现。

为了验证收敛时间独立于系统的初始状态，本章分别对多个初始位置进行了仿真，初始状态选择为 $p_{fx}(0)=[0,-2,-4,-5,-6]$，$p_{fy}(0)=[-2,-4,-6,-7,-8]$，$p_{fz}(0)=[-4,-2,-8,-7,-5]$。仿真结果如图 12-6~图 12-9 所示。

图 12-6 展示了在本节设计控制律作用下不同初始位置下跟随 AMV 与领航 AMV 的运动轨迹，可以看出跟随 AMV 能够跟随领航 AMV。图 12-7~图 12-9 分别描述了不同初始位置状态下编队位置跟踪误差 $e_1=[e_{1x},e_{1y},e_{1z}]^{\mathrm{T}}$，由图可以看出，不同的初始位置下，跟随 AMV 可以在相同的稳定时间内以期望的编队构型跟踪上领航 AMV。

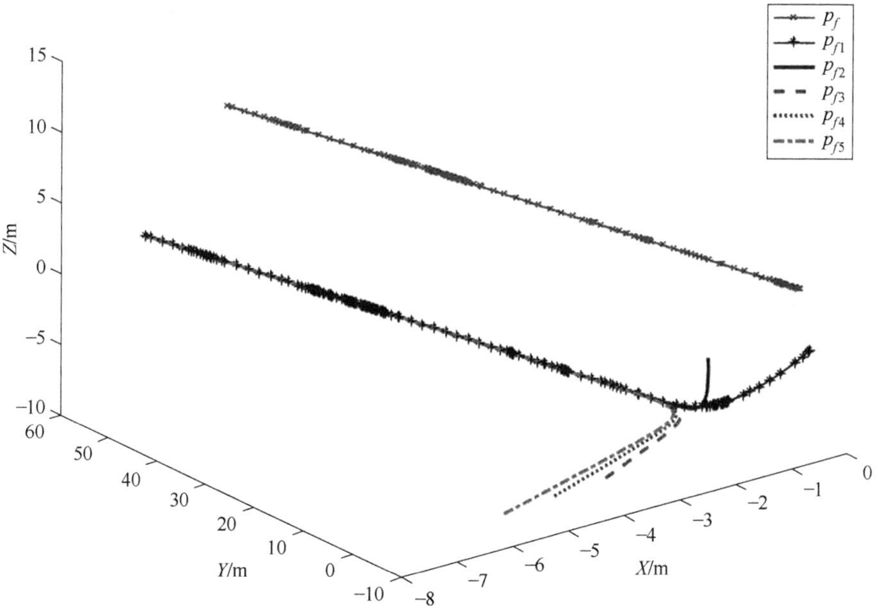

图 12-6　跟随 AMV 轨迹及不同初始状态下的跟随 AMV 轨迹

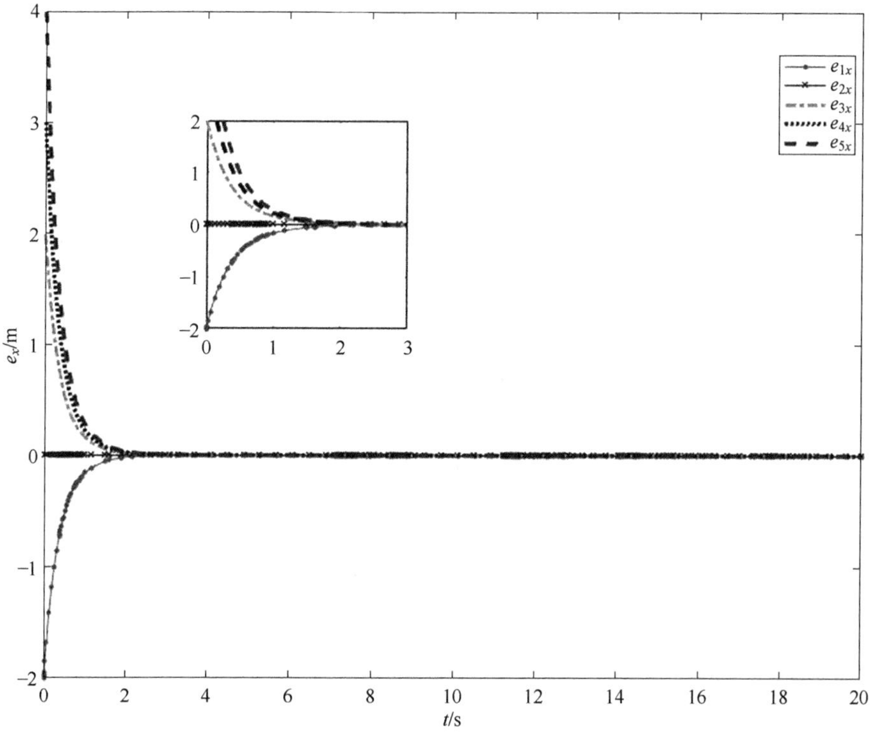

图 12-7　位置跟踪误差 e_x

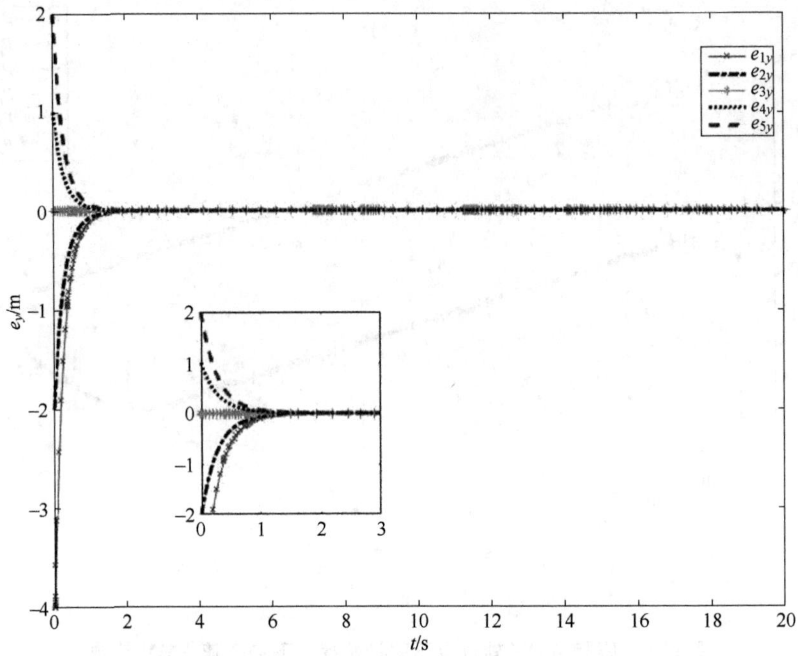

图 12-8　位置跟踪误差 e_y

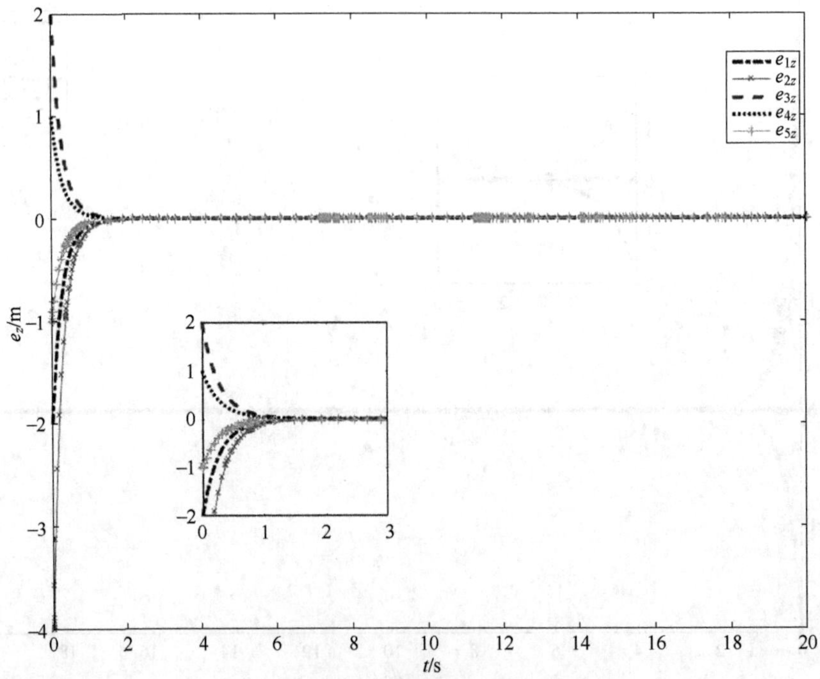

图 12-9　位置跟踪误差 e_z

为了验证事件触发机制可以减少通信量，定义连续通信策略下单位时间内 AMV 间的数据传输量为 ε，整个编队运动过程中总传输数据量为 Θ，仿真结果如图 12-10 所示。

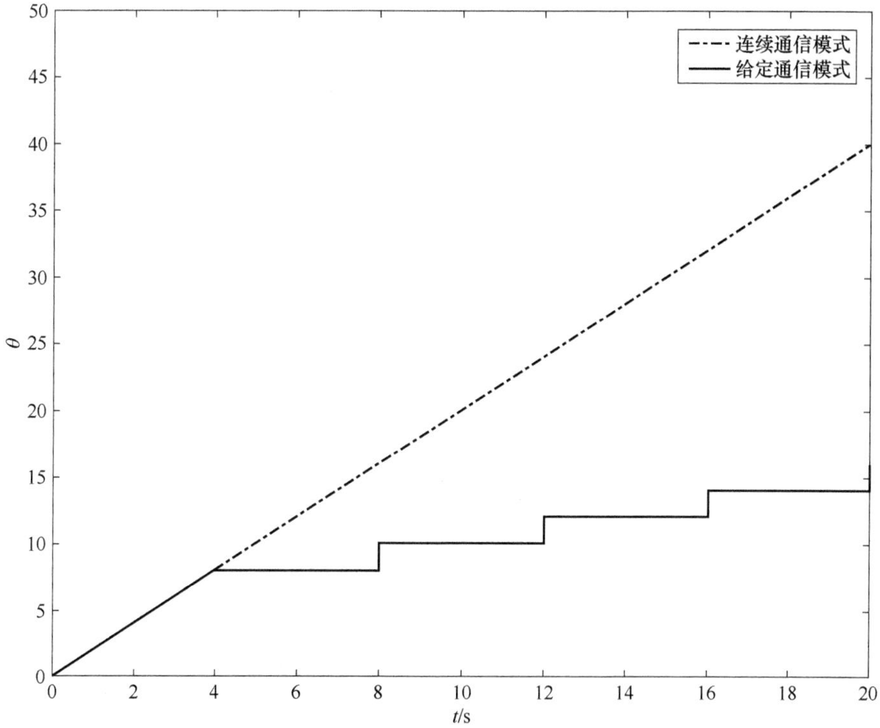

图 12-10　当 $\varepsilon=2$ 时的数据传输量 Θ

如本节内容所述，只有在事件触发(即 0~4s)时，才会采用连续性通信模式，其余时间采用周期通信方式(即不触发事件)。仿真结果表明，提出的事件触发通信方案可以显著减少数据量。众所周知，能量消耗与信息传输总量成正比，因此仿真结果可以表明该策略下，AMV 的能耗也会显著减少。

为了进一步显示本节控制算法的优势，下面我们将本节控制算法与传统 PID 控制算法进行比较，PID 具体控制律如下

$$\boldsymbol{\tau}_{fpid} = K_p e_1(t) + K_i \int_0^t e_1(\tau_t)\mathrm{d}\boldsymbol{\tau}_t + K_a \dot{e}_1(t) \tag{12-29}$$

其中，$K_p=\mathbf{diag}(10,10,10)$，$K_i=\mathbf{diag}(5,5,5)$，$K_a=\mathbf{diag}(5,5,5)$。

仿真结果如图 12-11 和图 12-12 所示。

图 12-11 和图 12-12 展示了本节所提出的固定时间控制器与传统 PID 控制器作用下，跟随 AMV 运行轨迹及位置跟踪误差 $e_1=[e_{1x},e_{1y},e_{1z}]^{\mathrm{T}}$。从图可以看出，设计的控制器具有更好的收敛速度，进而表明所提出的固定时间控制器具有较好的编队性能。

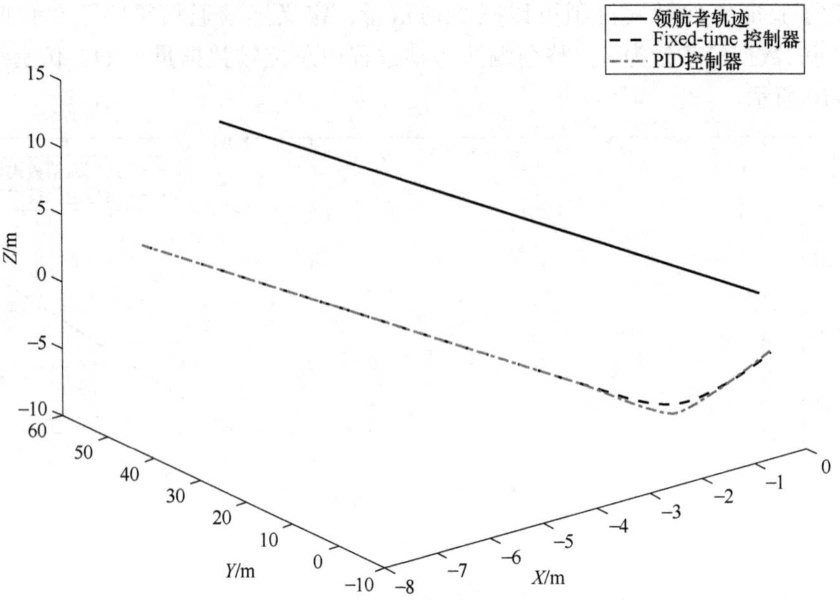

图 12-11　编队性能比较

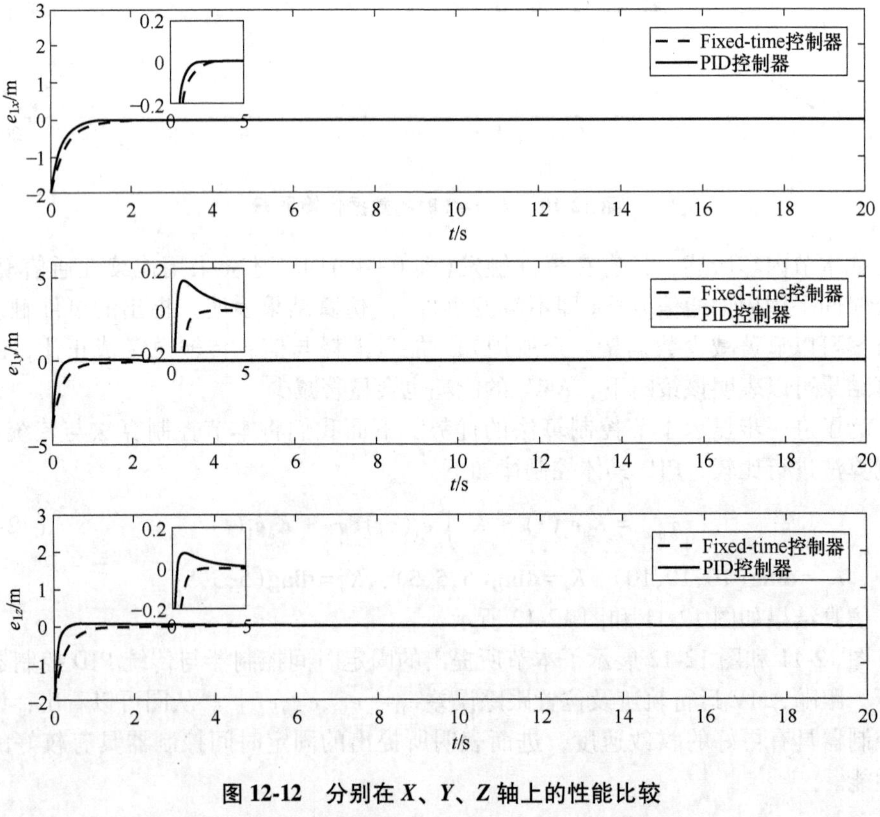

图 12-12　分别在 X、Y、Z 轴上的性能比较

为了进一步展示本节控制器的性能，定义如下位置跟踪误差基准

$$\|p_e\|=\sqrt{e_{1x}^2+e_{1y}^2+e_{1z}^2} \tag{12-30}$$

仿真结果如图 12-13 所示，可以看出 PID 控制器具有良好的稳态性能，但暂态性能较差，即编队位置跟踪误差在 0.5s 左右达到峰值，但 0.5s 后会出现较大的抖动。相比之下，本节所提出的固定时间控制器具有更好的暂态性能，可以更平稳地实现两 AMV 间的编队任务。

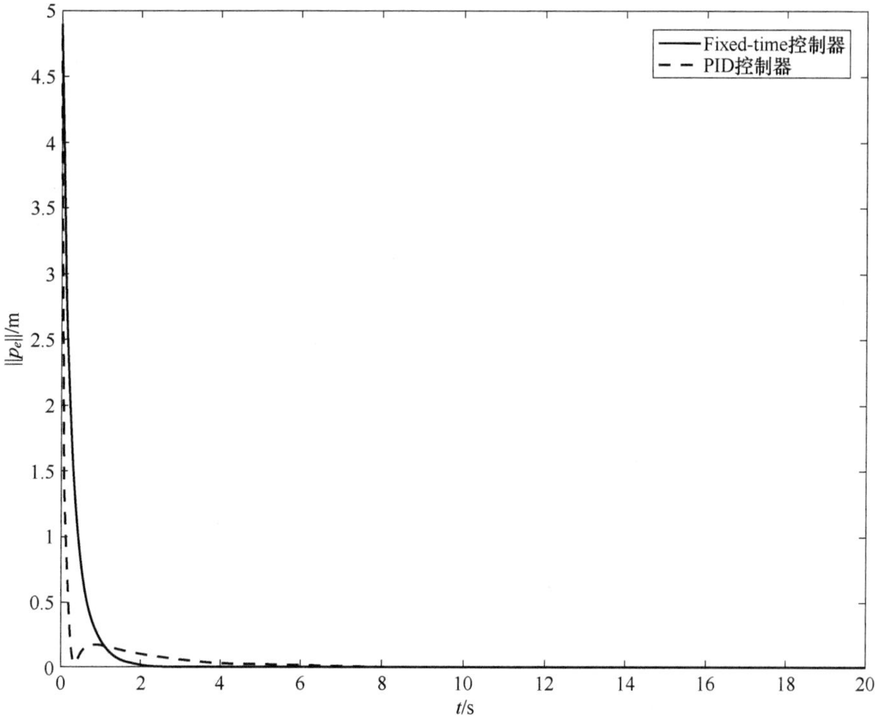

图 12-13　编队误差 $\|p_e\|$ 比较

综上可得，所设计的事件触发机制可以有效减少 AMV 间的通信量，且设计的编队控制律保证了稳定时间内编队的实现。

12.5　本章小结

本章研究了事件触发通信机制下的 AMV 固定时间领航-跟随编队控制方法。与连续性通信模式相比，事件触发机制大大释放了网络占用率，且有更好的系统特性。在本章给定的事件触发机制下，AMV 的能源消耗及通信负担可以高度减少，更加适合极端的水下环境。为了满足对编队稳定时间的要求，基于固定时间理论设计了编队控制律，满足对收敛时间的要求。

参考文献

[1] 李家良. 水面无人艇发展与应用[J]. 火力与指挥控制，2012，37(6)：203-207.

[2] 张永平. 无人舰艇 未来海战模式改变者[J]. 坦克装甲车辆，2017(10)：12.

[3] VOLKER B. Unmanned surface vehicles-a survey[J]. Skibsteknisk Selskab，2008，1：1-14.

[4] ROBERTS G N. Trends in marine control systems[J]. Annual Reviews in Control，2008，32(2)：263-269.

[5] 徐玉如，苏玉民，庞永杰. 海洋空间智能无人运载器技术发展展望[J]. 中国舰船研究，2006，1(3)：1-4.

[6] 何萍，阳明，马悦. 全球海战机器人[M]. 北京：解放军出版社，2012.

[7] 周洪光，马爱民，夏朗. 无人海洋航行器发展[J]. 国防科技，2009，30(6)：17-20.

[8] LIU Z X，ZHANG Y M，YU X，et al. Unmanned surface vehicles：An overview of developments and challenges [J]. Annual Reviews in Control，2016，41：71-93.

[9] YAN R，PANG S，SUN H，et al. Development and missions of unmanned surface vehicle[J]. Journal of Marine Science and Application，2010，9(4)：451-457.

[10] 熊亚洲，张晓杰，冯海涛，等. 一种面向多任务应用的无人航行器[J]. 船舶工程，2012(1)：16-19.

[11] 廖煜雷. 无人艇的非线性运动控制方法研究[D]. 哈尔滨：哈尔滨工程大学，2012.

[12] MANLEY J E. Unmanned surface vehicles，15 years of development[C]. Proceeds of IEEE Conference on Oceans，2008：1-4.

[13] 徐玉如，肖坤. 智能海洋机器人技术进展[J]. 自动化学报，2007，33(5)：518-521.

[14] 邱健. 致命幽灵——美法联合发展水面无人艇项目[J]. 国际展望，2005(2)：50-53.

[15] PARK B S，YOO S J. Fault detection and accommodation of saturated actuators for underactuated surface vessels in the presence of nonlinear uncertainties [J]. Nonlinear Dynamics，2016，85(2)：1067-1077.

[16] LEONARD N E. Stability of a bottom-heavy underwater vehicle[J]. Automatica，1997，33(3)：331-346.

[17] ZHANG Y，LI S，LIU X. Adaptive Near-Optimal Control of Uncertain Systems With Application to Underactuated Surface Vessels[J]. IEEE Transactions on Control Systems Technology，2018，26(4)：1204-1218.

[18] 蒋玉杰，李景春，俞叶平，等. 泳动型水下机器人的研究进展探析[J]. 机器人，2006，28(2)：229-234.

[19] SERRANO M E，SCAGLIA G J E，GODOY S A，et al. Trajectory Tracking of Underactuated Surface Vessels：A Linear Algebra Approach[J]. IEEE Transactions on Control Systems Technology，2014，22(3)：1103-1111.

[20] GHOMMAM J，MNIF F，DERBEL N. Global stabilization and tracking control of underactuated surface vessels[J]. IET Control Theory and Applications，2010，4(1)：71-88.

[21] DONG W. Cooperative control of underactuated surface vessels[J]. IET Control Theory and Applications, 2010, 4(9): 1569-1580.

[22] LIANG X, QU X, HOU Y, et al. Finite-Time Unknown Observer Based Coordinated Path-Following Control of Unmanned Underwater Vehicles[J]. Journal of the Franklin Institute, 2021, 358(5): 2703-2721.

[23] GIERUSZ W, VINH N C, RAK A. Maneuvering control and trajectory tracking of very large crude carrier[J]. Ocean Engineering, 2007, 34(7): 932-945.

[24] LAPIERRE L, JOUVENCEL B. Nonlinear Path Following Control of an AUV[J]. Ocean Engineering, 2007, 34(2): 1734-1744.

[25] YU L, WANG H, ZHENG C, et al. Path-following control of autonomous ground vehicles using triple-step model predictive control[J]. Science China (Information Sciences), 2020, 63(10): 264-266.

[26] XU J, WANG M, QIAO L. Dynamical sliding mode control for the trajectory tracking of underactuated unmanned underwater vehicles[J]. Ocean Engineering, 2015, 105: 54-63.

[27] PENG Z, WANG J. Output-Feedback Path-Following Control of Autonomous Underwater Vehicles Based on an Extended State Observer and Projection Neural Networks[J]. IEEE Transactions on Systems, Man, and Cybernetics: Systems, 2017, 99: 1-10.

[28] ZHANG L J, JIA H M, QI X. NNFFC-adaptive output feedback trajectory tracking control for a surface ship at high speed[J]. Ocean Engineering, 2011, 38(13): 1430-1438.

[29] GONZAGA, CLOVIS C. Path-Following Methods for LinearProgramming[J]. SIAM Review, 1992, 34(2): 167-224.

[30] ZHANG G Q, ZHANG X K. Concise robust adaptive path-following control of underactuated ships using DSC and MLP[J]. IEEE Journal of Oceanic Engineering, 2013, 39(4): 685-694.

[31] CHEN J, JIA B, ZHANG K. Trifocal tensor-based adaptive visual trajectory tracking control of mobile robots[J]. IEEE transactions on cybernetics, 2016, 47(11): 3784-3798.

[32] BREIVIK M, FOSSEN T I. Principles of guidance-based path following in 2D and 3D[C]. Proceedings of IEEE Conference on Decision and Control, 2005: 627-634.

[33] LIU CJ, OWEN M, CHEN W H. Path-following control for small fixed-wing unmanned aerial vehicles under wind disturbances[J]. International Journal of Robust and Nonlinear Control, 2013, 23(15): 1682-1698.

[34] CAHARIJA W, PETTERSEN K Y, BIBULI M, et al. Integral line-of-sight guidance and control of underactuated marine vehicles: Theory, simulations, and experiments[J]. IEEE Transactions on Control Systems Technology, 2016, 24(5): 1623-1642.

[35] MOHAMMADI A, MARK W. Integral Line-of-Sight Path Following Control of Magnetic Helical Microswimmers Subject to Step-out Frequencies[J]. Automatica, 2021, 128: 109554.

[36] LIU C, ZOU Z J, YIN J C. Path following and stabilization of underactuated surface vessels based on adaptive hierarchical sliding mode[J]. International Journal of Innovative Computing, Information and Control, 2014, 10(3): 909-915.

[37] 李晔，吴琪. 欠驱动 AUV 水平面运动的镇定控制设计[J]. 船舶工程，2013，35(5):

68-71.

[38] PETTERSEN K Y, FOSSEN T I. Underactuated dynamic positioning of a ship-experimental results [J]. IEEE Transactions on Control Systems Technology, 2000, 8(5): 856-863.

[39] KIM TH, BASAR T, HA I J. Asymptotic stabilization of an underactuated surface vessel via logic-based control[C]. Proceedings of American Control Conference, 2002, 6: 4678-4683.

[40] 马保离. 一类二阶非完整系统的镇定[J]. 控制理论与应用, 2003, 20(4): 565-568.

[41] HAN B, ZHAO G L, MENG H. The stabilization control of underactuated surface vessels[J]. Journal of Marine Science and Application, 2004, 3(2): 63-65.

[42] ZHANG B, MA B L. Robust stabilization of underactuated surface vessels with parameter uncertainties[C]. Proceedings of Chinese Control Conference, 2010, 547-552

[43] LIAO Y, PANG Y, Zhang T. Global κ-exponential stabilization of underactuated autonomous surface vessels by a smooth time-varying feedback control[J]. Journal of Harbin Engineering University, 2011, 32(4): 417-422.

[44] XIE W, MA B L. A simple robust stabilization control law of underactuated surface vessels[C]. Proceedings of Chinese Control Conference, 2018: 995-999.

[45] PETTERSEN K Y, MAZENC F, NIJMEIJER H. Global uniform asymptotic stabilization of an underactuated surface vessel [J]. IEEE Transactions on Automatic Control, 2002, 47 (10): 1759-1762.

[46] DONG W, GUO Y. Global time-varying stabilization of underactuated surface vessel[J]. IEEE Transactions on Automatic Control, 2005, 50(6): 859-864.

[47] XIE W J, MA B L. Robust global uniform asymptotic stabilization of underactuated surface vessels with unknown model parameters[J]. International Journal of Robust and Nonlinear Control, 2015, 25(7): 1037-1050.

[48] HU F, ZENG C, ZHU G, et al. Stabilization control of underactuated unmanned surface vessels based on backstepping and Lyapunov direct method[C]. Proceedings of International Conference on Automation, Control and Robotics Engineering, 2019, 37.

[49] 刘杨, 郭晨, 张闯. 遗传优化的欠驱动船舶镇定控制[J]. 计算机工程与应用, 2006, 45 (8): 204-207.

[50] 刘杨. 欠驱动水面船舶的非线性自适应控制研究[D]. 大连: 大连海事大学, 2010.

[51] DING F, WU J, WANG Y. Stabilization of an underactuated surface vessel based on adaptive sliding mode and backstepping control[J]. Mathematical Problems in Engineering, 2013: 237-244.

[52] LIU L, LIU Z, ZHANG J. LMI-based model predictive control for underactuated surface vessels with input constraints[C]. Proceedings of Abstract and Applied Analysis, 2014: 1-9.

[53] LI H, YAN W. Model predictive stabilization of constrained underactuated autonomous underwater vehicles with guaranteed feasibility and stability[J]. IEEE/ASME Transactions On Mechatronics, 2016, 22(3): 1185-1194.

[54] LIN X, NIE J, JIAO Y, et al. Adaptive fuzzy output feedback stabilization control for the underactuated surface vessel[J]. Applied Ocean Research, 2018, 74: 40-45.

[55] SRENSEN A J. Dynamic Positioning Control Systems for Ships and Underwater Vehicles[M]. Lon-

don: Springer, 2014.

[56] PETTERSEN K Y, NIJMEIJER H. Semi-global practical stabilization and disturbance adaptation for an underactuated ship[C]. Proceedings of IEEE Conference on Decision and Control, 2000, 3: 2144-2149.

[57] NAKAO M, OHNISHI K, MIYACHI K. A robust decentralized joint control based on interference estimation[C]. Proceedings of International Conference on Robotics and Automation, 1987, 4: 326-331.

[58] GUO L, CAO S. Anti-disturbance control theory for systems with multiple disturbances: A survey [J]. ISA Transaction, 2014, 53(4): 846-849.

[59] LI S, YANG J, Chen W H, et al. Disturbance observer-based control: methods and applications [M]. Boca Raton: CRC Press, 2016.

[60] OHISHI K, NAKAO M, OHNISHI K, et al. Microprocessor-controlled DC motor for load-insensitive position servo system[J]. IEEE Transactions on Industrial Electronics, 1987, 34(1): 44-49.

[61] YOUML Y. Robust learning control for robot manipulators based on disturbance observer[C]. Proceedings of International Conference on Industrial Electronics, Control and Instrumentation, 1996, 2: 1276-1282.

[62] CHAN S P. A disturbance observer for robot manipulators with application to electronic components assembly[J]. IEEE Transactions on Industrial Electronics, 1995, 42(5): 487-493.

[63] BICKEL R, TOMIZUKA M. Passivity based versus disturbance observer based robot control: equivalence and stability[J]. Journal of Dynamic Systems Measurement and Control, 1999, 121(1): 41-47.

[64] CHEN W H, BALLANCE D J, GAWTHROP P J, et al. A nonlinear disturbance observer for two link robotic manipulators[C]. Proceedings of IEEE Conference on Decision and Control. 1999, 4: 3410-3414.

[65] OH Y, CHUNG W K. Disturbance-observer-based motion control of redundant manipulators using inertially decoupled dynamics[J]. IEEE/ASME Transactions on Mechatronics, 1999, 4(2): 133-146.

[66] KEMPF C J, KOBAYASHI S. Disturbance observer and feedforward design for a high-speed direct-drive positioning table[J]. IEEE Transactions on Control Systems Technology, 1999, 7(5): 513-526.

[67] KIM K H, BAIK I C, MOON G W, et al. A current control for a permanent magnet synchronous motor with a simple disturbance estimation scheme[J]. IEEE Transactions on Control Systems Technology, 1999, 7(5): 630-633.

[68] HUANG Y, MESSNER W. A novel disturbance observer design for magnetic hard drive servo system with a rotary actuator[J]. IEEE Transactions on Magnetics, 1998, 34(4): 1892-1894.

[69] ISHIKAWA J, TOMIZUKA M. Pivot friction compensation using an accelerometer and a disturbance observer for hard disk drives[J]. IEEE/ASME Transactions on Mechatronics, 1998, 3(3): 194-201.

[70] BODSON M, JENSEN J S, DOUGLAS S C. Active noise control for periodic disturbances[J]. IEEE Transactions on Control Systems Technology, 2001, 9(1): 200-204.

[71] CHEN W H, BALLANCE D J, GAWTHROP P J, et al. Nonlinear PID predictive controller[J]. Control Theory and Applications, 1999, 146(6): 603-611.

[72] LEVANT A. Higher-order sliding modes, differentiation and output-feedback control[J]. International Journal of Control, 2003, 76(9-10): 924-941.

[73] SHTESSEL Y B, SHKOLNIKOV I A, LEVANT A. Smooth second-order sliding modes: Missile guidance application[J]. Automatica, 2007, 43(8): 1470-1476.

[74] LI S, SUN H, YANG J, et al. Continuous finite-time output regulation for disturbed systems under mismatching condition[J]. IEEE Transactions on Automatic Control, 2015, 60(1): 277-282.

[75] XIANG Y, PENG L, ZHANG Y. The design of fixed-time observer and finite-time fault-tolerant control for hypersonic gliding vehicles[J]. IEEE Transactions on Industrial Electronics, 2017, 99: 4135-4144.

[76] SHYU K K, LIU W J, HSU K C. Design of large-scale time-delayed systems with dead-zone input via variable structure control[J]. Automatica, 2005, 41(7): 1239-1246.

[77] SELMIC R R, LEWIS F L. Dead-zone compensation in motion control systems using neural networks[J]. IEEE Transactions on Automatic Control, 2000, 45(4): 602-613.

[78] ZHANG T P, GE S S. Adaptive neural control of MIMO nonlinear state time-varying delay systems with unknown dead-zones and gain signs[J]. Automatica, 2007, 43(6): 1021-1033.

[79] TAO G, KOKOTOVIC P V. Adaptive control of plants with unknown dead-zones[J]. IEEE Transactions on Automatic Control, 1994, 39(1): 59-65.

[80] CHO H, BAI E W. Convergence results for an adaptive dead zone inverse[J]. International Journal of Adaptive Control and Signal Processing, 1998, 12(5): 451-466.

[81] SU C Y, STEPANENKO Y, SVOBODA J, et al. Robust adaptive control of a class of nonlinear systems with unknown backlash-like hysteresis[J]. IEEE Transactions on Automatic Control, 2000, 45(12): 2427-2432.

[82] GAO F, WU Y, LIU Y. Finite-time stabilization for a class of switched stochastic nonlinear systems with dead-zone input nonlinearities[J]. International Journal of Robust and Nonlinear Control, 2018, 28(3).

[83] HUA C, LI Y, GUAN X. Finite/fixed time stabilization for nonlinear interconnected systems with dead-zone input[J]. IEEE Transactions on Automatic Control, 2016, 62(5): 2554-2560.

[84] QIN S J, BADGWELL T A. A survey of industrial model predictive control technology[J]. Control Engineering Practice, 2003, 11(7): 733-764.

[85] MAYNE D Q, RAWLINGS J B, RAO C W. Survey constrained model predictive control: Stability and optimality[J]. Automatica, 2000, 36(6): 789-814.

[86] MORARI M, BARIC M. Recent developments in the control of constrained hybrid systems[J]. Computers and Chemical Engineering, 2006, 30(10-12): 1619-1631.

[87] MORARI M, LEE J H. Model predictive control: past, present and future[J]. Computers and

Chemical Engineering, 1999, 23(4-5): 667-682.
[88] HENSON M A. Nonlinear model predictive control: current status and future directions[J]. Computers and Chemical Engineering, 1998, 23(2): 187-202.
[89] BOYD S E, GHAOUI L, FERON E. Linear matrix inequalities in system and control theory[M]. Philadelphia: SIAM, 1991.
[90] SCHERER C W, CHEN H, Allgower F. Disturbance attenuation with actuator constraints by hybrid state-feedback control[C]. Proceeding of IEEE Conference Decision and Control, 2002: 4134-4139.
[91] CHEN H, SCHERER C W. Disturbance attenuation with actuator constraints by moving horizon $H\infty$ control[J]. IFAC Proceedings Volumes, 2004, 37(1): 415-420.
[92] NIU B, ZHAO J. Barrier Lyapunov functions for the output tracking control of constrained nonlinear switched systems[J]. System and Control Letters, 2013, 62(10): 963-971.
[93] TEE K P, REN B, GE S S. Control of nonlinear systems with time-varying output constraints[J]. Automatica, 2011, 47(11): 2511-2516.
[94] NGO K B, MAHONY R, JIANG Z P. Integrator backstepping using barrier functions for systems with multiple state constraints[C]. Proceedings of IEEE Conference Decision and Control, 2005: 8306-8312.
[95] TEE K P, GE S S, TAY E H. Barrier Lyapunov functions for the control of output constrained nonlinear systems[J]. Automatica, 2009, 45(4): 918-927.
[96] TEE K P, GE S S. Control of nonlinear systems with full state constraint using a barrier Lyapunov function[C]. Proceedings of Conference Decision and Control, 2009: 8618-8623.
[97] TEE K P, GE S S. Control of nonlinear systems with partial state constraints using a barrier Lyapunov function[J]. International Journal of Control, 2011, 84(12): 2008-2023.
[98] 赵新龙，章亿凯，潘海鹏，马连伟. 输出受限迟滞非线性系统的反步控制器设计[J]. 控制理论与应用，2016，33(5)：608-612.
[99] SANE H S, BERNSTEIN D S. Robust nonlinear control of the electromagnetically controlled oscillator[C]. Proceeding of American Control Conference, 2002: 809-814.
[100] HE W, CHEN Y, YIN Z. Adaptive neural network control of an uncertain robot with full-state constraints[J]. IEEE Transactions on Cybernetics, 2015, 46(3): 620-629.
[101] ZHU G, AGUDELO C G, SAYDY L, et al. Torque multiplication and singularity avoidance in the control of electrostatic torsional micro-mirror[C]. Proceedings of IFAC World Congress, 2008: 1189-1194.
[102] GHOMMAM J, SAAD M. Adaptive leader-follower formation control of underactuated surface vessels under asymmetric range and bearing constraints[J]. IEEE Transactions on Vehicular Technology, 2017, 99: 852-865.
[103] HE W, SUN C, GE S S. Top Tension Control of a Flexible Marine Riser by Using Integral-Barrier Lyapunov Function[J]. IEEE/ASME Transactions on Mechatronics, 2014, 20(2): 497-505.
[104] PETTERSEN K Y, EGELAND O. Exponential stabilization of an underactuated surface vessel [C]. Proceedings of IEEE Conference on Decision and Control, 1996, 1: 967-972.

[105] REYHANOGLU M. Control and stabilization of an underactuated surface vessel[C]. Proceedings of IEEE Conference on Decision and Control, 1996, 3: 2371-2376.

[106] PETTERSEN K Y, NIJMEIJER H. Global practical stabilization and tracking for an underactuated ship a combined averaging and backstepping approach[J]. Modeling, Identification and Control, 1999, 20(4): 189-199.

[107] 董早鹏，万磊，李岳明. 极坐标系下的欠驱动无人艇分块反步镇定控制[J]. 交通运输工程学报，2015，15(4)：61-65.

[108] 董早鹏，万磊，李岳明. 基于非对称模型的水下机器人全局指数镇定[J]. 华中科技大学学报(自然科学版)，2015，1：53-57.

[109] GHOMMAM J, MNIF F, BENALI A, et al. Asymptotic backstepping stabilization of an underactuated surface vessel[J]. IEEE Transactions on Control Systems Technology, 2006, 14(6): 1150-1157.

[110] LIU Z, YU R, ZHU Q. Comments on "Asymptotic backstepping stabilization of an underactuated surface vessel" [J]. IEEE Transactions on Control Systems Technology, 2012, 20(1): 286-285.

[111] MA B L. Global κ-exponential asymptotic stabilization of underactuated surface vessels [J]. Systems and Control Letters, 2009, 58(3): 194-201.

[112] 阎妍. 欠驱动水面船舶镇定控制研究[D]. 大连：大连海事大学，2009.

[113] 于瑞亭. 欠驱动水面船舶的全局镇定控制方法研究[D]. 哈尔滨：哈尔滨工程大学，2012.

[114] ZHANG Z, WU Y. Switching-based asymptotic stabilization of underactuated ships with non-diagonal terms in their system matrices[J]. IET Control Theory and Applications, 2014, 9(6): 972-980.

[115] PARSEGOV S E, POLYAKOV A E, SHCHERBAKOV P S. Fixed-time consensus algorithm for multi-agent systems with integrator dynamics[C]. Proceedings of IFAC Conference on Estimation and Control of Networked Systems, 2013, 46(27): 110-114.

[116] POLYAKOV A. Fixed-time stabilization of linear systems via sliding mode control [C]. Proceedings of IEEE Workshop on Variable Structure Systems, 2012, 1-6.

[117] POLYAKOV A. Fixed-time stabilization via second order sliding mode control[C]. Proceedings of IFAC Conference on Analysis and Design of Hybrid Systems, 2012, 254-255.

[118] LEVANT A. On fixed and finite time stability in sliding mode control[C]. Proceedings of IEEE Conference on Decision and Control, 2013: 4260-4264.

[119] PARSEGOV S, POLYAKOV A, SHCHERBAKOV P. Nonlinear fixed-time control protocol for uniform allocation of agents on a segment[C]. Proceedings of IEEE Conference on Decision and Control, 2012, 7732-7737.

[120] PARSEGOV S, POLYAKOV A, SHCHERBAKOV P. Fixed-time consensus algorithm for multi-agent systems with integrator dynamics [C]. Proceedings IFAC Workshop on Distributed Estimation and Control in Networked Systems, 2013, 110-114.

[121] POLYAKOV A, EFIMOV D, PERRUQUETTI W. Finite-time and fixed-time stabilization: Implicit Lyapunov function approach[J]. Automatica, 2015, 51(1): 332-340.

[122] POLYAKOV A, EFIMOV D, PERRUQUETTI W. Robust stabilization of MIMO systems in finite/fixed time[J]. International Journal of Robust and Nonlinear Control, 2016, 26(1): 69-90.

[123] DEFOORT M, POLYAKOV A, DEMESURE G, et al. Leader-follower fixed-time consensus for multi-agent systems with unknown nonlinear inherent dynamics[J]. IET Control Theory and Applications, 2015, 9(14): 2165-2170.

[124] POLYAKOV A, POZNYAK A. Lyapunov function design for finite-time convergence analysis: "Twisting" controller for second-order sliding mode realization[J]. Automatica, 2009, 45(2): 444-445.

[125] POLYAKOV A, POZNYAK A. Reaching time estimation for "super-twisting" second order sliding mode controller via Lyapunov function designing[J]. IEEE Transactions on Automatic Control, 2009, 54(8): 1951-1954.

[126] UTKIN V I. Sliding modes in control and optimization[M]. Berlin: Springer Science and Business Media, 2013.

[127] LEVANT A. Principles of 2-sliding mode design[J]. Automatica, 2007, 43(4): 576-586.

[128] SONG Y, WANG Y, HOLLOWAY J, et al. Time-varying feedback for regulation of normal-form nonlinear systems in prescribed finite time[J]. Automatica, 2017, 83: 243-251.

[129] CHEN Y, MA B L. Global asymptotic full state formation control of underactuated surface ships with non-diagonal inertia/damping matrices[C]. Proceeding of World Congress on Intelligent Control and Automation, 2014, 279-284.

[130] XIE W J, MA B L, ERNANDO T. A new formation control of multiple underactuated surface vessels[J]. International Journal of Control, 2018, 91(5): 1011-1022.

[131] 毕凤阳. 欠驱动自主海洋航行器的非线性鲁棒控制策略研究[D]. 哈尔滨：哈尔滨工业大学, 2010.

[132] AGUIAR A P, HESPANHA J P. Position tracking of underactuated vehicles [C]. Proceedings of the 2003 American Control Conference, Denver USA, 2003: 1988-1993.

[133] REZAZADEGAN F, SHOJAEI K, SHEIKHOLESLAM F, et al. A novel approach to 6-DOF adaptive trajectory tracking control of an USV in the presence of parameter uncertainties [J]. IEEE Ocean Engineering, 2015, 107: 246-258.

[134] ELMOKADEM T, ZRIBI M, YOUCEF-TOUMI K. Trajectory tracking sliding mode control of underactuated USVs [J]. Nonlinear Dynamics, 2016, 84(2): 1079-1091.

[135] ELMOKADEM T, ZRIBI M, YOUCEF-TOUMI K. Terminal sliding mode control for the trajectory tracking of underactuated Autonomous Underwater Vehicles [J]. IEEE Ocean Engineering, 2017, 129: 613-625.

[136] 孙巧梅, 陈金国, 余万. 基于模糊自适应滑模方法的海洋航行器轨迹跟踪控制[J]. 舰船科学技术, 2017, 39(23): 53-58.

[137] 孙巧梅, 陈金国, 余万. 海洋航行器三维轨迹反演滑模跟踪控制[J]. 舰船科学技术, 2019, 1(4): 66-70.

[138] 毕凤阳, 张嘉钟, 魏英杰, 等. 欠驱动海洋航行器的鲁棒位置跟踪控制[J]. 哈尔滨工业

大学学报，2010，42(11)：1690-1695.
[139] 严浙平，杨泽文，贾鹤鸣，等. 时变干扰下欠驱动海洋航行器水平面轨迹跟踪的反步滑模控制[J]. 宇航总体技术，2017(04)：6-12.
[140] 马利民. 欠驱动海洋航行器全局无抖振滑模轨迹跟踪控制[J]. 智能系统学报，2016，11(02)：200-207.
[141] 朱大奇，张光磊，李蓉. 生物启发海洋航行器三维轨迹跟踪控制算法[J]. 智能系统学报，2014，9(02)：180-185.
[142] 曹永辉. 基于动态边界层的海洋航行器滑模轨迹跟踪[J]. 计算机仿真，2009，26(5)：190-194.
[143] PARK B S. Neural network-based tracking control of underactuated autonomous underwater vehicles with model uncertainties [J]. Journal of Dynamic Systems, Measurement, and Control, 2015, 137(2).
[144] 万磊，董早鹏，李岳明，等. 非完全对称欠驱动高速无人艇轨迹跟踪控制[J]. 电机与控制学报，2014，18(10)：95-103.
[145] 高剑，徐德民，严卫生，等. 欠驱动自主海洋航行器轨迹跟踪控制[J]. 西北工业大学学报，2010(3)：404-408.
[146] YU C, XIANG X, ZHANG Q, et al. Adaptive fuzzy trajectory tracking control of an underactuated autonomous underwater vehicle subject to actuator saturation [J]. International Journal of Fuzzy Systems, 2018, 20(1): 269-279.
[147] 徐健，汪慢，乔磊，等. 欠驱动 UUV 三维轨迹跟踪的反步动态滑模控制[J]. 华中科技大学学报(自然科学版)，2015(8)：107-113.
[148] 柳晨光，初秀民，吴青，等. 海洋航行器发展现状及展望[J]. 中国造船，2014，55(4)：194-204.
[149] 卜仁祥. 水面船舶非线性反馈控制研究[D]. 大连：大连海事大学，2005.
[150] 郭晨，汪洋，孙富春，等. 欠驱动水面船舶运动控制研究综述[J]. 控制与决策，2009，24(3)：321-329.
[151] 刘宗春. 基于局部交互的群集行为动态可控性[J]. 中南大学学报(自然科学版)，2011，42(增刊Ⅰ)：536-543.
[152] 向先波. 二阶非完整性水下机器人的路径跟踪与协调控制研究[D]. 武汉：华中科技大学，2010.
[153] 王昊. 基于自适应动态面控制的自主海洋航行器协同路径跟踪[D]. 大连：大连海事大学，2014.
[154] KAMINER I, PASCOAL A, HALLBERG E, et al. Trajectory tracking for autonomous vehicles: An integrated approach to guidance and control[J]. Journal of Guidance, Control, and Dynamics, 1998, 21(1): 29-35.
[155] REPOULIAS F, PAPADOPOULOS E. Planar trajectory planning and tracking control design for underactuated USVs[J]. Ocean Engineering, 2007, 34(11-12): 1650-1667.
[156] AGUIAR A P, HESPANHA J P. Trajectory-tracking and path-following of underactuated autonomous vehicles with parametric modeling uncertainty[J]. IEEE Transactions on Automatic Control,

2007, 52(8): 1362-1379.

[157] DO K D, JIANG Z P, PAN J. Underactuated ship global tracking under relaxed conditions [J]. IEEE Transactions on Automatic Control, 2002, 47(9): 1529-1536.

[158] KATAYAMA H, AOKI H. Straight-line trajectory tracking control for sampled-data underactuated ships[J]. IEEE Transactions on Control Systems Technology, 2013, 22(4): 1638-1644.

[159] JIANG Z P. Global tracking control of underactuated ships by Lyapunov's direct method[J]. Automatica, 2002, 38(2): 301-309.

[160] TEE K P, GE S S. Control of fully actuated ocean surface vessels using a class of feedforward approximators[J]. IEEE Transactions on Control Systems Technology, 2006, 14(4): 750-756.

[161] AGUIAR A P, HESPANHA J P, KOKOTOVIC P V. Path-following for nonminimum phase systems removes performance limitations[J]. IEEE Transactions on Automatic Control, 2005, 50 (2): 234-239.

[162] AL-HIDDABI S A, MCCLAMROCH N H. Tracking and maneuver regulation control for nonlinear nonminimum phase systems: Application to flight control[J]. IEEE Transactions on Control Systems Technology, 2002, 10(6): 780-792.

[163] SKJETNE R, FOSSEN T I, KOKOTOVIC P V. Adaptive maneuvering, with experiments, for a model ship in a marine control laboratory[J]. Automatica, 2005, 41(2): 289-295.

[164] BREIVIK M. Nonlinear Maneuvering Control of Underactuated Ships [D]. Trondheim: Norwegian University of Science and Technology, 2003.

[165] BIBULI M, BRUZZONE G, CACCIA M, et al. Path-following algorithms and experiments for an unmanned surface vehicle[J]. Journal of Field Robotics, 2009, 26(8): 669-685.

[166] LIN W, QIAN C. Adding one power integrator: A tool for global stabilization of high-order lower-triangular systems [J]. Systems & Control Letters, 2000, 39(5): 339-351.

[167] LIU T, DONG Z, DU H, et al. Path following control of the underactuated AUV based on the improved line-of-sight guidance algorithm[J]. Polish Maritime Research, 2017, 24(1): 3-11.

[168] DONG W, FARRELL J A. Formation control of multiple underactuated surface vessels[J]. IET Control Theory and Applications, 2008, 2(12): 1.

[169] 程金. 水面船舶的非线性控制研究[D]. 北京：中国科学院研究生院，2007.

[170] ANTONELLI G, CHIAVERINI S, SARKAR N, et al. Adaptive control of an autonomous underwater vehicle: experimental results on ODIN [J]. IEEE Transactions on Control System Technology. 2001, 9(5): 756-765.

[171] GHABCHELOO R, AGUIAR A P, PASCOAL A, et al. Coordinated path-following in the presence of communication losses and time delays [J]. SIAM Journal on Control and Optimization, 2009, 48(1): 234-265.

[172] ALMEIDA J, SILVESTRE C, PASCOAL A. Coordinated control of multiple vehicles with discrete-time periodic communications [C]. Proceedings of the 46th Decision and Control, New Orleans, USA, 2007: 2888-2893.

[173] TOPOICSIN M B. Guided Motion Control of Marine Vehicles [D]. Trondheim: Norwegian University of Science and Technology, 2010.

[174] BREIVIK M, Hovstein V E, Fossen T I. Straight Line Target Tracking for Unmanned Surface Vehicles [J]. Modeling Identication and Control, 2008, 29(4): 131-149.

[175] SKJETNE R, MOI S, FOSSEN T I. Nonlinear formation control of marine craft [C]. Proceedings of the 41th Decision and Control, Las Vegas, USA, 2002: 1699-1704.

[176] ARRICHIELLO F, CHIAVERINI S, FOSSEN T I. Formation control of underactuated surface vessels using the null-space-based behavioral control [C]. Proceedings of the 2006 IEEE/RSJ International Conference on Intelligent Robots and Systems, Beijing, China, 2006: 5942-5947.

[177] ARCAK M. PASSIVITY as a design tool for group coordination [J]. IEEE Transactions on Automatic Control, 2007, 52(8): 1380-1390.

[178] REN W. Consensus strategies for cooperative control of vehicle formations [J]. IET Control Theory and Applications, 2007, 1(2): 505-512.

[179] FARBOD F. Sliding-mode formation control for under actuated surface vessels [J]. IEEE Transactions on Robotics, 2007, 23(3): 617-622.

[180] YAN W, CUI R, XU D. Formation control of underactuated autonomous underwater vehicles in horizontal plane [C]. Proceedings of the 2008 IEEE International Conference on Automation and Logistics Automation and Logistics, Qingdao, China, 2008: 822-827.

[181] BØRHAUG E, PAVLOV A, PANTELEY E, et al. Straight Line Path Following for Formations of Underactuated Marine Surface Vessels [J]. IEEE Transactions on Control Systems Technology, 2011, 19(3): 493-506.

[182] BELLETER D J W, PETTERSEN K Y. Path following for formations of underactuated marine vessels under influence of constant ocean currents [C]. Proceedings of the 53th Decision and Control, Los Angeles, USA, 2014: 4521-4528.

[183] BORHAUG E, PAVLOV A, PETTERSEN K Y. Integral LOS control for path following of underactuated marine surface vessels in the presence of constant ocean currents [C]. Proceedings of the 47th Decision and Control, Cancun, Mexico, 2008: 4984-4991.

[184] CAHARIJA W, CANDELORO M, PETTERSEN K Y, et al. Relative velocity control and integral LOS for path following of underactuated surface vessels [J]. IFAC Proceedings Volumes, 2012, 45(27): 380-385

[185] 肖瑞武, 孙洪飞. 欠驱动海洋航行器编队协同控制[J]. 集美大学学报(自然科学版), 2015, 20(6): 428-434.

[186] GHOMMAM J, MNIF F. Coordinated path-following control for a group of underactuated surface vessels [J]. IEEE Transactions on Industrial Electronics. 2009, 56(10): 3951-3963.

[187] 闫伟, 严卫生, 王银涛, 等. 通信时延下欠驱动自主海洋航行器编队控制[J]. 火力与指挥控制, 2011, 36(6): 52-55.

[188] BURGER M, PETTERSEN K Y. Curved trajectory tracking for surface vessel formations [C]. Proceedings of the 49th Decision and Control, Atlanta, USA, 2010: 7159-7165.

[189] QI X. Adaptive coordinated tracking control of multiple autonomous underwater vehicles [J]. IEEE Ocean Engineering, 2014, 91: 84-90.

[190] REN W. Consensus based formation control strategies for multi-vehicle systems [C]. Proceedings

of the 2006 American Control Conference, MN, USA, 2006: 4237-4242.
[191] EDWARDS D B, Bean T A, Odell D L, et al. A leader-follower algorithm for multiple AUV formations [J]. IEEE/OES Autonomous Underwater Vehicles, 2004: 40-46.
[192] 陈强. 水下无人航行器[M]. 北京: 国防工业出版社, 2014.
[193] SHOJAEI K. Leader-follower formation control of underactuated autonomous marine surface vehicles with limited torque [J]. IEEE Ocean Engineering, 2015, 105: 196-205.
[194] JIN X. Fault tolerant finite-time leader-follower formation control for autonomous surface vessels with LOS range and angle constraints [J]. Automatica, 2016, 68: 228-236.
[195] 崔海英, 石秀华, 崔荣鑫. 自主海洋航行器主从式编队控制[J]. 鱼雷技术, 2007, 15(4): 42-44.
[196] 潘无为, 姜大鹏, 庞永杰等. 人工势场和虚拟结构相结合的多水下机器人编队控制[J]. 兵工学报, 2017, 38(2): 326-334.
[197] 付明玉, 余玲玲, 焦建芳, 等. 控制饱和约束下的自主水面船编队[J]. 控制理论与应用, 2017, 34(5): 663-670.
[198] LI J H, LEE P M, JUN BH, et al. Point-to-point navigation of underactuated ships [J]. Automatica, 2008, 44(12): 3201-3205.
[199] WANG D, PENG Z, SUN G, et al. Adaptive dynamic surface control for coordinated target tracking of autonomous surface vehicles using neural networks [C]. Proceedings of the 31th China Control Conference, Hefei, China, 2012: 2871-2876.
[200] CUI R X, GE S Z, HOW B V, et al. Leader-follower formation control of underactuated autonomous underwater vehicles [J]. IEEE Ocean Engineering, 2010: 1491-1502.
[201] 丁磊, 郭戈. 一种船队编队控制 backstepping 方法[J]. 控制与决策, 2012, 27(2): 299-303.
[202] LI X, XIAO J, TAN J. Modeling and controller design for multiple mobile robots formation control [C]. Proceedings of the 2004 IEEE International Conference on Robotics and Biomimetics, Shenyang, China, 2004: 838-843.
[203] BRINÓN A L, PASCOAL A, AGUIAR A P. Adaptive leader-follower formation control of autonomous marine vehicles [C]. Proceedings of the 53th Decision and Control, Los Angeles, USA, 2014: 5328-5333.
[204] PENG Z, WANG D, CHE Z Y, et al. Adaptive dynamic surface control for formations of autonomous surface vehicles with uncertain dynamics [J]. IEEE Transactions on Control Systems Technology, 2013, 21(2): 513-520.
[205] CHANCE T C, KLEINER A, NORTHCUTT, et al. The HUGIN 3000 AUV[J]. Sea Technology, 2000, 41(12): 10-14.
[206] VESTGARD K, HANSEN R, JALVING B PEDERSEN. The HUGIN 3000 survey AUV[C]. Norway: The Eleventh International Off shore and Polar Engineering Conference, 2001.
[207] PASCOAL A. Control of autonomous marine vehicles [J]. IFAC Manoeuvering and Control. Marine Crafts, 2003.
[208] XIANG X, JOUVENCEL B, PARODI O. Coordinated formation control of multiple autonomous

underwater vehicles for pipeline inspection [J]. International Journal of Advanced Robotic Systems, 2010: 75-84.

[209] WANG Y, LI J. Passivity-based formation control of autonomous underwater vehicles [J]. IET Control Theory and Applications, 2012, 6(3): 518-525.

[210] IHLE I A F, JOUFFROY J, FOSSEN T I. Formation control of marine craft using constraint functions [J]. IEEE Oceans Conference, 2005: 1023-1028.

[211] IHLE I A F, JOUFFROY J, FOSSEN T I. Formation control of marine surface craft: A Lagrangian approach [J]. IEEE Journal of Oceanic Engineering, 2006, 31(4): 922-934.

[212] ARRANZ L B, SEURET A, DE WIT C. Elastic formation control based on affine transformations [C]. Proceedings of the 2011 American Control Conference, San Francisco, USA, 2011: 3984-3989.

[213] YUAN J, ZHANG F, ZHOU Z. Finite-time formation control for autonomous underwater vehicles with limited speed and communication range [J]. Applied Mechanics and Materials, 2014, 511-512, 909-912.

[214] 袁健，唐功友. 采用一致性算法与虚拟结构的多自主海洋航行器编队控制[J]. 智能系统学报，2011，06(3)：248-253.

[215] XIANG X, LAPIERRE L, JOUVENCEL B, et al. Coordinated path following control of multiple nonholonomic vehicles [C]. Proceedings of the 2009 Europe Oceans, Bremen, Germany, 2009: 1-7.

[216] IHLE I, ARCAK F M, FOSSEN T I. Passivity-based designs for synchronized path following [J]. Automatica, 2007, 43(9): 1508-1518.

[217] DO K D, JIANG Z, PAN J. Robust adaptive path following of underactuated ships [J]. Automatica, 2004, 40(6): 929-944.

[218] XIAO B, YANG X, HUO X. A novel disturbance estimation scheme for formation control of ocean surface vessels [J]. IEEE Transactions on Industrial Electronics, 2017, 64 (6): 4994-5003.

[219] DO K D, PAN J. Global robust adaptive path following of underactuated ships [J]. Automatic, 2006, 42(10): 1713-1722.

[220] LEWIS F L, YESILDIREK A, LIU K. Multilayer neuralnet robot controller with guaranteed tracking performance [J]. IEEE Transactions on Neural Networks, 1996, 7(2): 388-399.

[221] HOVAKIMYAN N, NARDI F, CALISE A, et al. Adaptive output feedback control of uncertain systems using hidden layer neural networks [J]. IEEE Transactions on Neural Networks, 2002, 13(6): 1420-1431.

[222] PARK B S. Adaptive formation control of underactuated autonomous underwater vehicles [J]. IEEE Ocean Engineering, 2015, 96: 1-7.

[223] WANG H, WANG D, PENG Z H, et al. Adaptive dynamic surface control for cooperative path following of underactuated marine surface vehicles via fast learning [J]. IET Control Theory and Applications, 2013, 7(5): 1888-1898.

[224] FU M Y, JIAO J F, LIU J X, et al. Coordinated formation control of nonlinear marine vessels

under directed communication topology [J]. IEEE Oceans Conference. Bergen, Norway, 2013.
[225] PENG Z, WANG D, WANG H, et al. Coordinated formation pattern control of multiple marine surface vehicles with model uncertainty and time-varying ocean currents [J]. Neural Computing and Applications, 2014, 25(7): 1771-1783.
[226] SHI D, ZHANG J, SUN Z, et al. Composite trajectory tracking control for robot manipulator with active disturbance rejection[J]. Control Engineering Practice, 2021, 106: 104670.
[227] CHEN M, GEE S, HOW BVE, et al. Robust adaptive position mooring control for marine vessels [J]. IEEE Transactions on Control System Technology, 2013, 21(2): 395-409.
[228] LIU M Y, HUANG B, CAI T. A cooperative navigation method of EKF moving long baseline for AUV based on pseudo-range measurements [J]. Torpedo Technology, 2012, 20(6): 432-436.
[229] MILLAN P, ORIHUELA L, JURADO I, et al. Formation control of autonomous underwater vehicles subject to communication delays [J]. IEEE Transactions on Control Systems Technology, 2014, 22(2): 770-777.
[230] HUANG H, LIAO Y, SHEN H, et al. Adaptive AUV formation strategy under acoustic communication conditions [C]. Proceedings of the 2014 Taipei Oceans, Taibei, China, 2014: 1-6.
[231] HU Z L, MA C, ZHANG L X, et al. Formation control of impulsive networked autonomous underwater vehicles under fixed and switching topologies [J]. Neurocomputing, 2015, 147: 291-298.
[232] TIAN B, ZUO Z, YAN X, et al. A fixed-time output feedback control scheme for double integrator systems [J]. Automatica, 2017, 80: 17-24.
[233] UTKIN V I, POZNYAK A S. Adaptive sliding mode control with application to super-twist algorithm: Equivalent control method [J]. Automatica, 2013, 49(1): 39-47.
[234] HUANG C, LIU G, ZHANG L, et al. Output feedback tracking control for non-linear time-delay systems with tracking errors and input constraints[J]. Neurocomputing, 2016, 173(3): 751-755.
[235] REN B, GE S S, TEE K P, et al. Adaptive neural control for output feedback nonlinear systems using a barrier Lyapunov function[J]. IEEE Transactions on Neural Networks, 2010, 21(8): 1339-1344.
[236] POLYCARPOU M M. Stable adaptive neural control scheme for nonlinear systems [J]. IEEE Transactions on Automatic Control, 1996, 41(3): 447-451.
[237] NARENDRA K S, Parthasarathy K. Identification and control of dynamical systems using neural networks [J]. IEEE Transactions on Neural Networks, 1990, 1(1): 4-27.
[238] LEVIN A U, NARENDRA K S. Control of nonlinear dynamical systems using neural networks: controllability and stabilization [J]. IEEE Transactions on Neural Networks, 1993, 4(2): 192-206.
[239] LIU Z, LAI G, ZHANG Y, et al. Adaptive neural control for a class of nonlinear time-varying delay systems with unknown hysteresis [J]. IEEE Transactions on Neural Networks and Learning Systems, 2017, 25(12): 2129-2140.

[240] CHEN C P, WEN G X, LIU Y J, et al. Adaptive consensus control for a class of nonlinear multiagent time-delay systems using neural networks [J]. IEEE Transactions on Neural Networks and Learning Systems, 2014, 25(6): 1217-1226.
[241] HUANG X, LIN W, YANG B. Global finite-time stabilization of a class of uncertain nonlinear systems [J]. Automatica, 2005, 41(5): 881-888.